Jürgen Kohler
Wissenschaftlich denken und handeln
in der Heil- und Sonderpädagogik

Wissenschaftliches Denken und Handeln für soziale Berufe

Herausgegeben von
Jürgen Kohler

Jürgen Kohler

Wissenschaftlich denken und handeln in der Heil- und Sonderpädagogik

Zur Gemeinsamkeit von Forschung und Praxis

BELTZ JUVENTA

Der Autor

Prof. Dr. Jürgen Kohler ist Logopäde, Psychologe und hat im Studienfach Sonderpädagogik promoviert. Er lehrt und forscht mit den Schwerpunkten Redeflussstörungen, Forschungsmethoden, Diagnostik, Entwicklungspsychologie und Lernpsychologie am Institut für Verhalten, sozio-emotionale und psychomotorische Entwicklungsförderung der HfH, der Interkantonalen Hochschule für Heilpädagogik in Zürich. Er ist zuständig für die Nachqualifizierung von (heil-)pädagogisch-therapeutischen Fachpersonen im Bereich wissenschaftliches Denken und Handeln.

Dieses Buch ist erhältlich als:
ISBN 978-3-7799-6540-4 Print
ISBN 978-3-7799-6541-1 E-Book (PDF)

1. Auflage 2022

Herstellung: Ulrike Poppel
Satz: Helmut Rohde, Euskirchen
Druck und Bindung: Beltz Grafische Betriebe, Bad Langensalza
Beltz Grafische Betriebe ist ein klimaneutrales Unternehmen (ID 15985-2104-100)
Printed in Germany

Weitere Informationen zu unseren Autor_innen und Titeln finden Sie unter: www.beltz.de

Vorwort des Reihenherausgebers

Annahmen zu Ausgangslage und Bedarf

Es gibt eine Kluft zwischen Forschung und Praxis in allen pädagogisch-therapeutischen Handlungsfeldern. Praktikerinnen haben Mühe, die Terminologie und damit auch die Denkweise der Forschenden zu verstehen. Sie betrachten Wissenschaft als einen Elfenbeinturm mit wenig Bezug zu ihrer Praxis. Trotzdem hat Wissenschaftlichkeit einen hohen Stellenwert für die Praktikerin. Führungspositionen mit Gestaltungsmacht werden z. B. in der Regel auf Basis von akademischer Qualifikation vergeben. Es kann eine Ambivalenz der Praxis im Verhältnis zur Wissenschaft angenommen werden. Das Streben nach akademischer Anerkennung ist wahrscheinlich ein Teil dieser komplizierten Beziehung der Praxis zur Wissenschaft. Daneben darf ein grundsätzliches Bedürfnis der Praktikerin nach Erkenntnis in ihrem Fach angenommen werden, welches auf Befriedigung wartet. Man könnte auch sagen: Die im Menschen verankerte Neugierde äußert sich in der beruflichen Motivation, Wissen zu schaffen. Die Praktikerin wie die Studentin kann in ihrem Streben nach Erkenntnisgewinnung angesprochen werden.

Es gibt einen Professionalisierungsbedarf in verschiedenen pädagogisch-therapeutischen Handlungsfeldern. So strebt z. B. die Logopädie, Ergotherapie und Physiotherapie in Deutschland nach Akademisierung. Weitere potentielle Zielgruppen sind (ohne Anspruch auf Vollständigkeit): Elementarpädagogen (Erzieherinnen und Früherzieherinnen), Pflegekräfte, Sozialpädagoginnen, Religionspädagoginnen, Grundschullehrerinnen, eventuell auch Lehrerinnen von weiterführenden Schulen …

Die meisten Veröffentlichungen zur Forschungsmethodik bzw. zum wissenschaftlichen Arbeiten versuchen Studierenden, die Terminologie der Forschungsmethodik aus Perspektive der Forschung zu erklären. Die Beispiele stammen meist aus der Psychologie oder Soziologie, da die Mehrzahl der Autoren aus dem universitären Umfeld dieser Bereiche stammen. Praktikerinnen und ihre Handlungsweisen werden in der Regel nicht angesprochen. In den wenigen Fällen, in denen dies doch geschieht, wird der Praktikerin die Rolle der Forschenden zugewiesen und deren Perspektive übernommen. Die strukturelle Ähnlichkeit zwischen Forschungshandeln und professionell-praktischem Handeln wird nicht zum Thema gemacht.

Strategische Ausrichtung

Die Publikationsreihe verringert die Kluft zwischen Praxis und Forschung und will dies mit folgenden Mitteln erreichen:

1. Die strukturelle Ähnlichkeit zwischen Forschungshandeln und professionell-praktischem Handeln wird fokussiert.
2. Die Beispiele zur Veranschaulichung dieser strukturellen Ähnlichkeit stammen unmittelbar aus den Handlungsfeldern der jeweiligen Berufe.
3. Die Terminologie der Forschenden wird in eine populär-wissenschaftliche Sprache übersetzt.

Die hier vorliegende Erstpublikation *Wissenschaftlich denken und handeln in der Heil- und Sonderpädagogik* kann als Beispiel für die Umsetzung dieser strategischen Ausrichtung betrachtet werden.

Autorenschaft

Die Co-Autorinnen stammen aus den jeweiligen beruflichen Feldern. Sie teilen die Vision der Publikationsreihe und können sich mit der strategischen Ausrichtung identifizieren. Idealerweise entsprechen sie dem Typ der „wissenschaftlich denkenden Praktikerin“, haben Erfahrung in der Lehre an einer (Fach-)Hochschule oder Fachschule *und* in der Praxis des Berufes.

Jürgen Kohler

Inhaltsübersicht

Inhaltsverzeichnis

Vorwort

Eins und eins ist zwei und mehr: Die Methodisierung des Feldes

Wer als WissenschaftlerIn arbeitet, fragt sich oft, wie Studierende später und Berufstätige jetzt neue Erkenntnisse bekommen und in ihrer praktischen Tätigkeit „im Feld" nutzen. Wer das Feld als PraktikerIn beackert, wundert sich manchmal, ob Pflug und Einfelderwirtschaft eigentlich wirklich zum Ertrag aller Früchte führen, die der Boden hergeben könnte.

Das vorliegende Werk „Wissenschaftlich denken und handeln in der Heil- und Sonderpädagogik" zu erstellen, war seinem Verfasser, Prof. Dr. Jürgen Kohler von der Hochschule für Heilpädagogik in Zürich, seit langem ein Herzensanliegen. Er ist als langjähriger Hochschullehrer für Studierende und PraktikerInnen und nach seinem Studium der Psychologie und der Promotion in Sonderpädagogik bestens in der Lage, zu beschreiben, wie die Methoden und Erkenntnisse der Wissenschaft im Feld besser umgesetzt werden könnten. Er verbindet in diesem Lehrbuch beide Stränge seiner Ausbildung und Lehrtätigkeit, um seine gebündelte Erfahrung weiterzugeben an Tätige im Feld und an den Hochschulen. Das Buch richtet sich an alle PraktikerInnen und Studierende in der Heil- und Sonderpädagogik. Aufgrund seiner Lehrtätigkeit im pädagogisch-therapeutischen Feld spricht Kohler auch LogopädInnen, SprachtherapeutInnen und PsychmotoriktherapeutInnen an. Wenn sie dieses Buch lesen und beachten, dann besteht hier eine wohlfundierte Gelegenheit, sich und ihre Felder voranzubringen.

Mit seinem Buch sucht Kohler zuvorderst, das methodische Basisverständnis empirischer Grundlagen zu verbreitern. Es geht darum, die Annahmen und Erfahrungen der eigenen heilpädagogischen Arbeit mit wissenschaftlichen Denk- und Handlungweisen zu verknüpfen und dadurch zu erweitern. Er wendet sich an die PraktikerInnen und Studierenden und man muss ihnen zurufen: „Nutzt die Chance, dieses hilfreiche Buch zu verschlingen!"

Die Inhalte

In zwölf Kapiteln, die überwiegend die Basisthemen der Forschungsmethodik behandeln, wird eine Systematik ausgerollt, die sich bei konsequentem Durcharbeiten als fruchtbare Lektüre für viele im Feld erweisen dürfte. Da es zwölf Kapitel sind, eignet sich das Paket auch gut als Lehrbuch für ein Semester in der Ausbildung. Zahlreiche Abbildungen und Tabellen ergänzen und verdeutlichen die Inhalte.

Theorie und Praxis liegen nah beieinander in Kohlers Werk, das zeigt auch die *Wordcloud* in der obigen Abbildung, die aus den Worten im Buch erstellt wurde. Eine Stärke des Buches ist hierbei, dass Kohler nach einer Grundeinführung in Theorie die gegenseitige Abhängigkeit von Theorie und Praxis mitsamt dem „zwischen“ behandelt und jedes Kapitel mit Aufgaben enden lässt, in denen das Verständnis überprüft und umgesetzt werden kann. Groß erscheinen in der Wordcloud auch das Fragen neben der Fragestellung und der Frage – sehr wichtig in einem Buch, das Antworten diskutiert. Oben formt sich „Daten-Arbeit-gibt… der Heilpädagogin“ und beschreibt damit, worum es hier geht. Die Heilpädagogik soll „Forschung haben, weil“ sie damit besser wird. Nicht umsonst ist „Beispiel“ ein großes Wort – hier liegt eine Stärke des Buches, die gerade für PraktikerInnen unabdinglich ist und den Bezug herstellt zu den Erfahrungen, mit denen und in die hinein sie wirken möchte.

So sehr dieses Buch mit seiner Orientierung auf die Praxis neue Wege geht, man hätte sich eine dichtere Aufnahme anderer neuer Entwicklungen wie zum Beispiel der Digitalisierung gewünscht. Diese hat seit den 90er Jahren zu einer Revolution der Forschung geführt, Internet-basierte Forschungsmethoden sind auch für Praktiker in der Anwendung ein Weg. Gegeben, wie herausragend Kohlers Buch sich darstellt, bin ich sicher, dass eine neue Auflage schnell folgen wird. Der Verfasser plant entsprechend, die digitale Forschung, die er jetzt in Verweisen punktuell bereits erwähnt (beispielsweise algorithmische Inhaltsanalyse von Internetdaten oder Erfassung der Nutzungsdauer von Smartphones pro Tag), in späteren Auflagen zu differenzieren und der heilpädagogischen Praxis näher zu bringen.

Ich wünsche diesem Buch in seinem ernsthaften Ringen um das methodisch gute Anwenden eine große Leserschaft, die in ihrer täglichen Arbeit durch die vielen Beispiele inspiriert wird.

Konstanz, im Januar 2022,
Ulf-Dietrich Reips

Prof. Dr. Ulf-Dietrich Reips
Forschungsmethoden, Diagnostik und iScience
Universität Konstanz
https://iscience.uni-konstanz.de

Einleitung

Welchen Einblick in wissenschaftliches Denken und Handeln benötigen Studierende und Praktikerinnen der Heil- und Sonderpädagogik, um dieses Denken und Handeln als Teil ihrer beruflichen Praxis zu erkennen und als nützlich zu entdecken?

Das Buch ist aus meiner langjährigen Erfahrung in der Zusammenarbeit mit Studierenden, Praktikerinnen und Kollegen[1] entstanden. Die eingangs formulierte Frage hat mich seither begleitet und das Buch ist eine Antwort darauf. Ich habe immer wieder Beispiele aus der Praxis der Heil- und Sonderpädagogik und deren Forschung benutzt, um die strukturellen Gemeinsamkeiten zwischen Praxis und Forschung anschaulich zu machen. Nicht zuletzt geht mit dem Gebrauch von Beispielen die Hoffnung einher, dass sich die als Zielpublikum anvisierte Leserschaft (= Studierende und Praktikerinnen der Heil- und Sonderpädagogik) angesprochen fühlt. Dabei habe ich mich auf zwei Inhalte der Heil- und Sonderpädagogik im engeren Sinne konzentriert. Es handelt sich um die *Verhaltensauffälligkeiten* und die *Leserechtschreibstörung*. Das hat folgende Gründe:

Die Verhaltensauffälligkeit ist ein Phänomen, mit denen alle (heil- und sonder-)pädagogisch arbeitenden Fachpersonen zu tun haben. In jeglichem pädagogischen Kontext begegnet einem die auffällige Aggression oder die weniger auffällige Ängstlichkeit, um nur zwei Beispiele für das zu nennen, was man unter Verhaltensauffälligkeit verstehen kann. Insofern kann jede pädagogische Fachperson mit diesen Beispielen etwas anfangen. Die Leserechtschreibstörung ist ebenfalls ein weit verbreitetes Phänomen. Zudem ist die Kulturtechnik des Lesens und Schreibens ein zentraler Aspekt von (heil- bzw. sonder-)pädagogischer Arbeit. Bei der Entscheidung für die Leserechtschreibstörung als immer wiederkehrendes Beispiel hat also der Stellenwert für die Pädagogik mitgespielt.

Ich bitte um Nachsicht, wenn Beispiele aus anderen Handlungsbereichen der Heil- und Sonderpädagogik (Autismus, Mathematik, geistige oder körperliche Behinderung, Hör- und Sehbeeinträchtigungen usw.) kaum einfließen.

---

1 Mein Dank gilt insbesondere Prof. Dr. Jürg Blickenstorfer und Dr. Ueli Müller, mit denen ich über viele Jahre hinweg die Module zur Forschungsmethodik für Bachelor-Studiengänge an der Hochschule für Heilpädagogik in Zürich konzipiert und durchgeführt habe.

Wissenschaftliches Denken und Handeln ist aber so übergreifend, dass Kolleginnen oder Studierende die Beispiele auf diese Handlungsbereiche hoffentlich übertragen können.

Zielpublikum dieses Buches sind also nicht Forschende. Für diese Gruppe ist dieses Buch wahrscheinlich zu wenig differenziert. Ich würde mich natürlich freuen, wenn diese Gruppe auch etwas mit diesem Buch anfangen könnte. Insbesondere würde ich mich freuen, wenn es für die Kolleginnen nützlich ist, die (wie ich) in der Lehre von Forschungsmethoden engagiert sind. Das Buch ist aus meiner Lehrtätigkeit heraus entstanden und kann vielleicht die schon existierende Literatur zur Forschungsmethodik der Sozialwissenschaften unterstützen. Bei der Wahl des Differenzierungsgrads in der Darstellung von wissenschaftlichem Denken und Handeln habe ich zu kämpfen gehabt und ich kämpfe immer noch. Wenn ich zum Beispiel die Anwendung von Statistik als wichtiges Hilfsmittel bei der Auswertung von Daten als Teil des wissenschaftlichen Handelns erklären will, dann hatte ich mich am Anfang meiner Lehrtätigkeit dafür entschieden, keine Formeln zu verwenden. Später habe ich dann doch die vermeintlich wichtigsten vorgestellt und bin mittlerweile bei drei Formeln angelangt, mit denen ich meine Studierenden konfrontiere. Diese Entscheidung hat auch was mit der zur Verfügung stehenden Zeit im Unterricht zu tun, und die ist für die Bachelor- und Masterstudiengänge an unserer Hochschule für Heilpädagogik in Zürich mit Recht begrenzt. Die Studierenden sollen Handlungskompetenzen als Heilpädagoginnen erwerben. Sie werden keine Forscherinnen. In diesem Buch habe ich mich entschieden, nur eine einzige, einfache Formel zu verwenden ($T = X + E$, vgl. Kapitel 5.2). Die Leserin wird stattdessen mit Diagrammen auf eine visuelle Art und Weise in das quantitative Denken eingeführt.

Überhaupt benutze ich eine Vielzahl von Tabellen und Abbildungen, um das im Text Formulierte zu veranschaulichen. Manche Kapitel werden so in Gänze zusammengefasst oder eingeleitet. Die tabellarische Ordnung und die bildliche Darstellung ist aus meiner Perspektive ein wesentliches Element, um den Einblick in das wissenschaftliche Denken zu erleichtern. Ein weiteres didaktisches Element dieses Buches sind Übungen. Sie werden als Leserin an einigen Stellen aufgefordert, etwas zu tun. Manchmal sind es Aufgaben, bei denen Sie Aussagen ob ihrer Richtigkeit bewerten sollen. Diese Aufgaben haben den Sinn, das zuvor Gelesene hinsichtlich seiner Verständlichkeit zu überprüfen. Kann sein, dass Sie den Text dann noch einmal lesen werden und sich vertiefende Gedanken dazu machen. Die Lösungsvorschläge im Anhang des Buches sind begründet und kommentiert, aber trotzdem diskussionswürdig. Aus diesem Grund sind es keine Lösungen mit dem Anspruch an absolute Gültigkeit, sondern eben Lösungsvorschläge, die kritisch diskutiert werden können.

Manchmal sind Übungen so konzipiert, dass Sie etwas tun sollen und den Sinn dieses Tuns erst später im Nachhinein nachvollziehen können und sollen. In meinem Unterricht versuche ich, das abstrakte wissenschaftliche Denken immer wieder erlebbar zu machen. Das gelingt mir am besten, wenn man etwas tut. Ein Teil dieser praktischen Übungen begegnet Ihnen auch in diesem Buch.

Zum Schluss sei noch ein gewisser Widerspruch erwähnt, der in diesem Buch offensichtlich ist. Das Buch handelt von wissenschaftlichem Denken und Handeln und hält sich aber zum Teil nicht an die Gepflogenheiten einer wissenschaftlichen Veröffentlichung. Der Schreibstil ist im besten Falle populärwissenschaftlich und auch die formalen Richtlinien einer wissenschaftlichen Schrift werden eher nachlässig eingehalten. Es werden z. B. viel weniger Quellenangaben gemacht, als man das bei einer wissenschaftlichen Veröffentlichung erwarten würde. Das soll die Lesbarkeit erleichtern und hängt auch damit zusammen, dass ich Dinge zwar auf Basis von Quellen darlege, diese Darlegungen aber so stark vereinfacht oder von mir umgestaltet und interpretiert sind, dass ich die dahinterstehende Quelle nicht mehr guten Gewissens angeben kann und will. Sie erhalten als Leserin stattdessen am Ende des Buches meine subjektive Empfehlung für weiterführende Quellen.

Weitere Lese- und Bearbeitungsempfehlungen für dieses Buch

Die Kapitel dieses Buches hängen zusammen. Innerhalb der einzelnen Kapitel gibt es immer wieder Querverweise zu anderen Kapiteln. Das erschwert das isolierte Lesen von einzelnen Kapiteln zumindest am Anfang. Ich empfehle daher, das Buch zunächst von Anfang bis zum Ende zu lesen und erst, wenn man den Überblick hat, einzelne Kapitel isoliert zu lesen.

Damit geht eine gewisse Erwartung und Erfahrung meinerseits einher. Meine Erfahrung mit den Lernenden und mit mir selbst sagt mir, dass man in das wissenschaftliche Denken und Handeln nicht ohne Wiederholung tiefer eindringen kann. Ich erwarte von meinen Studierenden auch kein tieferes Verständnis nach einmaligem Lesen.

Sie werden merken, dass die Inhalte der Kapitel stark miteinander vernetzt sind. Eine gewisse Logik der Vernetzung ist in diesem Buch folgendermaßen angelegt: Die Kapitel 1 bis 6 sind Grundlagen für die folgenden Kapitel 7 bis 11. Es werden dementsprechend in den letzten Kapiteln viele Rückbezüge auf die vorgängigen Kapitel gemacht. Sie entscheiden natürlich selbst, ob Sie sich für die damit einhergehende Aufforderung zur Wiederholung Zeit nehmen können oder wollen.

Die im Text gemachten Bezüge zu den Abbildungen und Tabellen sind manchmal derart, dass Sie verschiedene Abbildungen oder Tabellen vergleichen müssen. Das kann mühsam sein, wenn die Abbildungen und Tabellen auf unterschiedlichen Seiten gedruckt sind. Daher ist es ratsam, sich die im Internet zur Verfügung stehenden PDFs mit allen Tabellen und Abbildungen herunterzuladen und diese Dateien entweder auszudrucken oder in Dateiform während der Lektüre zur Verfügung zu haben.[2] Die Tabellen und Abbildungen sind so nummeriert, dass sie diese schnell und eindeutig den Kapiteln zuordnen können.

Beispiel: Die Tabelle 7.1.4 finden Sie in Kapitel 7.1 als vierte Tabelle im fortlaufenden Text. Die letzte Ziffer deutet also immer auf die Position der Tabelle im Kapitel hin. Die Ziffernreihung vor der letzten Ziffer referiert immer auf das entsprechende Kapitel.

Zum Abschluss dieser Einleitung noch ein paar Worte zum Sprachgebrauch sowie zur Genderdebatte und den damit einhergehenden unterschiedlichen Schreibweisen.

Die Begriffe Heilpädagogin und Sonderpädagogin sind für mich gleichbedeutend. Ich verwende sie synonym. Manchmal schreibe ich auch von Heil- und Sonderpädagogik oder eben nur Heilpädagogik oder nur Sonderpädagogik. Alles drei ist in diesem Buch synonym, auch wenn es sich berufspolitisch anders darstellt. Wahrscheinlich habe ich öfter Heilpädagogin geschrieben. Das liegt daran, dass in der Schweiz dieser Begriff häufiger vorkommt.

Ich kann den Zusammenhang zwischen Sprachgebrauch und bewusstseinsprägendem Denken gut nachvollziehen. Trotzdem kommt für mich der Gebrauch des Gender-Sternchens oder der gleichzeitige Gebrauch von weiblicher und männlicher Form aus Gründen der Lesefreundlichkeit nicht in Frage. Als ich neulich eine Linguistin im Interview mit einer Journalistin zu dem Thema gehört habe, hat diese Linguistin einen Vorschlag gemacht, der mir sympathisch war und den ich übernommen habe. Sie hat dafür plädiert, entspannt mit diesem Problem umzugehen und viele Formen gleichzeitig zuzulassen. So habe ich mich entspannt und es dem Zufall und der Unbewusstheit des Schreibmoments überlassen, welche Form ich zu Papier gebracht habe.

Interessant fand ich dabei, dass ich bei dem Wort Heilpädagogin oder Sonderpädagogin automatisch meist die weibliche Form gewählt habe. So jeden-

2 Die Dateien stehen unter www.beltz.de auf der Seite des Titels zum Download zur Verfügung.

falls meine subjektive Selbstwahrnehmung. Ich habe meinen Text aber nicht im Sinne einer quantitativen Dokumentenanalyse (vgl. Kapitel 5.1) nach weiblichen und männlichen Formen abgesucht und kann daher nicht mit objektiven Häufigkeitsangaben mein subjektives Empfinden verifizieren (= den Wahrheitsgehalt bestätigen).

Ich wünsche allen Leserinnen und hoffe für alle Leser, dass sie eine erkenntnisreiche Lektüre haben werden.

1. Was ist Wissenschaft?

1.1 Erste Annäherung auf eine Antwort – Ein Überblick

Naturwissenschaft, Geisteswissenschaft, Sozialwissenschaft, Erziehungswissenschaft, Wirtschaftswissenschaft, Rechtswissenschaft, Sprachwissenschaft, Literaturwissenschaft …

Es gibt offensichtlich nicht nur eine, sondern viele Wissenschaften. Wenn man sagen könnte, was diese viele Wissenschaften gemeinsam haben, könnte man die Wissenschaft definieren. Genau da fängt das Problem an. Es gibt die vielen Begrifflichkeiten, weil es in der Wissenschaft thematisch verschiedene Ausrichtungen gibt. Es gibt sie aber auch, weil man sich über den Begriff *Wissenschaft* an sich streiten kann. Die Wissenschaft über die Wissenschaft (= Wissenschaftstheorie) versucht, *Ordnung* in diese Diskussion zu bringen, und schon haben wir eine erste vermeintliche Gemeinsamkeit aller Wissenschaften: Sie versuchen, Ordnung zu schaffen. *Systematisches Vorgehen* ist ein Kennzeichen von Wissenschaft. Darüber gibt es viel Einigkeit. In diesem Kapitel ordnen wir den Begriff *Wissenschaft* ein wenig. Wir nehmen also eine übergeordnete Perspektive ein. Wir reden über Wissenschaft. Wenn man über etwas steht, hat man mehr Distanz zu dieser Sache. Auch das ist ein vermeintliches Kennzeichen von Wissenschaft: Man versucht nicht, subjektiv zu sein, sondern, *objektiv* (vielleicht von oben?) eine Sache zu betrachten. Wissenschaftstheorie ist also die Wissenschaft über die Wissenschaft. Aus dieser distanzierten Perspektive kann man (wie oben angedeutet) feststellen, dass es viele Wissenschaften gibt. Eine erste Ordnung hat viel mit „drüber und drunter“ zu tun, weil es übergeordnete und untergeordnete Begriffe gibt. Hierzu ein erstes Beispiel: Wenn der Begriff „Wissenschaft“ ganz oben steht, dann steht eine Wissenschaftsdisziplin bzw. ein „Fach“ wie z. B. Mathematik, Biologie, Medizin, Psychologie, Pädagogik, Heilpädagogik, Maschinenbau, Informatik etc. eher unten in der Ordnung (vgl. Tab. 1.1.1).

	Wissenschaft							
Disziplin (Beispiele)	Mathematik	Biologie	Medizin	Psychologie	Pädagogik	Heilpädagogik	Maschinenbau	Informatik

Tab. 1.1.1: Unterteilung der Wissenschaft in Disziplinen

Diese Fächer kann man an Hochschulen studieren. Das ist ein weiteres Kennzeichen von Wissenschaftlichkeit. Sie ist gebunden an eine *Institutionalisierung*. In der Regel ist die Universität oder Fachhochschule die Institution, an der Wissenschaft betrieben wird. Manchmal sind es auch andere Institute, die mit wissenschaftlichem Arbeiten beschäftigt sind, aber es bleibt dabei: In irgendeiner Form ist die Wissenschaft in unseren Gesellschaften institutionalisiert.

Zurück zur Ordnung: Wenn Wissenschaft ganz „oben" und die „Disziplinen" eher unten stehen, gibt es dann noch Begriffe, die dazwischenstehen? Ja, es gibt sie. Sie sind in dem Bemühen entstanden, Ordnung zu schaffen. Da ist z. B. der Begriff „Naturwissenschaft". Die Biologie gehört ganz sicher dazu, aber auch die Physik oder die Chemie sind klassische Fächer der Naturwissenschaften. Darüber würde sich kaum jemand streiten. Aber wie ist es mit der Psychologie? Ist sie nicht eher eine Geisteswissenschaft? Darüber lässt sich vehement streiten und Vertreter des Faches Psychologie haben das getan und tun das immer noch …

Auf dieser Zwischenebene gibt es also sehr wohl Begriffe, die dem Oberbegriff Wissenschaft untergeordnet, aber den Disziplinen nicht so eindeutig übergeordnet sind. Tabelle 1.1.2 versucht, die Ordnung und die Mehrdeutigkeit darzustellen.

	Wissenschaft									
Bereich	Formalwissenschaft	Naturwissenschaft			Sozialwissenschaft			Geisteswissenschaft	Technikwissenschaft	
Disziplin	Mathematik	Biologie	Medizin	Psychologie	Pädagogik	Heilpädagogik	Jura	Literaturwissenschaft	Maschinenbau	Informatik

Tab. 1.1.2: Differenzierung der Wissenschaft in Bereiche

In Tabelle 1.1.2 sind noch weitere Begriffe einer mittleren Ebene von Bereichen eingeführt. Die „Technikwissenschaften" vereinen unter sich die Berufe des Ingenieurwesens und haben einen sehr hohen praktischen Bezug. Berufsbezeichnungen sind oft gleichlautend wie das Fach selbst (der Maschinenbauer, der Informatiker etc.). Hingegen haben die „Formalwissenschaften" wie die Mathematik oder Philosophie zunächst keinen direkten Bezug zu einem speziellen Beruf. Sie existieren unabhängig von einer praktischen Umsetzung, sind jedoch gleichzeitig wichtige Grundlage für viele Praktiken, Techniken bzw. Berufe.

Der Begriff *Sozialwissenschaft* ist auf dieser mittleren Abstraktionsebene eingeführt worden und zeigt die Uneindeutigkeit der Verflechtung gut auf. Er ist entstanden, weil z. B. die Psychologie nicht eindeutig der Naturwissenschaft und auch nicht eindeutig der Geisteswissenschaft zugeordnet werden kann, genau wie die Pädagogik oder Heilpädagogik. Insofern überschneiden sich die ordnungsstiftenden Begriffe. Sie sind nicht eindeutig, sondern im Geflecht einer Begriffsvernetzung zu verstehen und sie sind in einer Diskussion entstanden. Die Wissenschaftsgemeinde streitet unaufhörlich über diese Begriffe und einzelne Wissenschaftler können dabei sehr unterschiedliche Verständnisse für ein und denselben Begriff haben. Auch die Vertreter einzelner Disziplinen können ein unterschiedliches Selbstverständnis für ihr Fach haben. Solche Diskussionen über die Bedeutung von Begrifflichkeiten in der und über die Wissenschaft wird auch manchmal *Diskurs* genannt. Das ist übrigens das nächste Merkmal von Wissenschaft. Wissen entsteht im Diskurs zwischen den Wissenschaftlern. Darüber sind sich alle ernstzunehmenden Wissenschaftler einig. Es gibt nicht „die eine Wahrheit" oder die „absolute Erkenntnis". Das war nicht immer so. Es ist noch gar nicht so lange her, da waren auch an Universitäten ganz bestimmte Aussagen oder Erklärungen über die Welt als absolute Wahrheiten gesetzt. Der Diskurs als ein Wesensmerkmal von Wissenschaft musste sich in der Geschichte der Wissenschaft erst durchsetzen. Wissenschaft ist also auch *zeitabhängig*. Was gestern wissenschaftlich war, wird heute von Wissenschaftlern belächelt. Das gilt für die Erkenntnisse selbst als auch für den Weg der Erkenntnisgewinnung. Letztendlich sind mit den unterschiedlichen Begriffen auf der mittleren Abstraktionsebene auch unterschiedliche Wege der Erkenntnisgewinnung verbunden. Ein Chemiker oder Biologe wendet insbesondere das naturwissenschaftliche Experiment an, um neue Erkenntnisse zu gewinnen. Physiker können die Atome nicht interviewen, um deren Verhalten zu erklären. Sozialwissenschaftler hingegen befragen andauernd Menschen, um Erklärungen für deren Verhalten zu erhalten. Es gibt also fachspezifische Methoden. Es gibt aber auch fächerübergreifende Methoden: Sowohl Naturwissenschaftler als auch Sozialwissenschaftler bedienen sich der Mathematik (insbesondere der Statistik), um die Gesetzmäßigkeiten (= Ordnungen) in ihrem Fach zu finden und darzustellen. Es ist also kein Wunder, dass viele Psychologen ihr Fach als eine Naturwissenschaft begreifen. Andererseits geht es in den Sozialwissenschaften immer um den Menschen. Daher spricht man auch manchmal von Humanwissenschaften oder auch Gesellschaftswissenschaften. Das unterscheidet die Sozialwissenschaften von den Naturwissenschaften, aber eben nicht ganz und gar, weil der Mensch auch Teil der Natur ist. Der Mensch hat aber etwas, was lange Zeit und immer noch als ein Alleinstellungsmerkmal des Menschen betrachtet wurde und wird: den Geist. Kein anderes Wesen auf der Erde hat so hohe geistige Fähigkeiten wie der Mensch. Das behaupten zumindest die meisten Menschen und auch die meisten Wissenschaftler. So gibt es den Begriff der Geisteswissenschaft. Allerdings ist dieser Begriff im Begriffsnetzwerk der Wissenschaft stark kulturgebunden. Es gibt ihn quasi nur in der deutschen Sprache. Daran sieht man: Wissenschaft ist *kulturabhängig*. Sie existiert nicht unabhängig von den Kulturen auf unserer Erde. Die sogenannte *westlich geprägte Wissenschaft* hat sich bis jetzt stark durchgesetzt. Manche finden das bedenklich.

Warum bedenklich? Mit der westlich geprägten Art von Wissenschaft ist eine ganz bestimmte Art und Weise des Denkens verbunden. Es könnte sein, dass diese spezielle Form des Denkens eine Art Bedingung für den Wissenschaftsbetrieb darstellt. Wenn man anders denkt, stellt man andere Fragen und bekommt andere Antworten. Solche abstrakten Gedankenspiele sind ebenfalls Teil des Diskurses der Wissenschaft.

An dieser Stelle soll es aber wieder etwas konkreter werden. In Tabelle 1.1 wurde den Technikwissenschaften das bestimmende Merkmal des berufsfeldbezogenen Praxisbezuges zugeschrieben. Das gilt aber genauso für die hier besonders interessierende Heil- und Sonderpädagogik. „Heilpädagogin", „Lehrerin", „Logopädin" etc. sind Berufsbezeichnungen genau wie „Informatiker" oder „Maschinenbauer". Der Mathematik oder Philosophie wurde dieser Praxisbezug zwar nicht abgesprochen, jedoch ist deren Praxisbezug eher indirekt. Die Mathematik oder auch die Physik genauso wie die Philosophie existieren zunächst ohne einen festen Praxisbezug. Sie sind handlungsfeldübergreifend. Sie können in mehr oder weniger allen Handlungsfeldern eine Bedeutung haben. Zunächst existieren sie aber für sich selbst. Sie haben damit ein Merkmal, das man mit dem Begriff *Grundlagenwissenschaft* benennt. Die Grundlagenwissenschaft schafft Wissen zunächst mal nur um der Erkenntnis selbst willen. Der Praxisbezug ist vordergründig nicht notwendig, um ihre Existenz als Wissenschaftsdisziplin zu rechtfertigen. Ganz anders sieht es bei all den Wissenschaftsdisziplinen aus, die einen Anwendungsbezug oft im Namen tragen. Maschinenbauer gibt es, um Maschinen zu bauen, Sprachtherapeutinnen betreiben Sprachtherapie und Lehrerinnen lehren.

Daher gibt es in Abgrenzung zu den Grundlagenwissenschaften die sogenannten *Angewandten Wissenschaften*. Sie haben ihren Sinn und Zweck in einem Anwendungsgebiet. Ohne dieses Anwendungsgebiet (= Handlungsfeld oder Praxis) hätten sie keine Berechtigung, eine wissenschaftliche Disziplin zu sein. Die Angewandten Wissenschaften sind eher an Fachhochschulen positioniert. Die Grundlagenwissenschaften finden sich eher an den Universitäten. Diese Trennung ist aber nicht durchgängig so. Die Medizin z. B. ist eine hochgradig anwendungsorientierte Wissenschaftsdisziplin und wird seit Beginn der universitären Ausbildung an den Universitäten gelehrt. Die Verflechtung zwischen den Angewandten Wissenschaften und den Grundlagenwissenschaften ist vielfältig. Die Erkenntnisse der Medizin beruhen in vielerlei Hinsicht auf den naturwissenschaftlichen Erkenntnissen wie z. B. denen aus der Chemie. Auch die Sprachtherapie beruht in vielerlei Hinsicht auf dem Wissen aus den Sprachwissenschaften (= Linguistik). Weder gibt es die Chemie wegen der Medizin noch die Linguistik wegen der Sprachtherapie. Auch die Psychologie gibt es nicht wegen der Psychotherapie oder der Heilpädagogik, obwohl sich viele anwendungsorientierte Konzepte der Psychotherapie oder Sonderpädagogik auf Theorien aus der Psychologie berufen. Medizin, Sprachtherapie, Psychotherapie oder Heilpädagogik sind für die Grundlagenwissenschaften Chemie, Physik, Linguistik oder Psychologie Anwendungsgebiete unter vielen anderen. Grundlagenwissenschaften schaffen also Wissen um des Wissens willen. Sie sind dem „reinen" Erkenntnisgewinn verpflichtet. So jedenfalls lautet das Ideal der freien (Grundlagen-)Wissenschaft. Sie ist nur sich selbst verpflichtet und sollte daher frei von Interessen der möglichen Anwendungsgebiete sein. Einige Wissenschaftler zweifeln an dieser idealistischen Vorstellung von Wissenschaft und meinen, dass Wissenschaft immer ein Ziel hat, das mit irgendwelchen Interessen verknüpft ist. In der uns hier vornehmlich interessierenden Heilpädagogik ist das auf jeden Fall so: Sie hat ausdrücklich das Ziel und das Interesse, für die aus unterschiedlichen Gründen benachteiligten Menschen eine Hilfe zu sein.

Die Tabelle 1.1.3 ist eine weitere Differenzierung des Begriffsnetzwerkes „Wissenschaft". Es sind die Begriffe Grundlagenwissenschaft und Angewandte Wissenschaft direkt unter dem Begriff Wissenschaft eingearbeitet und mit den Disziplinen verknüpft worden. Außerdem ist die Sozialwissenschaft ausdifferenziert.

Wissenschaft									
Grundlagenwissenschaften				Angewandte Wissenschaften					
	Naturwissenschaft – Geisteswissenschaft – Sozialwissenschaft – quantitativ vs. qualitativ – Mixed-Methods							Technikwissenschaft	
Mathematik	Biologie	Medizin	Psychologie	Pädagogik	Heilpädagogik	Jura	Literaturwissenschaft	Maschinenbau	Informatik
Philosophie	Chemie, Physik								

Tab. 1.1.3: Weitere Differenzierung der Wissenschaftsdisziplinen

Man spricht und liest immer wieder von dem quantitativen und dem qualitativen *Paradigma* innerhalb der Sozialwissenschaften. In neuester Zeit wird der Begriff „Mixed-Methods" als ein drittes Paradigma diskutiert. Ein Paradigma ist ein in sich logisches Gedankengebäude, welches wie eine Art Glaubensbekenntnis wirkt, weil es aus nicht prüfbaren Vorannahmen besteht. Wer sich an dieser Stelle wundert, warum in der Wissenschaft so etwas wie ein „Glaubensbekenntnis" einen Platz hat, wo es doch eigentlich um „Wissen" gehen sollte, der kann Victor Hugo glauben, einem französischen Schriftsteller, dem man folgendes Zitat zuschreibt: „Zu glauben ist schwer, nichts zu glauben ist unmöglich". Oder er hält es mit Marie von Ebner-Eschenbach, einer deutschen Erzählerin, die Folgendes gesagt haben soll: „Wer nichts weiß, muss (alles) glauben". Wie man auch immer zum Glauben in der Wissenschaft steht, es scheint so etwas Ähnliches wie Religiosität mit den dazugehörigen Glaubenskriegen in der Sozialwissenschaft zu geben.

Worum geht es bei dem Paradigmenstreit (Döring & Bortz, 2016, S. 31 ff.)? Im Kern geht es um ein unterschiedliches Verständnis darüber, was man in der Sozialwissenschaft überhaupt untersuchen kann. Es geht um die Beschaffenheit des Gegenstands der Sozialwissenschaft: Gibt es überhaupt so etwas wie eine objektive soziale Wirklichkeit oder ist Wirklichkeit nicht immer subjektiv konstruiert von uns Menschen? Davon nicht unabhängig gehört zum Paradigmenstreit der Glaube an einen vermeintlich „besseren" Weg der Erkenntnisgewinnung: Die einen (quantitativ orientierten) bevorzugen ein grundsätzlich theoriebasiertes und klar strukturiertes Vorgehen, bei dem man Wirklichkeit zunächst in kleine Teilchen zerlegt und deren (auch kausalen) Zusammenhang versucht systematisch darzustellen. Die anderen glauben eher an die unvoreingenommene (das heißt: theoriefreie) Herangehensweise, bei der man zunächst bewusst auf Struktur verzichtet und weniger analytisch, sondern eher synthetisch (ganzheitlich) denkt. Das Mixed-Methods-Paradigma versucht, beide Perspektiven zu verknüpfen, und ist daher ein Ausdruck der Integration der zwei vermeintlich gegensätzlichen Paradigmen. Diese paradigmatischen Strömungen der Sozialwissenschaften haben sich so stark etabliert, dass fast jedes Lehrbuch der sozialwissenschaftlichen Forschungsmethodik die Einteilung in quantitative und qualitative Strategien, Ansätze bzw. Methoden übernommen hat. Was sich genau dahinter verbirgt durchzieht auch dieses Buch wie ein roter Faden und wird in den folgenden Kapiteln immer wieder thematisiert. Das Grundsätzliche ist aber gesagt: Es sind unterschiedliche Denkweisen und Vorstellungen von der Beschaffenheit der sozialen Welt und von der Art und Weise, wie man diese untersuchen sollte.

Die Ordnung der Tabelle 1.1.3 ist natürlich diskussionswürdig. Sie beansprucht keinen endgültigen Wahrheitsgehalt. Auch das ist ein Zeichen von moderner Sozial-Wissenschaftlichkeit: Sie kann nichts beweisen, keine absolute Wahrheit finden. Sie kann lediglich mit einer bestimmten *Wahrscheinlichkeit* eine Aussage verwerfen oder bestätigen. Wissenschaftliche Ordnungen sind bestenfalls gut begründete und aufgrund von systematischer Erfahrung *bewährte Ordnungsvorschläge*.

Die Ordnung der Tabelle 1.1.3 erfüllt einen Zweck. Sie kann die Verflechtungen von abstrahierenden Begrifflichkeiten der mittleren Ebenen (= Bereiche) mit den Disziplinen der untersten Ebene zumindest beispielhaft andeuten. Sie zeigt auch, dass es keine eindeutige Ordnung gibt.

An dieser Stelle soll dieser ordnungsschaffende Ansatz vorläufig beendet werden. Es sei ein metaphorischer Zugang in Form einer Übung erlaubt:

Übung:
(Zeitbedarf ca. 10 Minuten)

Beantworten Sie die folgende Frage spontan: **Welche Farbe hat Wissenschaft?**

Nehmen Sie sich einen Stift und ein Papier und schreiben Ihre spontane Antwort nieder.

Nach dieser spontanen Antwort überlegen Sie sich, was Ihre Antwort für eine Bedeutung haben könnte, und skizzieren Sie diese Überlegungen stichwortartig unter die Antwort.

Lesen Sie nun die im **Anhang 1.1.1 zugängliche Übungsbeschreibung**, welche deren Hintergrund erklärt und in der weitere Kennzeichen von Wissenschaft erläutert werden.

Bei der ersten Annäherung an die Antwort auf die Frage „Was ist Wissenschaft?" wurde das Denken und die Reflexion über den Begriff „Wissenschaft" in den Vordergrund gestellt. Die Ordnung der Begrifflichkeiten (vgl. Tab. 1.1.1 bis 1.1.3) ist vornehmlich ein Denkprozess. Die Unterscheidung zwischen qualitativem und quantitativem Paradigma wurde ebenfalls mit verschiedenen Denkweisen dargestellt und auch die Übung zur Assoziation von Farben im Zusammenhang mit dem Begriff „Wissenschaft" zielt auf die Konstruktion eines Denkprozesses ab. Im 2. Kapitel geht es schwerpunktmäßig um das Handeln: Was tun Wissenschaftler eigentlich? Davor wird in Kapitel 1.2 das vorherrschende Ordnungsprinzip in den Sozialwissenschaften genauer betrachtet.

Zum Abschluss des Kapitels 1.1 gibt es noch eine Aufgabe, die Sie anregen soll, das schon Gelesene zu „über"-denken.

Aufgabe: Beurteilen Sie die Aussagen nach ihrem Wahrheitsgehalt.
Markieren Sie die Aussagen, die aus Ihrer Perspektive eher „wahr" sind.

1. Die Heilpädagogik gehört zu den Grundlagenwissenschaften, weil sie die Grundlagen für eine berufliche Tätigkeit erforscht.
2. In der qualitativen Sozialwissenschaft geht es um die Qualität von Forschung.
3. In der quantitativen Sozialforschung spielt das analytische Denken eine herausragende Rolle.
4. Das Mixed-Method-Paradigma leistet einen Beitrag zur Verbindung der beiden traditionellen Paradigmen qualitative und quantitative Sozialforschung.
5. Es werden nur eindeutige Begrifflichkeiten für den wissenschaftlichen Diskurs zugelassen.

Einen Lösungsvorschlag finden Sie im Anhang 1.1.2

1.2 Zweite Annäherung – Wissenschaft schafft Wissen durch Ordnung

Ein Kerngeschäft der Wissenschaft ist es, Ordnung zu schaffen. Das ist ein gestalterischer Akt und hat viel mit „Suchen", „Entdecken", „Sammeln" zu tun. Das Werkzeug ist oftmals die Sprache. Sie schafft Wissen, indem sie Begriffe findet oder bildet. In der Wissenschaftssprache gibt es auch dafür einen Begriff: Konstruktion. Begriffe, die Sozialwissenschaftler erschaffen, um einen Sachverhalt zu benennen, heißen daher auch „*Konstrukte*". Manchmal sind solche Konstrukte auch in der Alltagssprache bekannt oder sie sind durch die Wissenschaft in die Alltagssprache gelangt. Der Begriff „Intelligenz" ist wahrscheinlich eines der bekanntesten Konstrukte aus der Psychologie. Es kann aber auch andersherum laufen. Ein Begriff, den die Menschen in ihrem Alltag, in ihrer Kultur schon lange kennen, erlangt eine wissenschaftliche Bedeutung, indem das Phänomen, welches hinter dem Begriff steckt, von Wissenschaftlern untersucht und damit ausdifferenziert, eben mit einer Ordnung versehen wird. Ein Beispiel ist der Begriff „Temperament".

An den beiden Begriffen *Intelligenz* und *Temperament*, die auch für die Heil- und Sonderpädagogik eine Bedeutung haben, sei die wissenschaftliche Begriffsbildung mit ihrer ordnungsstiftenden Funktion beispielhaft erläutert. Zunächst die Intelligenz:

Die Ordnung des Konstrukts Intelligenz

Der Begriff taucht zum ersten Mal im Zusammenhang mit einem Verfahren auf, welches im Auftrag der französischen Regierung von der *Gesellschaft für Kinderpsychologie* erschaffen wurde, um geistig behinderte Kinder zu identifizieren. Diese sollten vom normalen Schulunterricht separiert werden, weil man annahm, dass sie von diesem Unterricht nicht profitieren können. Es wurde also so etwas wie *geistige Fähigkeiten* mit dem Verfahren gemessen und mit dem sogenannten *Intelligenzalter* angegeben. Ein geistig durchschnittlich leistungsfähiger Achtjähriger hatte das Intelligenzalter eines Achtjährigen, ein geistig unterdurchschnittlich fähiger Achtjähriger aber ein geringeres Intelligenzalter, vielleicht nur das von einem Dreijährigen. Im Zuge der Weiterentwicklung dieses Verfahrens wurden viele Konzepte erschaffen, die allesamt versuchten, den Begriff Intelligenz zu definieren. Spearman (1904) erschuf den g-Faktor der Intelligenz. G steht für „general" und postuliert, dass es so etwas wie eine *allgemeine Intelligenz* gibt, die sich allerdings in mehrere Teilbereiche differenzieren lässt.

Der Begriff *Intelligenz* bezeichnet also eine Sammlung von kognitiven Fähigkeiten und ist extrem abstrakt. Die nächste, etwas weniger abstrakte Ebene wurde von Catell (1963) eingeführt. Er benannte die von ihm postulierten zwei Unterarten *fluide und kristalline Intelligenz*. Fluide Intelligenz steht für so Fähigkeiten wie Problemlösen, Lernfähigkeit oder Mustererkennung. Kristalline Intelligenz hat eher was mit erworbenem Wissen und Erfahrung zu tun. Die so entstandene Ordnung kann man in einem Modell wie in Tabelle 1.2.1 dargestellt skizzieren.

Höchstes Abstraktionsniveau	**Intelligenz**	
Erste Abstraktionsreduktion	Fluide Intelligenz ist eher veranlagt.	Kristalline Intelligenz nimmt mit dem Lebensalter zu und ist eher erworben.
Zweite Abstraktionsreduktion	Problemlösen, Lernfähigkeit, Schlüsse ziehen, Zusammenhänge und Beziehungen erfassen	Wissen, Erfahrungen

Tab. 1.2.1: Ordnungsvorschlag zur Intelligenz

In der weiteren Entwicklung des Intelligenzbegriffs differenzierte sich der Begriff immer weiter, bis dahin, dass Gardner (1983) von *multiplen Intelligenzen* sprach und so verschiedene Intelligenzen wie musikalisch-rhythmische, sprachlich-linguistische, bildlich-räumliche, körperlich-kinästhetische, logisch-mathematische, interpersonale, intrapersonale etc. postulierte. Die so entstandene Ordnung wird oft wie in Tabelle 1.2.2 modellhaft dargestellt.

Hohe Abstraktion	**Multiple Intelligenz**						
Mittlere Abstraktion	musikalisch-rhythmische	sprachlich-linguistische	bildlich-räumliche	körperlich-kinästhetische	logisch-mathematische	interpersonale	intrapersonale
Geringe Abstraktion (konkret)	Tonhöhen und Rhythmus wahrnehmen und wertschätzen können	Sensibilität für Laute, Rhythmen und Bedeutungen von Wörtern sowie für die Funktion von Sprache	visuelle bildlich-räumliche Wahrnehmung und Gestaltungsfähigkeit	Körper geschickt einsetzen und Gegenstände geschickt handhaben	Interesse und Fähigkeit für logische und numerische Zusammenhänge	Stimmungen, Temperamente, Motivation und Absichten anderer Menschen zu erkennen und zu beeinflussen	eigene Gefühle, Stärken, Schwächen, Wünsche erkennen und steuern können

Tab. 1.2.2: Ordnungsvorschlag zur multiplen Intelligenz

In der Tradition Gardners wurden auch solche Konstrukte wie *emotionale Intelligenz* oder *praktische Intelligenz* erschaffen, die weniger eine inhaltliche Neuheit, sondern eher einen alternativen Ordnungsvorschlag darstellen. So könnte man die *Emotionale Intelligenz* der interpersonalen und intrapersonalen Intelligenz überordnen und die *praktische Intelligenz* der bildlich-räumlichen und körperlich-kinästhetischen aus der Ordnung der multiplen Intelligenzen von Gardner (vgl. Tab. 1.2.2).

Der Begriff Intelligenz wurde von der modernen Wissenschaft (hier der Psychologie) in den Alltagswortschatz getragen. Wissenschaftssprache und Alltagssprache teilen zwar den Bedeutungskern, doch ist die Wissenschaftssprache differenzierter und geordneter.

Die Ordnung des Begriffs Temperament

Beim Begriff *Temperament* war der Weg ein anderer, denn dieser Begriff taucht schon in der Antike in seiner auch heute noch gebräuchlichen Art auf. Der griechische Arzt Hippokrates (ca. 400 vor Chr.) meinte damit die *Wesens- oder Gemütsart* eines Menschen und machte schon damals einen Differenzierungsvorschlag auf der Grundlage von Körpersäften, der heute noch bekannt ist (vgl. Tab. 1.2.3).

Hohe Abstraktion	Temperament			
Mittlere Abstraktion	der Melancholiker	der Phlegmatiker	der Choleriker	der Sanguiniker
Geringe Abstraktion (konkretere Ausprägung)	gefühlvoll und selbstbezogen, idealistisch und enttäuscht, verletzlich und grüblerisch, sensibel und künstlerisch veranlagt, gründlich und treu, zuverlässig und selbstdiszipliniert, pessimistisch und unentschlossen	ruhig und ausgeglichen, gutmütig und friedliebend, nüchtern und praktisch, langsam und faul, kalt, sachlich und gleichgültig, selbstsüchtig und unmotiviert	tatkräftig und entschlussfreudig, willensstark und zuversichtlich, gefühlsarm und wenig mitempfindend, schroff und dickfellig, eigensinnig und unnachgiebig, herrschsüchtig und jähzornig	aktiv und ruhelos, warmherzig und charmant, offenherzig und redselig, unbefangen und unterhaltsam, liebenswürdig und lebhaft

Tab. 1.2.3: Ordnungsvorschlag zum Temperament aus der Antike

Die moderne Wissenschaft nahm diesen Begriff auf und beschäftigte sich intensiver mit seiner Erklärung. Die Behavioristen versuchten, z. B. das Temperament auf Grundlage von Umwelteinflüssen zu erklären, die Psychoanalytiker eher mit der Veranlagung zu einer gewissen Triebhaftigkeit. Auch hier entstanden letztendlich verschiedene Ordnungen, die den abstrakten Begriff in weniger abstrakte *Dimensionen* oder *Typen* einteilte und auf konkreter Ebene diesen Dimensionen oder Typen ganz bestimmte Verhaltensweisen zuordnete. Auch hierfür wird ein Ordnungsvorschlag (vgl. Rothbart & Bates in Siegler, 2006, S. 369 ff.) für das kindliche Temperament in Tabellenform gegeben (vgl. Tab. 1.2.4).

Hohe Abstraktion	**Temperament**				
Erste mittlere Abstraktion (hier Typen genannt)	Gehemmt-überkontrolliert -------- Impulsiv-unbeherrscht -------- Ich-stark				
Zweite mittlere Abstraktion (hier Dimensionen genannt) mit Beschreibung	*angstvolles Unbehagen:* Unbehagen und Rückzug in neuen Situationen	*reizbares Unbehagen:* Aufgeregtheit, Wut, Frustration	*Aufmerksamkeitsspanne und Ausdauer:* Dauer der Zuwendung zu Objekten oder Ereignissen, die von Interesse sind	*Aktivitätsniveau:* wie viel ein Kind sich bewegt	*positiver Affekt/ Annäherung:* Annäherung an Menschen, Kooperationsbereitschaft
Niedrige Abstraktion (hier konkrete Verhaltensbeispiele)	fürchtet sich vor lauten Geräuschen vs. keine Angst vor großen Tieren	Wutanfälle, wenn es nicht bekommt, was es will	beim Bauen, Zeichnen oder Malen lange vertieft in sein Tun	Rennen, krabbeln, Arme bewegen vs. still und ruhig sitzen	Lächeln, Lachen vs. ernster Gesichtsausdruck

Tab. 1.2.4: Ordnungsvorschlag zum kindlichen Temperament aus der modernen Sozialwissenschaft

Abstraktionsniveau als Ordnungsprinzip

Ordnungsvorschläge in der Sozialwissenschaft haben, wie durch die Beispiele versucht wurde zu illustrieren, immer eine ähnliche Struktur. Sie differenzieren einen abstrakten Begriff in weniger abstrakte Dimensionen, Kategorien, Skalen, Typen etc. einer mittleren Abstraktionsebene. Es kann auch durchaus mehrere mittlere Abstraktionsebenen geben, so wie im Beispiel für das Temperament, in dem die Typen eine abstraktere Differenzierung darstellen als die Dimensionen (vgl. Tab. 1.2.4). Am unteren Ende der Abstraktionshierarchie stehen immer konkrete, beobachtbare Verhaltensweisen. Forscher sprechen bei dem Weg vom abstrakten Konstrukt zur beobachtbaren Verhaltensweise von *Operationalisierung*. Dies ist insbesondere für die Konstruktion von wissenschaftlichen Beobachtungsverfahren und Fragebögen wichtig und wird in Kapitel 3 genauer besprochen.

Mit dem Begriff „*Hierarchie*" ist ein häufig zu findendes Ordnungsprinzip benannt. Die Ordnungsvorschläge gleichen oftmals *hierarchischen Netzwerken,* wie man sie auch aus Klassifikationssystemen der Naturwissenschaften kennt (vgl. Abb. 1.2.1).

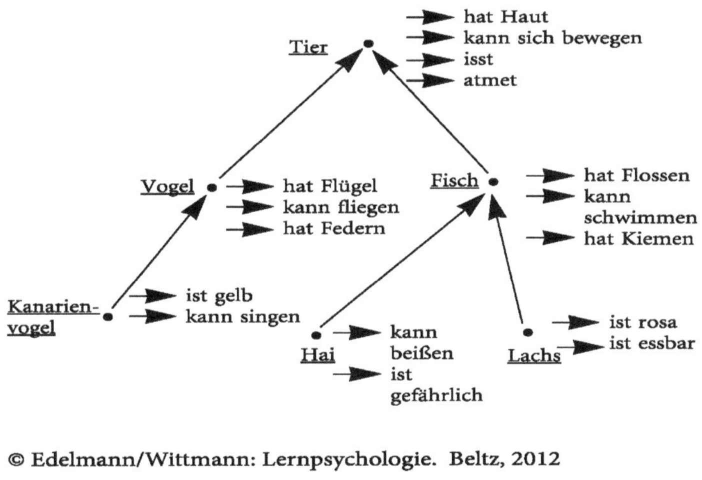

Abb. 1.2.1: Naturwissenschaftliches Ordnungssystem aus der Biologie, Chemie o. ä. als hierarchisches Netzwerk

Mit solchen hierarchischen Netzwerken können auch Entwicklungsprozesse beschrieben werden, wie z. B. die Wortschatzentwicklung eines Kindes (vgl. Abb. 1.2.2).

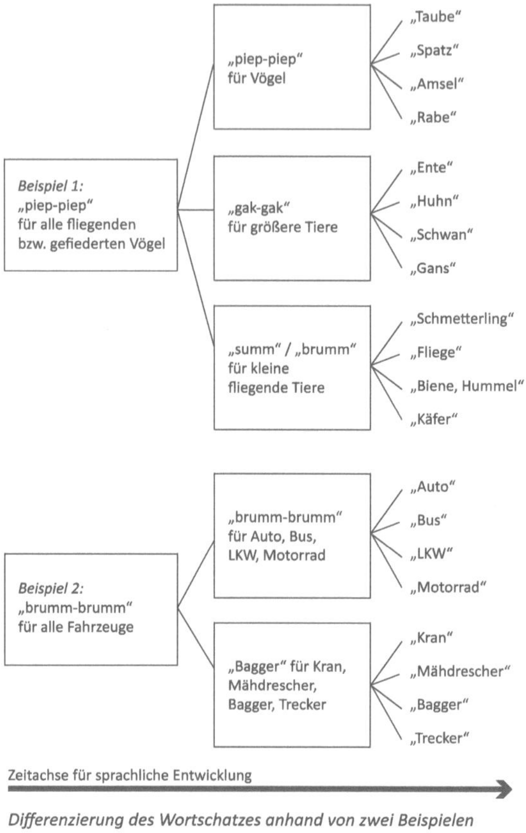

Abb. 1.2.2: Wortschatzentwicklung eines Kindes im frühen Spracherwerb als hierarchisches Netzwerk (aus Brügge & Mohs, 2012, S. 37)

In der logischen Über- und Unterordnung liegt die Systematik. Nicht immer ist diese Systematik so streng hierarchisch. Dann gleichen die Modelle eher einer Mindmap. Abbildung 1.2.3 ist so eine Mindmap und differenziert die Unterrichtsmethodik einer Lehrerin.

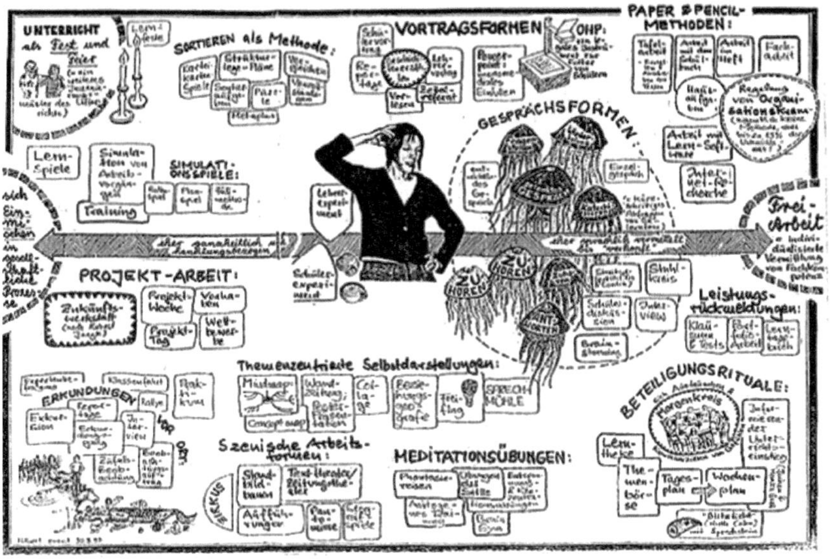

Abb. 1.2.3: Mindmap als wenig hierarchisierte Ordnung (hier zur Darstellung der Unterrichtsmethodik einer Lehrerin)

Ordnungen sind darin deutlich zu erkennen (z. B. nach links eher ganzheitliche und nach rechts eher sprachlich vermittelte Methoden) und Gewichtungen zu vermuten (z. B. erscheinen die Gesprächsformen sehr wichtig, weil sie ganz nah an der Lehrerin positioniert sind). Eine Hierarchie ist ebenfalls offensichtlich, denn jede einzelne Methodik wird mit Beispielen „gefüllt“ (z. B. findet man unter Meditationsübung die Phantasiereise), die Hierarchie im Sinne von „über- und untergeordnet“ ist aber nicht so leicht zu erkennen. Man kann diese Mindmap in eine „strengere“ Hierarchie mit unterschiedlichen Abstraktionsebenen überführen (vgl. Tab. 1.2.5).

Hohe Abstraktion	**Unterrichtsmethodik**					
Erste mittlere Abstraktion	Vortragsform	Projektarbeit	Paper-Pencil	Simulations-spiel	Beteiligungs-rituale	etc.
Zweite mittlere Abstraktion	z. B. Lehrervortrag, Schülervortrag, Vorlesen, Zettelreferat	z. B. Projektwoche, Projekttag, Wettbewerb	z. B. Tafel,- Heft,- Facharbeit	z. B. Rollenspiel, Planspiel	z. B. Morgenkreis, Lerntheke, Themenbörse	
Niedrige Abstraktion	hier würden konkrete Handlungsbeschreibungen der zweiten mittleren Abstraktionsebene stehen					

Tab. 1.2.5: Transfer der Mindmaps aus Abb. 1.2.3 in einen eher hierarchischen Ordnungsvorschlag

Die (wissenschaftlich orientierte) Fachwelt ist voll von hierarchischen Kategoriensystemen. Das betrifft auch die Heil- und Sonderpädagogik:

- Verhaltensauffälligkeiten oder -störungen werden in internalisierende und externalisierende unterteilt (Fröhlich-Gildhoff, 2018),
- Störungen des Schriftspracherwerbs in Lese- und Rechtschreibstörungen und der Kombination von beidem differenziert (Klicpera et al., 2020),
- allgemeine Entwicklung in Entwicklung der Körpermotorik, Handmotorik, Kognition, Sprache und sozial-emotionaler Entwicklung eingeteilt (Petermann & Macha, 2013).

usw.

Jede Fachlichkeit entwickelt ihr eigenes Ordnungssystem mit einer eigenen Terminologie und streitet leidenschaftlich um die beste Ordnungs- und Kategorienbildung. Insbesondere um die abstrakten Begriffe wird gerungen. Wie soll man es sagen: *verhaltensauffällig* oder *verhaltensgestört* oder *verhaltensoriginell* oder …?

Wenn solche Ordnungs- und Kategoriensysteme auf wissenschaftliche Art und Weise zustande kommen, ist damit ein gewisser Anspruch verbunden. Der wissenschaftliche Weg der Findung von solchen Gesetzmäßigkeiten stellt für sich selbst ebenfalls eine Systematik dar. Sozialforschung hat eine eigene Terminologie und die Wissenschaftsgemeinschaft diskutiert auch diese sogenannte *Methodologie*. Die Frage, die dahintersteckt, könnte lauten: Wie kommt Wissenschaft zu Wissen? Oder: Wie betreibt man am besten Erkenntnisgewinn bzw. welche Handlungen und Tätigkeiten sind mit Erwerb von Wissen verbunden? Das sind Fragen, die auch die Praktikerinnen beschäftigen, denn Praktiker wollen ebenfalls Erkenntnisse gewinnen, z. B. um ihre Klienten besser zu verstehen oder angemessene Entscheidungen zu treffen, wie z. B. nützliche Interventionen für und mit den Klienten durchzuführen.

Die Kapitel 3 und 4 beschäftigen sich daher intensiv mit dem Weg der Erkenntnisgewinnung.

Zuvor wird im zweiten Kapitel eine Kernfrage der Wissenschaft thematisiert. Die Frage *Was ist eine Theorie?* ist deshalb so wichtig, weil das Wissen, welches geschaffen wird, in der Wissenschaft als Theorie formuliert wird.

2. Was ist eine Theorie?

Auf die Frage „Was ist eine Theorie?“ gibt es sehr unterschiedliche Antworten. Eine erste Antwort auf die gestellte Frage und eine vorläufige Definition von Theorie könnte sein:

> Eine Theorie ist eine Ansammlung von Begriffen und Aussagen, die einen Sachverhalt ordnend beschreiben und erklären bzw. verständlich machen sollen sowie eine Lösung für Probleme anbieten wollen oder Vorhersagen im Zusammenhang mit dem Sachverhalt ermöglichen.

Wenn wir diese Definition im Folgenden näher betrachten, werden wir uns einem Beispiel aus der Heilpädagogik bedienen, welches immer wieder aufgegriffen wird. Es werden noch weitere Begriffe gebraucht, die in dieser Definition von Theorie zwar nicht vorkommen, aber das Verständnis einer Theorie doch wesentlich bestimmen. Es werden z. B. verwandte Begrifflichkeiten wie Konstrukt, Konzept oder Modell ins Spiel gebracht. Es werden die Tätigkeiten genauer betrachtet, die mit dem Entwickeln einer Theorie einhergehen. Es wird von „Theoretisieren“ oder von „Theoriearbeit“ gesprochen und es werden verschiedene Merkmale von Theorien beschrieben, so dass ein umfassendes Verständnis von dem Begriff „Theorie“ entstehen kann.

Außerdem wird immer wieder der Vergleich zwischen Alltagstheorie und wissenschaftlicher Theorie gesucht, denn zwischen diesen beiden Kontexten gibt es viele Ähnlichkeiten. Trotzdem lassen sich in diesem Vergleich eher mit Hilfe der Unterschiede die Bedeutung des Begriffs „Theorie“ im Allgemeinen und seine spezielle Bedeutung im Alltag und seiner speziellen Bedeutung für die Wissenschaft schärfen.

Aus dem Einführungskapitel kennen wir schon zwei übergreifende Merkmale von Wissenschaft, die auch für deren Theorien gelten. Es ist die besondere *Systematik* (Ordnung), welche wissenschaftliche Theorien prägen, und die relativ *hohe Bewusstheit*, mit der Wissenschaftler im Vergleich zum Alltagsmensch die Theorien entwickeln und prüfen.

Ein konstruiertes Beispiel

Da wir den Bezug zur Heilpädagogik herstellen wollen, konstruieren wir aus einer alten, aber immer noch aktuellen Diskussion aus der Entwicklungspsychologie zwei kurze und sehr prägnante Theorien. Inhaltlich geht es um den Stellenwert von Anlage und Umwelt beim ursächlichen Erklären von Verhalten. Im Beispiel geht es um die heilpädagogisch relevante Verhaltensauffälligkeit, im speziellen um aggressives Verhalten.

- Eine Theorie A stellt folgende Aussage auf: Aggressives Verhalten wird durch Einflüsse aus der Umwelt gelernt.
- Eine andere Theorie B sagt Folgendes aus: Aggressives Verhalten ist angeboren und es gibt Menschen, die mehr und weniger mit diesem Erbe belastet sind.

Heute würde kaum jemand mehr diese Positionen so strikt und so undifferenziert vertreten, aber tendenziell geht es auch heute noch darum, ob aggressives Verhalten eines Menschen mehr von außen (Umwelt) oder mehr von innen (Anlage) heraus erklärbar ist. Für die weiteren Ausführungen behalten wir zunächst die undifferenzierten Versionen der beiden Theorien A und B bei.

Vom Abstrakten zum Konkreten

Eine Theorie ist meist mehr oder weniger *abstrahierend* und unterscheidet sich dementsprechend vom Empirischen (= konkret auf Erfahrung Beruhendem) durch eine, wenn man so will, übergeordnete Perspektive, die einen Sachverhalt mit abstrakten Begrifflichkeiten in allgemeinerem Sinne zu fassen versucht.

Abstrahierend sind beide Theorien, weil noch gar nicht klar ist, was Aggression überhaupt sein soll. In den Aussagen wird die empirische Ebene nicht genauer gefasst, es bleibt offen wie aggressives Verhalten sich eigentlich zeigt. Daher ist eine Anforderung an eine sozialwissenschaftliche Theorie, dass sie einen Bezug zur Empirie hat. Diesen Bezug schafft man über die sogenannte *Operationalisierung*. Damit meint man die Überführung des abstrakten Begriffes auf eine konkret beobachtbare Ebene. Der erste Schritt ist meist eine sprachliche Definition des abstrakten Begriffes. Eine für die Heilpädagogik relevante Definition von Aggression stammt aus der Psychologie und lautet:

> Aggression bezeichnet in der Psychologie jedes körperliche oder verbale Verhalten, das bewusst ausgeführt wird und in vielen Fällen in der Absicht geschieht, jemanden zu verletzen oder zu schädigen. (in Anlehnung an Stangl, 2021)

Damit ist der Akt der Operationalisierung aber noch nicht vollzogen, denn nun muss man noch weiter definieren, was „verletzen" oder „schädigen" meint und wie man eine „Absicht" erkennen kann.

Das gelingt bei „verletzen" leicht, wenn man körperliche Zeichen als Verletzung betrachtet (eine Beule, eine Schnittwunde, ein Bluterguss etc.). Insofern wäre man, was die körperliche Seite innerhalb der Definition angeht, an einem Punkt der Operationalisierung angelangt, der sehr konkret und beobachtbar ist. Man kann z. B. den Bluterguss, der durch einen Schlag entstanden ist, als eine Auswirkung von Aggression betrachten. Operationalisieren wird auch manchmal als „ins Messbare überführen" verstanden. Das Vorhandensein eines Merkmals wie dem Bluterguss kann für sich schon als Messung verstanden werden. Man könnte auch an der Anzahl der vorhandenen Blutergüsse den Grad der körperlichen Aggression festmachen. Das entspricht dem, was man unter Messung versteht, weil man durch das Zählen von Häufigkeiten mit Zahlen operiert und das Messen meist mit einer Zahlenangabe verbunden ist (z. B. 10 cm lang oder 3 kg schwer). Quantitativ orientierte Wissenschaftler vergeben auch für das bloße Vorhandensein manchmal Zahlen, so z. B. für das Nicht-Vorhandensein eines Blutergusses eine Null und für dessen Vorhandensein eine Eins. Man könnte auch noch die Größe der Blutergüsse erfassen und dies als Zeichen des Ausmaßes der Aggression deklarieren. Damit ist man in einem Bereich, der im Alltag sehr eindeutig als Messung verstanden wird, weil man hier eine Flächenberechnung durchführen muss. Diese Überführung von Theorie in Empirie (= Operationalisierung) ist allerdings diskussionswürdig. Die diskussionswürdige Frage lautet: Ist die Oberflächengröße von Blutergüssen oder ihre Anzahl oder ihr bloßes Vorhandensein ein angemessenes Maß für Aggression und ihre Ausprägung? Wissenschaftler sprechen in diesem Zusammenhang auch von einer angemessenen Entsprechung des *empirischen Relativs* (hier die Blutergüsse) in ein *numerisches Relativ* (ihre bloße Anwesenheit, ihre Anzahl und/oder ihre flächenmäßige Größe als Maß für die Aggression und deren Ausprägung). Der Begriff „Relativ" soll ausdrücken, dass die Relation innerhalb des beobachtbaren Phänomens mit der Relation der Zahlen untereinander eine sinnvolle Entsprechung darstellt. Grafisch könnte man das wie in Abbildung 2.1 darstellen.

Empirisches Relativ	Numerisches Relativ
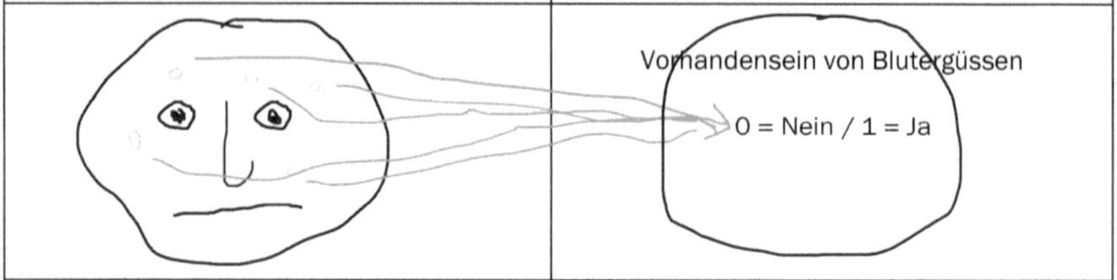	
5 Blutergüsse	1 = Aggression vorhanden 0 = keine Aggression vorhanden

Empirisches Relativ	Numerisches Relativ
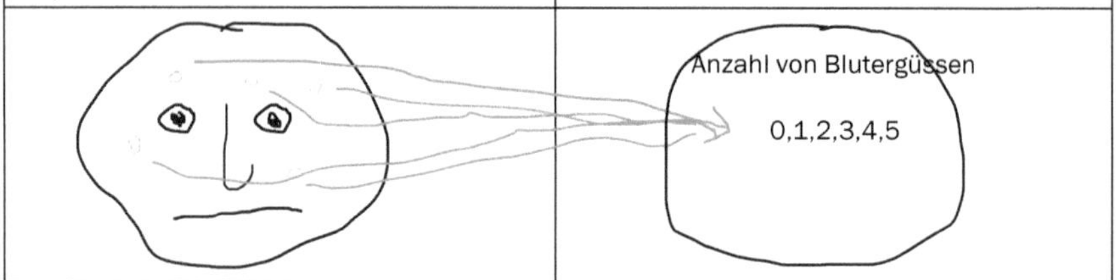	
5 Blutergüsse	0 = keine Aggression 1 = wenig Aggression 2 = mittlere Aggression 3 = starke Aggression 4 = sehr starke Aggression 5 = maximale Aggression

Empirisches Relativ	Numerisches Relativ
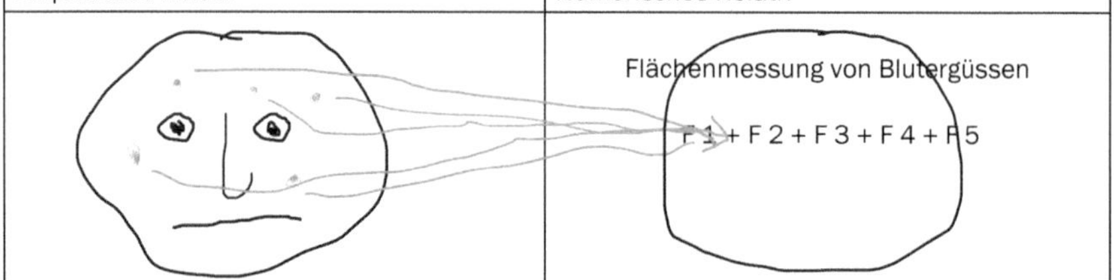	
5 Blutergüsse	Summe der Flächen (F) aller Blutergüsse als Ausdruck für den Grad der Aggression 0 cm^2: Pol = keinerlei Aggression Über 8 cm^2: Pol = maximale Aggression

Abb. 2.1: Verschiedene Operationalisierungen bei der Erfassung von körperlicher Aggression

Das Beispiel für die Operationalisierung ist etwas konstruiert (im Sinne von unrealistisch). Es zeigt hoffentlich gerade deswegen, in welchem Konstruktionsprozess sich Wissenschaftler befinden, wenn sie einen abstrakten Begriff (so wie hier Aggression) in eine beobachtbar-messbare Ebene überführen.

Bei verbaler Aggression ist die Operationalisierung mindestens genauso schwieriger. Man kann sich das Schreien oder Brüllen als ein konkret beobachtbares Verhalten vorstellen, welches auf Aggression schließen lässt. Eventuell könnte man die Lautstärke als Maß für den Grad der Aggression betrachten... Wir brechen an dieser Stelle die Ausführungen zur Operationalisierung ab und machen uns keine weiteren Gedanken über „schädigen" und „Absicht" aus der oben angeführten Definition und wie man diese Begriffe möglichst eindeutig beobachten und definieren bzw. operationalisieren kann. Allgemein kann man Folgendes für den Stellenwert von Begriffen in Theorien sagen:

Begriffe bilden den Kern einer jeden Theorie

Die Bedeutungen der Begriffe sind zentral für Theorien. Alles, was man über Begriffsbildung weiß und diskutiert, ist demnach auch für Theorien relevant. Dies kann hier aber nur angedeutet werden. Kennzeichnend ist, dass in wissenschaftlich-theoretischen Texten die Begriffsdefinition sehr ausführlich betrieben wird. Es werden alle benutzten Begriffe einer Theorie auf die Goldwaage gelegt und man versucht, sich eine möglichst eindeutige und widerspruchsfreie Bedeutung von ihnen zu erarbeiten. Im Zuge dessen macht man sich viele Gedanken über deren Operationalisierung. Sollten dennoch Widersprüche bestehen oder nur eine relative Eindeutigkeit von den Begriffen dargelegt werden können, so wird das benannt. Wissenschaftler sagen dazu, dass die zentralen Begriffe mitsamt den Aussagen (z. B. Behauptungen, Folgerungen) und ihren Voraussetzungen *explizit* sein müssen. Eine Uneindeutigkeit existiert übrigens häufig in sozialwissenschaftlichen Theorien und gehört zur Subjektivität der Begriffsbildung. Das liegt u. a. daran, dass Begriffe immer einen sogenannten *konnotativen Anteil* haben. Damit ist gemeint, dass ihre Bedeutungen kultur-, personen- und sogar situationsabhängig sind und sie somit immer nur relativ und nie absolut eindeutig sein können. Das trifft besonders für abstrakte Begriffe zu (wie z. B. Aggression, Motivation, Emotion etc.). Diese sind noch relativer in ihrer Eindeutigkeit als Begriffe, die für konkrete Dinge benutzt werden. Betrachten wir die Bedeutung und Operationalisierung in ihrer Personen- und Situationsabhängigkeit näher:

Manche Personen empfinden Schläge gar nicht als gegen sie gerichtete Aggression, sondern eher als lustvolle Stimulation. In diesem Falle trifft die „Schädigung", welche als Folge einer aggressiven Handlung definiert wurde, gar nicht zu. Aber wo ist die Grenze zwischen Schädigung und Lust? Kann sein, dass eine Person dies von Situation zu Situation verschieden empfindet oder dass sich das für eine Person sogar im Verlaufe einer Situation ändert. Die Personen- und Situationsabhängigkeit von der Bedeutung des Begriffs Aggression kann sehr groß sein. Für die Operationalisierung gibt es nicht nur deswegen Schwierigkeiten: In manchen Situationen ist die Erfassung des Vorhandenseins, der Anzahl und der Flächengröße von Blutergüssen kein guter Indikator für körperliche Aggression, sondern man misst lieber die Menge von Gift im Blut oder die Stromstärke der verabreichten Elektroschocks etc. Das sind Beispiele, die wohl weit entfernt vom gegenwärtigen Berufsalltag einer Heilpädagogin sind und eher ins Handlungsfeld von forensischen Psychologen oder Medizinern gehören. Deren Aufgabe ist es, im Rahmen von Gerichtsverhandlungen aggressive Handlungen wie z. B. „Gift verabreichen" oder „Stromschläge geben" hinsichtlich ihrer Stärke und Wirkung zu beurteilen. Einen abstrakten Begriff wie Aggression in seiner Bedeutung zu fassen und mit objektiven Kriterien messen zu wollen (= Operationalisieren), ist ein schwieriges Unterfangen.

Geltungs- und Anwendungsbereich von Theorien

Oft ist es notwendig, den Bereich explizit zu erwähnen, aus dem heraus die wissenschaftliche Theorie formuliert wurde. Daher wurde oben von dem Bereich der Entwicklungspsychologie bzw. Psychologie gesprochen, als die Theorien bzw. die Definition zur Aggression vorgestellt wurde. Manchmal werden in wissenschaftlichen Texten auch verschiedene Theorien aus unterschiedlichen Bereichen nebeneinandergestellt. Man könnte den Begriff Aggression auch aus soziologischer oder politischer Perspektive betrachten. Aggression im politischen Sinne ist z. B. mit Kriegsführung zwischen Staaten oder Annexion von Gebieten durch Staaten verbunden. Sozialwissenschaftliche Theorien sind in der Regel auf einen *Geltungs- oder Anwendungsbereich begrenzt*. Die Erklärungen für Aggression gelten zunächst mal nur für Aggression und keinen anderen Verhaltensbereich. Solche Theorien haben wegen dieser inhaltlichen Begrenztheit i. d. R. eine geringe oder mittlere Reichweite. Es gibt durchaus wissenschaftliche Theorien mit großer Reichweite. Zum Beispiel versuchen psychologische Theorien, welche die Beweggründe von Menschen erklären (Motivationstheorien), Gesetze zu formulieren, die für alle Menschen gelten sollen, und haben damit eine große Reichweite. Man unterscheidet Theorien mit geringer, mittlerer und großen *Reichweite*. Theorien aus der Soziologie sind prototypisch für große Reichweiten, weil sie komplexe soziale Einheiten (ganze Gesellschaftssysteme) erklären. Sie werden daher auch *Theorien höherer Komplexität* genannt. In Alltagsgesprächen findet man auch Gedankengebäude, welche die Welt erklären und eine große Reichweite beanspruchen, vorherrschend sind aber Theorien, welche „kleine", alltägliche Situationen erklären. Das sind z. B. Erklärungen über das konkrete menschliche Verhalten (das eigene und das von anderen Menschen) in spezifischen Situationen. Solche Alltagstheorien haben eher eine geringe Reichweite und werden manchmal *Ad-hoc-Theorien* genannt, weil sie aus dem Augenblick heraus spontan entstehen.

Theorie und Praxis als vermeintlicher Gegensatz

Es gibt auch die Vorstellung, dass eine Theorie ohne Empirie, also ohne den Bezug zur Praxis auskommt. Diese Vorstellung kommt aus der Philosophie des Altertums. Die *teoria* war *reines Gedankenspiel.* Diese Vorstellung von Theorie hat eine Entsprechung in einer alltäglichen Redewendung. Wenn jemand sagt „theoretisch ja, aber praktisch ...", dann meint er oder sie, dass die Theorie und die Praxis zwei voneinander getrennte Dinge sind. Wahrscheinlich soll dieser Alltagsspruch zum Ausdruck bringen, dass Theorie und Praxis in einem gewissen Gegensatz zueinander stehen. Die Theorie als reines Gedankengebäude sei ohne eine Bewährung in der praktischen Realität.

Bei diesem Alltagsverständnis von Theorie schwingt auch *„das Spekulative"* mit, was einer Theorie manchmal zugeschrieben wird. Das Spekulative steht im Gegensatz zu der scheinbar bewiesenen und unumstößlichen Realität, welche beim Alltagsspruch mit „praktisch" gleichgesetzt wird. Auch die wissenschaftliche Theorie kennt den Eigenschaftsbegriff „spekulativ" im Zusammenhang mit der Theoriebildung. Er wird einerseits gebraucht, wenn eine Vermutung ohne eine solide empirische Basis entstanden ist, und sie „nur" als reines Gedankenkonstrukt existiert. Wenn jemand (auch ein Wissenschaftler) über einen Gedanken sagt, dieser sei „reine Spekulation", dann ist dieser Gedanke „aus der Luft gegriffen" und der Gedanke hat den Beigeschmack von „unseriös" oder „beliebig".

Zum anderen ist der Eigenschaftsbegriff „spekulativ" eng mit dem allseits akzeptierten hypothetischen Charakter einer Theorie verbunden. Die Aussage oder ein Aussagengeflecht einer Theorie hat immer *hypothetischen Charakter.* Wissenschaftliche Theorien sind immer vorläufig und nie absolut gültig. Die Aussagen einer wissenschaftlichen Theorie werden als Hypothesen betrachtet, die man widerlegen (= *falsifizieren*) kann. Andererseits sind wissenschaftliche Theorien entgegen dem Alltagsverständnis kein Gegensatz zu einer vermeintlich feststehenden „wahren“ Praxis (= Realität). Die gibt es nämlich so gar nicht. Theorien in der Sozialwissenschaft versuchen zwar, Aussagen über „die Realität“ zu machen, und gute Theorien bilden reale Verhältnisse auch gut ab, aber sie entsprechen nicht „der Realität“. Sie sind eine vorläufige und hypothetische Erklärung für reale Verhältnisse und werden erst dann abgelöst von einer anderen Theorie, wenn diese jene besser erklären kann.

Gute Theorien sollten sich also in der Praxis bewähren. An diesen Ausführungen erkennt man wieder den engen Bezug zwischen Theorie und Praxis. Wissenschaftler haben im Zuge der Anlage/Umwelt-Diskussion immer wieder Beobachtungen in der Praxis (= Empirie) gemacht oder Experimente initiiert, welche die eine oder die andere Theorie widerlegt (= falsifiziert) oder bestätigt (= *verifiziert*) und so zur Theorieentwicklung beigetragen haben.

In der Art und Weise der *Theorieentwicklung* gibt es den vielleicht gravierendsten Unterschied zwischen Alltagstheorien und wissenschaftlichen Theorien. Dem Ideal nach streben Wissenschaftler in der Theorieentwicklung nach der *Falsifikation*. Falsifikation meint so etwas wie *widerlegen, zu Fall bringen, als falsch identifizieren*. Nur wenn eine existierende Theorie oder Teile davon widerlegt werden, besteht die Chance auf eine neue Theorie, welche die Realität vielleicht besser erklärt und verständlich macht. Wenn man eine bestehende Theorie bestätigt (= *verifiziert*), weiß man danach nicht mehr, außer dass man sich ein Stück sicherer sein kann, dass die Theorie gilt. Aber im Grunde hat man nur das bestätigt, was man eh schon wusste. Daher ist u. a. das *Falsifikationsprinzip* im wissenschaftlichen Denken so zentral. Im Alltag dagegen neigen die Menschen eher dazu, ihre Theorien bestätigen zu wollen. Sie suchen aktiv nach Bestätigungen und haben eher Mühe damit, eine lieb gewordene Vorstellung von den Dingen wieder aufzugeben.

Verwandte Begrifflichkeiten

Sozialwissenschaftler sprechen im Zusammenhang von Theorien auch gerne von *Konstrukten* (vgl. oben den Begriff „Gedankengebäude“) oder von *Konzepten*, manchmal auch von (theoretischen) *Modellen*. Diese Begriffe können als Synonyme oder als etwas weniger abstrakte bzw. untergeordnete Begriffe für den Oberbegriff „Theorie“ aufgefasst werden und heben eine bestimmte Funktion oder Bedeutung einer Theorie hervor.

Konstrukt

Der Begriff „Konstrukt“ fokussiert den gestalterischen Aspekt einer Theorie. Das Gedankengebäude hat eine vom Menschen erschaffene Architektur. Die Architektur wird oft als Begriffsnetzwerk veranschaulicht (siehe beispielsweise die Abbildungen im ersten Kapitel). Besteht eine Theorie aus mehreren Aussagen, dann sind die Aussagen Teile der Architektur. Man kann diese Architektur als rational-funktional betrachten oder auch als *schön* empfinden. Wenn der rational-funktionale Aspekt der Architektur fokussiert wird, dann hilft das Gedankengebäude z. B. bei der *Vorhersage* von Verhalten. Bei der Aggression führt die Anlage-fokussierte Theorie dazu, dass man bei einer in der Vergangenheit aggressiv auftretenden Person erwartet, dass sie auch zukünftig aggressiv sein wird. Bei der Umwelt-fokussierten Theorie kann man davon ausgehen, dass man die zukünftige Aggression von außen steuern kann, indem man die Umwelt verändert.

Wenn man die Architektur eines theoretischen Gebäudes schön findet, dann weil die Theorie z. B. sparsam formuliert ist, also mit wenigen Aussagen viel erklären kann oder weil die Theorie einem sehr intelligent erscheint und man das Gedankengebäude selbst versteht und das damit einhergehende Gedankenspiel als eine lustvolle intellektuelle Herausforderung empfindet. Vielleicht hat das Erleben von Freude angesichts der entdeckten Ordnung bzw. Zusammenhangs etwas mit der empfundenen *Schönheit* zu tun. Vielleicht lösen die Klarheit der Argumentation und Überzeugungskraft des theoretischen Konstrukts ein ästhetisches Empfinden aus. Wenn man von dem Gedankenspiel überfordert wird, findet man eine Theorie vielleicht nicht hässlich, aber schon mal unbrauchbar oder zu kompliziert oder irrelevant …

Vielleicht sind Sie jetzt ein bisschen irritiert, weil sie nicht erwartet hätten, dass man einen Eigenschaftsbegriff aus der Ästhetik benutzt, um eine Theorie zu charakterisieren. Zugegebenermaßen ist das eher ungewöhnlich. Die Irritation hilft hoffentlich, die Theorie mal aus einem ganz anderen Blickwinkel zu betrachten. Für eingefleischte Theoretiker ist übrigens die Ästhetisierung einer Theorie nichts Ungewöhnliches. Theoretische Physiker, Philosophen oder auch Mathematiker können wie Kunstliebhaber von ihrer Materie schwärmen. Berühmt geworden ist das Essay des englischen Mathematikers Godfrey Harold Hardy „A Mathematicans Apology“ (2006), in dem er über die Schönheit der Mathematik schreibt. Auch die Heilpädagogik kennt die theoretische Reflexion von Behinderung unter dem Blickwinkel der Ästhetik (Strasser et al., 2009).

Modell

Der Begriff „Modell" nuanciert, dass eine Theorie ein *Abbild von Wirklichkeit* darstellt und nicht Wirklichkeit selbst ist. Das Wort *Aggression* steht zwar für ein bestimmtes Verhalten, ist selbst aber nicht das Verhalten. Modelle sind manchmal *Vereinfachungen* der zu erklärenden Realität. Hierzu ein Beispiel: Eine eher umweltorientierte Theorie zum Auftreten von Aggressionen besagt, dass Frustration zu Aggression führt. Das Modell dazu sieht so aus:

Frustration → Aggression

Abb. 2.2: Modell der Entstehung von Aggression

Der Pfeil bedeutet „führt zu". Modelle sind oft Visualisierungen von Aussagen. Hier ist die Visualisierung in Form der Symbolik des Pfeils sehr einfach und schnell erläutert, aber es gibt auch kompliziertere Modelle mit vielen Pfeilen und mit unterschiedlichen grafischen Elementen, die allesamt eine Bedeutung für die Theorie haben. Abbildung 2.3 ist ein solches komplizierteres Modell, welches ebenfalls aggressives Verhalten erklärt.

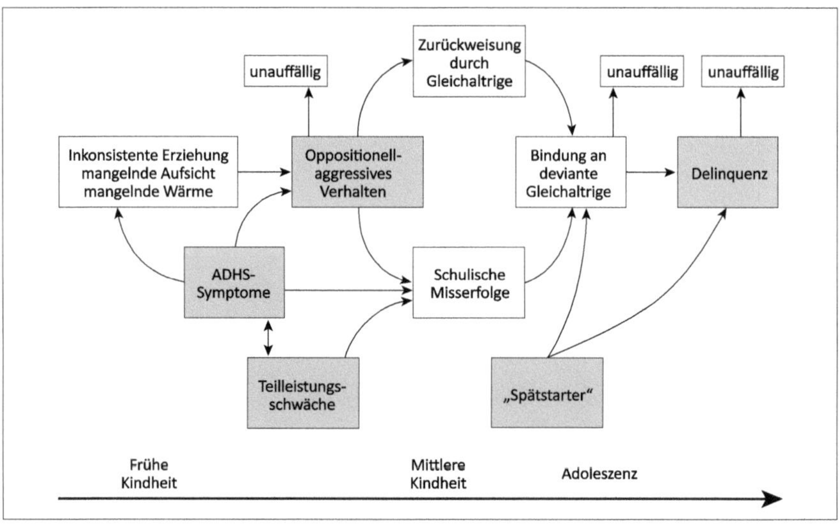

Abb. 2.3: Entwicklung aggressiv-dissozialen Verhaltens im Rahmen eines Präventionsprogramms für expansives Problemverhalten (aus Plück et al., 2006, S. 11)

Trotzdem ist auch das kompliziertere Modell eine Vereinfachung und man muss meist dazu einen Text lesen oder Erklärungen dazu bekommen, damit man das Modell nachvollziehen kann. Was bedeuten z. B. in Abbildung 2.3 die Begriffe „Spätstarter" oder „Inkonsistente Erziehung" oder warum sind manche Kästen grau unterlegt und andere nicht oder warum sind manche Pfeile fett und andere dünn?

Konzept

Der Begriff „Konzept" wird oft als ein Handlungsplan verstanden, der zunächst als Gedankengebäude der eigentlichen Handlung zeitlich vorangestellt ist.

Petermann und Petermann (2012) haben z. B. ein Konzept zur Behandlung von aggressiv-dissozialen Kindern veröffentlicht und empfehlen für die Kleingruppenarbeit folgende sechs Elemente:

1. Motorische Ruhe und Entspannung (durch kindgemäße Entspannungsverfahren)
2. Differenzierte Wahrnehmung (vermittelt durch Videofilme mit Konfliktsituationen, Wahrnehmungsspiele etc.)
3. Angemessene Selbstbehauptung (durch strukturierte Rollenspiele)
4. Kooperation und Hilfeverhalten (durch strukturierte Rollenspiele)
5. Selbstkontrolle (durch Selbstbeobachtung und Selbstinstruktion)
6. Einfühlungsvermögen (durch strukturierte Rollenspiele)

Handlungsleitende Funktion von Theorien

Der Handlungsbezug von Theorien ist für die Heilpädagogik besonders wichtig, denn Heilpädagoginnen initiieren meist Handlungen (= Interventionen), um ihrem Auftrag nach Veränderung oder Besserung einer als störend oder beeinträchtigend empfundenen Verhaltensweise oder Situation gerecht zu werden. Theorien haben also (nicht nur) für Heilpädagoginnen eine *handlungsleitende Funktion.* Theorien können im Kontext einer anwendungsorientierten Wissenschaft den Anspruch in sich tragen, einen Beitrag für die Lösung von Problemen zu liefern. Das Konzept von Petermann und Petermann (2012) zur Lösung des Aggressionsproblems stellt so eine Theorie dar. Die oben angeführte Theorie A und B zur Aggression sind keine Handlungspläne. Sie haben einen *grundlagenwissenschaftlichen Charakter*, denn sie geben eine Erklärung für die Ursache von Aggression, machen aber keine Aussage zu deren Beeinflussung. Man kann allerdings aus diesen eher grundlagenwissenschaftlichen Theorien Konzepte ableiten, die einen handlungsmäßig-konzeptuellen Charakter haben. Therapeutische bzw. heilpädagogische Konzepte sind solche *anwendungsorientierten Theorien.* Man kann leicht erkennen, dass aus Theorie A völlig andere Konzepte logisch ableitbar sind als aus Theorie B. So eine grundlagenwissenschaftliche Theorie kann große Bedeutung für eine anwendungsorientierte Theorie haben. Wäre Theorie B (Anlage) bewiesen, dann könnte man sich (heil-)pädagogische Interventionen sparen und die Genetiker wären gefragt, sich Interventionen zu überlegen. Theorie A (Umwelt) gesteht dagegen den Heilpädagoginnen eine große Bedeutung in der Beeinflussung von aggressivem Verhalten zu, denn (Heil-)Pädagoginnen haben die Möglichkeit, die Umwelt zu gestalten.

Theoriearbeit

Mit „Theoriearbeit" oder „Theoretische Arbeit" ist im Allgemeinen das zunächst von der Praxis bzw. von der Empirie unabhängige Denken gemeint. Diese „Gedankenarbeit" schafft Begrifflichkeiten oder ordnet bekannte Begrifflichkeiten neu oder bringt ursprünglich nicht miteinander verknüpfte Begriffe in einen gemeinsamen Kontext und erweitert so ihre Bedeutung.

Solche theoretische Arbeit ist für und im Berufsfeld der Heilpädagogik weit verbreitet. Es gibt immer wieder andere pädagogische oder therapeutische Richtungen, wie z. B. die Erlebnispädagogik, die Theaterpädagogik, die Kunsttherapie, die Kreativpädagogik etc., deren Theorien auf die Handlungsbereiche der Heilpädagogik durch Theoriearbeit übertragen werden und für Letztere eine Bereicherung darstellen können.

In der Theorie der Kreativität wird z. B. die Autonomie des Menschen und ein hoher subjektiv empfundener Selbstwert als wechselseitige Bedingungen im und für den kreativen Prozess angenommen. Anders formuliert: Menschen mit hohem Selbstwertgefühl sind oft kreativer als wenig selbstbewusste und der kreative Prozess kann bei Menschen das Selbstwertgefühl steigern. Aus der Theorie der Kreativität lässt sich also ableiten, dass ein kreativer Prozess ein Teil einer heilpädagogischen Intervention sein kann, wenn diese das Selbstwertgefühl ihrer Klienten stärken will. Heilpädagoginnen können mit der Theorie der Kreativität dementsprechend begründen, warum für ihre Arbeit die *Kreativität* einen Stellenwert besitzt und warum sie ganz bewusst kreative Prozesse arrangieren.

Solche Theoriearbeit ist vornehmlich „reine" geistige Arbeit und insofern abgegrenzt von praktischen Handlungen oder Tätigkeiten. Theoretisch ist der Einsatz von Kreativität begründbar – ob die Bezüge so in der Realität wirklich existieren, ist eine andere Sache. Das wäre eine empirische Frage. Die Erfahrung vom Einsatz kreativer Mittel wie z. B. Theaterspiel, Kunsttherapie etc. müsste gesammelt und hinsichtlich des Zieles „Erhöhung des Selbstwertgefühls" bewertet werden. Die Empirie müsste den Übertrag der Theorie der Kreativität auf die Praxis der Heilpädagogik bestätigen. Man sieht an diesem Beispiel wieder, wie eng Theorie und Empirie zusammenhängen.

Die gegenseitige Abhängigkeit von Theorie und Praxis

Dualismen wie Theorie vs. Praxis oder Theorie vs. Empirie mögen unserem Bedürfnis nach Ordnung entgegenkommen, bergen aber die Gefahr einer Entweder-oder- bzw. Schwarz-weiß-Denkweise und haben durch die wie oben mehrfach gezeigte enge Verknüpfung von Theorie und Praxis aus wissenschaftlicher Perspektive keine Berechtigung. Viele moderne sozialwissenschaftliche Theorien favorisieren ein Denken, das wechselseitig sich bedingende Dimensionen annimmt. Dimensionen haben Pole und Wirklichkeit bewegt sich irgendwo zwischen diesen Polen. Im Falle der Diskussion um die Beziehung zwischen Theorie und Praxis wäre der Begriff „Theorie" der eine Pol und der Begriff „Praxis" bzw. „Empirie" der andere. *Wechselseitigkeit* meint hier, dass die Theorie nicht ohne die Praxis und die Praxis nicht ohne die Theorie existieren kann. Es gibt keine „reine" Erfahrung, die unabhängig von Theorie wäre, und es gibt keine „reine" Theorie, die unabhängig von Erfahrung wäre.

Die Wechselseitigkeit kann darüber hinaus vielfältig sein. Man kann eine Praxis (eine Handlung, einen Zustand, eine Situation etc.) mit verschiedenen Theorien versuchen zu erklären. Dann spricht man von sich ergänzenden oder komplementären Theorien und man kann mit einer Theorie eine Vielzahl von Praktiken (Handlungen, Zustände, Situationen etc.) erklären. Wenn Letzteres gelingt, hat die Theorie einen *weiten* Geltungsbereich (siehe oben).

Wegen der gegenseitigen Abhängigkeit von Theorie und Praxis gibt es die Meinung, dass es keinen Sinn macht, Theorie und Empirie überhaupt zu trennen. Die „*Theoriebeladenheit der Empirie*" meint, dass Handlungen und Tätigkeiten immer mit einer (meist subjektiven) Theorie zum Handlungsgegenstand verknüpft sind. Die Trennung von Theorie und Praxis ist also schwierig bis unmöglich, auch im (heil- und sonder-)pädagogischen Feld. Eine Heilpädagogin sammelt Erfahrungen in ihrer Praxis z. B. immer unter der Perspektive ihres Fachwissens. Ihr Fachwissen wirkt als *subjektive Theorie* direkt auf ihre Art und Weise der Erkenntnisgewinnung durch Erfahrung. Die mit dem theoretischen Rucksack der systemischen Arbeit ausgestattete Heilpädagogin wird qualitativ anders Erfahrungen sammeln als die mit verhaltenstherapeutischen Theorien arbeitende Kollegin.

Die auf Erfahrung beruhende (= empirische) Sonderpädagogik ist andererseits theoriebildend. Wenn sie, wie oben angedeutet, eine Intervention (z. B. den Einsatz von kreativpädagogischen Mitteln bei der Behandlung von wenig selbstbewussten, aggressiven Kindern) als ein erfolgreiches Mittel der Intervention bestätigt, kann sie damit die Aussagen einer Theorie schärfen oder sogar den Weg ebnen für die Modifikation bzw. Erweiterung einer bestehenden Theorie (wenn z. B. innerhalb der Sonderpädagogik die Kreativität einen größeren Stellenwert erhielte).

Theoretisieren

Theoriearbeiten bedienen sich oft des Vergleichs oder bringen, wie oben schon erwähnt, bisher noch nicht verglichene Begriffe (Kreativität und Selbstbewusstsein mit Aggression) in einem Vergleich zusammen.

Der Begriff „Theoretisieren" wird hier als eine alltägliche Form des Denkens verstanden, bei dem Menschen Erklärungen suchen und finden, um die Welt zu verstehen. Wenn von Theoriearbeit gesprochen wird, dann ist das hier ein Synonym für „wissenschaftliches Theoretisieren". Dabei kann dann etwas Neues entstehen wie ein noch nie gedachter Gedanke, fast so, als ob man eine noch nie gegessene Speise das erste Mal probiert. Wenn man offen für Überraschungen ist, kann Theoretisieren richtig Spaß machen und lustvoll sein. Kleine Kinder machen das ständig und empfinden ob ihrer Erklärungen eine tiefe Befriedung, weil sie glauben, die Welt besser verstanden zu haben.

Piaget (1974) beschreibt solches Theoretisieren bei Kindern. Hierzu folgendes Beispiel: Ein etwa fünfjähriges Kind schaut in Gedanken in den Himmel und beobachtet die langsam vorbeiziehenden Wolken und die umherfliegenden Vögel. Plötzlich und unvermittelt formuliert es eine Erklärung für die Geschwindigkeit der Wolken: „Ah, jetzt weiß ich, warum die Wolken so langsam fliegen … weil sie keine Flügel haben."

Am Beispiel des Kindes kann man erahnen, dass das „Theoretisieren" nicht ohne konkrete Anschauung (Erfahrung, Empirie, Praxis) auskommt (vgl. oben zur Wechselseitigkeit von Theorie und Praxis).

Theorien können falsch sein

Die kindliche Erkenntnis zaubert den Erwachsenen ein Lächeln ins Gesicht, weil sie wissen, dass diese Erklärung nicht stimmt. Auch wissenschaftliche Theorien können falsch sein. Die Wissenschaftsgeschichte ist voll von Theorien, die der Wissenschaftsgemeinschaft heute nur noch ein müdes Lächeln entlocken, weil sie aus aktueller Perspektive beinahe haarsträubend erscheinen. Obwohl es in den Sozialwissenschaften nicht so einfach ist, von „eindeutig falsch" zu sprechen, trifft das auch für die Heilpädagogik oder die Psychologie zu und man betrachtet so manche Theorie aus der Vergangenheit als falsch. Aus heutiger Perspektive entlockt so manche pädagogisch-psychologische Theorie aus der Vergangenheit dem Betrachter weniger ein müdes Lächeln, sondern löst vielmehr blankes Entsetzen aus: Um dem abweichenden Verhalten zu begegnen, wurden früher Demütigung, systematische Drangsalierung, Angstmachen, Drohungen, allgegenwärtiges Kontrollieren und ähnliches als pädagogische Interventionen empfohlen, was heute in der Heil- und Sonderpädagogik (zumindest theoretisch) unvorstellbar ist. Ebenso unvorstellbar waren Anwendungen der Pädagogik und Psychiatrie, welche zur Zeit des Nationalsozialismus existierten. In dieser Kultur wurden sogenannte psychopathische Kinder nach „wissenschaftlicher" Begutachtung „ausgemerzt", was aus heutiger Sicht nichts anderes als die Ermordung (z. B. durch Beimengen von Gift in das Essen) von verhaltensauffälligen bzw. -gestörten Kindern meint.

Die Illusion der Werteneutralität von wissenschaftlichen Theorien

Theoretisieren kann also im Alltag und in der professionellen Praxis in die Irre (bzw. in den Irrsinn) führen. Das ungeheuerliche Beispiel aus der Nazizeit ist ein Hinweis auf die Wertediskussion innerhalb der Wissenschaft. Eigentlich sollten wissenschaftliche Theorien (auch heilpädagogische) frei von Interessen oder ganz bestimmten Werten sein. Im Ideal des wissenschaftlichen Denkens sollten sie nur und ausschließlich ein Produkt der „reinen" Erkenntnis darstellen. Dieses Ideal erscheint so unrealistisch und illusorisch wie der Gedanke einer „reinen" Theoriearbeit.

Das Gegenteil von Werteneutralität scheint für die (Heil-)Pädagogik zuzutreffen, denn die Werteorientierung ist ein wichtiger Bestandteil der theoretischen Reflexion. So wird manchmal eine ganz bestimmte Haltung der (Heil-)Pädagogin mitsamt solchen „Tugenden" wie z. B. Verlässlichkeit oder Einfühlungsvermögen gefordert. Die „Verantwortung" (vor allem gegenüber dem Klienten) ist ein anderer Wert, der als Bestandteil ihrer Professionalität diskutiert wird. Dem Anspruch der Werteneutralität in der wissenschaftlichen Theoriebildung steht die Werteorientierung in der (Heil-)Pädagogik gegenüber. Eine mögliche Auflösung dieses Widerspruches wird an dieser Stelle durch ein konstruiertes Beispiel versucht:

Stellen wir uns eine forschende Heilpädagogin vor, welche die in einer anwendungsorientierten Theorie formulierten Forderung nach einer empathischen und zugewandten Haltung (= Wert) in der Heilpädagogik gar nicht teilt und für sich selbst diese Haltung als unwichtig betrachtet. In ihrer Forschung misst sie diese Haltung der (Heil-)Pädagogin aber mit einem standardisierten Fragebogen so objektiv wie möglich und versucht herauszufinden, ob diese Haltung in einem Zusammenhang mit dem Erfolg der pädagogischen Maßnahmen (z. B. Übung zur Verhaltensänderung bei Aggression oder Übung, um Lesegeschwindigkeit bei Leserechtschreibstörung zu erhöhen) steht. Dieser Forscherin würde man eine Werteneutralität in ihrem Urteil bescheinigen können. Die Forscherin betrachtet die Werte als Teil einer anwendungsorientierten (heil-)pädagogischen Theorie, die sie aus einer Art Metaperspektive in ihrem Stellenwert erforscht. Wenn es der Forscherin gelingt, die anwendungsorientierte Theorie mit ihren inneliegenden Werten auf distanzierte Art und Weise und unabhängig von ihren eigenen Wertvorstellungen zu betrachten, dann ist die Forscherin im besten Sinne werteneutral. Der Gegenstand der Forschung (hier die anwendungsorientierte Theorie) ist nicht wertefrei oder werteneutral, aber die Forschung darüber schon. Manchmal wird deswegen auch zwischen „wertfrei“ und „werturteilsfrei“ unterschieden. Die *Wertefreiheit* erscheint in der (Heil-)Pädagogik unmöglich und auch gar nicht sinnvoll, die *Werturteilsfreiheit* aber eine berechtigte Forderung an die Forschenden.

Im Zusammenhang mit der Werteneutralität gibt es zudem die Diskussion der *Interessen*, welche in Theorien Einzug finden und insbesondere in der anwendungsorientierten Forschung kontrovers diskutiert werden. Das Ideal der „reinen Erkenntnis“ sagt, dass die Wissenschaft und damit auch ihre Theoriebildung frei von Interessen sein sollte.

Was ökonomische Aspekte angeht, können auch anwendungsorientierte Theorien in der Heilpädagogik mit finanziellen Interessen verflochten sein, wenn z. B. Bücher, welche heilpädagogisch anwendungsorientierte Theorien zum inhaltlichen Gegenstand haben oder über diese Theorien reflektieren (wie dieses Buch, das Sie in Händen halten) verkauft werden. Wenn Forscherinnen oder (Heil-)Pädagoginnen ihre anwendungsorientierten Theorien (z. B. Interventionskonzepte oder -programme samt Materialien) zum Kauf anbieten, sind zwangsläufig ökonomische Interessen im Spiel. Ganz unabhängig davon, ob die Gewinne bescheiden oder beträchtlich sind, ist das ein grundsätzliches Problem für die wissenschaftliche Seite der Theoriebildung. Da das Bildungs- und Gesundheitswesen Teile unserer Ökonomie mit all den Gesetzen des Marktes (z. B. Angebot und Nachfrage) sind, lässt sich dieses Dilemma nicht gänzlich auflösen. Es wird allerdings versucht, wenn auch mit bescheidenen Mitteln, den *Interessenkonflikt* transparent zu machen. So ist eine Folge dieser Diskussion, dass Wissenschaftler bei Veröffentlichungen in vielen Fachzeitschriften angeben sollen, ob sie in irgendeinem Interessenkonflikt stehen (vgl. Kapitel 11.3 zur Ethik in den Wissenschaften).

Anspruch an Begründbarkeit und interner Logik

Gegenwärtiges wissenschaftliches Theoretisieren ist bemüht, das Irren zu verhindern oder möglichst gering zu halten. Darin liegt ein Unterschied zwischen dem alltäglichem und dem wissenschaftlichen Theoretisieren. Die reine wissenschaftliche Theoriearbeit ist zwar viel weniger ausgearbeitet (man sagt auch „*elaboriert*") als empirisches Forschen (dort gibt es im quantitativen Paradigma z. B. die „Irrtumswahrscheinlichkeit". Vgl. Kapitel 5.2, dort wird dieser Begriff genauer erklärt), jedoch gibt es innerhalb des wissenschaftlichen Theoretisierens ein paar Sicherheitsmechanismen, welche verhindern sollen, dass Theoretisieren, so wie im Alltag wahrscheinlich häufiger vorkommend, in die falsche Richtung geht, einseitig formuliert ist oder sich in einem zweifelhaften Kreise dreht. Eine wichtige Forderung an wissenschaftliche Theorien sind daher *Begründungen* für die gemachten Aussagen.

Begründungen bzw. Bestätigungen der Theorie werden oft aus der Empirie gewonnen. Reines Theoretisieren ohne Bezug zur Empirie ist eher gefährdet, abgehoben und ohne Bezug zur Realität zu sein. In Alltagstheorien und insbesondere in Verschwörungstheorien gehen Glauben und Wissen, die Verdrängung oder das bewusste Ignorieren von empirischen Fakten wild durcheinander. Das kann bei wissenschaftlichen Theorien auch passieren, allerdings wirkt hier (hoffentlich) ein anderer Sicherheitsmechanismus, und zwar die Forderung nach *interner Logik* der Aussagen. Sie sollen sich nicht gegenseitig widersprechen.

Die Logik innerhalb des Aussagengefüges einer Theorie wird einerseits durch die Gesetze der Logik geprüft und andererseits wird versucht, die Logik und Plausibilität von Theorien durch den öffentlichen wissenschaftlichen *Diskurs* zu gewährleisten. Der Wettstreit der Gedanken zwischen den Wissenschaftlern soll die Qualität der Theorie sichern.

Theorien schaffen Wirklichkeit

Man kann an dem oben angeführten Beispiel mit dem Kind, welches sich die Geschwindigkeit der Wolken erklärt, noch weitere Wesensmerkmale des Erkenntnisgewinns durch Theoretisieren und damit der Entstehung von Theorien nachvollziehen.

Erklärungen zu suchen und zu finden scheint ein menschliches Bedürfnis zu sein. Wir brauchen Theorien, um unser Bedürfnis nach „Weltverstehen" zu befriedigen. Theorien sind Erklärungen für Wirklichkeit, Theoretisieren konstruiert allerdings auch Wirklichkeit. *Theorien sind Wirklichkeitsmaschinen.* Die theoretischen Konstrukte sind von Menschen gebaut, der Mensch hat dieses Wissen geschaffen. Die durch wissenschaftliche Theorien geschaffenen Begriffe haben in ihrer handlungsleitenden Funktion die Kraft, eine Wirklichkeit zu schaffen oder das Erleben von Menschen maßgeblich zu beeinflussen. Hierzu nur drei Beispiele aus der Heilpädagogik.

- Jede anwendungsorientierte Theorie in der Heilpädagogik schafft durch ihre handlungsleitende Funktion eine ganz bestimmte Interaktionsform zwischen Heilpädagogin und Klientin und definiert damit maßgeblich die kommunikative Realität im Rahmen dieser sonderpädagogischen Maßnahme.
- Durch Theorien in den Erziehungswissenschaften über das Wesen von Lernstörungen oder Verhaltensstörungen sind Einrichtungen entstanden wie Sonderschulen für Lern- oder Verhaltensstörungen, welche eine institutionalisierte Wirklichkeit darstellen. Im Rahmen von aktuellen Theorien zur Inklusion ist man im Moment dabei, diese Wirklichkeit durch eine andere zu ersetzen. Man darf gespannt sein, welche theoretischen Vorstellungen die Zukunft bringt und in welcher Wirklichkeit dann die Betroffenen leben werden.
- Fachliche Diskussionen um die Angemessenheit von Begrifflichkeiten sind zutiefst theoretische Diskussionen. Beim Begriff „Verhaltensstörung“ wird die realitätsstiftende Dimension dieses Begriffes als Begründung für dessen Ablehnung und Akzeptanz angeführt: Während die einen annehmen, dass dieser Begriff stigmatisierend wirkt und eine schädlich-diffamierende Etikettierung mit dem Potential einer sich selbst erfüllenden Prophezeiung darstellt, meinen andere, dass dieser Begriff durchaus angemessen die Abweichung von einer gesellschaftlichen Norm vermittelt und nicht zuletzt auch die Begründung für eine sonderpädagogische Maßnahme liefert und insofern nützlich sei.

Gut, wenn dem Wissenschaftler und der professionellen Heilpädagogin diese wirklichkeitsschaffende Dimension ihrer Theorien bewusst ist und sie mit einer gewissen Distanz die von ihnen selbst bevorzugten Theorien betrachten können. Es sollte ihnen anders gehen als dem Kind, welches seine gefundene Theorie zur Geschwindigkeit der Wolken als Realität auffasst. Der Wissenschaftler und die Heilpädagogin sollten ein Bewusstsein dafür haben, dass eine Theorie nur ein Versuch ist, Wirklichkeit zu erklären, und sie sollten sich darüber im Klaren sein, dass es mehrere Theorien geben kann, um *eine* Wirklichkeit zu erklären.

Theorien müssen nicht absolut gelten

Mit den Theorien A und B hat man zwei Theorien, um das Zustandekommen von Aggression zu erklären. Diese Theorien stehen zunächst in Konkurrenz zueinander. Sie erklären Aggression auf sehr unterschiedliche Weise. Das heißt aber nicht, dass sie sich gegenseitig ausschließen müssen. *Theorien können auch komplementär zueinander sein.* Das bedeutet, dass sich Theorien gegenseitig ergänzen können. Moderne Theorien zur Erklärung von Verhalten (nicht nur bei Aggression) haben den Graben des gegenseitigen Ausschlusses überwunden und versuchen, verschiedene Theorien in einer Art übergreifenden Theorie zu integrieren. Das gilt auch für anwendungsorientierte und handlungsbezogene Theorien in der Heilpädagogik. Wenn Aggression sowohl anlagebedingt (z. B. durch das Geschlecht) als auch umweltbedingt (z. B. durch Modelllernen) erklärt werden kann, differenziert sich das Verständnis für das Phänomen der Aggression und Heilpädagoginnen machen mit Jungs eventuell andere Interventionen als mit Mädchen und wählen geschlechtsspezifische Modelle in Videofilmen (vgl. Punkt 2 im oben aufgeführten Konzept von Petermann und Petermann, 2012), um kooperatives Verhalten zu zeigen und dann als Verhaltensalternative im Rollenspiel zu üben (vgl. Punkt 4 im oben aufgeführten Konzept von Petermann und Petermann, 2012).

Die Neuheit der Theorie ist relativ und der Spaß daran kann groß sein

Dem Kind aus dem Beispiel von oben erscheint seine Erklärung als „neue“ Erkenntnis. Aus seiner Perspektive ist das nachvollziehbar, denn das Kind hatte noch keine Erklärung für die Geschwindigkeit der Wolken. Auch für die wissenschaftliche Theorie gilt: Die *Neuheit einer Theorie* besteht darin, dass sie etwas (besser) erklärt, was zuvor nicht (so gut) erklärt werden konnte. Theoriearbeiten knüpfen dabei meist an das „alte“ Wissen an bzw. greifen es auf, ähnlich wie das Kind es tut. Das Kind kennt eine Erklärung für das Fliegen der Vögel und weiß, dass die Flugfähigkeit mit den Flügeln zusammenhängt. Es überträgt dieses Wissen auf ein anderes Objekt (= die Wolke) und bildet durch diesen *Assimilationsprozess* seine Theorie zur Geschwindigkeit der Wolken. In diesem Übertrag von einem Gegenstand oder Handlungsbereich auf den anderen liegt ein Wesensmerkmal der theoretischen Arbeit. Das Beispiel mit dem Übertrag der Theorie zur Kreativität auf die Heilpädagogik wurde oben als Beispiel für einen Assimilationsprozess gegeben.

Die Neuheit der Alltagstheorie ist allerdings etwas anderes als die Neuheit der wissenschaftlichen Theorie. Die neue Alltagstheorie kann für eine Person neu sein, weil sie etwas zum ersten Mal gedacht hat. Kann sein, dass andere Menschen denselben Gedanken auch schon gedacht haben. Dieser schon zigfach gedachte Gedanke wäre aus wissenschaftlicher Perspektive nicht neu, denn die wissenschaftliche Theorie beansprucht Neuheit in einem übergeordneten Sinne, *unabhängig vom* einzelnen *Subjekt*. Letztendlich entscheidet auch nicht eine einzelne Person über die Neuheit einer wissenschaftlichen Theorie, sondern die Wissenschaftsgemeinschaft anerkennt im Diskurs deren Neuheit oder auch nicht. Die freudige Aufregung aufgrund einer vermeintlich „neuen" Entdeckung kann aber beim Wissenschaftler so ähnlich wie beim Kind sein. Wenn eine Heilpädagogin eine Theorie aufstellt zur Beeinflussung von Verhaltensauffälligkeiten bei einem Jugendlichen und sich diese Theorie des Einzelfalls in der Praxis bewährt, dann kann das mit einer Freude einhergehen, die mit der kindlichen Entdeckungsfreude ebenfalls verglichen werden kann.

Idealerweise können sich eine professionelle Person und eine ganze Profession in freudvoller Atmosphäre weiterentwickeln – der Unterschied liegt in dem Grad der Allgemeinheit. Eine Profession sollte nicht ständig das Alte in neuen Begrifflichkeiten wiederholen – einer Person hingegen ist das vermeintlich Neue als persönlicher Erkenntnisgewinn zu gönnen und diese Form des Theoretisierens ist wahrscheinlich für die (nicht nur professionelle) Persönlichkeitsentwicklung enorm wichtig.

Weitere wünschenswerte, aber in ihrer Absolutheit unerfüllbare Merkmale von Theorien

Die vollständige *Nachvollziehbarkeit* von empirischen Daten, auf denen eine Theorie fußt, ist ein wichtiges Ideal in den Wissenschaften und deren Theoriebildung. Nachvollziehbarkeit entsteht z. B. durch die genaue Beschreibung einer Untersuchung, so dass diese wiederholt (Wissenschaftler sagen „repliziert") werden kann. Die *Replikation* ist eine Nachvollziehbarkeit in sehr direktem Wortsinn. Das Ideal ist allerdings kaum vollständig zu erfüllen und Einschränkungen bei der Nachvollziehbarkeit entstehen aus den unterschiedlichsten Gründen. Manchmal fehlen einzelne Daten, welche eine Stichprobe kennzeichnen (z. B. genaue Altersangaben) und die Forscherin entscheidet sich in einem Abwägeprozess solche Fälle mit fehlenden Angaben trotzdem in die Auswertung aufzunehmen, weil damit die notwendige Stichprobengröße erreicht wird. Kann auch sein, dass aus Gründen der Anonymität wichtige Merkmale einer Stichprobe nicht zur Verfügung gestellt werden dürfen und damit nicht nachvollziehbar sind. Es kann auch ganz banale

Gründe für die eingeschränkte Nachvollziehbarkeit geben: Ein Forschungsbericht, welcher in einer Fachzeitschrift veröffentlicht wird, muss den Formvorgaben des Verlages entsprechen. Meist wird in diesem Zusammenhang eine maximale Zeichenzahl vorgegeben. Kann sein, dass diese maximale Zeichenzahl nicht ausreicht, um das Vorgehen bei der Datenerhebung oder -auswertung in aller Differenziertheit beschreiben zu können.

Nachvollziehbarkeit betrifft aber auch die Quellenangaben in einem wissenschaftlichen Text, wenn dort ein anderer Text zitiert wird. Man soll genau nachvollziehen können, wer das Zitat wann und in welcher Veröffentlichung geschrieben oder gesagt hat. Mit der Quellenangabe im Text und dem Quellenverzeichnis (i. d. R. ist das ein Literaturverzeichnis) kann der interessierte Leser das Zitat in ihrem Originalkontext (= die Quelle) nachvollziehen. Diese Form der Nachvollziehbarkeit ist leichter einzuhalten.

Ebenso ist die *Objektivität* ein wichtiges Ideal der Wissenschaft, welches kaum 100% realisiert werden kann. Da die Theorien aus Begriffen gemacht sind, die immer einen subjektiven Anteil an Bedeutung in sich tragen, kann die Theoriesprache an sich nicht absolut objektiv oder ein-eindeutig sein. Sie ist genau wie die Alltagsprache abhängig von der Deutung bzw. der Zuschreibung von Bedeutung. Je nach Sachverhalt kann die Deutung sehr unterschiedlich ausfallen. Am radikalsten hat der Sprachphilosoph Ludwig Wittgenstein die Abhängigkeit der Bedeutung von Begriffen vom Kontext formuliert. Er meinte, dass die Bedeutung einer Sprachhandlung sich erst in ihrem Gebrauch fassen lässt. Das heißt nichts anderes, als dass die Bedeutung von den inhaltstragenden Begriffen einer Äußerung erst dann vollumfänglich bestimmt werden kann, wenn man den gesamten Kontext der Äußerung in die Interpretation miteinbezieht.

Hier schließt sich der Kreis zu der eingangs vorgeschlagenen Definition von Theorie: Begriffe sind der Kern von Theorien, aber die Begriffe selbst sind, jeder für sich, eine kleine Minitheorie. Wissenschaft strebt nach größtmöglicher objektiv-nachvollziehbarer Deutung der Begrifflichkeiten, obwohl es klar ist, dass es eine 100% objektive Wahrheit nicht geben kann. Die nur relativ erreichbare Objektivität ist eng mit der oben schon diskutierten Illusion von Werteneutralität verbunden. Sozialwissenschaftliche Theorien tragen einen Anspruch in sich, der nur relativ erfüllt werden kann.

In der griechischen Mythologie gibt es die Geschichte des Sisyphus, der einen Felsblock immer wieder den Berg hinaufträgt, obwohl er weiß, dass dieser wieder hinunterrollen wird. So ähnlich könnte man sich die Theoriearbeit in den Sozialwissenschaften vorstellen. Wenn man sich Sisyphus trotz der Schwere der Tätigkeit, deren ungewissen Ertrag und deren nicht absehbares Ende als fröhlichen Wissenschaftler oder fröhliche Heilpädagogin vorstellt, hilft das vielleicht dabei, mit der Unvollkommenheit und Unzulänglichkeit von sozialwissenschaftlichen Theorien zurechtzukommen und nicht daran zu verzweifeln.

Tabellarische Gegenüberstellung von Alltags- und wissenschaftlichen Theorien

In den Ausführungen zur Theorie wurde oft die Alltags- der wissenschaftlichen Theorie gegenübergestellt. Dies hatte manchmal zur Identifikation von Gemeinsamkeiten geführt und manchmal zu mehr oder weniger großen Unterschieden. Der Ordnungsvorschlag mittels Tabelle 2.1 greift die im vorhergehenden Text gemachten Ausführungen in diesem Spannungsfeld zwischen Alltagstheorie und wissenschaftlicher Theorie auf. Es werden die erwähnten Merkmale von Theorien dimensional den Polen *Alltagstheorien* und *wissenschaftliche Theorien* zugeordnet, aber durch Begriffe wie „eher" bzw. „gefordert" oder „angestrebt" in ihrer absoluten Zugehörigkeit und ihrer absoluten Gültigkeit für den einen oder anderen Pol relativiert. Die mittlere Spalte ist mit den zentralen Begriffen der strukturellen Gemeinsamkeiten bestückt, die sich teilweise in ihrer Bedeutung überschneiden und wenig trennscharf voneinander abgegrenzt werden können. Diese Gemeinsamkeiten sind mal mehr, mal weniger offensichtlich. Auch diese „relative" Gemeinsamkeit wird versucht in den linken und rechten Spalten sprachlich zu markieren.

Man liest diese Tabelle am besten so, dass man in einer Zeile zunächst die mittlere Spalte betrachtet, mit dem Begriff, der eine strukturelle Gemeinsamkeit darstellt, und dann die linke und rechte Spalte liest und so den Vergleich hinsichtlich des Begriffs ziehen kann. Dieser Ordnungsvorschlag ist natürlich wieder diskussionswürdig. Das wird an dieser Stelle betont, weil vor allem die Zuschreibungen zur Alltagstheorie auf der linken Seite sehr hypothetisch sind.

	Zentrale Begrifflichkeiten (strukturelle Gemeinsamkeiten)	
Ausprägung in **Alltagstheorien**		Ausprägung in **wissenschaftlichen Theorien**
eher wenig Bewusstheit über deren Uneindeutigkeit; nicht in Frage gestellte Entsprechung von Begriff und Realität (Praxis)	Begriffe und Aussagen	oft sehr abstrakt, Ringen um und Forderung nach eindeutiger und präziser Definition und den Bezug zur Praxis
eher persönliche Logik; Ökonomie nachrangig	Aussagengeflecht	logische Verknüpfung der Aussagen und deren Widerspruchsfreiheit gefordert; Ökonomie wünschenswert
implizit, hoher unbewusster Anteil	Bewusstsein	explizit, möglichst hoher bewusster Anteil
eher zufällig	Systematik	hoch
eher unreflektierte Annahme zur Entsprechung eines theoretischen Begriffs für die Praxis	Operationalisierung	der Versuch, die abstrakten Begriffe in eine konkret-beobachtbare (messbare) Einheit zu überführen
mehrheitlich geringe Reichweiten; wenn große Reichweite, dann oft bei unscharfen Grenzen des Geltungsbereiches	Bereichsspezifität und Reichweite	alle Reichweiten vorhanden bei angestrebter klarer Eingrenzung des Geltungsbereiches
tritt eher in den Hintergrund gegenüber dem Glauben an eine absolute Gültigkeit auf der einen Seite und der unglaubwürdigen, spekulativen anderen Seite einer Theorie	hypothetisch	trifft das Wesen einer wissenschaftlichen Theorie, die immer nur vorläufig und nie absolut gültig ist
	spekulativ	wird negativ im Sinne von „beliebig“ und „praxisfern“ benutzt
Streben nach Verifikation: Suche nach Bestätigungen der Theorie und unsystematischem Versuch und Irrtum	Prüfung und Entwicklung	Ideal der Falsifikation: Erkenntnistheoretisch bringt nur die Widerlegung eine neue Erkenntnis; mit Hilfe von systematischer Hypothesenprüfung
macht die Theorie attraktiv	Funktion der Vorhersage	ist eine Kernfunktion
eher im Privaten	handlungsleitend	eher im Professionell-anwendungsorientierten Wissenschaftsbereich; im grundlagenwissenschaftlichen Bereich nachrangig, aber „very nice to have“
Theorie wird polarisierend entweder als Gegensatz zur Praxis wahrgenommen oder als vollkommene Entsprechung zur Praxis	Bezug zur Praxis	die Theoriebeladenheit der Empirie (= Praxis): keine Praxis ohne Theorie und keine Theorie ohne Praxis; Abhängigkeit ist wechselseitig und vielfältig
wird wahrscheinlich wenig reflektiert	Werteneutralität	angestrebte Illusion
wird erwartet	Begründung	ist unbedingt notwendig
wird polarisierend entweder als Wirklichkeit selbst oder als wirklichkeitsfremd empfunden	wirklichkeitsschaffend	idealerweise als Abbild bzw. als Vorstellung von Wirklichkeit begriffen und nicht als Wirklichkeit selbst
einzelne Theorie eher absolut gültig und sich von anderen Theorien auch im Vergleich abgrenzend	Beziehung zwischen Theorien	den Vergleich und die Anknüpfung suchend; eher komplementär mit anderen Theorien und diese integrierend

Neuheit und Originalität für die einzelne Person relevant	Neuheit und Originalität	Neuheit und Originalität wird von Wissenschaftsgemeinschaft beurteilt
hohe Subjektivität inhärent	Abhängigkeit von Personen mit deren Bedürfnissen und Überzeugungen	Objektivität angestrebt
persönliche Bedürfnisse Einzelner und von Gruppen befriedigend		möglichst unabhängig von persönlichen Bedürfnissen Einzelner oder von Gruppen
sowie deren persönliche Überzeugung manifestierend		und eher geteilte, im Diskurs gewonnene Überzeugung
Nachvollziehbarkeit eher im Hintergrund und nicht ausdrücklich gefordert	Nachvollziehbarkeit und Transparenz	hohe Nachvollziehbarkeit und Transparenz gefordert

Tab. 2.1: Gegenüberstellung von Alltagstheorien und wissenschaftlichen Theorien anhand einiger struktureller Gemeinsamkeiten

3. Daten sammeln

Beim *Sammeln* von Daten geht es um einen Teil von wissenschaftlicher Tätigkeit, den man durchaus als Kerntätigkeit bezeichnen könnte. Sozialwissenschaftler tun das im Prinzip auf drei Arten, die zunächst sehr alltäglich erscheinen: Sie *beobachten*, sie *befragen* und sie *lesen*. Alle Menschen beobachten ständig und das Stellen von Fragen im Gespräch erscheint ebenfalls als alltäglich. Das Lesen ist für die alltäglich, die der Schriftsprache mächtig sind, es ist also relativ alltäglich.

In den Sozialwissenschaften werden Beobachtung und Befragung als „empirische Methoden" der Informationsgewinnung bezeichnet. *Empirisch* heißt „auf Erfahrung beruhend". Der Wissenschaftler versucht also, durch Beobachten, Befragen und Lesen mehr oder weniger direkt Erfahrungen zu sammeln.

Direktes und indirektes Sammeln

Mit Beobachten kann man sehr *direkt* das Verhalten von Menschen erfassen und damit sehr *unvermittelt* Erfahrungen sammeln. Mit Befragen kann man zwar das Verhalten nicht so direkt erfassen, aber man kann die Meinungen, Einstellungen oder allgemein formuliert die Gedanken von Menschen, also die geistige Verarbeitung ihres Erlebens erfassen. Befragen ist hinsichtlich der Beurteilung von konkretem Verhalten also ein Stück *indirekter* wie Beobachten. Die Sprache „vermittelt" das Verhalten. Dabei können Informationen verloren oder verfälscht werden. Es muss nicht unbedingt das, was auf eine Frage geantwortet wurde mit dem übereinstimmen, was zu beobachten war. Manchmal spricht man von *vermittelter Beobachtung*, wenn sie über ein Instrument vermittelt wird. Wissenschaftlerinnen und Heilpädagoginnen wenden z. B. die Videoaufnahme als vermittelndes Instrument an. Auch dabei können Informationen verloren gehen. So kann nur ein Ausschnitt und nicht der ganze Raum erfasst werden. Auf der anderen Seite kann man die Videoaufnahme mehrmals anschauen und dadurch die Beobachtung „vertiefen" und sichern. Die Befragung ist sehr *direkt* hinsichtlich der Erfassung von den Gedanken der Menschen. Dagegen ist die Beobachtung eher *indirekt* in der Erfassung von menschlichen Gedanken. Es kann sehr schwierig sein, aufgrund von Verhaltensbeobachtung auf die Gedanken der Menschen zu schließen.

Das Lesen ist als Form der Datensammlung so indirekt, dass man nicht mehr von empirischer Methode spricht. Wenn Wissenschaftler lesen, dann tun sie das hauptsächlich, um sich über das zu informieren, was andere Wissenschaftler über das Wissensgebiet geschrieben haben, das man erforschen will.

So eine Art von Datensammlung und deren Verknüpfung und Ordnung nennt man in Abgrenzung zu der empirischen Herangehensweise eine *„theoretische" Arbeit* oder manchmal auch *Literaturarbeit*. Sie ist noch *indirekter* in Bezug auf das Verhalten als das Befragen, denn die theoretische Arbeit bezieht sich auf das, was andere irgendwann einmal beobachtet oder erfragt und niedergeschrieben haben oder vielleicht sich auch einfach nur ausgedacht und aufgeschrieben haben. Es gibt allerdings eine Form von Lesen, die nicht nur als theoretisch betrachtet, sondern durchaus zu den empirischen Methoden gezählt wird: Wenn Wissenschaftler Texte lesen, die als Zeugnisse von menschlichem Erleben betrachtet werden können, dann wird das ebenfalls als empirische Methode bezeichnet. Das trifft z. B. zu, wenn Menschen über ihre Behinderung Texte verfassen und diese Texte von Wissenschaftlern als Daten betrachtet werden, mit denen man auf das Erleben der Textverfasser schließen kann. Oder wenn Zeitungsartikel über Behinderung geschrieben werden und Wissenschaftler diese Texte als Daten auffassen, um die Einstellung der Öffentlichkeit zu Behinderung zu erfassen. Eine solche empirische Form des wissenschaftlichen Lesens nennt man auch *Dokumentenanalyse* oder Inhaltsanalyse.

Tabelle 3.1 zeigt einen ersten Ordnungsvorschlag für das Sammeln von Informationen.

Daten sammeln in der Sozialforschung			
Pole des Bezugs zur Erfahrung und der Direktheit bzw. Vermittlung	**empirisch** **direkt/unvermittelt**	**mittlerer Grad an Direktheit/Vermittlung**	**theoretisch (nicht-empirisch) Indirekt/vermittelt**
	Verhaltensbeobachtung	Befragung zu Verhalten	Lesen von Fachliteratur der Wissenschaftsgemeinschaft (Literaturarbeit)
konkrete Tätigkeiten	Befragung zu Gedanken	Verhaltensbeobachtung, um Gedanken zu erschließen	
	Dokumentenanalyse		
	Lesen von niedergeschriebenen Gedanken der direkt Betroffenen	Lesen von Verhaltensberichten	

Tab. 3.1: Die Tätigkeit des Sammelns von Informationen (= Datenerhebung) in der Sozialforschung

Letztendlich gehören auch geschriebene Antworten auf schriftlich gestellte Fragen eines Fragebogens zu dem, was Wissenschaftler lesen. Aber diese Art von Informationsverarbeitung ordnet man eher der Auswertung von empirisch erhobenen Daten (hier der Befragung) zu, also nicht so sehr dem Sammeln, sondern dem Verarbeiten der Daten, nachdem man sie erhoben (= gesammelt) hat.

Man sieht, dass es auch hinsichtlich der Tätigkeit von Wissenschaftlern eine Ordnung gibt, die sich manchmal überschneidet, also nicht ganz eindeutig ist: Das Lesen gehört einerseits zu der theoretischen Tätigkeit (= Literaturarbeit), die sehr indirekt das Erleben der Menschen verarbeitet und daher nicht als erfahrungsbezogen gilt, und andererseits aber auch zur Empirie, bei der auf eine mehr oder weniger direkte Art und Weise Erfahrungen gesammelt oder auch ausgewertet werden.

Bisher wurde der Begriff „Sammeln" benutzt, um eine wissenschaftliche Tätigkeit zu benennen. Wissenschaftler sprechen in diesem Zusammenhang aber eher von „Datenerhebung" oder „Durchführung". Der Begriff Durchführung wird benutzt, weil der Wissenschaftler sich im Zuge seiner Planung überlegt hat, auf welche Weise er die Daten erheben will (z. B. durch die Beobachtung oder Befragung), und er die damit verbundene Handlung (eben das Beobachten bzw. das Befragen) dann durchführt. Vor oder neben der

Erhebung bzw. Durchführung gibt es andere Tätigkeiten wie z. B. vor der Erhebung die „Planung“ oder nach der Erhebung die „Auswertung“. Letzteres wurde durch die übergeordnete Tätigkeit „Lesen“ schon angedeutet. Mit der zeitlichen Abfolge von wissenschaftlichen Tätigkeiten beschäftigt sich das 9. Kapitel intensiv.

Im Folgenden werden zunächst die beiden Tätigkeiten „Beobachten“ und „Befragen“ als Tätigkeiten der Erhebungs- bzw. Durchführungsphase in ihrer Wissenschaftlichkeit erstmalig differenziert. Diese beiden Tätigkeiten sind das, was man im Kern unter empirischen Erhebungsmethoden in den Sozialwissenschaften versteht. Zunächst geht es um die Beobachtung, danach um die Befragung. Da das Lesen von theoretischen Texten nicht im Kern zu den empirischen Methoden zählt, wird diese Form von Datensammeln in dem gesonderten, nachfolgenden Kapitel 4 behandelt.

3.1 Beobachten

Beobachten ist eine alltägliche und allgegenwärtige Handlung. Wir beobachten im Alltag andauernd, mal sehr beiläufig und wenig bewusst bzw. mit geringer Konzentration oder Aufmerksamkeit, mal mit mehr Bewusstsein, höherer Aufmerksamkeit und größerer Konzentration. Die wissenschaftliche bzw. heilpädagogisch-professionelle Beobachtung ist immer mit einem hohen Grad an Bewusstheit verbunden und in der Regel auch mit hoher Aufmerksamkeit und Konzentration. Sie unterscheidet sich von der alltäglichen Beobachtung vor allem durch die Zielgerichtetheit, dem Vorhandensein einer expliziten Fragestellung und der Systematik. Mit Letzterem werden wir uns im Folgenden beschäftigen. Die Sozialwissenschaft kennt eine spezielle Begrifflichkeit, welche die Systematik kennzeichnet. Sie soll anhand eines Beispiels erklärt werden. Damit wir wieder den Bezug zur Heilpädagogik ziehen können, ist es wichtig, eine Vorstellung zu bilden.

Stellen Sie sich folgende berufliche Situation einer Heilpädagogin vor: Sie arbeitet an einer Regelschule und wird von einer Lehrerin gebeten, sich um einen verhaltensauffälligen Jungen zu kümmern. Sie hat folgende Informationen von der Lehrerin zu dem sozial abweichenden Verhalten des Kindes: Der Junge hat extreme Schwierigkeiten, sich an Regeln zu halten. Beim Mannschaftsspiel (Fußball) mit den Gleichaltrigen spielt er unfair. Er beschummelt beim Zählen der Tore und behauptet, die eigene Mannschaft hätte mehr Tore geschossen, als sie tatsächlich erzielt hatte. Er stellt Kindern der gegnerischen Mannschaft immer wieder ein Bein und bestreitet dann das Foulspiel. Er spielt den Ball immer wieder mit der Hand und leugnet das Handspiel. Bei Gesellschaftsspielen, z. B. *Mensch ärgere dich nicht* (= Eile mit Weile), würfelt er öfter als er eigentlich darf. Er behauptet, eine höhere Zahl gewürfelt zu haben, als er tatsächlich gewürfelt hatte, er schiebt seine Spielfigur einige Felder weiter, obwohl er gar nicht dran war, er wirft die Spielfiguren der Mitspieler um oder wackelt so mit dem Tisch, dass viele Spielfiguren umfallen usw.

Die anderen Kinder in der Klasse und auch die Peers in der Freizeit haben keine Lust mehr, mit dem Jungen zu spielen, er isoliert sich zunehmend von der Kindergemeinschaft in Schule und Freizeit.

Mit diesen Informationen plant die Heilpädagogin zunächst ihre Diagnostik. Sie will das Kind in ähnlichen wie von der Klassenlehrerin berichteten Situationen erleben. Ihr **Beobachtungsfeld** ist die Schule. Der Begriff Beobachtungsfeld kennzeichnet in den Sozialwissenschaften den Kontext bzw. die Rahmenbedingungen, unter denen eine Beobachtung stattfindet. Sie überlegt sich, den Jungen auf dem Pausenhof zu beobachten, denn in der großen Pause wird meist Fußball gespielt. Sozialwissenschaftler sprechen von einer **Beobachtungseinheit** und meinen damit die Gesamtheit aller zu beobachtenden Verhaltensweisen (hier das Fußballspiel mit seinen Akteuren) einer spezifischen Situation. Außerdem vereinbart sie mit der Klassenlehrerin, in einer Schulstunde dabei zu sein. Sie will während dieser Stunde ein Gesellschaftsspiel unter Teilnahme des Jungen mit einer Kleingruppe spielen. Die Beobachtungseinheit sind hier die Kinder im Setting des Gesellschaftsspiels.

Sie gibt sich ansonsten keinen weiteren Beobachtungsauftrag. Sie will lediglich nachvollziehen können, was ihr berichtet wurde. Man kann diese Form von Beobachtung insofern als **schwach strukturiert** bezeichnen oder auch als relativ **offene Beobachtung**. Die von der Heilpädagogin mit der Beobachtung verbundene Fragestellung könnte lauten: Kann ich das von der Klassenlehrerin berichtete Verhalten des Jungen ebenfalls beobachten?

Eine qualitativ orientierte Forscherin, welche Regelverletzungen im Kinderspiel untersuchen will, könnte einen ebenso offenen Beobachtungsauftrag formulieren.

Je nach Fragestellung könnte die Forscherin sich aber auch einen detaillierten Auftrag geben. Vielleicht hat sie die Hypothese, dass die Anzahl der Fouls des Jungen beim Fußballspiel zahlreicher sind als die Anzahl der Fouls der anderen Kinder und dass die Häufigkeit des Foulspiels ein Zeichen des sozial-abweichenden Verhaltens ist. Sie legt sich eine Strichliste an und dokumentiert die Häufigkeit der Foulspiele pro Kind, um ihre Hypothese zu überprüfen. Sozialwissenschaftler nennen die differenzierte Festlegung von Handlungen, welche im Zuge der Beobachtung vollzogen werden, **Beobachtungsschema**. Es legt z. B. fest, welche Zeichensysteme verwendet werden (hier eine einfache Strichliste). Zum Beobachtungsschema gehören Regeln, welche die Beobachtung führen bzw. ordnen. Eine Strichliste führen, um einen Verhaltensausschnitt gemäß seiner

Häufigkeit zu dokumentieren, kann man als **hochstrukturiert** bezeichnen. Das Zählen von Verhaltensausschnitten deutet darauf hin, dass es sich um eine quantitative Strategie der Sozialwissenschaft handelt. Die Forscherin/Heilpädagogin konzentriert sich voll auf diese Dokumentation und blendet alles andere aus. Sie registriert z. B. nicht, mit welchen verbalen Mitteln der Junge versucht, sich einen Vorteil im Spiel zu verschaffen, oder wie die anderen Kinder auf die Fouls von ihm reagieren etc. Auch dies ist ein Zeichen von quantitativer Sozialforschung: Die Reduktion auf wenige Variablen innerhalb einer Beobachtungseinheit.

Ebenso könnte sich eine Forscherin oder auch eine Heilpädagogin einen spezifischen Beobachtungsauftrag für die Situation in der Kleingruppe beim Gesellschaftsspiel geben. Sie könnte z. B. das Blickkontaktverhalten der teilnehmenden Kinder ins Zentrum ihrer Aufmerksamkeit nehmen, weil sie dieses Verhalten als Ausdruck der Beziehungsqualität unter den Kindern betrachtet. Da sie dieses Verhalten in vielen Facetten beurteilen will, also nicht nur die Häufigkeit des Blickkontaktes zwischen den Kindern, sondern auch die Länge des Blickkontakts, die damit einhergehende Mimik usw., entscheidet sich die Forscherin/Heilpädagogin, eine Videoaufnahme zu machen, damit sie diese Qualitäten des Blickkontaktverhaltens im Nachhinein in aller Ruhe und auch mehrmals anschauen kann. Während sie beim Live-Spiel eine **unvermittelte** und sehr **direkte Beobachtungs**perspektive hat, würde man die Beobachtung über das Medium *Video* als eine **vermittelte** und nicht ganz so direkte **Beobachtung** bezeichnen.

Es gibt zwischen den beiden Situationen (Fußballspiel vs. Gesellschaftsspiel) mindestens drei strukturelle Unterschiede. Der eine Unterschied liegt in der Konstruktion der Beobachtungshandlung. Während die Heilpädagogin nichts unternommen hat, um das Fußballspiel zu initiieren, hat sie das Gesellschaftsspiel initiiert, den Beobachtungsgegenstand quasi geschaffen. Sie hat sich auch genau überlegt, welches Gesellschaftsspiel sie spielen will, nämlich eines, bei dem man Regelverletzungen gut beobachten kann. Sozialwissenschaftler sprechen hier von der *Manipulation* der *unabhängigen Variablen.* Die unabhängige Variable ist in diesem Fall die gezielte Herstellung einer Situation, welche das zu beobachtende Verhalten (= die abhängige Variable) verursachen soll. Bei der anderen Beobachtung ist das Fußballspiel die unabhängige Variable, die nicht extra manipuliert wird, aber trotzdem von der Heilpädagogin genutzt wird, um das Verhalten zu beobachten. „Manipulation" meint also, dass die Forscherin/Heilpädagogin eine Situation herstellt bzw. eine Aufgabe stellt, um ein Verhalten beobachtbar zu machen. Der zweite Unterschied hängt mit der Manipulation eng zusammen und wird als eine Dimension zwischen natürlicher und künstlicher Situation von den Sozialwissenschaftlern benannt. Das Fußballspiel ist eine extrem natürliche Situation. Das extra organisierte Gesellschaftsspiel ist schon weniger natürlich, weil extra zum Zwecke der Beobachtung geschaffen. Extrem künstliche

Situationen sind oft sogenannte Laborsituationen, bei dem die Forscherin/ Heilpädagogin die Situation und die Aufgaben stark kontrolliert wie es z. B. beim Einsatz von normierten Tests notwendig ist. Die Dimension *natürliche vs. künstliche Beobachtung* hat also enge Verwandtschaft mit der Dimension *Feld- vs. Laborbeobachtung* und auch mit der schon genannten Dimension schwach vs. hochstrukturierte Beobachtung.

Der dritte und vielleicht größte Unterschied zwischen Fußball- und Gesellschaftsspiel liegt in der *Beobachtungsperspektive*. Während die Heilpädagogin sich das Fußballspiel aus relativ großer Distanz anschaut, ist sie beim Gesellschaftsspiel mittendrin. Letzteres nennen Sozialwissenschaftler deshalb eine *teilnehmende Beobachtung*. Die Beobachtung des Fußballspiels wird *nichtteilnehmende Beobachtung* genannt, denn die Heilpädagogin beteiligt sich nicht am Fußballspiel. In den allermeisten Situationen ihres beruflichen Handelns ist die Heilpädagogin in der Rolle der teilnehmenden Beobachterin. Es lohnt sich daher, diese Rolle genauer anzuschauen, denn sie ist mit ganz bestimmten Chancen, aber auch Gefahren verbunden. Fangen wir mit den Gefahren an: Beim Gesellschaftsspiel mit den Kindern spielt die Heilpädagogin mit, sie hat also eine Doppelrolle. Sie ist nicht nur Beobachterin, sondern auch Mitspielerin. Sowohl das Beobachten als auch das Spielen erfordert von ihr Aufmerksamkeit und Konzentration. Da ihre kognitiven Ressourcen begrenzt sind, kann es passieren, dass sie in ihrer Rolle als Beobachterin so manches nicht mitbekommt. Wie war das Blickkontaktverhalten der Kinder, als sie selbst eine 6 gewürfelt hat? Oder: In dem Moment, als der Junge schummelte, hat sie sich geärgert und konnte deswegen nicht beobachten, wie die anderen Kinder geschaut haben. Eine große emotionale Involviertheit kann die Beobachtungsfähigkeit beeinträchtigen. Es kann passieren, dass die fehlende (emotionale) Distanz die Beobachtung verhindert oder verzerrt.

Während des Spiels ärgert sie sich auch über sich selbst, weil sie wichtige Momente des Spielgeschehens aufgrund ihrer eigenen Involviertheit nicht mitbekommt. In solchen Momenten hat sie mehr sich selbst beobachtet als die teilnehmenden Kinder. Sozialwissenschaftler unterscheiden daher auch in *Selbst- und Fremdbeobachtung*. Durch das Beispiel wird klar, dass sich (besonders bei der teilnehmenden Beobachtung) die Selbst- und Fremdbeobachtung sehr schnell und ungesteuert abwechseln können. Da die Heilpädagogin auch den Auftrag hat, ihre eigene Tätigkeit zu reflektieren, ist die Selbstbeobachtung in gewissem Maße in ihrem Berufsalltag allgegenwärtig. Im Beispiel wurde angedeutet, dass die gleichzeitige Selbst- und Fremdbeobachtung eine Überforderung sein kann. So tut die Heilpädagogin gut daran, sich hin und wieder eine Hilfe von außen zu holen z. B. in Form einer Supervision. Die Supervisorin berät die Heilpädagogin auf Basis von Erzählungen der Heilpädagogin. Vielleicht schaut sich die Supervisorin auch das Video an, welches die Heilpädagogin vom Spielgeschehen angefertigt hat. Beides, sowohl die Erzählung als auch die Videoaufnahme, stellt vermittelte Informationen dar. Die Videoaufnahme kann man in diesem Fall als *vermittelte Fremdbeobachtung* bezeichnen. Die Erzählungen der Heilpädagogin sind so indirekt, dass man hier nicht mehr von Beobachtung sprechen würde. Die Heilpädagogin im Beispiel jedenfalls ist froh, eine Videoaufnahme gemacht zu haben. Nicht nur um die Aufnahme eventuell ihrer Supervisorin zeigen zu können, sondern vor allem um einige Momente des Spielgeschehens, bei denen sie mehr mit sich selbst beschäftigt war, noch einmal in Ruhe und aus der Distanz anschauen zu können. Nur leider war die Kameraperspektive so einseitig, dass sie das Blickkontaktverhalten von einem der insgesamt drei teilnehmenden Kinder im Videofilm gar nicht sehen kann. Der Informationsverlust der per Video vermittelten Beobachtung ist hier offensichtlich.

Als die Forscherin/Heilpädagogin die Videoaufnahme auswertet, bittet sie die Klassenlehrerin, dabei zu sein. Diese gesteht ihr, dass sie schon beim Live-Spiel zugeschaut und während dieser Beobachtung bemerkt hatte, dass sich der Junge anders als in sonstigen Spielsituationen benimmt. Auch die Forscherin/Heilpädagogin hat den Jungen während der Spielsituation am Tisch eher kooperativ erlebt, während beim Fußballspiel all die Regelverletzungen und das sozial schwierige Verhalten zu beobachten gewesen war, welches ihr zuvor berichtet worden war. Sie überlegt sich, woran das liegen könnte, und stellt die Hypothese auf, dass sich der Junge beim Gesellschaftsspiel der Anwesenheit einer Erwachsenen sehr bewusst war und sein Verhalten deswegen anders war. Sozialwissenschaftler sprechen von *verdeckter* und *nicht-verdeckter Beobachtung*. Die Beobachtung des Fußballspiels geschah für den Jungen verdeckt, er wusste nicht, dass er beobachtet wurde. Auch die Beobachtung des Gesellschaftsspiels durch die Klassenlehrerin war für die Heilpädagogin eine verdeckte Beobachtung, denn sie wusste nicht, dass sie von der Klassenlehrerin beobachtet wird. Sehr wahrscheinlich war sich der Junge darüber bewusst, dass er von der Heilpädagogin beim Gesellschaftsspiel unter Beobachtung steht, obwohl sie ihm zuvor nicht gesagt hatte, dass sie sein Sozialverhalten im Kleingruppenspiel beobachten will. Wenn Sozialwissenschaftler das Ziel der Beobachtung den zu beobachtenden Personen ganz offen und vollumfänglich mitteilen, ist das eine absolut nicht-verdeckte Beobachtung.

Wenn man diese Ordnungsdimension der Beobachtung mit den zwei Polen verdeckt vs. nicht-verdeckt so analysiert, kann man erkennen, dass es eine 100% nicht-verdeckte Beobachtung bei der eher offenen, teilnehmenden Beobachtung (und wahrscheinlich auch in den anderen Beobachterrollen) kaum geben kann. Eine vollumfängliche Aufklärung zum Beobachtungsgegenstand erscheint schon wegen der Offenheit unmöglich. Offenheit bedeutet ja, dass die Beobachterin nicht alles festgelegt hat, was sie beobachten wird. Daher kann sie vorneweg nicht darüber informieren. Außerdem kann man an dem Beispiel mit dem Gesellschaftsspiel erahnen, dass die nicht-verdeckte Beobachtung ein großes Problem mit sich bringt: Das Verhalten von Menschen, die wissen, dass sie beobachtet werden, verändert sich. Sozialwissenschaftler sprechen in diesem Zusammenhang von *Reaktivität*. Was dann beobachtet wird, ist nicht das authentische Verhalten, sondern die Reaktion auf die Beobachtung.

Der hohe Grad an Involviertheit bei der teilnehmenden Beobachtung wurde oben als Nachteil bewertet, weil u. a. die Qualität der Beobachtung darunter gelitten und vermutlich Reaktivität ausgelöst hatte. Teilnehmende Beobachtung kann aber auch einen Vorteil mitbringen, wenn es gelingt die Reaktivität auszuschalten und die Beobachterin es schafft, trotz aller Involviertheit eine gewisse Distanz zum *Beobachtungsgegenstand* zu bewahren. Unter dem Beobachtungsgegenstand wird in den Sozialwissenschaften übrigens das menschliche Verhalten im Allgemeinen verstanden. Wahrscheinlich beherrschen viele Heilpädagoginnen diese Kunst der „distanzierten Nähe". Eine Kunst ist es u. a., weil man die zwei Rollen (Beobachterin plus Teilnehmerin) gleichzeitig ausüben muss. Beim Gesellschaftsspiel bedeutet das: Einerseits eine authentische Mitspielerin zu sein und andererseits sich auf den Beobachtungsauftrag zu konzentrieren und das Blickkontaktverhalten, die Mimik etc. der Kinder zu beobachten.

Wenn diese Kunst gelingt, steigt die Wahrscheinlichkeit, dass die zu Beobachtenden (hier die Kinder) die Situation nicht als Beobachtungssituation wahrnehmen bzw. diese als solche „vergessen" und damit die Gefahr der Reaktivität kleiner wird. Die Authentizität der Heilpädagogin/Forscherin als Mitspielerin darf aber nicht so intensiv sein, dass sie sich von den Emotionen z. B. des Gewinnenwollens mitreißen lässt und davon beherrscht wird, weil sie dann kaum kognitive Ressourcen hat, um ihrem Beobachtungsauftrag gerecht zu werden.

Wenn ihr die Kunst der distanzierten Nähe beim teilnehmenden Beobachten gelingt, hat die Beobachterin die Chance, ein hochgradig authentisches Verhalten in hochgradig natürlichen Lebensumständen zu beobachten. Abbildung 3.1.1 veranschaulicht die zentralen Begrifflichkeiten aus der Sozialwissenschaft, welche bisher verwendet wurden.

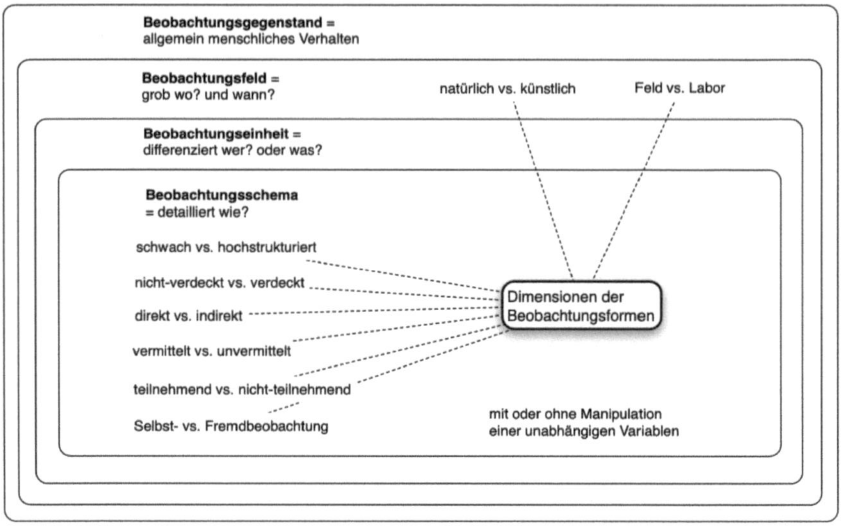

Abb. 3.1.1: Zentrale Begrifflichkeiten zur Beobachtung aus sozialwissenschaftlicher Perspektive

Die Beobachtungsformen werden als *Dimensionen* gekennzeichnet, weil sie allesamt eine polartige Struktur aufweisen. Die Dimensionen werden durch die Pole benannt, es gibt aber kein „entweder – oder", sondern vielmehr einen fließenden Übergang zwischen den Polen. So kann eine Beobachtung stärker strukturiert sein als eine andere, aber immer noch sehr nahe am Pol der schwachen Strukturierung. In der Beobachtungsrealität werden die Dimensionen auf vielfältige Art und Weise gemischt. Oben wurde von der vermittelten Fremdbeobachtung berichtet im Zusammenhang mit der Videobetrachtung durch die Supervisorin. Die Heilpädagogin war beim Gesellschaftsspiel in der Rolle einer verdeckten, quasi-natürlichen, teilnehmenden Selbst- und Fremdbeobachterin.

Durch das Beispiel oben wurde hoffentlich klar, dass die Beobachtungsformen in ihren Dimensionen verschiedene Vor- und Nachteile in sich tragen. Es gibt einige Stolpersteine beim Beobachten. Sei es die Rollendiffusion beim teilnehmenden Beobachten oder die Gefahr der kognitiven Überlastung, wenn man sich zu viele Aspekte vornimmt, die man beobachten will. Aus psychologischer Perspektive gibt es noch weitere, sehr interessante Phänomene, die dem professionellen bzw. forschenden Beobachter unbedingt bekannt sein sollten, weil sie die Durchführung der Beobachtung oder auch die Auswertung von Beobachtungsdaten verfälschen können. Mit der Reaktivität wurde ein solches Phänomen schon geschildert. Die Reaktivität betrifft die Person, welche beobachtet wird. Es gibt aber auch psychologische Phänomene, die den Beobachter betreffen und die ebenfalls die Beobachtung verfälschen können. An dieser Stelle sei mit dem Halo-Effekt nur ein wichtiges Problem geschildert. Ein bekanntes Beispiel für den Halo-Effekt aus der Pädagogik ist die verzerrte Bewertung eines Schülers durch einen Lehrer, der den Schüler sympathisch findet und aufgrund der Sympathie ihm eine vergleichsweise bessere Note als anderen Schülern mit gleicher Leistung gibt. Das kann auch der Heilpädagogin passieren, wenn sie eine Beurteilung der Verhaltensauffälligkeit des Schülers abgeben muss, der ihr vielleicht unsympathisch ist.

Manchmal wird der Halo-Effekt auch als Erwartungs-Effekt bezeichnet, der in allen Phasen der Beobachtung unbewusst wirken kann. Die Sympathie kann schon vor der eigentlichen Beobachtung eine Rolle spielen, z. B. bei der planerischen Auswahl der Beobachtungsform. Offene, schwach strukturierte Beobachtungsformen sind anfälliger für eine unbewusste Selektion bzw. Akzentuierung von negativen Merkmalen, wenn der Schüler der Heilpädagogin unsympathisch ist. Eventuell werden dann während der Beobachtung schon wenige Regelverletzungen als schwerwiegend eingeschätzt oder ein Flunkern als ständiges Lügen wahrgenommen. Auch nach der Beobachtung kann die Sympathie oder Antipathie weiter „ausstrahlen", wenn im mündlichen oder schriftlichen Bericht die einseitig-verzerrte Beobachtung festgehalten wird. Der Halo-Effekt kann weitere Blüten treiben, gerade wenn es um Verhaltensprobleme geht. Im Alltagsspruch *Wer lügt, der stiehlt, wer stiehlt, der lügt* kommt der weitergehende Erwartungseffekt zum Ausdruck. Lügen muss nichts mit Stehlen zu tun haben, der Zusammenhang ist nicht zwingend. Der Alltagsspruch zieht aber diesen Zusammenhang und suggeriert, dass Lügen und Stehlen in einer gesetzmäßigen Aufeinanderfolge zu beobachten sind.

Am Beispiel des Halo-Effekts soll deutlich werden, dass es für die Forscherin oder die Heilpädagogin wichtig ist, ein hohes Bewusstsein für die Stolpersteine der Beobachtung zu erlangen. Das erhöhte Bewusstsein als ein wesentliches Merkmal wissenschaftlichen Denkens und Handelns gilt als der erste Schritt zur Minimierung von *Beobachtungsfehlern.*

Weitere aus der Psychologie bekannte Gefahren der Verfälschungen und Verzerrungen von Beobachtung, welche in den beteiligten Personen (also im zu Beobachtenden *und* im Beobachter) lokalisiert sind, findet man in der einschlägigen psychologischen Fachliteratur oder man googelt einfach mal mit dem Schlagwort *Beobachtungsfehler.* Zum Abschluss seien an dieser Stelle noch beispielhaft Probleme der Beobachtung erwähnt, die nicht in den beteiligten Personen, sondern im räumlich-zeitlichen Kontext liegen und relativ banal sind. Wenn man als Beobachterin zu den Brillenträgerinnen gehört und die Sehhilfe vergessen hat, fällt es natürlich schwer, vom Spielfeldrand aus das Foulspiel als Regelverletzung zu beobachten. Wenn im Raum, wo das Gesellschaftsspiel gespielt wird, im Winter die Heizung ausgefallen ist und alle

Spieler frieren, wird dadurch das zu beobachtende Verhalten beeinflusst. Wenn man die Dokumentation der Beobachtung erst mit großer zeitlicher Verzögerung schafft, hat man u. U. einiges schon wieder vergessen.

Zum Abschluss des Kapitels 3.1 gibt es eine Aufgabe, um das Gesagte zu überdenken.

Aufgabe zur Beobachtung

Welche Aussagen sind richtig? Kreuzen Sie die „richtigen" Aussagen an.

1. Bei der verdeckten Beobachtung will man eigentlich Nicht-Sichtbares beobachtbar machen.
2. Dimensionen von Beobachtungsformen sind polartige Konstrukte, welche die Art und Weise des Beobachtens beschreiben.
3. Bei der teilnehmenden Beobachtung ist die Zuverlässigkeit der Beobachtung i. d. R. sehr groß, weil die Beobachterin sehr nah am Geschehen ist.
4. Teilnehmende Beobachtung heißt so, weil die Beobachterin als ein Teil der Beobachtungseinheit betrachtet werden kann.
5. Unvermittelte Beobachtungen sind vermittelten Beobachtungen vorzuziehen, weil die unvermittelten weniger fehleranfällig sind.
6. Unter Reaktivität versteht man die Reaktion eines Zu-Beobachtenden auf die Beobachtung.
7. Der Grad an Strukturiertheit bei einer Beobachtung orientiert sich an der Fragestellung der Heilpädagogin bzw. Forscherin

Einen Lösungsvorschlag finden Sie im Anhang 3.1

3.2 Befragen

Die wissenschaftliche Befragung lässt sich ähnlich wie die Beobachtung in einem Netzwerk von Begrifflichkeiten differenzieren. Und genau wie bei der Beobachtung gibt es Überschneidungen und Ähnlichkeiten mit der Tätigkeit der Heilpädagogin.

Hier wird zunächst der Überblick zu den wissenschaftlichen Befragungsformen gegeben (vgl. Abb. 3.2.1) und danach werden die Gemeinsamkeiten und Unterschiede erarbeitet.

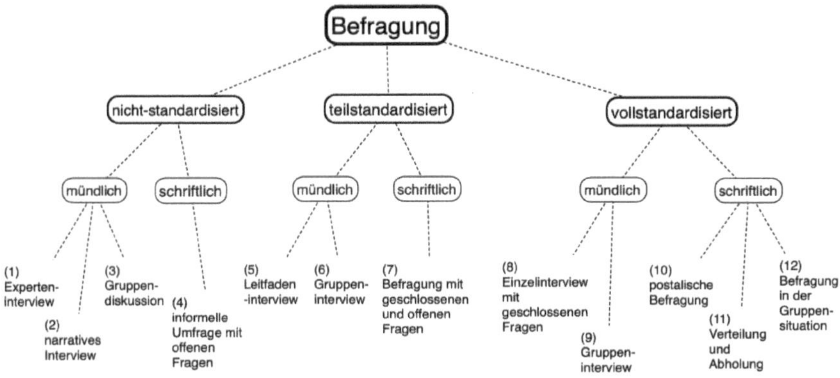

Abb. 3.2.1: Ordnungssystem der wissenschaftlichen Befragung in Anlehnung an Lamnek (2001)

Auf der ersten Ebene der Differenzierung wird der Begriff „standardisiert" gebraucht. Dies kann man analog zur Differenzierung der Beobachtungsform in die Dimension schwach vs. hochstrukturiert (vgl. Abb. 3.1.1) betrachten, denn der Unterschied liegt in dem *Grad der Strukturiertheit*, wobei hier drei Strukturgrade unterschieden werden: *Nicht-standardisiert* steht für wenig Struktur, *teilstandardisiert* steht für einen mittleren Grad an Struktur und *vollstandardisiert* steht für einen hohen Grad an Struktur. Für jeden dieser Strukturgrade gibt es die Unterscheidung in mündliche vs. schriftliche Form der Befragung und auf der untersten Ebene werden konkrete Beispiele (1) bis (12) genannt.

Wir folgen den Beispielen und erklären immer zunächst die Rolle der Forscherin, übertragen diese aber sofort auf die Situation in der Heil- bzw. Sonderpädagogik. Um die Nachvollziehbarkeit zu erhöhen, werden im folgenden Text immer die Nummern der Beispiele aus Abbildung 3.2.1 aufgegriffen.

3.2.1 Mündliche Formen der Befragung

Es werden zunächst die mündlichen Formen etwas näher erläutert, weil diese eine sehr hohe Überschneidung mit der Befragung als heilpädagogischer Tätigkeit haben. Eine wesentliche Differenzierung auf dieser Beispielebene ist die Einzel- vs. Gruppenbefragung der mündlichen Befragung. Daher stellen Sie sich bitte zwei Situationen vor:

- ein Einzelgespräch mit einer Klientin bzw. einer Bezugsperson einer Klientin und
- ein Gruppengespräch mit einer Gruppe von Klienten oder mit deren Bezugspersonen (z. B. eine Elterngruppe).

Wir konzentrieren uns zunächst auf die Einzel- und danach auf die Gruppengespräche.

Einzelsetting

Experteninterview

Ein Experteninterview (1) führt die Forscherin durch, wenn sie über ein Thema etwas sehr genau wissen will. Welche Intervention könnte bei dem Kind mit Leserechtschreibstörung am besten geeignet sein? Welche diagnostischen Verfahren sind bei Verhaltensauffälligkeit am besten geeignet? Deswegen interviewt sie eine Expertin, die sich auf den Gebieten Verhaltensauffälligkeit bzw. Leserechtschreibstörung sehr gut auskennt. Dieselben Fragen könnte eine Heilpädagogin an eine hochspezialisierte Kollegin (= Expertin) haben. Jedoch ist sie weitaus häufiger selbst in der Rolle der Expertin und bekommt Fragen gestellt, z. B. von den nach Rat suchenden Bezugspersonen oder von anderen nach Rat suchenden pädagogischen Fachkräften. Diese Beratungstätigkeit hat vordergründig weniger mit „Sammeln von Informationen", sondern mehr mit „Geben von Informationen" zu tun. Im Rahmen des Experteninterviews ist die praktizierende Heilpädagogin also oft die Expertin und gibt Informationen.

Narratives Interview

Als Sammlerin von Informationen kann sie genau wie die Forscherin das sogenannte narrative Interview (2) gebrauchen. Das Merkmal „schwache Struktur" bei dieser Gesprächsform steht für die Abwesenheit von vorbereiteten Fragen und steht dem qualitativen Paradigma der Sozialwissenschaft nahe. Vorgegeben ist lediglich das Thema. Der Interviewerin kommt die Aufgabe zu, die zu befragende Person in einen Erzählfluss zu bringen und diesen aufrechtzuerhalten. Das wesentliche Kennzeichen dieser schwach strukturierten Form der Befragung ist das Thema selbst. Strukturmerkmale gibt es aber sehr wohl für das narrative Interview. Die Interviewerin zeigt unbedingtes Interesse, sie muss durch aktives Zuhören und Spiegeln des Gesagten bei der Interviewpartnerin die Bereitschaft wecken, zu erzählen. Die Struktur besteht in einer geschickten *Gesprächsführung*, die sich flexibel an die Bedürfnisse und Eigenheiten des Gesprächspartners anpasst. In der Forschung wird eine solche Form der Befragung angewandt, wenn die Forscherin Dinge erkunden will, die intim und heikel sein könnten oder wenn sie aus der Lebensgeschichte einer Person etwas erfahren will. All die genannten Ziele verfolgen Heilpädagoginnen auch, wenn sie ein ganzheitliches und auf die Biografie ihrer Klienten ausgerichtetes berufliches Selbstverständnis haben. Natürlich brauchen sie ebenfalls die genannten Techniken der Gesprächsführung und eine grundsätzliche *empathische Haltung*, wenn sie von ihren Klienten oder deren Bezugspersonen etwas erfahren wollen. Bei dieser Interviewform existiert offensichtlich eine große Nähe zwischen Forschung und heilpädagogischer Praxis. Man könnte die Vermutung aufstellen, dass Heilpädagoginnen mit dem oben genannten beruflichen Selbstverständnis darin gut qualifiziert sind, weil diese Art der Gesprächsführung auch zu ihren Basis-Kompetenzen bei der Beratungstätigkeit gehört. Die genannten Gesprächsführungsfähigkeiten taugen nämlich auch, wenn man als Heilpädagogin in der Expertenrolle ist. Eine Expertin, die gut zuhören kann und durch vertiefendes Nachfragen ein unbedingtes Verstehen-wollen signalisiert, hat gute Chancen, die wahrhaft interessanten und relevanten Informationen von Ihren Klienten zu bekommen und ihre Beratungstätigkeit darauf hin abzustimmen.

Überhaupt kann man die Fähigkeiten zur Gesprächsführung als eine Art Grundlage für eine erfolgreiche mündliche Befragung betrachten, sowohl in Forschung wie in Heilpädagogik. Auch bei den etwas stärker (= mittelmäßig) strukturierten Befragungsformen sind sie wichtig.

Leitfadeninterview

Das Leitfadeninterview (5) ist so eine teilstandardisierte (also mittelgradig hochstrukturierte) Form der Befragung. Wesentliches Kennzeichen dieser Befragungsform ist die Existenz von einem schriftlichen Leitfaden, welchen die Forscherin sich vor dem Gespräch erarbeitet hat und der das Gespräch leiten soll.

Meist hat sich die Forscherin aus der Theorie ihres Themas Fragen oder einzelne Unterthemen überlegt, die sie in den Leitfaden aufnimmt. Letztendlich ist der Leitfaden eine an der übergeordneten inhaltlichen Fragestellung ausgerichtete Struktur. Wenn sie wissen will, wie Geschwisterkinder von Kindern mit einer Leserechtschreibschwäche die Probleme ihrer Geschwister wahrnehmen, muss sie sich vorgängig den aktuellen Kenntnisstand zu diesem Thema aus der Fachliteratur aneignen und wird daraus Fragen für ihr Leitfadeninterview ableiten. Im Kontext der Forschung sind das in der Regel Fragen, die bisher noch niemand gestellt hatte und dementsprechend in der einschlägigen Fachliteratur noch nicht aufgetaucht und beantwortet wurden oder dort widersprüchlich beantwortet wurden. Die Forscherin hat den Auftrag, „Neues" herauszufinden bzw. die Widersprüche im Rahmen einer Theorie aufzuklären. Die Forscherin benutzt ihren Leitfaden sowohl, um den Ablauf des Gesprächs zu strukturieren, als auch, um die bisher unbeantworteten Fragen anzusprechen. Der Leitfaden dient der Forscherin als Gedächtnisstütze. Er ist aber nicht mit konkreten Formulierungen für Fragen bestückt. Die Wortwahl der Fragen bleibt frei und kann und soll situationsspezifisch anpassbar bleiben. Auch der Ablauf kann je nach Gesprächsdramaturgie flexibel angepasst werden. Insofern ist das Leitfadeninterview teil-strukturiert. Eine Heilpädagogin mit systemischem Ansatz könnte dieselbe Frage interessieren wie die Forscherin aus dem Beispiel oben: Wie nimmt die Schwester von Hans die Leserechtschreibstörung (LRS) ihres Bruders wahr? Diese Frage könnte Teil eines Interviewleitfadens für ein Gespräch mit der Schwester oder den Eltern sein. Der Unterschied zwischen Heilpädagogin und Forscherin ist lediglich im Grad der Verallgemeinerung zu finden. Forscherinnen wollen allgemeine Aussagen über Geschwisterkinder von leserechtschreibschwachen Kindern finden. Eine Heilpädagogin interessiert sich für die Wahrnehmung von Geschwisterkindern in einem spezifischen Fall – nämlich für den Fall ihres Klienten Hans. Die Praktikerin braucht für den Einzelfall ihres Klienten Informationen, um sein Problem besser zu verstehen. Die Heilpädagogin bereitet sich dementsprechend mit ihrem Wissen um die Familiendynamik bei LRS auf das Gespräch mit der Schwester bzw. Familie vor. Wahrscheinlich integriert sie in ihrem Leitfaden für das Gespräch mit der Schwester auch ungeklärte Fragen, die sie aus der bisherigen Arbeit mit Hans ableitet. Sie leitet ihre Fragen also zum Teil aus der allgemeinen Theorie der LRS ab, zu einem wesentlichen Teil aber auch aus ihrem Wissen und ihren Vermutungen über den Klienten Hans. Letzteres könnte man als ihre Theorie zum Einzelfall bezeichnen.

Heilpädagoginnen nutzen die Gesprächsform des Leitfadeninterviews auch, wenn sie anamnestische Daten erheben. Es gehört zum Standard, dass bei den meisten heilpädagogisch relevanten Themen wie geistige Behinderung, Verhaltensauffälligkeit, Lese-Recht-Schreibstörung, Sprachstörung etc. die Vorgeschichte des Verlaufs erkundet wird. Die Fachliteratur zu diesen heilpädagogisch relevanten Handlungsfeldern sind reichhaltig bestückt mit sogenannten Anamnesebögen. Das sind nichts anderes als Leitfäden für ein Anamnesegespräch.

Auch für Beratungsgespräche geben sich Heilpädagoginnen oft einen Gesprächsleitfaden, der inhaltlich individuell an den Fall angepasst ist und auch Rahmenbedingen wie z. B. das Zeitmanagement strukturiert.

Vollstandardisiertes Einzelinterview

Es kann auch sein, dass eine Forscherin sich für ein vollstandardisiertes Einzelinterview (8) entscheidet. Solche hochstrukturierten mündlichen Einzelinterviews haben genau festgelegte Frageformulierungen. Dem Interviewer wird nicht die Wahl gelassen, wie er die Fragen stellt, sondern er soll sich genau an die Formulierung im Interviewleitfaden halten. Auch die Reihenfolge der Fragen ist i. d. R. genau vorgegeben, ebenso wie deren Antwortformate. Die Fragen werden so gestellt, dass der Befragte nur sogenannte geschlossene Antworten geben kann, also mit *ja* oder *nein* antworten soll oder sich bei der Antwort für eine Begrifflichkeit auf einer Skala wie *trifft immer zu / trifft häufig zu / trifft manchmal zu / trifft selten zu / trifft nie zu* entscheiden muss.

Diese hochstrukturierte Form von mündlichem Interview ist wahrscheinlich in der Heilpädagogik selten. Stellen Sie sich so ein Interview vor: Es erlaubt keine Flexibilität im Ablauf, das empathische Zuhören ist wenig relevant und eine freie Erzählung (= Narration) beim Interviewten unerwünscht.

Gruppensetting

Wenn wir uns nun die mündlichen Befragungsformen für Gruppen anschauen, welche in der Forschung eingesetzt werden, gibt es wie bei den Einzelgesprächen die wesentliche Unterscheidung im Grad der Strukturiertheit.

Gruppendiskussion

Die Gruppendiskussion (2) ist analog zum narrativen Einzelinterview geprägt von einer hohen Offenheit. Zentral ist das Thema, es gibt keine konkreten Fragen und die Forscherin hat die Aufgabe, das Thema so geschickt zu implementieren, dass die Gruppe ein Interesse entwickelt, sich über einen gewissen Zeitraum damit zu befassen. Kann sein, dass die Forscherin Gesprächstechniken anwendet, um die Auseinandersetzung der Gruppe zu vertiefen, z. B. indem die Forscherin Nachfragen stellt zu dem, was schon gesagt wurde, oder einzelne Statements von Gruppenmitgliedern aufgreift und in einen anderen Kontext einbettet. Sie kann auch ein Gruppenmitglied fragen, ob es das Statement der Vorrednerin nachvollziehen kann. Sie tut das, um die Gruppe anzuregen, noch tiefer in das Thema einzutauchen. Der Sinn einer solchen offenen Gesprächssituation ist es, möglichst differenzierte Informationen über einen bisher noch wenig erforschten Sachverhalten zu erhalten.

Auf die Beispiele von oben bezogen könnte die Forscherin eventuell die Frage haben, wie Eltern von LRS-Kindern mit der Problematik umgehen. Sie bildet deswegen eine Gruppe von Eltern, deren Kinder allesamt mit LRS zu tun haben und initiiert eine Gruppendiskussion, um Informationen zum Erleben und Verhalten der Eltern zu erhalten.

Die Heilpädagogin nutzt solche Gruppendiskussionen ebenfalls mit genau derselben Zielsetzung und ebenfalls unter Zuhilfenahme von den erwähnten Techniken der Gesprächsführung, allerdings doch mit mindestens einem sehr wichtigen Unterschied: Sie tut dies nicht nur, um Informationen zu erhalten und etwas tiefer zu verstehen, sondern auch um eine Veränderung und Entwicklung anzustoßen. Der Anstoß zur Veränderung gehört zu ihrem (heil-)pädagogischen Kernauftrag. Dazu eignet sich eine Gruppendiskussion durch ihre offene Struktur wunderbar. Nehmen wir an, die Heilpädagogin initiiert eine Gruppendiskussion mit Eltern von LRS-Kindern. Sie will nicht nur tiefer verstehen, was die Eltern bewegt, ob und welche Sorgen sie sich machen und wie sie sich im Zusammenhang mit der LRS ihrer Kinder verhalten. Sie will durch den Austausch unter den Eltern auch eine Entlastung für die Eltern im Sinne von „geteiltes Leid ist halbes Leid“ ermöglichen. Sie will, dass die Eltern voneinander lernen und adaptive vs. maladaptive Umgangsweisen mit dem LRS-Problem diskutieren. Sie hat u. U. das Ziel, dass sich die Eltern ganz konkret gegenseitig unterstützen, indem sie Hausaufgabenbetreuungszeiten untereinander aufteilen.

An dieser Stelle soll festgehalten werden, dass diese Form des Gruppengesprächs in der Heilpädagogik einen festen Platz hat. Viele heilpädagogischen Interventionen mit Gruppen oder Kleingruppen nutzen die Gruppendiskussion mit dieser doppelten Zielführung,

1. um aus diagnostischer Perspektive Informationen über einzelne Gruppenmitglieder und ihr Verhalten in der Gruppe zu erhalten und
2. um einer Gruppe von Personen eine Entwicklungsmöglichkeit zu geben.

Gruppensettings und -diskussionen sind in der Heilpädagogik wichtig, um Personen einen Austausch über ein Problem zu ermöglichen, welches sie teilen:

- Alle Kinder einer Gruppe, die eine Verhaltensproblematik haben, tauschen sich über ihr Verhaltensproblem aus.
- Alle Kinder einer Gruppe, die stottern, tauschen sich über ihr Sprechproblem aus.
- Alle Eltern von Kindern mit einer geistigen Behinderung tauschen sich über die Probleme ihrer Kinder aus.

Diese beispielhaft genannten (heil-)pädagogischen Ziele sind für die Forscherin i. d. R. nachrangig. Die Forscherin hat keinen primär (heil-)pädagogischen Auftrag und trotzdem ist die Durchführung einer Gruppendiskussion für die Forscherin und für die Praktikerin in weiten Teilen quasi identisch.

Gruppeninterview

Ein *teilstandardisiertes Gruppeninterview (6)* findet in der Forschung statt, weil man aus ökonomischen Gründen nicht so viele Einzelinterviews führen kann. Als Form der reinen Informationserhebung ist das Gruppeninterview aber problematisch. Die Gruppendynamik kann dazu führen, dass nur wenige einer Gruppe zu Wort kommen und die Sichtweise bzw. Meinung des einzelnen unter den Tisch fällt. Hier eine geschickte Gesprächsführung zu realisieren, so dass alle gleichermaßen zu Wort kommen ist alles andere als einfach. Aber selbst wenn alle zu Wort kommen, sind die einzelnen Äußerungen abhängig voneinander. Unter Umständen beeinflusst die erste Wortmeldung alle anderen und man bekommt eine scheinbar einheitlich-homogene Gruppenmeinung. Hätte man die Personen einzeln und unabhängig voneinander befragt, wäre das Ergebnis eventuell viel heterogener ausgefallen. Diese Problematik kann der Heilpädagogin bei Elternabenden begegnen, wenn einzelne Eltern sich als „Wortführer" engagieren. Unter Umständen wird durch deren Wortmeldung die Gruppenmeinung nicht repräsentiert. Einen Ausweg aus dieser Situation bietet die schriftliche Befragung, die später ausführlicher betrachtet wird.

Das *vollstandardisierte Gruppeninterview (9)* ist sehr wahrscheinlich sowohl in der Forschung als auch in der Heilpädagogik wenig gebräuchlich, denn sie stellt eine beinahe schon bizarre Kommunikationssituation dar. Stellen Sie sich vor, dass eine Gruppe von einer Person, welche die Gruppe leitet, Fragen gestellt bekommt und dann einer nach dem anderen in einem festen Antwortformat (z. B. nur mit „ja" oder „nein") antworten soll. Das wäre eine Vollstandardisierung von Frage-Antwort-Sequenzen, die einer natürlichen verbal-mündlichen Gesprächssituation zuwiderläuft. Dieser Grad an Strukturierung ist eher der schriftlichen Befragung vorbehalten, die später gesondert dargestellt wird. Zuvor sollen noch zwei mündliche Interviewformen dargestellt werden, die in den Sozialwissenschaften einen Namen haben, aber nicht so recht in die oben dargestellte Ordnung (vgl. Abb. 2.2.1) passen, weil sie einen übergreifenden Charakter haben. Es handelt sich um das problemzentrierte und das sogenannte fokussierte Interview.

Problemzentriertes Interview

Beim problemzentrierten Interview wird in der qualitativen Forschung die subjektive Einstellung von Personen zu einem gesellschaftlichen Problem zum Gegenstand gemacht. Das kann mit allen Strukturierungsgraden und sowohl im Einzel- als auch im Gruppensetting geschehen. Für die Heilpädagogin gehört es zum Wesen ihrer Arbeit, dass sie mit gesellschaftlich relevanten Problemen zu tun hat, da sie nur dann einen Auftrag erhält, wenn es ein Problem gibt, welches von der Gesellschaft als solches definiert wird (z. B. Leserechtschreibproblem, Verhaltensproblem, Suchtproblematik etc.).

Fokussiertes Interview

Das fokussierte Interview kann ebenfalls über alle Strukturierungsgrade und unabhängig vom Einzel- oder Gruppensetting geführt werden. Das Gespräch erfährt dabei seinen zentralen Impuls durch einen vom Interviewer gesetzten Stimulus. Heilpädagoginnen setzen so einen Stimulus, indem sie einen konkreten Verhaltensausschnitt (z. B. per Erzählung oder per Videoaufnahme) als zentralen Aufhänger für das Interview bzw. Gespräch nehmen. Wenn eine Verhaltensauffälligkeit wie z. B. aggressives Verhalten gegenüber den Mitschülern das Thema eines Beratungsgespräches mit den Eltern des auffälligen Kindes ist, kann es sein, dass die Heilpädagogin eine konkrete Situation im Gespräch erzählt, um mit den Eltern über mögliche Ursachen zu sprechen und von ihr vorgeschlagene Lösungsmöglichkeiten zu erklären. Oder sie zeigt den Eltern eines Kindes mit LRS eine Videoaufnahme aus einer Förderstunde mit dem Kind, mit dessen Hilfe die Eltern genau nachvollziehen können, wie im Zusammenhang mit der Rechtschreibeaufgabe das Kind vielfältige Vermeidungsstrategien an den Tag legt. Es erzählt z. B. immer im Zuge dieser Situationen lange Geschichten oder entdeckt im Raum Spielsachen, mit denen es gerne spielen will. Durch die Videoaufnahme schafft es die Heilpädagogin, den Fokus im Elterngespräch auf das Vermeideverhalten des Kindes zu legen und mögliche Ursachen oder Lösungsmöglichkeiten mit den Eltern zu besprechen.

3.2.2 Wesentliche Unterschiede zwischen mündlicher und schriftlicher Befragung

Der Begriff *Befragung* ist zum einen der abstrakte Überbegriff, unter dem alle Beispiele verschiedener Strukturierungsgrade in mündlicher und schriftlicher Befragungsform (vgl. Abb. 3.2.1) gesammelt wurden. Zum anderen taucht aber bei mündlichen Gesprächsformen oft der Begriff *Interview* auf, während bei schriftlichen Formen durchgehend der Begriff *Befragung* beibehalten wird.

Das hat etwas mit dem wesentlichen Unterschied zwischen mündlicher und schriftlicher Form zu tun. Während in der mündlichen Form meist eine Kommunikationssituation entsteht, die einem natürlichen Gespräch ähnelt, bei der man nachfragen, dieselben Inhalte durch unterschiedliche Formulierungen verständlich machen, das Verstehen durch Spiegeln des Gesagten sichern kann und andere linguistisch-pragmatische Regeln wie z. B. das Blickkontaktverhalten ganz selbstverständlich zum Gespräch dazugehören, ist die schriftliche Form in seiner kommunikativen Funktion deutlich eingeschränkter. Wenn ein Fragebogen abgegeben wird, ist es der Person, welche die Fragen beantwortet, in dem Moment des Ausfüllens i. d. R. nicht möglich, nachzufragen, wenn sie eine Frage nicht versteht. Der Fragebogenkonstrukteur kann die Fragen nicht umformulieren, um ihren Sinn auf eine alternative Art und Weise deutlich zu machen. Der Unterschied zwischen mündlich und schriftlich liegt also insbesondere in der kommunikativen Qualität und in der zeitlichen und örtlichen Abhängigkeit. Mündliche Befragungen haben eine höhere kommunikative Qualität und eine höhere zeitlich/örtliche Abhängigkeit als schriftliche Befragungen, bei denen Ort und Zeit weniger festgelegt und freier wählbar sind.

Vorteil des Fragebogens ist es, dass man mit viel weniger Aufwand viel mehr Personen befragen kann als man das mit dem mündlich geführten Einzelinterview schaffen könnte. Außerdem ist es für die Forscherin viel leichter, mit der schriftlichen Befragung eine Anonymität zu gewährleisten. Die Forscherin setzt daher die unterschiedlichen Befragungsformen für unterschiedliche Zwecke ein und man kann sie den Paradigmen der Sozialwissenschaft zuordnen: Je offener die Strukturierungsform ist und je mehr es im Einzelsetting und in eher mündlicher Form durchgeführt wird, desto mehr gehört die Befragungsform zur qualitativen Sozialwissenschaft und je geschlossener und festgelegter die Strukturierung ist und je mehr Personen in eher schriftlicher Form befragt werden, desto mehr gehört die Befragungsform zum quantitativen Paradigma der Sozialwissenschaften.

Eine Forscherin bedient sich je nach Fragestellung und Erkenntnisinteresse der einen oder anderen Befragungsform. Tabelle 3.2.2.1 versucht, die mündliche und schriftliche Befragungsform mit ihren unterschiedlichen Wesensmerkmalen vergleichend gegenüberzustellen.

	Befragungsform	
Auswahl von Vergleichskriterien	**mündlich**	**schriftlich**
paradigmatische Zuordnung	eher qualitative Sozialforschung	eher quantitative Sozialforschung
Setting	eher für das Einzelsetting	eher für das Gruppensetting
Anzahl der Personen im Zielpublikum	eher wenige	eher viele
Planung	eher geringer Aufwand	eher aufwändig
Durchführung	flexible, eher offene Gesprächsgestaltung; Struktur liegt in der Gesprächsführung	festgelegte Frageformen; Struktur liegt u. a. in der Eindeutigkeit, Abfolge der Fragen
Antwortformate	eher offen, z. B. in Prosa	eher geschlossen, z. B. in skalierten Antworten
Auswertung	eher aufwändig und mit qualitativen Methoden (vgl. Kapitel 5.1)	eher weniger aufwändig und mit quantitativ-statistischen Methoden (vgl. Kapitel 5.2)
Hypothesen	werden eher generiert	werden eher geprüft
Anonymität	schwer zu gewährleisten	leichter zu gewährleisten

Tab. 3.2.2.1: Vergleich zwischen mündlicher und schriftlicher Befragungsform

Die Nähe der praktischen Heilpädagogik zu qualitativ-mündlichen Befragungs- und Interviewformen ist offensichtlich, jedoch spielen auch quantitativ-schriftliche Befragungsformen eine wichtige Rolle. Davon lesen sie im Folgenden, insbesondere wenn es um hochstrukturierte Frageformen in schriftlicher Form geht.

3.2.3 Schriftliche Formen der Befragungen

Informelle Umfrage

Zunächst sei aber die schriftlich-informelle Umfrage (4) beschrieben. Sie gehört zu den schwach strukturierten Befragungsformen, weil sie meist mit offenen Fragen bestückt ist. Das Antwortformat ist in Prosa. Mit dieser schriftlichen Befragungsform kann man schnell viele Leute erreichen, hat aber recht viel Aufwand bei der Auswertung. Der Aufwand für die Befragten ist ebenso relativ hoch, weil es mehr Zeit und auch sprachlicher Anstrengung braucht, um die Fragen zu beantworten. Eine Forscherin wird sich also gut überlegen, ob sie mit diesem schriftlichen Frageformat ein zahlenmäßig großes Zielpublikum ansprechen will. Für die Heilpädagogin mit einer eher überschaubaren Anzahl von Klienten liegt diese offen-schriftliche Befragungsform eventuell näher, wenn sie z. B. über die Zufriedenheit der Bezugspersonen mit ihrem heilpädagogischen Angebot etwas herausfinden will. Wenn die Heilpädagogin eine anonyme Beantwortung ermöglicht, ist die Wahrscheinlichkeit, dass sie wahrhaftige Antworten bekommt, in dieser offenen, schriftlichen Befragungsform auch höher, als wenn sie die Bezugspersonen in einem persönlichen Gespräch um eine Rückmeldung bittet. Die Möglichkeit, *Anonymität* zu gewähren, ist ein großer Vorteil der schriftlichen Befragung. Die Heilpädagogin wägt genau wie die Forscherin den Einsatz unterschiedlicher Befragungsformen nach Vor- und Nachteilen ab.

Teilstandardisierte schriftliche Befragung

Eine häufig angewandte Form der schriftlichen Befragung in der Forschung ist die schriftliche teilstandardisierte Befragung (7) mit einer Mischung aus offenen und geschlossenen Fragen und Antwortformaten. Hier kann man die Vorteile von offenen und geschlossenen Befragungen erhöhen und mildert deren Nachteile.

Vollstandardisierte Befragung

Die wahrscheinlich häufigste Form der Befragung in der Forschung ist die vollstandardisierte Befragung bei der ein Fragebogen über den Postweg (10) oder per E-Mail versandt wird, verteilt und abgeholt wird (11), die auch in Einzel- oder Gruppensituationen (12) eingesetzt wird. Die Umstände des Einsatzes sind dabei insbesondere wegen des Rücklaufs beachtenswert. Bei postalisch oder per E-Mail versandten Fragebögen (= 10) ist der Rücklauf i. d. R. weitaus geringer, als wenn man den Fragebogen persönlich übergibt und wieder abholt (= 11). In Situationen, wo für die Bearbeitung des Fragebogens extra Räume und Zeitgefäße (= 12) organisiert werden, ist der Rücklauf am größten.

Die Heilpädagogin kann solche hochstrukturierten und meist auch normierten Fragebögen ebenfalls einsetzen und tut dies, indem sie den Fragebogen direkt übergibt und den Rücklauf ebenso direkt einfordert. Sie kann diese Fragebögen in Einzelsituationen (z. B. beim Klienten) und auch in (Klein-) Gruppensituationen (z. B. bei Bezugspersonen) einsetzen. Zum Beispiel

- aus diagnostischen Gründen zur Messung eines relevanten entwicklungspsychologischen Sachverhalts (z. B. emotionale Entwicklung aus Perspektive der Bezugspersonen; vgl. Petermann & Macha, 2013), oder
- um ein Gespräch mit den Bezugspersonen eines verhaltensauffälligen Kindes vorzubereiten, setzt sie zur Erfassung von dessen sozial-emotio-

nalen Schwierigkeiten einen Fragebogen ein, um die unterschiedlichen Perspektiven von Lehrer, Eltern und des Kindes vergleichend zu erfassen (vgl. Goodman, 1997).

3.2.4 Gelingensbedingungen und Stolpersteine bei der mündlichen Befragung

Sowohl für die mündliche als auch für die schriftliche Form der Befragung kennt die Sozialwissenschaft eine Fülle von Gelingensbedingungen und Fehlerquellen, welche eine Forscherin kennen sollte. Sie muss einiges wissen und können, um eine Befragung erfolgreich zu planen, durchzuführen und auszuwerten.

Im Folgenden konzentrieren wir uns auf das mündliche Interview, weil diese Befragungsform die größte Nähe zur heilpädagogischen Praxis aufweist und man dabei die strukturelle Ähnlichkeit des Handelns einer Forscherin und einer praktizierenden Heilpädagogin sehr gut darstellen kann.

Oben wurde die Gesprächsführung und die Kommunikationsfähigkeit an einigen Stellen als grundlegend für das erfolgreiche Führen eines Interviews angedeutet. Dies wird im Folgenden weiter differenziert. Die Darstellung folgt dabei der Ablaufchronologie eines Gesprächs mit dessen Vorbereitung, Anfang, Hauptteil, Ende und der Gesprächsnachbereitung.

Ablauf eines Gesprächs

Vorbereitung

Sowohl für die Forscherin als auch für die Heilpädagogin ist die inhaltliche Ebene grundlegend für die Gesprächsplanung: Welches Ziel verfolgt man mit dem Gespräch? Welche Fragen will man stellen? Die Themenauswahl wird vorab getroffen, der Interviewleitfaden wird vor dem Gespräch erstellt. Man ist zudem gut beraten, sich über den Raum, den Zeitpunkt und Zeitraum eines Interviews vorab Gedanken zu machen. Tür-und-Angel-Gespräche mit wenig Zeit können bei einem schwierigen Thema ungeeignet sein. Eine Überfrachtung von Themen kann die Zielerreichung verhindern. Die Gesprächspartner brauchen Informationen zum Ort, Zeitpunkt und Zeitraum unbedingt vor dem Gespräch. Basisinformationen zum Ziel bzw. zum Thema vor dem Gespräch zu haben, ist für die Interviewten ebenfalls wichtig. Es ist für alle Beteiligten wichtig zu wissen, wer überhaupt an dem Gespräch teilnimmt. Die Interviewende sollte sich bewusst dafür entscheiden, welche Informationen sie über den Gesprächspartner vor dem Gespräch einholen will.

Vorabinformationen sind einerseits wichtig für die Interviewende, um sich auf das Gespräch einzustellen, sie können aber andererseits eine offene, unvoreingenommene Haltung im Interview behindern. Letzteres ist sowohl für die Forscherin als auch für die Heilpädagogin im Setting des narrativen Interviews und auch beim Leitfadeninterview wichtig, um authentische und wahrhaftige Informationen aufnehmen zu können. Hier bewegt sich die Interviewende in einem planerischen Abwägeprozess. Gerade für die Heilpädagogin kann es z. B. ratsam sein, Berichte von anderen Fachleuten über den Klienten vor dem Gespräch nicht anzuschauen, um sich beim Interview einen davon unabhängigen Eindruck von der Klientin oder deren Bezugsperson machen zu können. Für die qualitative Sozialforscherin gehört eine größtmögliche „Offenheit" zum Erkenntnisprinzip. Man spricht in diesem Zusammenhang auch von einer *abduktiven Haltung* der Forscherin, die ebenfalls für die Heilpädagogin gültig ist (vgl. Kapitel 8 zu den Gütekriterien der qualitativen Forschung).

Technische Vorbereitungen sind obligatorisch. Forscherinnen verwenden meist Audioaufnahmegeräte, um das Interview aufzuzeichnen. Falls im Sinne eines fokussierten Interviews ein Impuls durch eine Videoaufnahme gesetzt werden soll, muss die Forscherin oder Heilpädagogin die Geräte und das Medium so präparieren, dass diese im dafür vorgesehenen Moment zur Verfügung stehen. Beide müssen die Genehmigung zur Aufnahme vor der Durchführung bei den Beteiligten einholen.

Durchführung – Anfang

Die Bedeutung eines Warming-up (auch Joining genannt) für den gesamten Gesprächsverlauf ist groß. Erst einmal eine gelöste Atmosphäre zu schaffen (vielleicht mit einem Smalltalk), gilt als Grundlage für ein vertrauensvolles Gespräch. Ebenso gehören grundlegende Informationen zum Gesprächsanfang: Wie viel Zeit haben wir? Was wollen wir besprechen? Welches Ziel hat das Gespräch? Die vorab gegebenen Basisinformationen (siehe Vorbereitung) werden wiederholt, vertieft und begründet. Es muss zu Beginn möglichst sichergestellt werden, dass die zu Interviewenden bzw. Gesprächspartner wissen, warum sie zu einem Interview bzw. Gespräch eingeladen wurden.

Durchführung – Hauptteil

Für die Forscherin geht es im Hauptteil vornehmlich darum, Informationen zu bekommen. Für die Heilpädagogin kann dies in einem Gespräch mit diagnostischer Ausrichtung ebenfalls ein Schwerpunkt sein, jedoch hat sie immer auch die Aufgabe, Informationen zu geben (z. B. in Form von Beratung), weil sie einen Veränderungsauftrag hat. Dieser wichtige Unterschied zwischen Forscherin und Sonderpädagogin ändert aber nichts daran, dass beide bei einer offenen Gesprächsstruktur (= narratives Interview) den Gesprächsimpuls setzen und die Erzählfreude anregen und unterstützen, manchmal aber auch den Rededrang bremsen müssen. Bei Interviewten, welche vom Thema abschweifen, kann Letzteres notwendig sein. Die Kunst der Gesprächsführung bewegt sich zwischen Anregung und Hemmung, je nachdem ob es sich um ein eher schweigsames oder ein überschießend-vielsprechendes Gegenüber handelt.

Diese individuelle Einstellung auf den Interviewten ist zentral und betrifft insbesondere die Wortwahl und damit die Verständlichkeit des Gesprächsführers in seiner Passung zum Befragten. Ein Interview mit einem Kind bedingt eine andere Wortwahl als das Gespräch mit einem Erwachsenen.

Die Kunst der Gesprächsführung gilt als übergreifende Fertigkeit, die in allen Kontexten (also nicht nur in Forschung und Heilpädagogik) fundamental für den Gesprächserfolg ist. Wahrscheinlich sind Heilpädagoginnen durch ihre Ausbildung und berufliche Tätigkeit darin gut qualifiziert, denn sowohl in Ausbildung als auch in der Praxis haben Gesprächsführung und kommunikative Fähigkeiten einen hohen Stellenwert.

Das sogenannte Nähe-Distanz-Problem haben Forscherin und Heilpädagogin gemeinsam. Zum einen braucht es eine gewisse Nähe, um die geforderte vertrauensvolle Atmosphäre zu schaffen. Gerade bei heiklen Themen, die sozial unerwünschtes Verhalten zum Gegenstand haben (wie z. B. körperliche Aggression) und/oder mit Scham besetzt sind (z. B. ausgelöst durch die Unfähigkeit zu lesen oder zu schreiben) ist es nicht selbstverständlich, dass sich jemand dem Interviewer gegenüber öffnet und von der Scham berichtet. Andererseits braucht es Distanz, um einen möglichst hohen Grad an Objektivität zu behalten. Wenn eigene Interessen oder Sichtweisen des Interviewenden in das Gespräch hineingetragen werden, kann dies dazu führen, dass der Gesprächspartner nur noch das erzählt, von dem er glaubt, dass es der Interviewende hören will.

An dieser Stelle sei abschließend zur Gesprächsdurchführung noch einmal auf den entscheidenden Unterschied zwischen Forscherin und Heilpädagogin hingewiesen. Es geht um die unterschiedlichen Erwartungen der Gesprächspartner an die Gesprächsführung: Ein Gespräch zwischen Heilpädagogin und Klientin oder deren Bezugsperson ist immer mit der Erwartung verbunden, dass die Heilpädagogin bei der Veränderung hilft, in irgendeiner Art und Weise eine Lösungsmöglichkeit für das Problem anbietet. Diese Erwartung wird wahrscheinlich an die Forscherin nicht herangetragen und ist insofern nicht prägend für das Interview im Kontext einer Forschung.

Durchführung – Ende

Das Gesprächsende sollte eine Zusammenfassung des Gesprächs beinhalten. Zusammenfassungen sind schon während des Gesprächs als Technik der Gesprächsführung und Maßnahme zur Verständnissicherung wichtig. Am Ende soll der Interviewte durch die Zusammenfassung die Möglichkeit haben zu überprüfen, was beim Interviewenden an Inhalten angekommen ist. Der Interviewte soll auch eine Perspektive von der Zukunft bekommen: Was geschieht nach dem Gespräch? Im Forschungskontext sind das Informationen darüber, was mit den Daten geschieht, z. B. in welchem Zeitraum die Auswertung geschieht und in welcher Form der Interviewte einen Einblick in die Ergebnisse bekommen kann. Im Setting der Heilpädagogik geht es auch um Datenauswertung, aber der Bezug zum weiteren Vorgehen steht im Vordergrund und es stehen u. a. folgende Fragen zum Gesprächsabschluss im Raum: Welche Ziele werden auf Basis des Gespräches gesetzt? Wie will man die Ziele überprüfen? Wann findet das nächste Gespräch statt?

Nachbereitung

Sowohl Forscherin als auch Heilpädagogin müssen das Interview in irgendeiner Art und Weise dokumentieren. Während die Forscherin die Daten i. d. R. aufwendig aufbereitet (z. B. durch eine Transkription einer Audioaufnahme des Gesprächs in die Schriftform) ist die Intensität der Aufbereitung und Auswertung in der Heilpädagogik in den meisten Fällen nicht so groß, da die dafür zur Verfügung stehende Zeit begrenzt ist. Für die Forscherin gehört die Datenauswertung und -interpretation zum Kerngeschäft und sie muss mit einer hohen Nachvollziehbarkeit und intensiver Einbettung in eine oder mehrere Theorien arbeiten. Die praktizierende Heilpädagogin konzentriert sich eher auf die aus den Daten abgeleitete heilpädagogische Intervention. Die Datenaufbereitung, -auswertung und -interpretation vermischt sich und geschieht i. d. R. ökonomisch und protokollartig.

Die Vertiefung in die Gelingensbedingungen und Stolpersteine einer mündlichen Befragung sollten die Gemeinsamkeiten, aber auch Unterschiede von Forscherhandeln und praktischer Heilpädagogik verdeutlichen. Wenn es im nächsten Kapitel um den Stellenwert der Theorie geht, werden weiterhin Gemeinsamkeiten und Unterschiede dargestellt.

Auch hier zum Abschluss des Kapitels wieder eine Aufgabe, um den Inhalt zu überdenken:

Aufgabe zur Befragung

Welche Aussagen sind richtig? Bitte ankreuzen

1. Schriftliche Befragungen mit vielen offenen Fragen sind vor allem in der Auswertung mit intensivem Aufwand verbunden.
2. Das Prinzip des Leitfadeninterviews ist nur für das Einzelinterview gedacht.
3. Gruppendiskussionen haben den Nachteil, dass sie wenig objektiv sind.
4. Für die Planung von Interviews ist es wichtig, die verfügbaren Informationen zu den Gesprächspartnern vorliegen zu haben.
5. Eine wesentliche Gemeinsamkeit von Forscherin und Heilpädagogin liegt bei der Durchführung von Interviews im Einsatz von Gesprächsführungstechniken, um Fragestellungen zu beantworten.
6. Das fokussierte Interview heißt so, weil man sich im Gespräch auf einen Inhalt fokussiert.
7. Ein narratives Interview kann man nicht am Telefon führen, weil die wichtige Mimik dabei nicht beobachtbar ist.
8. Das Nähe-Distanz-Problem betrifft die Heilpädagogin viel mehr als die Forscherin, weil die Heilpädagogin im Zuge ihrer Arbeit eine Beziehung mit ihrem Klienten eingeht, während die Forscherin dies für ihren Kernauftrag der Informationssammlung nicht braucht.

Einen Lösungsvorschlag finden Sie im Anhang 3.2

4. Lesen von Theoriearbeiten

Das Lesen wurde schon im Kapitel 2 unter dem Begriff *Sammeln* insofern differenziert, als es für die Forschende und auch für die Praktikerin unterschiedliche Textsorten gibt, mit denen sie in ihrem beruflichen Kontext konfrontiert sind: einen Theorietext von schreibenden Kolleginnen lesen, einen bearbeiteten Fragebogen lesend auswerten, Dokumente von Betroffenen lesend verstehen etc. In diesem Kapitel geht es ausschließlich um das Lesen von theoretischen Texten. Es ist eine besondere Form von Daten-Sammeln. Daher ist es von Vorteil, Kapitel 2 *Was ist eine Theorie?* gelesen zu haben, bevor man die folgenden Ausführungen liest.

Für Wissenschaftler ist das Lesen von theoretischen Texten eine zentrale Tätigkeit, denn die Forschenden müssen sich in ihrem Fachgebiet auf dem Laufenden halten und einen Überblick zum *state of the art* haben. Damit ist der aktuelle Wissensstand einer Wissenschaftsgemeinschaft in einem bestimmten Fachgebiet gemeint. Den aktuellen Wissenstand könnte man auch als die Summe aller Theorien bezeichnen, die es für das Fachgebiet gibt. Regelmäßig kann man in den Abhandlungen von sozialwissenschaftlichen Fachbüchern lesen, dass die Theorienvielfalt und die Summe aller Veröffentlichungen in den Fachgebieten kaum mehr überschaubar sind. Aus diesem Grund hat die zielgerichtete Recherche eine große Bedeutung für die Wissenschaftlerin. Für Heilpädagoginnen ist das Lesen von Theoriearbeiten nicht so zentral. Ihre zentrale Tätigkeit ist das Handeln mit ihren Klienten. Trotzdem verlangt man von Heilpädagoginnen, dass sie in ihrem Fachgebiet einen Überblick und mehr als nur Grundlagenwissen haben. Wenn man genauer betrachtet, was Heilpädagoginnen alles wissen sollen, kann man gar von einem doppelten theoretischen Anspruch sprechen. Zentral für die Heilpädagogin sind die *anwendungsorientierten Theorien*. Das sind im Gegenstandsbereich der Heilpädagogik Konzepte, Programme, Handlungsanweisungen etc., um ein ganz bestimmtes Problem (z. B. im Zusammenhang mit die Leserechtschreibstörung oder Verhaltensauffälligkeit) zu lösen. Solche anwendungsbezogenen Theorien beruhen ihrerseits auf verschiedenen *Theorien der Grundlagenwissenschaften*. Im einführenden Kapitel 1 *Was ist Wissenschaft?* wurde schon angedeutet, dass die Heilpädagogik sich z. B. auf Theorien aus der Psychologie bezieht. Wenn es um Leserechtschreibstörungen geht, sollte die Heilpädagogin auch Grundkenntnisse aus der Linguistik kennen, welche sich mit dem Schriftspracherwerb beschäftigt. Der doppelte Anspruch besteht also darin, dass nicht nur Kenntnisse über die Didaktik der Veränderung, welche Teil der anwendungsorientierten Theorien ist, verlangt werden, sondern auch Theorien aus den Grundlagenfächern wie Psychologie oder Linguistik bekannt sein sollten, um die anwendungsorientierten Theorien überhaupt zu verstehen. Diese doppelte Anforderung an die Rezeption von Theorien steht ein eher begrenztes Zeitbudget zum Lesen gegenüber, denn hauptsächlich ist die praktisch tätige Heilpädagogin mit einem Handlungsauftrag betraut. Sie soll die anwendungsorientierten Theorien umsetzen. Der Schwerpunkt ist für sie das Handeln selbst und nicht das Lesen über das Handeln.

Angesichts des eher niedrigen Stellenwerts von Lesen für die Praktikerin, der weiter oben skizzierten doppelten Anforderung und der eher knappen zur Verfügung stehenden Zeit muss die praktisch tätige Heilpädagogin einen pragmatischen Umgang mit dem Lesen von Theoriearbeiten finden. Wahrscheinlich konzentrieren sich viele praktisch tätige Heilpädagoginnen daher auf die Lektüre von anwendungsorientierten Theorien, da diese für den Kernauftrag der Praktikerin den meisten Nutzen versprechen, denn diese Texte stellen Handlungswissen und Handlungsvorschläge zur Verfügung.

Im Folgenden werden Recherche, Lese- und Verarbeitungsprinzipien bzw. -techniken der Wissenschaftlerin fokussiert. Es werden Vermutungen angestellt zu Gemeinsamkeiten und zu Unterschieden zwischen der Lesetätigkeit der Wissenschaftlerin und dem Lesen der praktisch tätigen Heilpädagogin. Hin und wieder wird der Unterschied zum alltäglichen Lesen gezogen, der wahrscheinlich größer ist als der Unterschied zwischen Forscherin und professioneller Praktikerin.

Da das Lesen eben nicht zu Kerntätigkeit der Praktikerin gehört und im Vergleich zum Beobachten und Befragen weniger Gewicht hat, wird diese Kapitel eher kurz und kompakt gehalten. Die Ausführungen sind so geordnet, dass der Lesevorgang in drei Abschnitte unterteilt wird, die eine Chronologie abbilden: 1. vor dem Lesen 2. während des Lesens 3. nach dem Lesen.

Vor dem Lesen

Eine Ausgangslage schaffen: Das Problem bzw. die Fragestellung

Die strukturelle Gemeinsamkeit zwischen der Forscherin und der Heilpädagogin in Bezug auf die Ausgangslage ist groß. Beide haben eine Problemstellung, die sie lösen, bzw. eine Fragestellung, die sie beantworten wollen. Wie sie zur Entscheidung kommen, *was* sie lesen, beruht allerdings wahrscheinlich auf unterschiedlichen Strategien der Suche nach Literatur und insbesondere auf den Unterschieden in dem Handlungsauftrag. Dies wurde und in diesem Buch schon mehrfach angesprochen: Die praktisch tätige Heilpädagogin präferiert wahrscheinlich anwendungsorientierte Theorie mit konkreten Handlungsempfehlungen, während die Forscherin einen generellen und umfassenden Überblick zu dem Gegenstandsbereich gewinnen will. Beschäftigen wir uns zunächst mit den Strategien der Suche (= Recherche), die natürlich nicht unabhängig von den Interessen und Zielen sind.

Recherche

Forscherin und Heilpädagogin suchen anhand von zentralen Begrifflichkeiten die Quellen, die ihnen nützen könnten. Oftmals liegen die Quellen in Form von Verschriftlichungen vor, also in Form von Büchern, Zeitschriften in Papierform oder als E-Book bzw. e-paper in digitalisierter Form oder im Internet in Form von Webseiten. Zunehmend sind auch Filme oder Audioformate (z. B. Podcasts) wichtige Quellen für Fachpersonen.

Suchmaschinen wie Google werden wahrscheinlich sowohl von Forscherin als auch von praktizierender Heilpädagogin benutzt. Forscherinnen haben allerdings noch weitere Möglichkeiten der Suche im Netz. Es gibt nämlich extra für Forscherinnen spezielle Datenbanken, die wissenschaftliche Veröffentlichungen systematisch aufbereitet haben und so einerseits die Suche mit der Systematik entsprechender Strategien erleichtern und andererseits auch dem Bedürfnis der Wissenschaftlichkeit besonders entsprechen. Solche Datenbanken sind meist bereichsspezifisch. Beispiele sind das

- *Fachportal Pädagogik* als eine deutschsprachige Datenbank für Pädagogik,
- *Psyndex* als eine deutsche Datenbank für die Psychologie,
- *Medline* als eine US-amerikanische Datenbank für Medizin.

Das Besondere an diesen Datenbanken ist die Ordnung, mit der sie aufgestellt sind und verwaltet werden. Wissenschaftliche Artikel werden z. B. mit Abstracts (= Zusammenfassung des Artikels) und Schlüsselwörtern versehen. Wenn ein Autor seinem Artikel die Schlüsselwörter „Aggression“, „Pädagogik“ und „Verhaltensauffälligkeit“ gibt oder diese Wörter in seinem Abstract erscheinen, dann findet die Datenbank diesen Artikel, wenn einer oder mehrere dieser Begriffe in die Suchfunktion der Datenbank eingegeben werden, und listet ihn in einer Trefferliste auf. Alle Nutzer von Google, anderen Suchmaschinen oder von Amazon fragen sich an dieser Stelle wahrscheinlich, was der Unterschied zwischen diesen mittlerweile alltäglichen Suchmaschinen und den Datenbanken ist. In der Tat bedienen sich diese Suchmaschinen ähnlichen oder auch denselben Strategien wie die wissenschaftlichen Datenbanken und der Unterschied wird immer kleiner, so dass man auch als Wissenschaftler über diese allgemein zugänglichen Suchmaschinen zu einem ersten Erfolg in seiner Recherche kommen kann. Vielleicht lässt sich der

Unterschied am leichtesten an der speziellen Suchmaschine von Google erklären, die *Google Scholar* heißt.

Google Scholar bietet nämlich eine Suchfunktion an, die auch für wissenschaftliche Datenbanken typisch ist. Wenn Sie bei Google Scholar links oben auf die drei Striche klicken, erscheint ein Fenster mit der Möglichkeit, eine sogenannte *erweiterte Suche* (vgl. Abb. 4.1) durchzuführen.

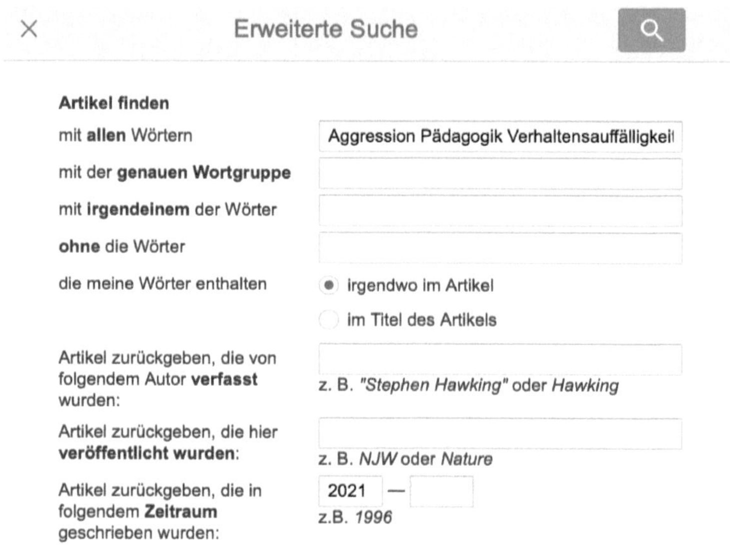

Abb. 4.1: Erweiterte Suche in Google Scholar

Wenn Sie die erweiterte Suche anklicken, haben Sie die Möglichkeit, die Begriffe, welche Sie für ihre Suche gewählt haben, in unterschiedlicher Beziehung zueinander auszuwählen. Wir nehmen als Beispiel die drei Begriffe *Aggression, Pädagogik* und *Verhaltensauffälligkeit* und geben sie in dem Feld ein, welches *Artikel finden mit allen Wörtern* heißt. Es werden also Artikel gefunden, die alle drei Wörter in ihrem Abstract verwenden. Verwendet man nun das Feld, wo *genau diese Wortgruppe* gesucht wird, dann sucht Google Scholar nur Artikel, wo diese drei Wörter genau in dieser Reihenfolge erscheinen. Da dies sehr unwahrscheinlich ist, erscheinen weniger oder keine Treffer.

Wählt man das Eingabefenster, wo *irgendeiner* dieser Begriffe die Suchregel darstellt, werden sehr viele Artikel gefunden, denn nun muss nur einer dieser Begriffe im Abstract oder in den Schlüsselwörtern des Artikels auftauchen, um zum Zielbereich der Suche zu gehören. Im Suchfeld von Google Scholar erscheint als logische Operation der Suche Folgendes: *Aggression OR Pädagogik OR Verhaltensauffälligkeit.*

Der entscheidende Unterschied zu den anderen Suchstrategien liegt in der logischen Operation OR (= oder). Diese entspricht der Suche *irgendeiner* dieser Begriff. Datenbanken und auch digitalisierte Kataloge von Bibliotheken haben noch viel mehr solcher erweiterten Suchmöglichkeiten. Damit hat die Suchende die Möglichkeit, ihre Suche ganz gezielt zu systematisieren. Forscherinnen kennen sich i. d. R. sehr gut in den für sie wichtigen Datenbanken mit deren Suchmöglichkeiten aus. Es gehört zu ihrer Basisqualifikation die „Kunst der Suche und des Filterns" mit diesen Recherchestrategien zu beherrschen. Oftmals fertigen Forscherinnen auch Protokolle ihrer Recherche an, damit sie zu einem späteren Zeitpunkt nachvollziehen können, in welcher Datenbank oder mit welcher Suchmaschine sie welche Kombinationen an Suchwörtern mit welchen Suchstrategien und Filtern sie wann benutzt haben. Wenn man pro Suchvorgang die Trefferzahl notiert und die wichtigsten Treffer so dokumentiert, dass man die entsprechenden Veröffentlichungen ausleihen, kaufen oder zumindest auszugsweise downloaden kann, erspart man sich unökonomische Doppelspurigkeiten.

In wissenschaftlichen Datenbanken werden nur solche Texte aufgenommen, die als wissenschaftlich gelten, was eine Einschränkung bedeutet, aber der Wissenschaftlichkeit in ihrer Zielgerichtetheit entspricht und ihrem Qualitätsanspruch gerecht werden soll. Auch Google Scholar hat gegenüber der allgemeinen Suchmaschine Google diese Einschränkung, denn Google Scholar bezieht sich nur auf *wissenschaftliche Dokumente.* Geben Sie die drei Begriffe *Aggression, Pädagogik* und *Verhaltensauffälligkeit* in beiden Suchmaschinen ein. Sie werden eine unterschiedliche Anzahl von Treffern erhalten, wobei Google Scholar aufgrund seiner „akademischen Beschränkung" weniger Treffer anzeigt als Google.

Mit „akademischer Beschränkung" ist die Konzentration auf Fachartikel gemeint, die in den bereichsspezifischen Datenbanken zu finden sind. Das wissenschaftliche Lehrbuch erscheint zwar auch in Google Scholar, nimmt aber eine Sonderstellung ein. Es ist meist weniger aktuell und weniger spezifisch als ein einzelner Artikel, jedoch bringt es einen guten Überblick in das Problemfeld und taugt daher gerade für den Einstieg in einen Gegenstandsbereich. Es kann Ausgangspunkt für eine Vertiefung sein, weil es auf wissenschaftlichen Erkenntnissen beruht. Wenn man das Literaturverzeichnis nutzt, kann man dort „Klassiker" oder auch mehr oder weniger aktuelle Artikel zum Gegenstandsbereich finden. Nach dem Schneeballprinzip kann man sich so über den Einstieg mittels Lehrbuch sehr ökonomisch in ein Fachgebiet einlesen. Lehrbücher sind meist sehr einfach über die normalen Suchmaschinen, insbesondere auch über Bibliothekssuchmaschinen, und oft über die Suchfunktion von Amazon zu finden. Aber auch einzelne Fachartikel fassen manchmal einen Gegenstandsbereich überblicksartig zusammen und können mit ihrem Literaturverzeichnis die Recherche sehr gut ergänzen bzw. bestätigen.

Ist eine Quelle gefunden, welche auf Basis der gewählten Suchbegriffe und Suchstrategien für die Problem- oder Fragestellung relevant zu sein scheint, orientieren sich Leser auch an eher informellen Kriterien wie der vermeintlichen Bekanntheit bzw. Reputation (= Ansehen) des Autors bzw. des Verlags oder sie lesen zunächst die Zusammenfassung und/oder das Inhaltsverzeichnis, das Vorwort bzw. das Register und Literaturverzeichnis, um einen *Überblick* zum Inhalt zu erhalten. Damit sind wir beim Lesen an sich angekommen, welches nun genauer betrachtet wird.

Während des Lesens

Während des Lesens trifft man vielerlei *Entscheidungen* und *schafft aktiv* eine (nicht nur) *kognitive Ordnung.*

Durch den ersten Einblick oder den Überblick (man spricht auch von *kursorischem Lesen* oder alltagssprachlich von *Querlesen*) entscheidet sich die Praktikerin oder Forscherin manchmal für den Kauf oder die Ausleihe eines Werkes. Es geht um die Frage, ob die Lektüre einer Veröffentlichung als Ganzes oder nur einzelne Kapitel daraus gelesen werden sollen. Fachpersonen lesen oft nicht alles einer Veröffentlichung, sondern picken sich innerhalb einer Monografie oder eines Herausgabewerkes einzelne Teile heraus, die ihnen am wichtigsten erscheinen.

Das *partielle bzw. selektive Lesen* unterscheidet sich vom kursorischen Lesen insofern, als bei Ersterem einzelne Kapitel oder Teile eines Gesamtwerkes vollständig und genau gelesen werden, während beim Querlesen innerhalb eines Buches, Kapitels etc. bruchstück- und sprunghaft gelesen wird. Das Querlesen ist eine wichtige Technik der Forscherin. Sie kann damit herausfinden, ob sich das genaue Lesen lohnt, und auch einen Überblick zum Inhalt bekommen. Wahrscheinlich hängt diese Art von Lesen weniger mit dem Ziel, Auftrag, Problem oder der Fragestellung zusammen, sondern eher mit der Geübtheit der Leserin. Geübte Leserinnen lesen wahrscheinlich eher quer als ungeübte Leserinnen.

Wissenschaftliches Lesen unterscheidet sich nicht nur in der Angelegenheit des kursorischen Lesens vom Lesen in der Freizeit bzw. dem alltäglichen Lesen. Es bringt noch einige andere Besonderheiten mit sich. Die Anzahl der Fachbegriffe sind in wissenschaftlichen Texten i. d. R. höher. Oft sind wissenschaftliche Texte mit Fachbegriffen gespickt und setzen ein Vorwissen voraus, welches nur Wissenschaftler für ihr Spezialgebiet haben. Dabei geht es primär um Fachbegriffe einer Disziplin bzw. eines Gegenstandbereiches und sekundär auch um die Fachbegriffe der Forschungsmethodologie. Beides zusammen kann einer Person, die keine Fach- und Methodenkenntnisse hat, den Einstieg und das Lesen eines Textes zu einem mühsamen Unterfangen machen. Wenn eine Fachperson diesen Text aber verstehen will oder muss, hilft nur eines: sich *Zeit nehmen.*

In der Regel braucht das Lesen von wissenschaftlichen Texten mehr Zeit als das Lesen eines Romans oder einer nicht wissenschaftlichen Zeitschrift oder Zeitung.

Je mehr jemand das Fachvokabular kennt, desto leichter wird es dieser Person fallen, solche wissenschaftlichen Texte zu lesen. Insbesondere am Anfang einer beruflichen oder wissenschaftlichen Karriere ist der Zeitaufwand groß. Daran führt kein Weg vorbei und es ist auch von Anfang an eine gewisse Professionalität beim Lesen selbst gefordert, ohne die man langfristig nicht auskommt. Damit sind vielerlei Aktivitäten gemeint, die mit dem Lesen verbunden sind. Sie werden hier nur beispielhaft genannt. Eine grundlegende Aktivität, die mit dem unbekannten Fachvokabular zu tun hat, ist das *Nachschlagen von unbekannten Wörtern.* Eine weitere, wahrscheinlich sehr bekannte und auch im Alltag praktizierte Tätigkeit ist das *Markieren von wichtigen Textstellen.* Das *Unterstreichen* oder *Farbig-Hervorheben* von Textstellen machen auch Schüler, wenn sie Texte lesen. Allerdings ist hierbei die Dosis ganz entscheidend. Wer zu viel unterstreicht oder farbig markiert, hat dadurch keinen Gewinn, sondern erntet nur, was beim ersten Versuch, zu verstehen, schon schiefgelaufen war: Man kann bei gehäuftem Markieren später das Wichtige nicht mehr vom Unwichtigen unterscheiden. Eine Verarbeitungsstufe tiefer als das Markieren von wichtigen Textstellen ist das *systematische Exzerpieren.* Damit ist gemeint, dass man die als wichtigen Inhalt identifizierte Textstelle in eigenen Worten aufschreibt und diese pointiert zusammenfasst. Manchmal enthalten solche Exzerpte weiterführende Gedanken, welche die Textstelle zum Problem oder zur Fragestellung in Beziehung setzen.

Mit dieser sogenannten *Elaboration* einer Textstelle oder eines Textteils wird der Inhalt im Zuge des Lesens weiterverarbeitet. Die Weiterverarbeitung kann auch mit selbst gezeichneten Grafiken (Tabellen, Bilder, Mindmaps etc.) oder mit selbst erstellten Audioaufnahmen entstehen. Es geht dabei immer um ein tieferes Textverständnis wie z. B. darum, die Argumentationsweise eines Autors nachvollziehbar zu machen, einzelne Aussagen hinsichtlich ihrer Überprüfbarkeit kritisch zu hinterfragen oder die Textstelle in einen anderen Kontext einzubetten etc. Wichtig ist, immer den Bezug zur Fragestellung bzw. zum Problem, welches man bearbeitet, präsent zu haben. Es kann sonst leicht passieren, dass man abschweift und sich in weit hergeholten Assoziationen verliert.

Die Elaboration kann als *Randnotiz* (= *Marginalie*) auf der entsprechenden Seite bzw. mit kleinen Klebezettelchen geschehen oder auf Karteikarten oder in einem extra dafür vorgesehenen Heft oder einer Datei auf dem Computer passieren. Wenn ein extra Dokument benutzt wird, sollte man sich die Herkunft der Originaltextstelle neben seinen eigenen Worten notieren, um die eigenen Aufschriebe in ihrer Entstehung möglichst nachvollziehen zu können. Es bietet sich an, den Namen des Autors, den Titel des Werkes (Buch, Artikel etc.) sowie die Seitenzahl zu notieren.

Mit dem Nachvollziehen des Zustandekommens der eigenen Aufschriebe (z. B. Exzerpte auf Karteikarten) wird klar, dass wissenschaftliches Lesen ohne *Wiederholung* nicht auskommt. Das mehrmalige Lesen birgt die Chance des tieferen Verstehens. Außerdem bedeutet „nachvollziehen wollen oder können", dass man seine Exzerpte, wenn sie als eigene Datei oder auf Karteikarten nicht direkt mit der gelesenen Veröffentlichung verbunden sind, so aufbewahren muss, dass man sie wiederfindet.

Hierzu haben wissenschaftliche Leser sehr individuelle *Ablagesysteme*. Es wird an dieser Stelle aber keine weitere Vertiefung in die Techniken und Tätigkeiten des wissenschaftlichen Lesens gegeben. Ziel war, die besondere Systematik des wissenschaftlichen Lesens beispielhaft darzustellen. Wenn man wissenschaftlich-theoretische Texte erfolgreich verarbeiten will, braucht man eine gewisse Ordnung, und man muss Dinge tun, die man als Alltagsleserin nicht tut. Man spricht auch von *aneignendem Lesen,* welches sich von dem Lesen im Alltag unterscheidet. Eine Heil- und Sonderpädagogin lernt solche Ordnungssysteme und Tätigkeiten spätestens im Studium kennen. Man sollte davon ausgehen, dass sie diese auch als Praktikerin weiter nutzt.

Nach dem Lesen

Was aber sehr wahrscheinlich sowohl die Praktikerin als auch die Wissenschaftlerin macht, ist die Nachbereitung des Lesens durch *verbale Kommunikation*. Den gelesenen Text einer Kollegin erzählen, seine eigenen Gedanken und Schlussfolgerungen mitteilen und von einer Gesprächspartnerin in Frage stellen lassen sind wichtige Mittel zur Vertiefung des Verstehensprozesses. Der mündliche Austausch kann die Perspektive auf das Gelesene erweitern und vielleicht einen Anstoß geben zum Weiterlesen (noch andere Texte zu demselben Problem lesen). Insofern ist „nach dem Lesen" „vor dem Lesen". Das Textverstehen und damit der Leseprozess gleicht einem Kreisprozess mit immer neuen Schleifen des erweiterten Verstehens (vgl. auch Kapitel 9 zur Planung von wissenschaftlichen Handlungen). Wichtig ist, dass man im Sinne der Problemlösung eine Entscheidung zum vorläufigen Ende des Lesens findet. Wann habe ich genug gelesen, um das Problem lösen zu können bzw. die Frage zu beantworten? Das ist keine einfache Entscheidung, aber sie ist unbedingt notwendig. Für die Praktikerin ist sie wichtig, weil die Entscheidung für eine Intervention bei einer Klientin nicht unendlich lange aufgeschoben werden kann, sondern manchmal sogar ziemlich dringend ist. Die Wissenschaftlerin muss die Entscheidung u. a. treffen, weil der Abgabetermin für den Artikel (für die wissenschaftliche Hausarbeit, Bachelorarbeit, Masterarbeit oder Doktorarbeit) näher rückt. Die Zeit nach dem Lesen ist also meist mit *Handlungen* verbunden. Die Praktikerin entscheidet sich für eine bestimmte Intervention auf Grundlage ihrer Lektüre und führt diese durch, die Wissenschaftlerin plant ihre empirische Untersuchung auf Grundlage der theoretischen Erkenntnisse zum Problem und führt diese durch oder schreibt den theoretischen Teil ihrer wissenschaftlichen Arbeit.

Solche Zwänge oder Fristen beenden weder den Leseprozess noch den Prozess der Datensammlung durch Lesen endgültig und für alle Zeiten. Da die Erkenntnisse immer vorläufig sind (vgl. Kapitel 3 zum Stellenwert von Theorien), hört es nie auf, und man kann sich als Praktikerin und Wissenschaftlerin darauf freuen, (nicht nur) lesend immer mehr zu verstehen und sich weiterzuentwickeln in seiner Professionalität.

Zum Abschluss wird der vorhergehende Text in Tabellenform (Tab. 4.1) prägnant zusammengefasst.

<table>
<tr><th>Leseprozess
eines theoretischen Fachtextes</th><th>Tätigkeiten</th><th>Spezifikationen der Tätigkeiten
(Beispiele)</th><th>Basistätigkeit bzw. Hintergrund</th></tr>
<tr><td rowspan="2">vor dem Lesen</td><td colspan="3">Frage bzw. Problemstellung definieren</td></tr>
<tr><td>Recherchieren</td><td>– Entscheidung für Suchbegriffe
– Suchmaschinen und Datenbanken und deren Systematik nutzen
– Literaturverzeichnis eines Lehrbuches oder Artikels nutzen</td><td>zielgerichtetes Suchen</td></tr>
<tr><td>fließender Übergang zum Lesen</td><td colspan="2">Inhaltsverzeichnis, Abstract, Einleitung, Zusammenfassung nutzen</td><td rowspan="2">Entscheiden für einen bestimmten Fachtext, Überblick verschaffen</td></tr>
<tr><td rowspan="6">während des (aneignenden) Lesens</td><td>Querlesen (= kursorisches Lesen)</td><td>„Überfliegen“ (einzelne Absätze, Sätze auslassen)</td></tr>
<tr><td rowspan="2">partielles und selektives Lesen</td><td>Einzelne Kapitel, Auszüge, Textteile auswählen</td><td>Vertiefung, Konzentration auf das Wesentliche, Intensität, Zeit nehmen</td></tr>
<tr><td>Nachschlagen von Fachwörtern</td><td>Wortverständnis sichern</td></tr>
<tr><td>Schreiben</td><td>Randnotizen, Exzerpieren auf Karteikarten, Zetteln, in Dateien o. ä.</td><td rowspan="2">Ordnung schaffen und halten, wiederfinden, Elaboration (z. B. Querbezüge herstellen) bringt Vertiefung</td></tr>
<tr><td>Zeichnen, Malen</td><td>Grafiken, Tabellen, Mindmaps etc. herstellen</td></tr>
<tr><td colspan="2">Wiederholendes Lesen</td><td>Verständnis sichern</td></tr>
<tr><td rowspan="2">nach dem Lesen …</td><td>Sprechen, Kommunikation</td><td>Austausch mit anderen: Erzählen, Beschreiben, Fragen stellen, Antworten, Zuhören etc.</td><td>Vertiefung, Perspektivenerweiterung, in Frage stellen</td></tr>
<tr><td>das Gelesene verwerten</td><td>z. B. Intervention oder empirische Untersuchung durchführen, Schreiben</td><td>zielgerichtetes Handeln</td></tr>
<tr><td>… ist vor dem Lesen</td><td colspan="3">Neue Fragen und andere Probleme</td></tr>
</table>

Tab. 4.1: Überblick zum Leseprozess eines theoretischen Fachtextes

5. Daten aufbereiten, auswerten und interpretieren

Unter den Begriffen *Auswerten* und *Interpretieren* können sich wahrscheinlich die meisten etwas vorstellen. Der inhaltliche Unterschied ist aber nicht so einfach zu fassen. Das soll an dieser Stelle kurz mit einem Beispiel aus der quantitativen Sozialforschung erklärt werden: 50 Beobachter haben ein Video betrachtet und die Anzahl der Blickkontakte eines verhaltensauffälligen Kindes während des Gesellschaftsspiels mit anderen Kindern mittels einer Strichliste dokumentiert. Wenn man den Mittelwert aller 50 Häufigkeiten berechnet, ist das ein Akt der Datenauswertung. Was aber bedeutet dieser Mittelwert? Ist ein Mittelwert von 20 Blickkontakten viel oder wenig? Sagt dieser Mittelwert etwas aus über den Grad der Verhaltensauffälligkeit? Diese Fragen zielen auf die Interpretation der Auswertung ab. Die Interpretation geschieht immer im Vergleich zu einer Norm. Wenn die anderen Kinder im Durchschnitt doppelt so viel Blickkontakte hatten, könnte man vermuten, die Zahl 20 bedeutet, dass der verhaltensauffällige Junge wenig Blickkontakt hatte. Die Interpretation geschieht des Weiteren unter Rückgriff auf eine Theorie, die eine Aussage zur Relevanz von Blickkontaktverhalten für die soziale Entwicklung macht.

Der Begriff Aufbereitung von Daten meint einen Vorgang, der vor der Auswertung und vor der Interpretation stattfindet. Bevor man den Mittelwert der 50 Beobachter berechnet, muss man die festgestellten Häufigkeiten in eine für die Berechnung geeignete Form bringen. In der quantitativ orientierten Sozialforschung heißt das, dass man die Rohdaten erstmal zusammenführen muss. Für jede der 50 Strichlisten muss die Summe bestimmt werden, diese in einen Taschenrechner oder mit Hilfe des Computers in eine Statistik-Software eingespeist werden. Häufig werden die Rohdaten zunächst in Excel-Tabellen eingetippt. All die Handlungen, die dazu führen, dass man mit den Zahlen das berechnen kann, was man als wichtige Kennzahl betrachtet (im Beispiel der Mittelwert) gehören zur Datenaufbereitung.

In der qualitativen Sozialforschung sind die Grenzen zwischen Aufbereitung, Auswertung und Interpretation nicht so klar zu trennen. Auch hierzu ein Beispiel: Wenn man die Audioaufnahme eines Interviews in die Schriftform transferiert, wäre das ein Akt der Datenaufbereitung. Wahrscheinlich macht man sich aber schon während des Hörens der Audioaufnahmen unwillkürlich Gedanken über die Bedeutung der Aufzeichnung in Bezug auf die Fragestellung, was zur Auswertung gehört. Die Interpretation kann man auch bei qualitativen Daten an der Einbettung der Ergebnisse in eine Theorie oder in die Ergebnisse einer vergleichbaren Studie festmachen.

Im Folgenden wird zunächst die Aufbereitung, Auswertung und Interpretation von solchen qualitativen Daten beschrieben. In der qualitativen Sozialforschung wird meist von Dokumenten- oder Inhaltsanalyse gesprochen.

5.1 Qualitative Daten

Beim Sammeln von Daten durch Lesen haben wir uns schon an die Tätigkeit der Auswertung von Daten angenähert. Das liegt in der Natur der Sache. Im Akt des Lesens steckt die Entschlüsselung von Wort-, Satz- und Textbedeutung. Das ist letztendlich der Wesenskern der Inhaltsanalyse. Sozialwissenschaftler versuchen, diesen Verstehensprozess sehr systematisch anzugehen. Ihre theoretischen Hintergründe stammen aus den Kognitionswissenschaften (wozu die Linguistik und auch die Psychologie gehören), aus der Philosophie oder auch aus der Soziologie. Diese Grundlagen der Dokumentenanalyse sollen hier aber nicht das Thema sein. Wir gehen wieder sehr praxisnah vor und nehmen ein Beispiel aus der inhaltsanalytischen Vorgehensweise einer Sozialwissenschaftlerin und vergleichen diese mit verwandten Tätigkeiten einer Heilpädagogin. Wir konzentrieren uns dabei auf die qualitative Inhaltsanalyse. Es gibt zwar auch eine quantitative Form der Inhaltsanalyse, diese Form ist aber für die praktizierende Heilpädagogin nicht so wichtig und wird daher nur in einem Exkurs behandelt.

Exkurs – die quantitative Inhaltsanalyse

Der Wesenskern der quantitativen Form der Inhaltsanalyse ist einfach beschrieben. Es geht um das Zählen von bestimmten sprachlichen Strukturmerkmalen (z. B. Worte, Grammatik) und der Bedeutungszuschreibung von diesen Häufigkeiten oder auch von Zusammenhängen dieser Häufigkeiten. Mayring (2015, S. 13 f.) gibt ein einfaches Beispiel für diese Form der Inhaltsanalyse aus den USA. Dort wurden in den 50er Jahren des letzten Jahrhunderts die Abstammung der Hauptfiguren in Zeitschriftengeschichten mit der Verteilung der in der Realität vorkommenden Abstammungen der Bevölkerung verglichen. Es zeigte sich z. B., dass Afroamerikaner in den Geschichten zu 1,9% vertreten waren, in der Bevölkerung aber mit 9,8%. Dagegen war die Gruppe der Amerikaner in den Geschichten zu 90,8%, in der realen Verteilung der Bevölkerung in der USA aber nur zu 60,2 % vertreten.

Heute werden von allen Nutzern des Internets deren Anklickverhalten und die von ihnen produzierten Texte durch die Internetgiganten Google, Amazon, Facebook etc. inhaltsanalytisch mit ausgefeilten Algorithmen ausgewertet. Mit quantitativen Mitteln werden irgendwelche Zusammenhänge für jeden einzelnen von uns gefunden. Damit kann man z. B. das Kaufverhalten einzelner Personen ermitteln, die Vorliebe für ganz bestimmte Literatur erfassen oder Vermutungen über die Zugehörigkeit zu einer bestimmten Risikogruppe (z. B. Raucher) anstellen. Es können auch Hypothesen zur politischen Gesinnung oder zu sexuellen Orientierung aufgestellt werden. So können Persönlichkeitsprofile entstehen, die als Daten z. B. für die Werbung wichtig sein können. Diese Form der quantitativen Inhaltsanalyse ist wahrscheinlich für die Heilpädagogik (noch) nicht so offensichtlich relevant.

Die qualitative Form der Inhaltsanalyse prägt das Alltagsgeschehen der Heilpädagogin, denn sie ist ständig dabei die Dokumente zu verstehen, welche ihr im Berufsalltag begegnen.

Unter Dokumente verstehen Sozialwissenschaftler nicht nur auf Papier oder im Computer geschriebenen Text, sondern auch Filme, Audioaufnahmen, Zeichnungen oder ganz allgemein von Menschen geschaffene Gegenstände, denen eine Bedeutung zugeschrieben werden kann. Unter „Dokumente" kann man also so ziemlich alles verstehen, was in irgendeiner Art und Weise eine physische Dimension hat und von Menschen gemacht wurde. Meistens werden aber Texte als Dokumente untersucht. Oft werden Dokumente, die eine nicht-sprachliche oder verbal-sprachliche physische Realität haben für die Analyse in schriftliche Texte verwandelt. So gehört es zu einer weit verbreiteten Tätigkeit von Sozialwissenschaftlern, dass sie Interviews mit einem Audiogerät aufnehmen und das so entstandene Audio-Dokument in die Schriftform transferieren, indem sie es transkribieren. Die *Transkription* (= Verschriftlichung) ist ein wichtiges Mittel der Datenaufbereitung in den qualitativen Sozialwissenschaften. So etwas tun Heilpädagoginnen auch. Insbesondere Logopädinnen nehmen die Sprache ihrer Klientinnen mit Audiorecordern auf und transkribieren diese in Schriftform. Sie verwenden für die Transkription nicht nur die Buchstaben aus der Schriftsprache, sondern auch andere Zeichen, um zum Beispiel die Pausen oder um eine Betonung in einem gesprochenen Satz zu markieren. Diese Form von Transkription kann man als hochstrukturiert bezeichnen. Die Struktur liegt dabei oft in den Gesetzmäßigkeiten der Sprache (z. B. Grammatik, Phonologie oder Semantik). Was alle Heilpädagoginnen verbindet, betrifft die Analyse von Wort-Semantik, also der Bedeutung von einzelnen Worten. Logopädinnen interessieren sich hierbei vielleicht für den zur Verfügung stehenden Wortschatz eines Kindes im Vergleich zu seinen Altersgenossen in einem bestimmten semantischen Feld (z. B. Tiere auf dem Bauernhof oder Gebrauchsgegenstände in einer Küche). Eine Heilpädagogin, die es mit einem verhaltensauffälligen Kind zu tun hat, interessiert sich eventuell für dessen Wortwahl und dafür, ob das Kind mit seinen Worten andere beleidigt oder beschimpft. In der Regel werden Heilpädagoginnen bei ihrer Inhaltsanalyse die Wörter nicht mit einer hohen Genauigkeit zählen. Sie führen keine Strichlisten und notieren nicht alle Schimpfwörter, aber sie geben Urteile ab, indem sie z. B. von einem *seltenen* oder *häufigen* Gebrauch von bestimmten Wörtern sprechen.

Eine Forscherin kann sich mit derselben Fragestellung der Analyse von Worten in der Verbalsprache von Kindern widmen, sie tut das aber in der Regel mit einer sehr viel höheren Genauigkeit und Nachvollziehbarkeit und sie interessiert sich i. d. R. für Fragestellungen, die einen verallgemeinerbarenden Charakter haben. Sie interessiert sich dementsprechend für die Wortwahl von verhaltensauffälligen Kindern im Allgemeinen, die Heilpädagogin dagegen für die Wortwahl eines ganz bestimmten Kindes. Die Forscherin benutzt in der Regel ein Aufnahmegerät, transkribiert die Audioaufnahme in die Schriftform. Die Heilpädagogin macht sich protokollartige Notizen von dem, was sie selbst von dem Kind gehört hat und von dem, was andere Personen über die Wortwahl des betreffenden Kindes berichten.

Der Grad der Genauigkeit und Nachvollziehbarkeit kann aber je nach Fragestellung auch bei einer Heilpädagogin sehr groß sein. Das oben angeführte Beispiel der Sprachanalyse einer Logopädin ist so eine Fragestellung. Die Forscherin kann je nach Fragestellung und Kontext auch zu weniger genauen und eher gering nachvollziehbaren Methoden greifen und die verbalen Ausbrüche bei Verhaltensauffälligkeit von Kindern in Form von einem Gedächtnisprotokoll dokumentieren. Auch das Gedächtnisprotokoll kann ein adaquates Dokument für die Inhaltsanalyse eines Forschungsprojektes sein. Eine Forscherin, die als teilnehmende Beobachterin in einem Feldexperiment Jugendliche begleitet, welche in einem sozialen Brennpunkt leben und dort in einem Jugendhaus von der Forscherin beobachtet werden, würden wahrscheinlich eine Audioaufnahme nicht zulassen. Wenn die Jugendlichen es doch zulassen, müsste man befürchten, dass dann so etwas wie Reaktivität wirkt und die Jugendlichen sich nicht authentisch äußern. Für diesen Kontext erscheint der Einsatz von Aufnahmegeräten eher unangemessen. Die Forscherin ist so wie die Heilpädagogin auf Gedächtnisprotokolle angewiesen. Die Dokumente, die analysiert werden, sind abhängig von den Möglichkeiten der Datenerhebung. In der Forschung wird eine hohe Genauigkeit und Nachvollziehbarkeit angestrebt, es ist aber durchaus möglich, auch mit Dokumenten zu arbeiten, die eine weniger strenge Genauigkeit repräsentieren.

Praktisch tätige Heilpädagoginnen begnügen sich oft mit weniger Strenge bei der Datenerhebung, -aufbereitung und -auswertung, aber sie müssen genau wie Forscherinnen die Gespräche, die sie im Zuge einer Diagnostik oder Beratung führen, dokumentieren und auswerten. Die Inhaltsanalyse von Interviewtexten ist ein Klassiker der qualitativen Sozialforschung und auch für die Heilpädagogik zentral und soll daher genauer angeschaut werden. Da die Autoren von den einschlägigen Fachbüchern mit unterschiedlichen Begrifflichkeiten beschreiben, was sie tun, wird an dieser Stelle betont, dass sich die folgenden Ausführungen auf die Inhaltsanalyse nach Mayring (2015) konzentrieren.

Inhaltsanalyse von Interviews bzw. Gesprächen

Nehmen wir an, eine Heilpädagogin hat ein Gespräch mit den Eltern eines leserechtschreibschwachen Schülers geführt. Ziel des Gesprächs war die Erkundung des Umgangs der Eltern mit der LRS. Nach dem Gespräch fertigt sie ein Protokoll an und notiert sich stichwortartig die wichtigsten Aussagen. In Tabelle 5.1 sind in der mittleren Spalte die stichwortartigen Zusammenfassungen aufgeführt. Wenn man diese noch weiter abstrahieren und noch reduktiv-kompakter formulieren würde, könnte eine Art Kategoriensystem des Beratungsgesprächs wie in der rechten Spalte aufgeführt entstehen. In der ganz linken Spalte sind beispielhaft einzelne Aussagen aufgeführt, die zu der Zusammenfassung bzw. zu den Kategorien geführt haben. Der Abstraktionsgrad der Formulierungen innerhalb der Tabelle ist dementsprechend von links (= konkret) nach rechts höher abstrahierend ansteigend.

Nicht protokollierte einzelne Aussagen (Ankerbeispiele) *konkret*	**Protokollierte Zusammenfassung der Aussagen** *Mittelgradig abstrahierend*	**Kompakte Formulierung in Kategorien** *Höher abstrahierend*
Mutter: Ich sehe doch, dass er leidet unter seinem langsamen Lesen. Ich kann das kaum ertragen, ihn so zu sehen. Vater: Ich befürchte, dass er in der Schule nicht mehr mitkommt, wenn das so weitergeht.	Die Eltern machen sich große Sorgen.	Sorgen Eltern
Mutter: Mein jüngerer Bruder hatte dasselbe Problem wie unser Junge. Ich kann mich noch gut an seine Schulzeit erinnern. Vater: Irgendwie scheint das Problem mit dem Lesen und Schreiben in deiner Familie zu liegen. Die Postkarten deines Vaters sind auch immer gespickt mit Fehlern in der Groß- und Kleinschreibung.	Sie vermuten eine erbliche Belastung des eigenen Kindes, weil der Onkel und Großvater ebenfalls große Leserechtschreibprobleme hatten und immer noch haben.	Vermutung erbliche Belastung
Mutter: Ich habe mich eine Zeitlang bei den Hausaufgaben immer neben ihn gesetzt, um ihm zu helfen. Aber das ging regelmäßig schief. Er war dann nur schon von meiner Anwesenheit genervt und ich konnte sicher sein, dass er spätestens nach 5 Minuten anfängt, mich lautstark zu beschimpfen. Vater: Ich habe auch probiert mit ihm das Lesen zu üben. Ich muss zugeben, dass ich dafür nur wenig Geduld hatte. Dieses ständige Verhaspeln hat mich wütend und aggressiv gemacht.	Die Unterstützung der Eltern bei den Hausaufgaben endet regelmäßig mit Streit, lautem Geschrei des Kindes und Wut und Zorn bei den Eltern.	Hausaufgaben münden in Streit
Mutter: Ich weiß wirklich nicht mehr, was wir machen sollen. Es ist alles so schrecklich. Vater: Ich bin als Nachhilfelehrer völlig ungeeignet und die Lehrerin scheint auch nicht zu wissen, wie man ihm helfen kann.	Die Eltern fühlen sich überfordert, sie sind hilflos und wissen nicht, was sie tun sollen.	Eltern ratlos, überfordert & hilflos

Tab. 5.1.1: Stichwortartige Zusammenfassung (mittlere Spalte) eines Beratungsgespräches mit einzelnen konkreten Aussagen (Ankerbeispiele in der linken Spalte) und Abstraktion in Kategorien (rechte Spalte)

Aus der Zusammenfassung des Gesprächs leitet die Heilpädagogin folgende weitere Schritte ab:

- Die Heilpädagogin plant mit den Eltern eine Videoaufnahme der Hausaufgabensituation, damit die Heilpädagogin sich ein genaueres Bild von der Interaktion zwischen Kind und Eltern machen kann.
- Die Heilpädagogin lädt die Eltern in eine Förderstunde ein, damit die Eltern ein Modell für die Hausaufgabenbetreuung bekommen.
- Sie gibt den Eltern einen Ratgeber bei LRS mit und schlägt Ihnen vor insbesondere den Teil zu den Ursachen für LRS zu lesen.

Die Heilpädagogin hat mit dieser Dokumentation eine Zusammenfassung des fast einstündigen Beratungsgespräches gemacht. Bei der Zusammenfassung hat sie sich auf die (ihrer Meinung nach) wichtigsten Inhalte konzentriert.

In der Sozialwissenschaft spricht man von einer *zusammenfassenden Inhaltsanalyse.* Sie hat genau denselben Zweck wie das Protokoll der Heilpädagogin. Es geht um die Zusammenfassung der Gesprächsinhalte, wobei das Ziel eine *Kategorisierung* ist. So eine Kategorisierung könnte der rechten Spalte in Tabelle 5.1.1 entsprechen. Wahrscheinlich macht die Heilpädagogin diese Form der Abstrahierung nicht mehr und begnügt sich mit ihrer Zusammenfassung (mittlere Spalte von Tab. 5.1.1), die inhaltlich der Kategorisierung entspricht aber etwas weniger kompakt und reduktionistisch ist. Eine Forscherin würde nun das *Ausgangsmaterial* (die Audioaufnahme des Gesprächs oder ferner die schriftliche Transkription desselben) noch einmal durchgehen und den Kategorien einzelne Aussagen zuordnen. Sie sichert damit das Ergebnis und macht es extrem nachvollziehbar, weil sie die Zeilen im Transkript mit Nummern versieht und so jeder Kategorie verschiedene Zeilennummern zuordnen kann, wo sich die entsprechenden Aussagen im Text befinden. Falls sie die Audioaufnahme als Ausgangsmaterial benutzt hat, wird die Forscherin die Positionen der Aussagen in der Audioaufnahme mit Zeitangaben versehen, damit man für jede zur Kategorie passende Aussage eine Zeitangabe findet. Ganz prägnante Aussagen, die zu einer Kategorie passen, werden auch *Ankerbeispiele* genannt. Oben in Tabelle 5.1.1 finden Sie in der linken Spalte Aussagen, die zu den Kategorien passen und als solche Ankerbeispiele gelten könnten.

Der Abstraktionsgrad der Tabelle erhöht sich von links nach rechts. Die Ankerbeispiele sind sehr konkret und aus dem Ausgangsmaterial entnommen (man spricht auch von *Rohdaten*).

Die Zusammenfassungen der Aussagen heben den Abstraktionsgrad an und finden Begriffe, welche das Rohmaterial sinnvoll übergreifend kennzeichnen. Durch die Kompaktheit der Formulierungen für die Kategorien werden diese noch ein Stück abstrakter als die Zusammenfassungen. Durch die Abstraktion findet eine Art Reduktion der Rohdaten statt, die im Beispiel in drei Schritten vollzogen wird. In der Fachliteratur zur qualitativen Inhaltsanalyse (Mayring, 2015) findet sich ein Modell der Materialreduzierung, welches diese Verdichtung des Ausgangsmaterials gut veranschaulicht (vgl. Abb. 5.1.1).

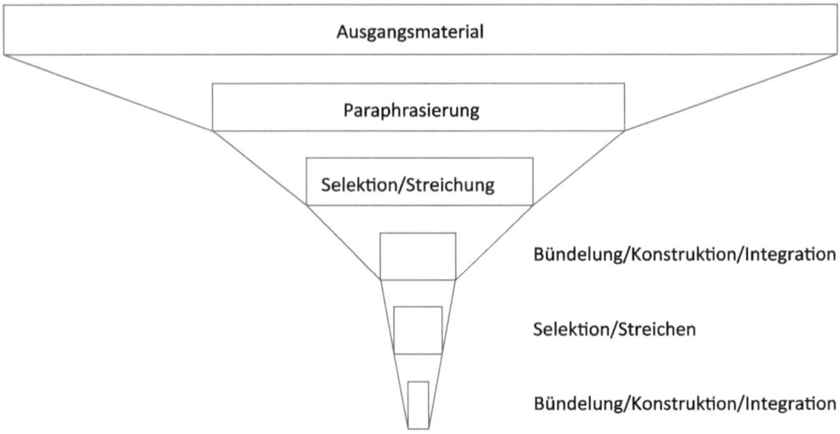

Abb. 5.1.1: Modell der Materialreduzierung durch Zusammenfassung (aus Mayring, 2015, S. 85)

Man sieht an diesem Modell, welches einem Trichter ähnelt, dass in dieser qualitativen Inhaltsanalyse mehr als drei Schritte vorgeschlagen werden. Die Schritte tragen ganz bestimmte Namen (Paraphrasierung, Selektion und Streichung, Bündelung, Konstruktion und Integration), die hier nicht erklärt werden. Dies bleibt den einschlägigen Fachbüchern vorbehalten (z. B. Mayring, 2015). Die grundlegende Gemeinsamkeit zwischen qualitativer Forschung und heilpädagogischer Praxis ist die *Reduktion* des Ausgangsmaterials durch Zusammenfassung, was hier versucht wurde, am Beispiel eines Gespräches darzulegen. Es ist sekundär, ob dies in drei, vier oder fünf Schritten passiert. Man kann unschwer das hierarchische Ordnungsprinzip von Modellen der Sozialwissenschaften erkennen (vgl. Kapitel 1.2)

An dem Vorgehen der Datenaufbereitung und -auswertung der Forscherin kann man den Unterschied zur Praxis der Heilpädagogik gut sichtbar machen. Eine Heilpädagogin hat i. d. R. keine Zeit eine Transkription zu leisten. Selbst wenn sie eine Audioaufnahme des Gesprächs gemacht haben sollte, was wahrscheinlich ebenfalls sehr selten in der Praxis geschieht, hat sie kaum dic Zcit, sich das ganze Gespräch noch ein- oder zweimal anzuhören. Sie hat auch keine Zeit, um die einzelnen Aussagen den Kategorien zuzuordnen. Sie hat keine Zeit einen schriftlichen Text mit Zeilenangaben zu versehen und diese Zeilenangaben in einen Tabelle zu übertragen. Sie hat keine Zeit eine Audiodatei mit Zeitangaben zu versehen und damit ihre Rohdaten hochgradig nachvollziehbar zu machen. In Anbetracht ihres begrenzten Zeitbudgets pro Fall kommt die Heilpädagogin wahrscheinlich gar nicht auf die Idee, so eine aufwändige und intensive Auseinandersetzung mit dem Datenmaterial zu leisten. Der Unterschied zwischen Forschung und Praxis liegt hier in der *Intensität der Auseinandersetzung.* Aber auch die Forscherin muss sich fragen, ob sich dieser Aufwand lohnt und einer Kosten-Nutzen-Bewertung standhält. Dazu gibt es wahrscheinlich unterschiedliche Meinungen im Kreise der Sozialwissenschaftlerinnen.

Die bisher beschriebene Form der Inhaltsanalyse folgt einer Strategie, die in den Sozialwissenschaften als *induktiv* bezeichnet wird. Man kann diese Strategie am besten im Zusammenhang mit einer anderen Strategie erklären. Die andere Strategie wird als *deduktiv* bezeichnet. Bei einer deduktiv angelegten Inhaltsanalyse orientieren sich die Forscherinnen an einer existierenden Theorie. Man spricht auch von einer *deduktiv-strukturierenden Inhaltsanalyse.* Sie bilden die Kategorien *vor* der Analyse mit Hilfe einer Theorie und schauen nach der Kategorienbildung mit Hilfe der schon existierenden Kategorien das Datenmaterial an. Man kann sich vorstellen, dass es, je nachdem welche Theorie gewählt wird, zu ganz unterschiedlichen Ergebnissen bei der Datenauswertung kommen kann. Je nach Fragestellung bieten sich eventuell auch ganz unterschiedliche Theorien an, um das Gespräch zu analysieren. Interessiert sich die Forscherin für die Beratungstätigkeit als solche wird sie das Gespräch viel mehr nach den Aussagen der Heilpädagogin absuchen und eine Theorie nehmen, die im Rahmen von Beratung relevant ist. Vielleicht entscheidet sie sich für die Theorie der klientenzentrierte Gesprächspsychotherapie nach Rogers (1983) aus der humanistischen Psychologie und analysiert das Gespräch hinsichtlich der Empathie der Heilpädagogin oder ihrer im Gespräch angewandten Technik des Spiegelns der Klientenäußerungen.

Vielleicht interessiert sich die Forscherin ebenso wie die Heilpädagogin im Beispiel oben für den Umgang der Eltern mit dem LRS-Problem und sie entscheidet sich für eine tiefenpsychologische Theorie zur Analyse des Gesprächs. Dann wird die Analyse so Phänomene wie „Projektion der elterlichen Ängste auf das Kind" zum Gegenstand haben oder unbewusst wirkende Normvorstellungen des mütterlichen Über-Ichs als Analysekriterium einbeziehen. Bei der deduktiv angelegten Inhaltsanalyse entsprechen also die Analysekriterien oft den Kategorien und sind aus einer Theorie abgeleitet. Bei der induktiven Inhaltsanalyse dagegen wird keine Theorie angelegt. Die Kategorien entstehen aus dem Datenmaterial selbst. Der Text spricht für sich. Die induktive Inhaltsanalyse hat insofern eine theoriebildende Kraft. Die konstruierten Kategorien sind dabei die Kernmerkmale der entstehenden Theorie. Auch die Heilpädagogin entwickelt so eine Theorie für den Einzelfall. Auf das oben angeführte Beispiel könnte man über die Theorie des Umgangs der Eltern mit dem LRS-Problem ihres Kindes sagen: Diese Eltern machen sich Sorgen, fühlen sich hilflos und scheitern bei der Hausaufgabenbetreuung ihres Kindes. Zudem vermuten die Eltern genetische Gründe als Ursachen für die LRS. Ob diese Theorie des Einzelfalles insgesamt oder in

Teilen auf alle Eltern für Kinder mit LRS zutrifft, könnte eher die Forscherin beantworten, die viele Eltern und deren Umgang mit LRS untersucht.

Heilpädagoginnen können selbstverständlich auch deduktive Strategien bei der Analyse von Dokumenten anwenden. Wahrscheinlich tun sie das sogar sehr häufig, denn sie haben einen eigenen theoretischen Hintergrund, durch deren Brille sie Daten interpretieren. Nehmen wir an, die Heilpädagogin in obigem Beispiel würde ihrer Arbeit einen systemischen Schwerpunkt zugrunde legen. Sie wird dann sehr wahrscheinlich die Schwierigkeiten bei der Hausaufgabenhilfe durch die Eltern auch als ein familiendynamisches Problem betrachten und weitere Hypothesen zum Stellenwert des Problems in der Familie aufstellen (vgl. auch *Die Theoriebeladenheit der Empirie* in Kapitel 3 über Theorie). Vielleicht hat sie deswegen die Anfertigung einer Videoaufnahme angeregt, um dieser Hypothese weiter nachzugehen. Kategorien aus theoretischen Modellen, welche Heilpädagoginnen zu ihrem Arbeitsinstrumentarium zählen, führen aus Perspektive der qualitativen Inhaltsanalyse und in deren Fachsprache ausgedrückt zu einem deduktiven Anteil der Auswertung. Man kann anhand dieser Formulierung erahnen, dass sich induktive und deduktive Anteile bei einer Inhaltsanalyse überschneiden und ergänzen können. Beide Strategien können gleichzeitig und nebeneinander oder auch nacheinander eingesetzt werden. Dies geschieht auch im berufspraktischen Alltag der Heilpädagogin, wenn sie erst ohne theoretische Vorannahmen versucht, die Gesprächsinhalten induktiv zusammenzufassen, und danach ihre bevorzugte Theorie (vielleicht die Systemtheorie) benutzt, um die Zusammenfassungen aus dieser theoretischen Perspektive zu interpretieren.

Deduktive Anteile einer Inhaltsanalyse sind insbesondere relevant bei der sogenannten *explikativen Inhaltsanalyse.* Diese wird auch *Kontextanalyse* genannt. Die Explikation als zentrales Merkmal dieser Inhaltsanalyse meint die *Ausweitung* der Interpretationsgrundlage. Es werden noch weitere Informationen hinzugezogen, um die Datenauswertung zu betreiben.

Insofern steht die Explikation der Zusammenfassung gegenüber. Bei der Zusammenfassung ist das Hauptprinzip die Reduktion, bei der Explikation die Ausweitung. Ausgeweitet kann die Interpretationsgrundlage z. B. durch das Hinzuziehen einer Theorie wie es oben für die deduktive Strategie beschrieben wurde oder dem Betrachten von gesellschaftlichen Normen und Werte. Dies wären Beispiele für *weite* Explikationen. Eine *enge* Explikation wäre das Hinzuziehen von Daten, die nahe an dem zu interpretierenden Textteil sind, also z. B. andere Textstellen in demselben Text. Etwas weiter weg, aber immer noch relativ nahe könnte z. B. das Hinzuziehen eines anderen Interviews sein, welches zu demselben Thema mit der Lehrerin des Schülers geführt wurde. Die eigenen Beobachtungen der Heilpädagogin, welche sie in der Arbeit mit dem Schüler gesammelt hat, könnten ebenfalls als Explikation die Daten aus dem Gespräch mit den Eltern erweitern. Die Beispiele zeigen: Die Grundidee der explikativen Inhaltsanalyse findet wahrscheinlich in der Praxis der Heilpädagogik wie selbstverständlich statt, wenn ein Gespräch mit Bezugspersonen im Gesamtkontextes des Einzelfalles interpretiert wird. Eine visualisierte Metaphorik für die Ausweitung stellt Abbildung 5.1.2 dar. Sie ist der Systemtheorie (Bronfenbrenner, 1993) entliehen und zeigt den Einzelfall (= hier das Individuum) im erweiterten Kontext.

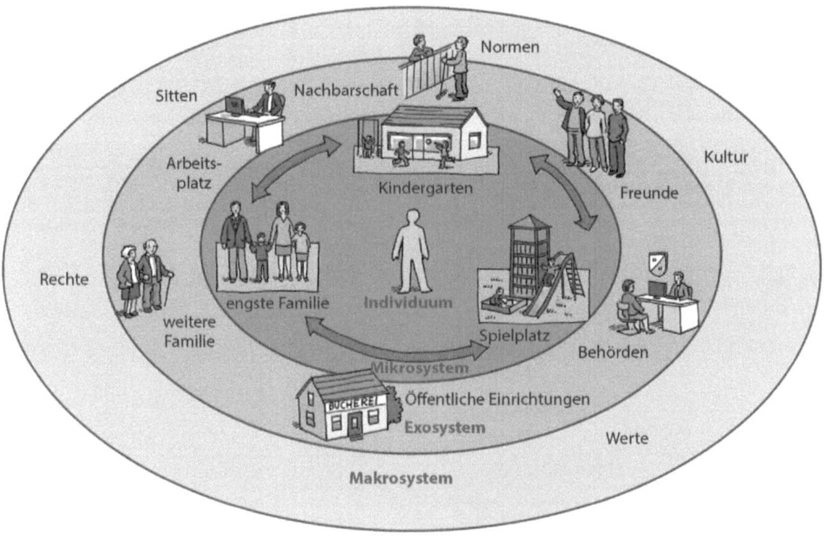

Abb. 5.1.2: Das Individuum wird durch die explikative Inhaltsanalyse in seinem erweiterten Lebenskontext verstanden, hier mit Exosystem (z. B. Freunde, öffentliche Einrichtung wie Schule etc.) und Makrosystem (z. B. Normen und Werte der Gesellschaft) bezeichnet. Abbildung aus Kasten (2014, S. 76; mit freundlicher Genehmigung des Verlags Europa Lehrmittel).

Mit der oben vollzogenen Darstellung der Aufbereitung und Auswertung von Daten sollte die strukturelle Ähnlichkeit in Forschung und Praxis bei der Analyse von qualitativen Daten dargestellt werden. Es wurden auch Unterschiede zwischen Forschung und Praxis deutlich. Diese liegen insbesondere in der Intensität und viel differenzierteren Systematik der Datenauswertung in der Forschung und natürlich auch wieder in der Zielverfolgung. Die Heilpädagogin leitet aus ihrer Dateninterpretation immer auch Interventionen ab, was durch die oben aufgelisteten „weiteren Schritte" (gleich nach Tab. 5.1.1) deutlich gemacht wurde. Dies muss die Forscherin zunächst nicht tun, außer sie beschäftigt sich mit der Fragestellung, welche Interventionen aus Beratungsgesprächen abgeleitet werden.

Abbildung 5.1.3 gibt einen Überblick über die bisher benutzten und erklärten Begrifflichkeiten der Inhaltsanalyse.

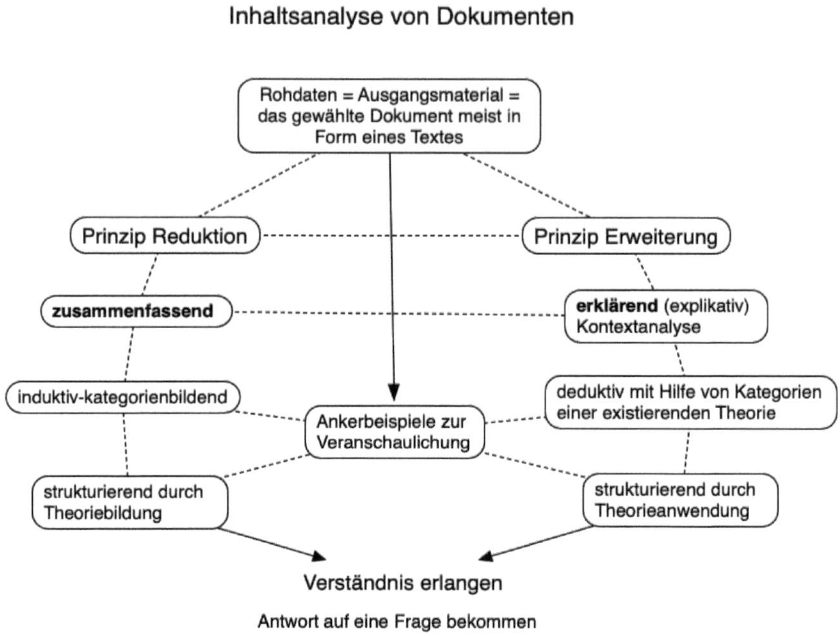

Abb. 5.1.3: Zentrale Begrifflichkeiten der qualitativen Inhaltsanalyse

Das Schreiben von theoretischen Texten als eine besondere Form der Auswertung und Interpretation von Dokumenten

In Kapitel 2 *Was ist eine Theorie?* wurde von „Theoriearbeit“ gesprochen. Wissenschaftliche Arbeit, die sich als theoretische Arbeit bezeichnet, ist immer eng mit dem Schreiben von Texten verbunden, welche auf Basis des Lesens von theoretischen Texten geschieht. Im Kapitel über Theorie wurde am Beispiel der Verknüpfung von „Kreativität“ und „Heilpädagogik“ angedeutet, dass ein Theoretiker diese beiden Konstrukte miteinander verbindet. Dazu muss der Theoretiker viel über Kreativität und über Heilpädagogik wissen. Dieses Wissen hat er sich i. d. R. lesend angeeignet. Sein Gegenstand der Analyse waren Dokumente (Bücher, Artikel etc.) zur Kreativität und Schriften zur Heilpädagogik und er hat sie im Vergleich nach Gemeinsamkeiten abgesucht. Man könnte diese Tätigkeit als die theoretische Verknüpfung zweier Inhaltsanalysen begreifen, auch wenn die Methodik des Theoretikers nicht genau dem entspricht, wie man es einer empirischen Inhaltsanalyse zuschreibt. Dem Wesen nach entspricht es dem oben beschriebenen induktiven bzw. deduktiven Vorgehen. Die Auswertung und Interpretation der Texte besteht darin, über deren Verknüpfung etwas zu schreiben. Der „*Vergleich*“ ist der entscheidende Begriff, um die Art und das Motiv dieser Dokumentenanalyse (= Lesen) und Textproduktion (= Schreiben) zu fassen.

Eine andere Form der Auswertung von Dokumenten, die man der wissenschaftlich-theoretischen Arbeit zuordnen kann und letztendlich zum Schreiben von Texten führt, ist das didaktisch motivierte *Zusammenstellen* von Theorien. Oft mündet diese Arbeit im Schreiben eines Lehrbuchs. Eng verwandt mit dem *Zusammenstellen* ist das Motiv „*Überblick schaffen*“. Auch hierzu muss der Theoretiker viel gelesen haben. Im Schreiben eines Überblicks liegt hier die Auswertung der gelesenen Dokumente. Der Unterschied zum Zusammenstellen liegt oft im Kommentar, der im Überblick mitgeliefert wird und als Interpretation einen größeren Stellenwert hat als in einer bloßen Zusammenstellung. Die Trennschärfe zwischen diesen Kategorien *Vergleichen – Zusammenstellen – Überblick verschaffen – Interpretieren* oder *Kommentieren* sind aber eher fließend und nicht so scharf, genauso wie die Aufbereitung, Auswertung und Interpretation bei einer klassisch-empirischen Inhaltsanalyse nicht so eindeutig getrennt werden können.

Was trennschärfer gelingt, ist die Abgrenzung einer rein theoretischen inhaltsanalytischen Arbeit zur empirischen Inhaltsanalyse. Bei letzterer werden keine theoretischen Texte analysiert, sondern Verschriftlichungen von konkretem Verhalten oder Erlebtem, was einen viel größeren Erfahrungsbezug hat als die Analyse eines theoretischen Textes. Der theoretische Text kann zwar Erfahrungen zum Gegenstand haben, aber er bezieht sich viel indirekter und i. d. R. auch abstrakter auf konkretes Verhalten und Erleben. Eine rein theoretische Arbeit als geschriebenes Produkt ist insofern weiter entfernt von der konkreten Erfahrung als eine empirische Arbeit und bezieht sich nicht so unmittelbar darauf. Die Theoriearbeit nimmt oftmals eine Art Metaebene ein und man könnte sie als Theorie zweiter Ordnung bezeichnen, weil sie das schon abstrahierte Wissen einer Theorie oder mehrerer Theorien erster Ordnung im Vergleich, in der Zusammenstellung oder im Überblick darstellt. Manchmal wird daher auch von Metatheorie gesprochen. Die Abgrenzung zwischen Theorie und Metatheorie ist allerdings schwierig und nur graduell möglich, wie es durch die eben gemachten Ausführungen versucht wurde. Tabelle 5.1.2 ist ein visualisierter Ordnungsvorschlag des Zusammenhangs zwischen den eben ausgeführten zentralen Begrifflichkeiten.

Verhältnis Empirie zu Theorie	Abstrahierungsgrad	Begriffe aus der Methodologie	Tätigkeiten
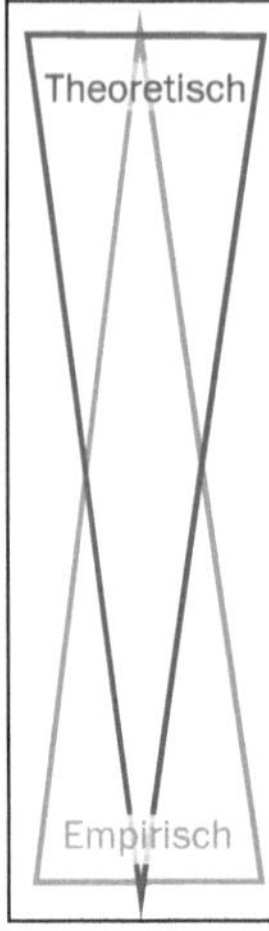 Theoretisch	Abstrakt ↑	„Reine" theoretische Arbeit (Inhaltsanalyse), Metatheorie, Theorie zweiter Ordnung	Vergleichen, Zusammenstellen, Überblicken von Theorien erster Ordnung
		Theorie erster Ordnung	Text wird durch Reduktion und Explikation in ein Kategoriensystem überführt (welches eine Theorie erster Ordnung darstellt)
	Ansteigender Grad an Abstrahierung	Empirische Inhaltsanalyse	
	↑	Texte (Verschriftlichungen über Verhalten und Erleben)	
Empirisch	Konkret	Rohdaten der Erfahrung	Verhalten und Erleben wird beobachtet oder erfragt

Tab. 5.1.2: Ordnungsvorschlag zur Trennung von empirischer Inhaltsanalyse und Theoriearbeit und deren Beziehung zueinander

5.2 Quantitative Daten

Das quantitative Paradigma der Sozialwissenschaft gebraucht gerne Zahlen, um Verhalten und Erleben messbar zu machen. Es gibt diverse Methodenfachbücher, die sehr detailliert den Umgang mit Zahlen beschreiben und deren Gesetzmäßigkeiten im Zusammenhang mit den Sozialwissenschaften erklären. In dem Buch, welches Sie gerade in Händen halten, steht der tatsächliche Rechenvorgang eher am Rande. Trotzdem wird in diesem Kapitel an einigen Beispielen der Umgang mit Zahlen dargestellt und damit der Versuch unternommen, die dahintersteckende Denkweise zu erklären.

Aufbereiten von quantitativen Daten

Wir beginnen mit der Aufbereitung von Daten und halten dieses Kapitel aber sehr kurz, denn es bringt wenig Erklärung für die wissenschaftliche Denkweise. Es soll nur einen kleinen Einblick in die Fleißarbeit der Wissenschaftler geben. Die Handlungen, welche man zur Datenaufbereitung zählt, könnte man als den Prototyp der wissenschaftlichen Fleißarbeit bezeichnen. Ein einführendes Beispiel für die Datenaufbereitung im quantitativen Paradigma gab es schon in der Einleitung des Kapitels 5. Dort wurde auch das Kernmerkmal definiert, welches die Datenaufbereitung ausmacht: All die Handlungen, die dazu führen, dass man mit den Zahlen das berechnen kann, was man als wichtige Kennzahl betrachtet, gehören zur Datenaufbereitung. Im Beispiel war es der Mittelwert. Das Beispiel soll noch etwas weitergeführt werden. Die Ausgangslage war, dass 50 Beobachter das Blickkontaktverhalten eines verhaltensauffälligen Kindes dokumentiert haben und die Häufigkeit der Blickkontakte gezählt haben. Sie hatten eine Strichliste angefertigt und nun musste man im Zuge der Datenaufbereitung die Häufigkeit jeder Strichliste auszählen. Um den Mittelwert der Häufigkeiten zu berechnen, müssen alle Häufigkeiten aufsummiert werden und durch die Anzahl der Beobachter geteilt werden. Die Tätigkeiten, welche man vornehmen muss, um die Berechnung durchführen zu können, gehören zur Datenaufbereitung. Nun nehmen wir an, dass die 50 Beobachter nicht nur ein Video anschauen, sondern 20 Videos. Jedes Mal ist ein anderes Kind in einer anderen Spielsituation zu sehen. Insgesamt muss man nun $50 \times 20 = 1000$ Strichlisten aufarbeiten. Die Datenmenge ist enorm und nicht mehr überschaubar. Die Einspeisung in eine Exceltabelle kann aber helfen, die Daten mit unterschiedlichen Fragestellungen auszuwerten. Die Tabelle muss aber eine gewisse Struktur haben, damit die Auswertungssoftware (egal ob Excel oder eine spezielle Statistiksoftware) etwas damit anfangen kann. Die Aufbereitung der Daten hängt also von dem Hilfsmittel ab, welches man benutzt, um mit den Zahlen zu rechnen.

- *Erstes Beispiel für eine Differenzierung:* Nehmen wir an, die Forscherin interessiert sich dafür, ob es bei den Beobachtern einen speziellen Beobachtereffekt gibt. Die Forscherin vermutet, dass das Geschlecht so ein Effekt sein könnte. Hinter der Vermutung steckt eine weitere Hypothese, nämlich dass Frauen eine sensiblere Wahrnehmung für soziale Handlungen haben als Männer. Wenn sie nun die Mittelwerte zwischen den Männern und den Frauen vergleichen will, muss sie bei jedem Beobachter auch das Geschlecht erfassen und das in die Tabelle aufnehmen.
- *Zweites Beispiel für eine Differenzierung:* Nehmen wir an, dass die Forscherin von den 20 durch Videos vermittelt beobachteten Kindern noch weitere Daten hat. Sie hat zum Beispiel von allen Kindern die Ergebnisse eines Fragebogens zur Emotionsregulation. Die Ergebnisse liegen auch in Zahlenform vor und sie kann mit diesen Zahlen eine Aussage machen zur mehr oder weniger gut ausgeprägten Fähigkeit der Emotionsregulation. Die Forscherin interessiert sich für den Zusammenhang zwischen der so ermittelten Fähigkeit zur Emotionsregulation und der Häufigkeit des Blickkontaktes. Sie hat die Hypothese, dass Kinder mit mehr Blickkontakt eine bessere Fähigkeit zur Emotionsregulation haben. Sie muss, um diesen Zusammenhang mit der Statistiksoftware zu berechnen, alle Daten aus dem Fragebogen in die schon vorhandene Tabelle einspeisen. Ein Zusam-

menführen von Daten aus verschiedenen Quellen gehört zur Datenaufbereitung. Wenn die Daten aus dem Fragebogen zur Emotionsregulation nur in Papierform vorliegen, dann muss sie diese per Hand der Excel-Tabelle hinzufügen. Je nachdem, wie viele Daten das sind, kann das eine enorme Fleißarbeit sein. Sie muss sich dabei sehr konzentrieren, denn sie darf keine Fehler machen. Wenn sie z. B. bei der Eingabe in eine Tabelle in eine falsche Zelle einträgt, stimmt die ganze Berechnung am Ende nicht.

Manchmal fehlen auch Werte. Nicht jedes Kind hat einen Fragebogen ausgefüllt und nicht jeder Beobachter hat tatsächlich alle 20 Videos angeschaut. Nun muss die Forscherin dem Statistikprogramm mitteilen, was mit diesen fehlenden Werten bei der Berechnung zu tun ist. Auch dies ist ein Beispiel, welches zur Datenaufbereitung gehört.

An dieser Stelle soll es keine weiteren Beispiele mehr geben. Es sollte lediglich deutlich werden, dass diese eher technische Fleißarbeit auch zum Geschäft des Wissenschaftlers gehört und dass sie aufwendig und fehleranfällig sein kann.

Weniger aufwändig ist dank der modernen Technik mittlerweile die Auswertung von quantitativen Daten. Dafür stehen moderne und leistungsfähige Statistiksoftwareprogramme zur Verfügung. Aufwändig ist es manchmal, die Handhabung dieser Softwareprogramme zu erlernen und man braucht unbedingt ein Basiswissen zur Funktionsweise der Statistiken, die damit berechnet werden. Letzteres betrifft die Denkweise der quantitativ orientierten Sozialwissenschaft in einem Kernelement. Die folgenden Ausführungen sind der Versuch, diese Denkweise zu vermitteln.

Auswerten von quantitativen Daten

Wir fangen mit einem Experiment an. Hierfür brauchen sie mindestens eine halbe Stunde Zeit, ein Blatt Papier und einen Stift. Lesen Sie die kommenden Seiten sukzessive, also nacheinander. Jetzt ein paar Seiten nach vorne blättern und das Ergebnis des Experiments vorweg zu nehmen, schmälert den Erkenntnisgewinn.

Wenn Sie Blatt und Stift vor sich liegen haben, sind Sie bereit. Das Experiment „Was ist normal?“ kann starten, Sie können die Anweisungen lesen.

Experiment: Was ist normal?

Erster Schritt: Sie sehen unten einen gezeichneten Strich. Sie sollen sich diesen Strich ungefähr drei Sekunden lang anschauen und dann die Länge des Striches schätzen. Sie sollen die geschätzte Länge ohne Verzögerung sofort nach den drei Sekunden auf das Blatt Papier schreiben. Schätzen Sie die Länge in cm und in einer ganzen Zahl (also z. B. 2 cm, oder 5 oder 12 cm)

Lesen Sie erst, nachdem Sie das getan haben, die Anweisungen im Anschluss.

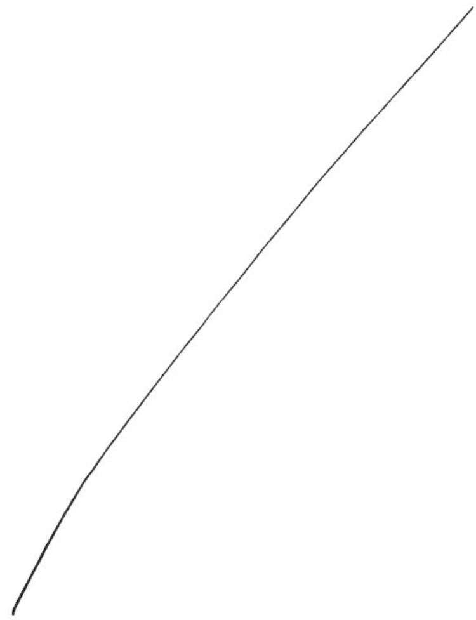

Abb. 5.2.1: Strich, dessen Länge spontan geschätzt werden soll (der Schätzvorgang gelingt nur, wenn diese Seite ausgedruckt vorliegt)

Zweiter Schritt: Sie haben die Länge des Striches geschätzt und sind bereit für den nächsten Schritt. Stellen Sie sich nun folgende Situation vor:

Ein ca. zehnjähriger Junge, der als aggressiv gilt, sitzt mit einer Heilpädagogin an einem Tisch in einem ca. 20qm großen Raum. Die Heilpädagogin hat den Auftrag mit dem Jungen zu arbeiten. Sie benutzt das Konzept des Verhaltensvertrages (Hautzinger, 2015) in dem Rechte und Pflichten der Zusammenarbeit und erwünschte und unerwünschte Verhaltensweisen schriftlich festgehalten werden sollen. Der Junge verweigert die Kooperation, fällt der Heilpädagogin ständig ins Wort und findet tausend Gründe, warum so ein Vertrag völliger Blödsinn ist. Die Heilpädagogin erklärt zunächst ruhig die Gründe für den Verhaltensvertrag und lässt nicht locker, doch der Junge zieht das Vorhaben ins Lächerliche, beschimpft die Heilpädagogin, steht plötzlich auf, geht im Raum umher, öffnet eine Schranktür und schlägt sie wieder zu, gibt einem in der Ecke stehenden Stuhl einen Stoß mit dem Fuß, so dass dieser umfällt, und setzt sich dann aber nach Aufforderung der Heilpädagogin wieder an den Tisch. Die Heilpädagogin bleibt ruhig und beharrt darauf, die Gründe für die Verweigerung von dem Jungen zu erfahren. Er führt nun an, dass er Wichtigeres zu tun habe als zu einer Heilpädagogin zu gehen, u. a. möchte er Fernsehschauen und Computerspiele spielen. Als die Heilpädagogin in Aussicht stellt, dass er auch mit ihr Spiele spielen kann, die Spaß machen, gerät der Junge in eine solche impulsive Wut, dass er mit den Händen auf den Tisch schlägt und anfängt laut zu schreien. Sein Geschrei richtet sich gegen die Heilpädagogin und er wird so laut dabei, dass sich die Heilpädagogin mit ihrem Stuhl vom Tisch zurückzieht und sie den Jungen nun aus der Entfernung seine Wut ausagieren lässt. Als der Wutausbruch des Jungen abgeklungen ist, versucht die Heilpädagogin, mit ihm darüber zu sprechen. Er fällt ihr sogleich wieder ins Wort, doch die Heilpädagogin versucht, durch Erhöhung der Lautstärke ihn zu übertönen. Ihre Lautstärke erreicht in kurzer Zeit einen so hohen Level, dass der Junge verstummt. Die Heilpädagogin fragt ihn in die Stille, ob er sie jetzt mal ausreden lassen könne und sie wirkt nun angespannt und verärgert. Nach dieser Konfrontation schlägt die Heilpädagogin dem Jungen vor, dass er und sie Wünsche zu gemeinsamen Tätigkeiten auf Zettel schreiben und diese in eine Wunschkiste werfen. Der Junge lässt sich darauf ein, und nachdem von beiden diverse Wunschzettel in die Kiste gelegt wurden, holen der Junge und die Heilpädagogin abwechselnd die Zettel wieder aus der Kiste heraus. Die Idee ist, dass sie gemeinsam entscheiden, welcher der Wunschzettel Teil des Vertrages werden soll. Als der Junge den dritten Zettel der Heilpädagogin gezogen hat, wirft er alle bisher gezogenen Zettel in die Kiste zurück und brüllt „Keine Lust!“. Er steht wieder auf, geht abermals im Raum umher und beschäftigt sich schließlich in einer Ecke des Raumes mit einer dort sitzenden großen Stoffpuppe. Er schlägt die Stoffpuppe und wirft sie in Richtung des Tisches, wo die Heilpädagogin sitzt. Diese sagt nun mit lauter und durchdringender Stimme „Stopp!“ und droht dem Jungen, die Eltern anzurufen, wenn er sich nicht sofort wieder an den Tisch setzt …

So weit die Szene, die Sie sich intensiv vorstellen sollen. Nehmen Sie nun das Blatt Papier und den Stift und geben Sie sehr spontan, ohne lange nachzudenken, für den Jungen *und* für die Heilpädagogin auf einer Skala von 1 bis 10 eine Einschätzung ab, wobei 1 = keinerlei Aggression bedeutet und 10 = maximale Aggression.

Nun haben Sie drei Einschätzungen gemacht, die sie mit der Einschätzung von 87 anderen Personen vergleichen können, die das Experiment auf fast dieselbe Art und Weise durchlaufen haben:

1. Einschätzung der Länge eines Strichs
2. Einschätzung der Aggression eines Jungen
3. Einschätzung der Aggression einer Heilpädagogin

Schauen wir uns zuerst die Einschätzung der Länge des Striches an. Sie können unten die geschätzten Längen in cm der anderen 87 Personen in der Abbildung 5.2.2 aufgeführt sehen.

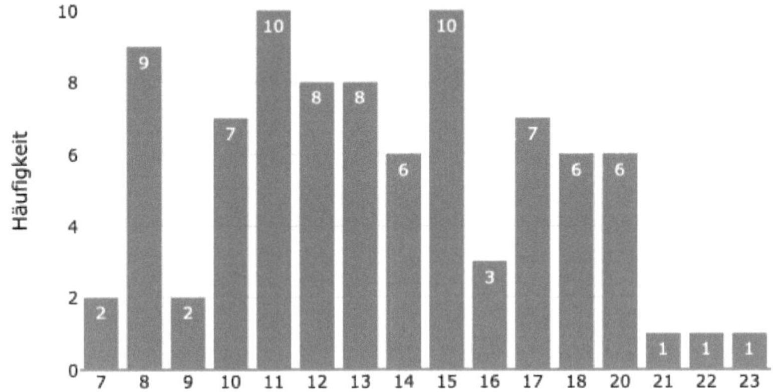

Abb. 5.2.2: Häufigkeiten der geschätzten Längen des Strichs von 87 Personen, wobei auf der unteren Achse die Längen abgetragen sind und auf der linksstehenden Achse die Häufigkeiten. Beispiel: 10 cm wurde z. B. von 7 Personen geschätzt, 11 cm von 10 Personen usw.

In der folgenden Abbildung 5.2.3 finden Sie die geschätzten Längen wieder, allerdings in ein *Histogramm* eingebettet. Es sind immer zwei Längenschätzungen in einer Zahlengruppe zusammengefasst. Die Zahlengruppe, welche die meisten Zahlen enthält (hier die Zahlengruppe von 10 bis 11), hat den höchsten Balken.

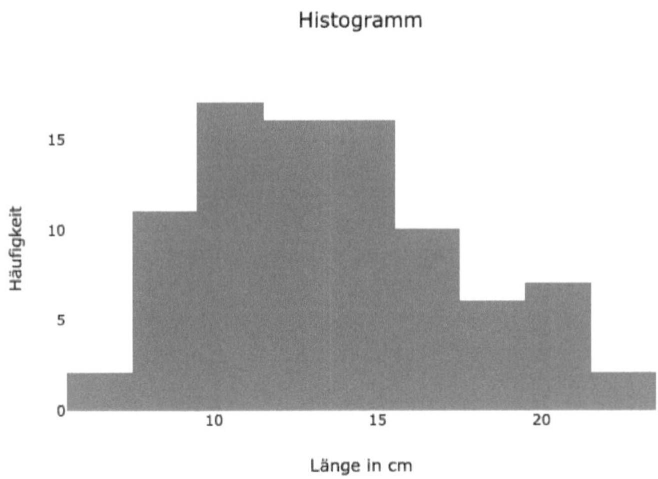

Abb. 5.2.3: Histogramm Längenschätzung

Der Mittelwert der Längenschätzung beträgt m = 13,5 cm. Der wahre Wert wurde mit einem Metermaß im Original auf 13 cm gemessen.

Nun schauen wir uns die Zahlen für die Einschätzung der Aggression an. Zunächst die Zahlenreihe für den Jungen in Abbildung 5.2.4

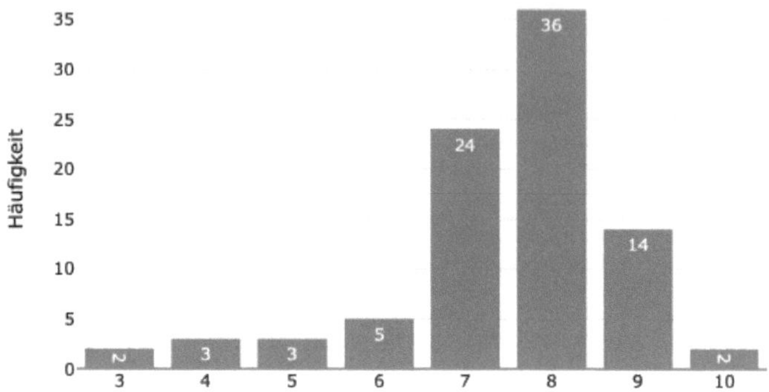

Abb. 5.2.4: Häufigkeiten der geschätzten Aggressionswerte des Jungen von 87 Personen, wobei 1 = keinerlei Aggression und 10 = maximale Aggression bedeuten. Auf der unteren Achse sind die Aggressionswerte abgetragen und auf der linksstehenden Achse deren Häufigkeiten. Beispiele: Der Aggressionswert 7 wurde von 24 Personen vergeben, der Aggressionswert 8 von 36 und der Aggressionswert 10 nur von 2 Personen

In Abbildung 5.2.5 wurde die Zahlen der Aggressionsschätzung für den Jungen wieder in ein Histogramm eingebettet.

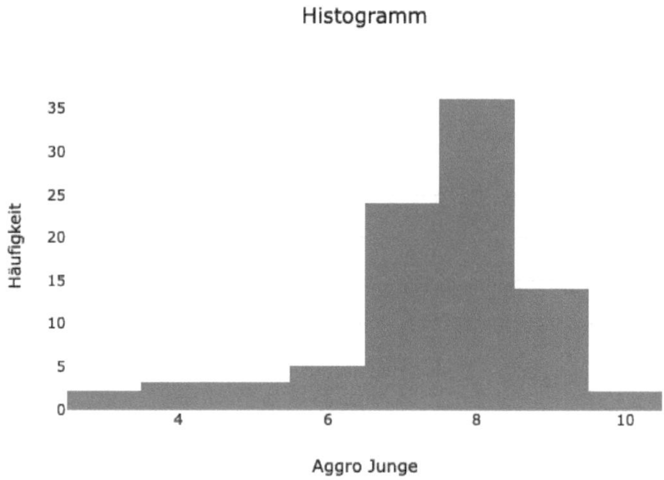

Abb. 5.2.5: Aggressionsschätzung für den Jungen in einem Histogramm abgebildet. Der Mittelwert der Einschätzung der Aggression des Jungen beträgt 7,4.

Nun sehen Sie ein Balkendiagramm (= Abb. 5.2.6) für die Einschätzung der Aggression der Heilpädagogin und danach durch Abbildung 5.2.7 wieder deren Einbettung in ein Histogramm.

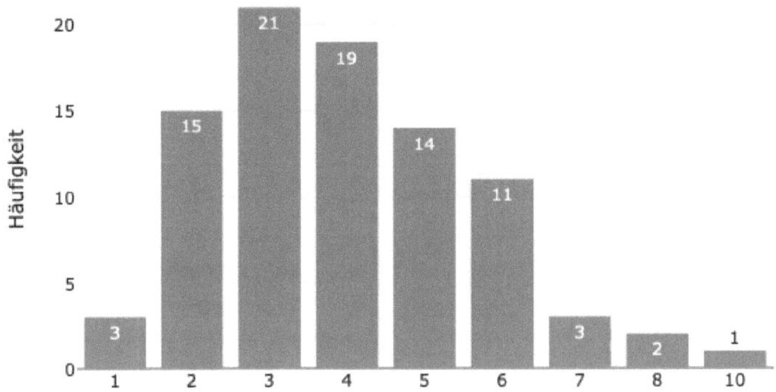

Abb. 5.2.6: Häufigkeiten der geschätzten Aggressionswerte der Heilpädagogin von 87 Personen wobei 1 = keinerlei Aggression und 10 = maximale Aggression bedeuten. Auf der unteren Achse sind die Aggressionswerte abgetragen und auf der linksstehenden Achse deren Häufigkeiten. Beispiele: Der Aggressionswert 7 wurde von drei Personen vergeben, der Aggressionswert 8 von 2 und der Aggressionswert 3 von 21 Personen usw.

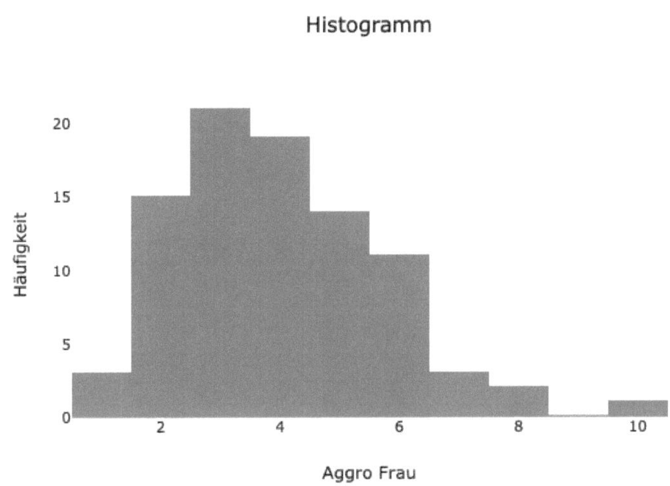

Abb. 5.2.7: Aggressionsschätzung für die Heilpädagogin in einem Histogramm dargestellt. Der Mittelwert der Einschätzung der Aggression der Heilpädagogin beträgt 3,9.

Deskriptive Statistik

Solche Darstellungen mit Diagrammen oder mit Tabellen oder anderen grafischen Visualisierungen (z. B. Kreisdiagramm) gehören zur sogenannten *deskriptiven Statistik*. Übersetzen könnte man das mit „beschreibende Darstellung von Daten". Die bekanntesten Kennwerte der Statistik (z. B. der Mittelwert) gehören auch zur deskriptiven Statistik. An obigem Beispiel sieht man, welchen Vorteil die beschreibende Statistik hat. Sie kann eine große Datenmenge auf kompakte Art und Weise darstellen. Wir begegnen auch als Alltagsmenschen solchen Diagrammen z. B. in der Zeitung oder im Fernsehen, etwa wenn die Häufigkeit der Corona-Ansteckungen über mehrere Tage hinweg im Vergleich gezeigt werden. Der Mittelwert sagt mit einer einzigen Zahl etwas über alle anderen Werte, die herangezogen wurden, um ihn zu bilden. Er leistet als sogenanntes *Lagemaß* die kompakte Zusammenfassung dieser vielen Einzelwerte. Die Denkweise, die hinter der deskriptiven Statistik steckt, ist, die Komplexität der Realität so zu reduzieren, dass wir sie überschauen können. Man muss allerdings sehr aufpassen, dass man mit dieser Komplexitätsreduktion nicht gleichzeitig verfälscht. Die Gefahr, dass durch die Reduktion etwas missverstanden werden kann oder verfälschend ausgedrückt wird, ist groß. Hierzu wird das Beispiel der Längenmessung des Strichs noch einmal herangezogen:

Die folgende Abbildung 5.2.8 zeigt die Verteilung der Schätzwerte zur Längenmessung des Strichs, doch dieses Mal mit zwei einseitigen Extremwerten von 72cm und von 75cm, die ganz rechts in dem Histogramm zu sehen sind.

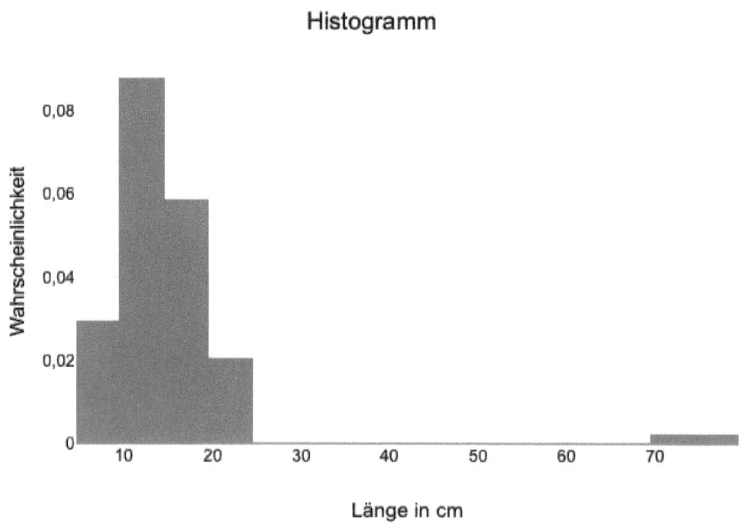

Abb. 5.2.8: Histogramm Längenschätzung mit zwei Extremwerten rechts

Für diese Verteilung errechnet sich der Mittelwert zu 14,9 cm. Die Entfernung vom wahren Wert ist jetzt mit 1,9 (= 14,9 – 13) größer als bei der Verteilung ohne Extremwerte, wo sie nur 0,5 (= 13,5 – 13) betrug. Der Mittelwert mit den Extremwerten ist daher eine schlechtere Schätzung des wahren Wertes.

Während der alte Mittelwert die Gesamtheit der Zahlen besser repräsentiert hat, da er näher am wahren Wert liegt, gelingt das dem Mittelwert unter Einbezug der einseitig-extremen Einzelwerte weniger gut. Ein Mittelwert sollte die Mehrzahl der einzelnen Schätzwerte aber gut repräsentieren. Der Mittelwert mit den einseitigen *Ausreißern* tut dies offensichtlich nicht. Wenn es solche einzelnen einseitigen Ausreißer gibt, dann sollte man sie eliminieren, sonst generiert man durch die Berechnung des Mittelwerts eine Kennzahl, welche den Datensatz nicht gut repräsentiert. Dazu muss man die Ausreißer als solche erst einmal identifizieren. Das gelingt wiederum nur, wenn man sich so ein Histogramm anschauen kann oder eine Tabelle der Rohdaten zur Verfügung hat.

Die bloße Nennung eines Mittelwertes, ohne die Verteilung der einzelnen Werte zu kennen, kann gefährlich sein und einen in die Irre leiten. Wir werden später noch Kennwerte der Verteilung kennenlernen. Zunächst aber widmen wir uns der Darstellung der Verteilung in seiner grafischen Form unter der vergleichenden Betrachtung der Histogramme. Damit ist der Vergleich der Abbildungen 5.2.3, 5.2.5 und 5.2.7 gemeint.

Die Bedeutung der Normalverteilung

Es fällt auf, dass alle drei Histogramme eine ähnliche Form haben. Diese Form ähnelt einer Glocke und heißt deswegen auch so: Es handelt sich um die *Glockenkurve*. Die Abbildungen entsprechen der Glockenkurve nicht zu 100%, denn sie sind nicht absolut symmetrisch, sondern schief. Sie entsprechen nur annäherungsweise der Glockenkurve.

Bei den Zahlen zur Einschätzung der Strichlänge ist bemerkenswert, dass der Mittelwert der Zahlen nahe an dem wahren Wert der Länge des Striches liegt. Der Strich im Original hat die Länge von 13 cm und der Mittelwert der Schätzungen mit 13,5 cm ist recht nahe an diesem wahren Wert.

Die menschliche Wahrnehmung zur Länge des Striches findet also im Mittelwert der Schätzung von vielen Personen eine erstaunliche Nähe zum wahren Wert, wobei einzelne Schätzwerte auch mehr oder weniger vom wahren Wert abweichen. Da es sowohl Abweichungen nach oben als auch nach unten gibt, *mitteln* sich diese Abweichungen vom wahren Wert aus. Man kann auch sagen sie *nivellieren* sich oder *gleichen sich gegenseitig aus*. Dadurch wird der Mittelwert zu einer Kennzahl, die den wahren Wert recht gut repräsentiert. Wie wir gesehen haben, können einzelne einseitige Ausreißer den Mittelwert zu einem schlechten Repräsentanten des wahren Wertes machen. Daher ist es sinnvoll solche Extremwerte nicht in die Berechnung einzubeziehen und sie auszusortieren.

Bei der Schätzung der Strichlänge ist der Gegenstand der Messung eine physikalische Größe, nämlich die Länge. Man kann sie in cm angeben. Bei der Schätzung der Aggression ist der Gegenstand keine physikalische, sondern eine sozial-psychologische Größe. Man kann Aggression nicht in cm angeben, auch nicht in kg oder einer anderen naturwissenschaftlichen Einheit und trotzdem entsteht dieselbe Glockenkurve wie bei der Längeneinschätzung. Diese in der Natur immer wieder zu findende Tatsache machen sich die Sozialwissenschaftler zu eigen. Die Denkweise ist, dass man die Schätzungen von solchen psychologischen Merkmalen wie z. B. *aggressiv-sein* ebenfalls durch die Glockenkurve darstellen kann und daraus Kennwerte (z. B. den Mittelwert) ableiten kann, die dem wahren Wert des Merkmals nahekommen. Man kann nun verstehen, warum manche Psychologen sich als Naturwissenschaftler begreifen. Die Naturgesetze scheinen auch bei der Wahrnehmung von menschlichem Verhalten zu funktionieren. Die Glockenkurve heißt auch Normalverteilung, daher wird das Experiment mit der Frage *Was ist normal?* überschrieben. Die Normalverteilung findet sich nicht nur in diesem Experiment, sondern entsteht oft dann, wenn eine Einschätzung oder eine Verhaltensweise von Menschen in Zahlen übersetzt wird. Ich bin immer wieder von neuem fasziniert, wie die Mathematik eine Regelhaftigkeit der Natur bzw. des natürlichen sozialen Lebens (hier die Einschätzung einer menschlichen Verhaltensweise) in Form der Normalverteilung abbilden kann.

In den folgenden Ausführungen werden Sie einige Schlussfolgerungen näher kennenlernen, die Sozialwissenschaftler aus diesem Naturgesetz ziehen und die für die Heil- und Sonderpädagogik von Bedeutung sind.

Bin ich normal?

Der Name des Experiments hieß *Was ist normal?*. Sie haben durch eigenes Erleben und durch die Ausführungen zum Zustandekommen der Normalverteilung eine Antwort auf diese Frage bzw. eine Erklärung für die Normalverteilung bekommen. Normal ist eine Verteilung von wahrnehmungsbasierten Einschätzungen, wenn sie durch eine Glockenkurve abgebildet werden kann. Deshalb heißt sie Normalverteilung. Es ist also völlig normal, wenn jemand vom wahren Wert bei einer Längenschätzung abweicht. Allerdings kann man an der Normalverteilung sehen, dass bei den Einschätzungen, die vom Mittelwert weiter entfernt sind, nur wenige dieselbe Einschätzung haben. Diese vom Mittelwert weiter entfernten Einschätzungen gehören zwar zur Normalverteilung, sind aber durch ihre Randposition weniger kennzeichnend und weniger typisch für den Mittelwert (= Durchschnitt) der Normalverteilung als die Werte, die sich mehr in der Mitte der Verteilung befinden. Auf diese Art und Weise kommen Heilpädagoginnen zur Einschätzung von „über- oder unterdurchschnittlich", wenn sie normierte Tests benutzen. Den meisten normierten Tests liegt der Gedanke der Normalverteilung zugrunde und die Abweichungen, die sehr weit weg vom Mittelwert sind, werden als unter- oder überdurchschnittlich betrachtet. Das bekannteste Maß für diese Einordnung in die Normalverteilung ist die Intelligenz, die einen Mittelwert von 100 hat und bei über 115 überdurchschnittlich und bei unter 85 unterdurchschnittlich ist. Viele andere Verhaltensweisen werden ebenfalls auf diese Weise als unter- oder überdurchschnittlich bezeichnet, auch die Lese- und Rechtschreibfähigkeit (z. B. DRT 2 von Müller, 1997) oder Verhaltensauffälligkeiten (z. B. PFK 9 – 14 von Seitz & Rausche, 2019).

Wenn ein Schätzwert für eine Fähigkeit oder Verhaltensweise ganz weit links oder rechts vom Mittelwert in der Normalverteilung zugeordnet wird, spricht man auch von „weit unterdurchschnittlich" oder von „weit überdurchschnittlich". Diese Bewertung kann einiges auslösen und in der Geschichte der Heil- und Sonderpädagogik wurde diese Form von messender Bewertung sehr kritisch als z. B. ausgrenzend diskutiert. Wie fühlt man sich, wenn man eine Eigenschaft hat, die unterdurchschnittlich ist oder eine Leistung erbringt, die weit unterdurchschnittlich ist? Das betrifft die meisten Klienten der Heil- und Sonderpädagogik und ist i. d. R. der Grund, warum sie eine heilpädagogische Förderung bekommen. In der Heil- und Sonderpädagogik wird insofern nicht die Tatsache, dass es diese Unterschiede gibt, kritisch diskutiert, sondern die Art und Weise, wie man damit umgeht. Die aktuelle Diskussion zu Separation vs. Inklusion gehört z. B. zu dieser kritischen Diskussion.

Vielleicht gehören Sie zu denjenigen, welche die Aggression des Jungen oder der Frau im Vergleich zu den anderen als überdurchschnittlich oder gar weit überdurchschnittlich eingeschätzt haben. Was bedeutet das für Ihre Fähigkeit, Aggression einzuschätzen?

Oder: Vielleicht sind Sie schon einmal in einem Leistungstest durchgefallen. Dann waren Ihre Leistungen wahrscheinlich mindestens unterdurchschnittlich. Was macht das mit einem Menschen, wenn er diese Erfahrung immer wieder machen muss? Kann es dazu führen, dass sich so ein Mensch die für seine Identität wichtige Frage stellt: Bin ich normal?

Wie dem auch sei: All die oben angeführten Fragen betreffen den bewerteten Vergleich zwischen Menschen. Zum einen ist es eine Tatsache, dass man viele Leistungen und Verhaltensweisen als normalverteilt beschreiben kann, zum anderen kann die Einordnung der eigenen Leistung, des eigenen Verhaltens unangenehm sein, wenn sie unterdurchschnittlich ist. Natürlich gibt es auch die eher angenehme Seite der Einordnung. Wenn man eine überdurchschnittliche Leistung erbringt oder eine überdurchschnittliche sozial erwünschte Fähigkeit besitzt, ist das mit großer Wahrscheinlichkeit eher angenehm.

Das muss aber nicht sein. Manchmal wünschen sich die Überflieger, auch einfach „normal“ zu sein.

Die Normalverteilung wird in den Sozialwissenschaften und daher auch in der Heil- und Sonderpädagogik für sehr viele Beschreibungen, Erklärungen, Prognosen usw. benutzt. Ein paar wenige davon sollen hier vorgestellt werden.

Enge und weite Normalverteilung

Die Normalverteilung gleicht in ihrer Form immer einer Glocke, jedoch kann die Glocke eng und spitz oder weit und breit sein.

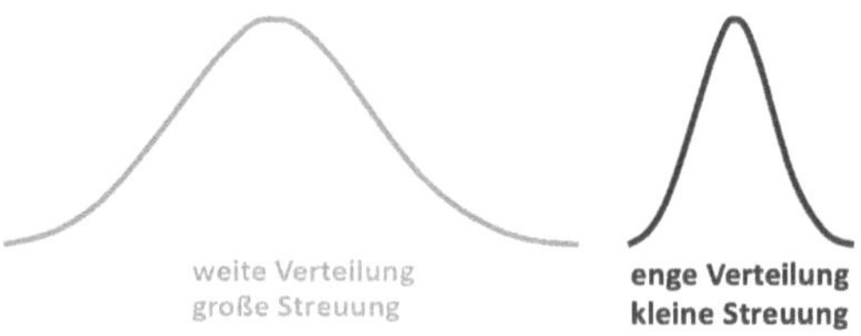

Abb. 5.2.9: Weite und enge Normalverteilung

In Abbildung 5.2.9 sehen Sie links eine weite-breite (rot) und rechts eine enge-spitze (grün) Form der Normalverteilung.

Man spricht auch von unterschiedlicher Streuung der Merkmale. Wenn die Kurve eng ist, dann streuen die einzelnen Werte wenig. Auf unser Beispiel bezogen mit der Einschätzung der Aggression würde das bedeuten: Die Einschätzer waren sich relativ einig. Die einzelnen Schätzwerte sind eher nahe am Mittelwert. Wenn die Kurve weit wäre, würde es im Gegenteil bedeuten, dass sich die Einschätzer relativ uneinig waren. Die einzelnen Werte sind weit entfernt vom Mittelwert, sie streuen stark. Man kann also die Einigkeit von Einschätzern mit der Form der Normalverteilung veranschaulichen. Genau wie der Mittelwert als Kennwert für alle Einschätzungen stehen kann, gibt es für die weite bzw. enge einer Verteilung ebenfalls Kennwerte. Sie stehen für die Streuung aller Werte. Der bekannteste Kennwert für die Streuung ist die *Standardabweichung* und wird in der Literatur oft mit dem Kürzel s benannt. Ein anderer Kennwert der Streuung (ebenfalls bekannt, aber nicht so gebräuchlich) wird *Varianz* genannt. Letzterer trägt in seinem Namen, was die Streuung ausmacht: Die einzelnen Werte sind nicht gleich, sondern sie variieren, sie unterscheiden sich. Je nachdem, ob sie sich schwach oder stark voneinander unterscheiden (= variieren, streuen), spricht man von einer kleinen Varianz (= wenig Unterscheidung bzw. geringe Streuung) oder einer großen Varianz (= große Unterschiede und große Streuung). Das rechnerische Zustandekommen der Kennwerte für die Streuung wird hier nicht erklärt, aber es ist wichtig, festzuhalten, dass dieser Wert eine Bedeutung für die Einschätzung hat: In unserem Beispiel geht es um die relative Einigkeit bzw. Uneinigkeit der Einschätzer.

Wie genau ist die Schätzung?

Für die Einschätzung der Länge kann man den wahren Wert sehr leicht feststellen. Man nimmt ein Lineal und misst nach. Man kann an der Verteilung der Schätzwerte (vgl. Abb. 5.2.2) sehen, dass viele Schätzwerte den wahren Wert nicht genau treffen. Die meisten Schätzungen sind mit einem Fehlerwert behaftet, sie sind also nicht exakt bzw. genau. Dies gilt auch für die Einschätzung von sozialen Merkmalen wie z. B. der Aggression. Diesem Umstand wird in der sogenannten *klassischen Testtheorie* Rechnung getragen. Die klassische Testtheorie hat ein Axiom[3], das diese Ungenauigkeit mit einer einfachen mathematischen Formel auf den Punkt bringt. Diese Formel enthält drei Bestimmungsstücke:

- T steht für True Score, also den wahren Wert.
- X steht für den Messwert bzw. Schätzwert.
- E steht für Error, also den Fehlerwert, der positiv oder negativ sein kann.

Die Formel lautet:

$$T = X + E$$

In Worten formuliert: Der wahre Wert setzt sich aus dem geschätzten (= beobachteten, gemessenen) Wert und einem Fehlerwert zusammen. Sie können dieses Gesetz an den Verteilungen unseres Experiments (vgl. Abbildungen 5.2.2 bis 5.2.7) leicht nachvollziehen. Schätzwerte X mit kleinem E (= Fehler) sind dem T (= wahrer Wert) näher als Schätzwerte mit großem Fehlerwert.

---

3 Ein Axiom ist eine nicht mehr weiter zu begründende Aussage einer Theorie. Also eine Art Glaubensbekenntnis. Man muss die Aussage nicht weiter begründen, sie wird als gegeben und wahr betrachtet.

Diese Aussage ist so einfach wie fundamental für die Heil- und Sonderpädagogik (und nicht nur dort), denn sie gilt für alle Wahrnehmungen einer Heilpädagogin. Wenn sie ein Kind beobachtet und dessen Verhalten als aggressiv, aufmerksam, konzentriert, schüchtern, schlau oder was auch immer einschätzt, dann ist diese Einschätzung fast immer mit einem gewissen Fehlerwert verbunden. In den seltensten Fällen ist die Wahrnehmung wirklich wahr und der Fehlerwert gleich Null.

Da der Mensch im Alltag gerne davon ausgeht, dass seine Wahrnehmungen wahr, also zu 100% richtig sind, ist es für die professionelle Heilpädagogin gar nicht so einfach, sich der Fehlerhaftigkeit der Wahrnehmung im Beruf immer wieder ins Gedächtnis zu rufen. Das wissenschaftliche Denken bringt es mit der Formel $T = X + E$ auf den Punkt. Ich schreibe mir daher diese Formel regelmäßig im Zuge von Vorlesungen zur Diagnostik buchstäblich hinters Ohr, sozusagen als Erinnerungshilfe und als symbolischer Akt, um den Unterschied zwischen Alltagswahrnehmung und professioneller, auf Wissenschaftlichkeit beruhender Wahrnehmung zu kennzeichnen. Die Normalverteilung hilft also, die Fehlerwahrscheinlichkeit darzustellen. Dieses Konzept wird im Folgenden vertieft.

Irrtumswahrscheinlichkeit

Der sozialwissenschaftlich denkenden Berufspraktikerin ist also klar, dass sie meist einen Fehler macht, wenn sie ein Urteil fällt oder eine Bewertung abgibt. Der Ehrgeiz der Sozialwissenschaftler ist es, Aussagen zu treffen bzw. Urteile zu fällen oder Bewertungen abzugeben, die mit einem möglichst kleinen Fehlerwert behaftet sind. Heilpädagoginnen haben wahrscheinlich denselben Ehrgeiz. Beide wissen, dass es keine oder fast nie 100%-richtige Aussagen geben kann. Wissenschaftler bringen sehr viel Energie auf, um die Fehlerwahrscheinlichkeit anzugeben, mit der sie zu Aussagen kommen. Das Minimieren von Fehlern ist natürlich auch das Anliegen von Heilpädagoginnen in der Praxis. Sie wollen keinen Fehler machen, wenn es darum geht, die angemessene Intervention auszuwählen oder wenn es darum geht, eine Empfehlung für einen bestimmten Förderort (Sonderschule oder Regelschule?) abzugeben. Sie ahnen es wahrscheinlich schon: Sozialwissenschaftler nehmen die Normalverteilung zu Hilfe, um die Fehlerwahrscheinlichkeit zu berechnen. Im Jargon der Wissenschaftler wird von *Irrtumswahrscheinlichkeit* gesprochen. Es ist die Wahrscheinlichkeit, mit der eine hypothetische Aussage falsch sein kann.

Sozialwissenschaftler sprechen gerne von *hypothetischen Aussagen* bzw. von *Hypothesen*. Sie tun das nicht zuletzt wegen der Gewissheit, dass ihre Aussagen nicht absolut wahr sind. Dieser Sprachgebrauch kennzeichnet die Relativität der wissenschaftlichen Aussage, die immer nur „mit einer gewissen Wahrscheinlichkeit wahr“ oder „vorläufig gültig“ sein kann. Sie ist Ausdruck von der Gewissheit, nie die absolute Gewissheit erlangen zu können. Klingt fast paradox, ist aber für das sozialwissenschaftliche Denken zentral. Diese Art zu Denken hat eine lange Tradition in der Wissenschaft und wurde schon in der Antike von dem berühmten Philosophen Sokrates in verschärfter Weise formuliert, als er sagte: „Ich weiß, dass ich nicht(s) weiß“. Für die Gegenwart (bzw. nahe Vergangenheit) sei an dieser Stelle der berühmt gewordenen Buchtitel von Karl Heinz von Förster und Bernhard Pörksen (2016) zitiert: Wahrheit ist die Erfindung eines Lügners.

Wenn Sozialwissenschaftler rechnen, dann ist die Berechnung der Irrtumswahrscheinlichkeit sehr häufig im Spiel. Man findet dafür in wissenschaftlichen Veröffentlichungen immer dasselbe Kürzel, nämlich das kleine p. Dieses Kürzel p steht für *probability*, dem englischen Wort für *Wahrscheinlichkeit*. Die Irrtumswahrscheinlichkeit wird in Prozent angegeben, so dass man sagen kann: Ich habe mich mit einer Wahrscheinlichkeit von 30% 20%, 10%, 5%, 1% oder weniger als 1% Prozent geirrt. Da die Wissenschaftler gerne Aussagen machen, die mit einer geringen Irrtumswahrscheinlichkeit behaftet sind, haben sie sich darauf geeinigt, dass man erst dann von einer annähernd wahren Aussage sprechen sollte, wenn deren Irrtumswahrscheinlichkeit kleiner als 5% ist. Sie sprechen dann von *Signifikanz*. Ein signifikantes Ergebnis einer wissenschaftlichen Untersuchung bedeutet also, dass die Irrtumswahrscheinlichkeit der geprüften Hypothese kleiner als 5% ist. Je nach Sachverhalt sind die Wissenschaftler auch noch strenger und akzeptieren erst dann eine hypothetische Aussage als signifikant, wenn die Irrtumswahrscheinlichkeit kleiner als 1% ist. Manchmal sprechen Wissenschaftler auch von *signifikant* (bei einer Irrtumswahrscheinlichkeit von weniger als 5%) und von *hochsignifikant* (bei einer Irrtumswahrscheinlichkeit von weniger als 1%).

In den einschlägigen Lehrbüchern mit dem Thema Statistik oder Forschungsmethoden für Sozialwissenschaftler geht es u. a. um die Art und Weise, dieses p zu berechnen. Damit sind wir nun bei der angekündigten Rolle der Normalverteilung für die Berechnung der Signifikanz angelangt. An dieser Stelle wird eine Veranschaulichung benutzt, die ohne die Berechnung auskommt, aber helfen soll, sich eine Vorstellung von den rechnerischen Grundlagen der Irrtumswahrscheinlichkeit zu machen. Man muss allerdings betonen, dass diese Veranschaulichung eine Vereinfachung der tatsächlichen Denkweise darstellt. Alle Statistiker, die diese Ausführungen lesen, werden daher um große Nachsicht gebeten. Grundlage der Veranschaulichung ist ein Beispiel aus der heilpädagogischen Praxis.

Beispiel für die Berechnung der Signifikanz. Welches Computerprogramm ist besser?

Eine Heilpädagogin ist in zwei Schulen angestellt. Beide Schulen haben zeitgleich im Frühjahr eine Software angeschafft, welche bei Lese-Rechtschreib-Problemen eine Unterstützung sein soll. Es handelt sich um zwei verschiedene Computerprogramme. Die Heilpädagogin hat sich vor dem Einsatz der Programme in beide eingearbeitet und vermutet, dass die Software A besser ist als die Software B. Wenn ihre Vermutung stimmt, dann müssten die Schüler aus Schule A bessere Lernfortschritte erreichen als die Schüler der Schule B[4]. Der Einsatz der Computerprogramme ist für nach den Sommerferien geplant. Sie hat also noch Zeit, sich zu überlegen, wie sie ihre Hypothese prüfen kann, und sie entschließt sich, dies mit wissenschaftlichen Mitteln zu tun. Da ihre Ausbildung in empirischer Forschungsmethodik schon lange zurückliegt und sie keine Erfahrung mit solchen Untersuchungen hat, bittet sie eine Kollegin um Unterstützung, die an der Universität forscht. Zu deren alltäglichen beruflichen Handeln gehört die Prüfung solcher Hypothesen.

Die Kollegin untersucht zunächst einmal die Vergleichbarkeit des Leistungstandes der Schüler zwischen den beiden Schulen im Bereich des Leserechtschreibens. Sie setzt dazu vor den Sommerferien einen normierten Test ein und stellt fest, dass der Leistungsstand an beiden Schulen tatsächlich vergleichbar ist. Sie bildet die Mittelwerte mA1 und mB1 aller Ergebnisse im Leserechtschreibtest pro Schule, wobei mA1 der Mittelwert der Schule A und mB1 der Mittelwert der Schule B ist. Beide sind quasi identisch und auch die Streuungen sA1 und sB1 aller Ergebnisse, die sie mit der Standardabweichung s berechnet, ist ebenso quasi-identisch.

Wenn man die Verteilung der Ergebnisse durch eine Normalverteilung darstellt, sind die Normalverteilungskurven annähernd identisch und überschneiden sich so, dass sie fast deckungsgleich sind. Mathematisch formuliert kann man also sagen $mA1 = mB1$ und $sA1 = sB1$, wobei m das Kürzel für den Mittelwert ist, A (B) das Kürzel für die Schülergruppe aus Schule A (B), s das Kürzel für die Standardabweichung. Die Zahl 1 steht für den Zeitpunkt 1 vor dem Einsatz des Computerprogramms. Das ist die Ausgangslage der Hypothesenprüfung. Diese Darstellung ist durch Abbildung 5.2.10 nachvollziehbar.

---

4 Alle anderen möglichen Ursachen für Lernfortschritte werden an dieser Stelle nicht betrachtet. Wie man dieser multikausalen Betrachtungsweise Rechnung trägt, wird erst in Kapitel 6 erörtert, wenn die Denkweise des sozialwissenschaftlichen Experiments dargestellt wird.

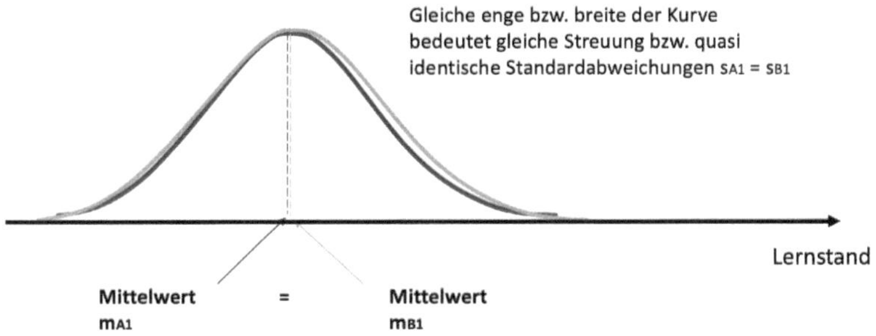

Abb. 5.2.10: Zwei quasi deckungsgleiche Normalverteilungen als Ausdruck von quasi identischem Leistungsstand der zwei Schülergruppen mit mA1 = mB1

Nach den Sommerferien benutzen alle Schüler der beiden Schulen wie geplant die Computerprogramme. Die Heilpädagogin kontrolliert die Zeit, welche alle Schüler mit dem Computerprogramm arbeiten, und achtet darauf, dass keine Unterschiede zwischen den Schulen entstehen. Alle Schüler verbringen im Schnitt zwei Lektionen in der Woche mit dem jeweiligen Programm bis zu den Weihnachtsferien. Kurz vor den Weihnachtsferien wird der normierte und standardisierte Leserechtschreibtest noch einmal bei allen Schülern durchgeführt. Wenn beide Schülergruppen durch die jeweilige Software was gelernt haben, müssten beide Mittelwerte nach deren Einsatz höher sein als zuvor. Wenn die Hypothese der Heilpädagogin zur Qualität der Computerprogramme stimmt, müssten sich die Mittelwerte der beiden Verteilungen allerdings unterscheiden. Die Schüler der Schule A müssten einen höheren Mittelwert haben als die Schüler der Schule B. Mathematisch formuliert könnte man sagen: mA2 > mB2. Die Standardabweichungen sA2 und sB2 beider Schulen sind von der Hypothese nicht betroffen, sie sollten weiterhin annähernd gleich groß sein, also sA2 = sB2.

Zur Veranschaulichung dieses Zustands taugen die beiden Abbildungen 5.2.11 und 5.2.12.

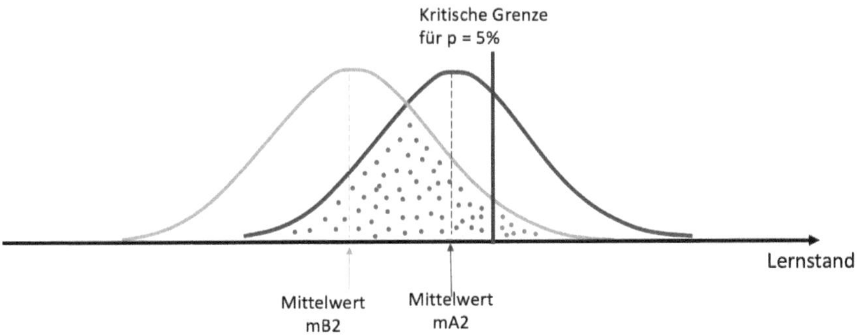

Abb. 5.2.11: Die beiden Normalverteilungen haben sich voneinander entfernt, weil mA2 > mB2, sind aber noch relativ nahe beieinander (noch nicht signifikant)

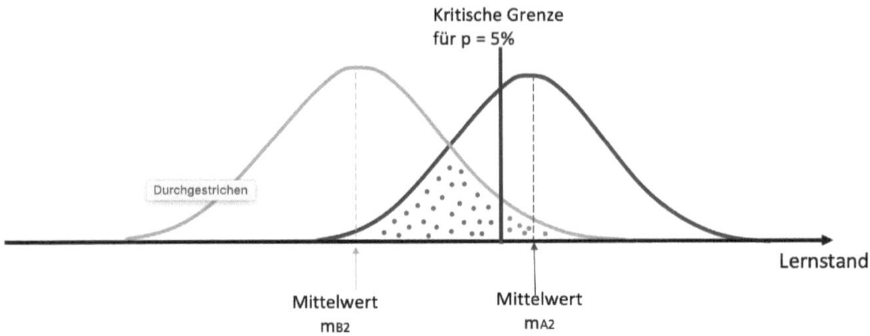

Abb. 5.2.12: Die beiden Normalverteilungen haben sich voneinander entfernt, weil mA2 > mB2, und sind jetzt relativ weit auseinander (= nun signifikant)

Die Breite der Verteilungen sind in den Abbildungen 5.2.11 und 5.2.12 gleichgeblieben. Es gilt also tatsächlich sA2 = sB2. Die beiden Normalverteilungen sind aber nun nicht mehr deckungsgleich. Die eine Verteilung ist mehr nach rechts gewandert als die andere, weil mA2 > mB2.

Die Frage nach der Signifikanz bzw. nach der Irrtumswahrscheinlichkeit kann in diesem Fall so formuliert werden: Wie weit müssen die Verteilungen voneinander entfernt sein, damit man mit einer Irrtumswahrscheinlichkeit von weniger als 5% von einem Unterschied des Lernzuwachses durch die unterschiedlichen Computerprogramme sprechen kann, der nicht nur durch Zufall entstanden, sondern mit hoher Wahrscheinlichkeit tatsächlich durch den Einsatz der Software zu erklären ist?

Wie berechnet man nun diese Prozentzahl der Irrtumswahrscheinlichkeit? Folgender Gedankengang ist dabei zentral: Die Fläche unterhalb jeder Normalverteilungskurven wird als 100% betrachtet. Es gibt nun eine Fläche, welche die beiden Normalverteilungskurven gemeinsam haben. Sie ist in den Abbildungen 5.2.11 und 5.2.12 durch Punkte gekennzeichnet. Betrachtet man Abbildung 5.2.11 im Vergleich mit der Abbildung 5.2.12, sieht man, dass die gemeinsame Fläche immer kleiner wird, je weiter die beiden Verteilungen auseinanderrücken.

Die entscheidende Fläche, welche man betrachtet, um eine Aussage zur Irrtumswahrscheinlichkeit zu bekommen, ist die hell gepunktete Fläche rechts neben dem dicken Strich, der von der Normalverteilung genau 5% am rechten Rand abschneidet. Sobald der Mittelwert der rechten Normalverteilung den dicken Strich überschreitet (wie in Abb. 5.2.12 dargestellt), spricht man von einem signifikanten Unterschied zwischen den Schülergruppen A und B im Mittelwertsvergleich. Der dicke Strich markiert daher die sogenannte „kritische Grenze" hin zu einer akzeptablen Irrtumswahrscheinlichkeit. Man darf dann mit einer Irrtumswahrscheinlichkeit von weniger als 5% sagen, dass sich die beiden Schülergruppen im Lernzuwachs durch die unterschiedlichen Computerprogramme unterscheiden. Wenn diese Fläche größer als 5% der Gesamtfläche von der Normalverteilung der Schülergruppe A einnimmt (so wie das in Abb. 5.2.11 dargestellt ist) würde man die Hypothese nach dem unterschiedlichen Lernzuwachs vorsichtshalber zurückweisen, weil die Irrtumswahrscheinlichkeit für diese Aussage zu groß wäre, nämlich mehr als 5%.

Wie oben schon formuliert ist diese Darstellung der Irrtumswahrscheinlichkeit verkürzt und vereinfachend, aber sie trifft doch den Kern des Signifikanzkonzepts und man kann weitere Wesensmerkmale dieser Denkweise erkennen, so zum Beispiel gewisse Voraussetzungen zur Berechnung von der Irrtumswahrscheinlichkeit.

Voraussetzung für die Berechnung einer Signifikanz ist das Vorhandensein von mehreren Messwerten. Für dieses Beispiel gilt: Wenn man nur zwei Schüler vergleichen würde, und nicht zwei Gruppen von Schülern, könnte man diese Prozentrechnung so nicht vornehmen. Die Schlussfolgerung für die Praxis der Heil- und Sonderpädagogik ist dementsprechend zu relativieren. Was für die Gruppen gilt, muss nicht für eine Einzelperson gelten. Unter Umständen profitiert ein einzelner Schüler doch mehr von der Software B als von der Software A. Die Wahrscheinlichkeit dafür ist allerdings viel geringer, als dass ein Schüler von Software A mehr profitiert als von Software B.

Eine andere Voraussetzung ist die sogenannte *Varianzhomogenität.* Wenn die Streuungen nicht gleich oder zumindest ähnlich, sondern unähnlich (= heterogen) sind, dann funktioniert die Berechnung nicht so einfach.

In Abbildung 5.2.13 wurde die Streuung der einen Normalverteilungskurve zur Veranschaulichung dieses Phänomens ganz eng gemacht, ansonsten entspricht sie der Abbildung 5.2.11, wo die Mittelwerte zwar verschieden, aber nicht signifikant unterschiedlich sind. Man sieht gleich, was zuvor nicht signifikant war (wie in Abbildung 5.2.11) wird nun signifikant (wie in Abbildung 5.2.13 dargestellt).

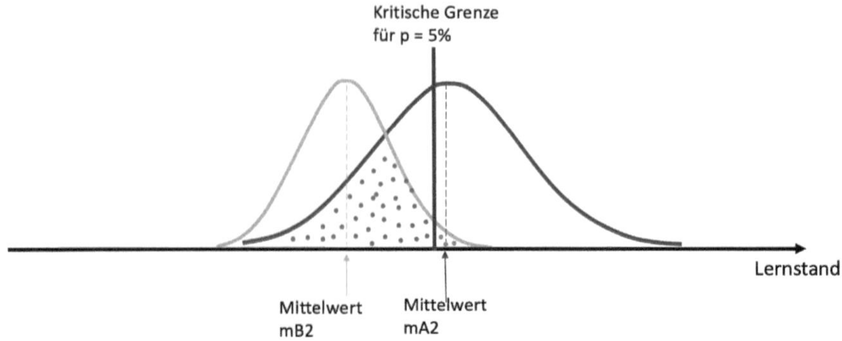

Abb. 5.2.13: Die beiden Normalverteilungen haben ungleiche Streuungen (= heterogene Varianzen, Standardabweichungen). Die Signifikanz hängt von der Streuung der Messwerte ab

Die Berechnung der Irrtumswahrscheinlichkeit hängt hier also nicht nur von den Mittelwertdifferenzen ab, sondern auch von der Streuung. Eine weitere Abhängigkeit der Signifikanz kann man durch die Abbildungen 5.2.11 bis 5.2.13 nicht veranschaulichen. Es ist die Abhängigkeit der Signifikanz von der Anzahl der Messwerte. Wenn man die mathematische Formel anschaut (was wir hier nicht machen), würde man sehen, dass die Berechnung auch von der Anzahl der Schüler abhängig ist. Diese zuletzt genannte Abhängigkeit der Signifikanz (die hier leider nicht veranschaulicht wird) ist ein großer Kritikpunkt am Signifikanzkonzept. Die Abhängigkeit stellt sich so dar: Je mehr Messwerte (hier die Anzahl der Schüler) in die Berechnung einfließen, desto eher wird ein Mittelwertunterschied signifikant. Man kann also die allerkleinsten Unterschiede im Mittelwertvergleich signifikant machen, indem man die Anzahl der Messwerte erhöht. Statistiker haben sich natürlich eine Lösung für dieses Problem ausgedacht, genauso wie für die fehlende Varianzhomogenität, was aber für dieses Buch viel zu weit führt. Wichtig war die grundlegende Denkweise nachvollziehen zu können: Es soll nicht beliebig sein, ab wann eine Aussage als irrtümlich bezeichnet wird. Die Sozialwissenschaftler bedienen sich der Statistik, um die Wahrscheinlichkeit für den Irrtum angeben zu können.

Wie wahr ist der wahre Wert?

Wie oben schon gesagt: Für die Einschätzung der Länge kann man den wahren Wert sehr leicht feststellen. Man nimmt ein Lineal und misst nach. Nehmen wir an, wir haben kein Lineal und es gibt auch kein Messgerät, mit dem man die Länge bestimmen könnte, so wie es bei einem sozial-psychologischen Merkmal wie Aggression der Fall ist. Dann bleibt einem nichts anderes übrig, als den wahren Wert zu schätzen. Das erscheint wie die Quadratur des Kreises. Wie man oben gesehen hat, sind die Schätzungen ungenau und mit einem Fehler behaftet, es gilt T = X + E. Jedoch gibt es mit dem Mittelwert einen Wert, der dem wahren Wert ziemlich nahekommt. Man hat also einen Wert, der zwar nicht hundertprozentig genau ist aber doch ziemlich genau. In Ermangelung eines 100% objektiven und genauen Verfahrens wie es die Naturwissenschaft kennt (= Lineal) bedient sich die Sozialwissenschaft quasi einem Ersatz-Verfahren, um dem wahren Wert möglichst nahe zu kommen und benötigt dabei Schätzungen (= empirische Daten) und deren Verrechnung mit statistisch-mathematischen Mitteln.

Leider ist das Ersatz-Verfahren aber nur ein Teil der Annäherung an die Wahrheit. Die Schätzwerte sind nämlich von Dingen abhängig, die man so in der Naturwissenschaft nicht kennt. Die Länge eines Strichs in cm ist überall auf der Welt dieselbe. Selbst wenn man eine andere Einheit benutzt, wie Meilen statt Meter ist es kein Problem, die Messungen ineinander zu überführen. Basis dieser einheitlichen Messung sind die Konventionen der Messskalen. Irgendwann und irgendwo hat man sich darauf geeinigt, was ein Meter oder eine Meile ist. Bei der Zeitmessung hat man eine naturgegebene Einheit übernommen. Die Stunde ergibt sich letztendlich aus dem Gesetz, wie lange die Erde braucht, um sich um sich selbst zu drehen. Wie kann man aber zu einer Einheit für Aggression, Lese- oder Schreibfähigkeit etc. kommen? Diese Phänomene sind offensichtlich nicht so naturgegeben wie die Länge oder die Zeit, sondern es sind von Menschen erfundene Kulturtechniken (wie das Schreiben und Lesen) oder sehr stark an die jeweilige Kultur gebundene Konstrukte. Mit dem Begriff „Konstrukt“ meint die Sozialwissenschaft, dass diese Begriffe und das was dahinter steckt von Menschen sprachlich gebaute (= konstruierte) Dinge sind, die zunächst mal in der menschlichen Vorstellung existieren (vgl. Kapitel 3 zur Theorie). Gerade am Beispiel der Aggression kann man das sehr gut veranschaulichen. Das Konstrukt *Aggression* bedeutet in unterschiedlichen menschlichen Kulturen auch sehr unterschiedliches. Im östlichen Kulturkreis wird das Sozialverhalten als sehr wichtig erachtet und vieles von dem was in westlichen Kulturen als *Individuation* oder *Selbstbestimmung* deklariert wird, würde dort eventuell als aggressiv gelten. Noch kulturspezifischer wird es, wenn man sich den Begriff „Verhaltensauffälligkeit“ als Konstrukt ansieht. Die auf Verhaltensauffälligkeit spezialisierte Fachrichtung der Heil- und Sonderpädagogik definiert daher die Verhaltensauffälligkeit als ein Phänomen, das immer im Verhältnis zu einer bestimmten individual- oder sozialen Bezugsnorm betrachtet wird. Anders formuliert: Was für den einen verhaltensauffällig ist, ist für den anderen völlig normal. An dieser Stelle sei eine kleine Erinnerung zur Normalverteilung erlaubt. Sie ist als statistisches Mittel also nicht unabhängig davon, wer die Einschätzung vornimmt, aus welcher kulturellen Perspektive z. B. Aggression betrachtet wird oder wie wichtig den Einschätzern dieses Konstrukt ist bzw. mit welcher Intensität sie sich mit dem Konstrukt auseinandergesetzt haben.

Fachleute für Aggressivität sollten daher eine engere Verteilung bei ihrer Einschätzung der Aggressivität produzieren als Laien, die sich nicht so intensiv mit diesem Konstrukt auseinandergesetzt haben. Die Fachleute sollten auch mit ihrem Mittelwert näher an dem wahren Wert sein als Laien, denn sie sollten in ihrer inhaltlichen Auseinandersetzung eine für das Phänomen (bzw. für das Konstrukt) einheitliche Sprache geschaffen (= konstruiert) haben. Der „wahre" Wert und sein Wahrheitsgehalt sind immer mit der Einschränkung der Kulturabhängigkeit versehen, denn Fachleute kommen natürlich ebenfalls aus verschiedenen Kulturen. Die Normalverteilung und die gesamte Statistik selbst ist lediglich ein Hilfsmittel beim Finden eines sogenannten wahren Wertes. Der kulturelle Hintergrund bei der Entstehung eines Konstrukts (wie z. B. der Aggression oder der Leserechtschreibstörung) ist als inhaltliche Grundlage zentral. Kulturelle Unterschiede gibt es in der Praxis der Heilpädagogik wie oben angedeutet zwischen Fachleuten aber u. U. auch von Schulhaus zu Schulhaus oder von Ausbildung zu Ausbildung. Eventuell würden Heilpädagoginnen mit der Ausbildung am Ort A zu einer anderen Einschätzung hinsichtlich der Aggressivität kommen als Heilpädagoginnen mit der Ausbildung am Ort B. Kann sein, dass die wissenschaftlich angestrebte Einheitlichkeit der Begriffskonstruktion aus irgendwelchen Gründen nicht so gut funktioniert hat.

Zur Wissenschaftlichkeit gehört daher das Bemühen, mit systematischen Mitteln (z. B. der Statistik) ein einheitliches Verständnis von sozialen Konstrukten wie dem Begriff „Aggression" oder „Verhaltensauffälligkeit" zu bekommen. Sämtliche Zahlen, die im Zuge einer sozialwissenschaftlichen Forschung oder im Zuge einer auf sozialwissenschaftlich-quantitativen Gesetzen basierten Methode (z. B. einem normierten Test) berechnet werden, sind also der bescheidene Versuch, Ordnung in die Konstrukte selbst zu bringen. Dabei geht es um die Verhaltensweisen selbst (z. B.: Welche Verhaltensweisen gehören eigentlich zu aggressivem Verhalten?) oder darum, deren Ausprägung bzw. Intensität einigermaßen objektiv und möglichst genau zu fassen (z. B.: Wie unterdurchschnittlich ist die Leseleistung?). Die Normalverteilung ist dabei ein mächtiges Hilfsmittel; nicht mehr, aber auch nicht weniger. Sie hilft den Wissenschaftlern bei der Konstruktion von dem, was man unter einem Phänomen wie z. B. Aggression eigentlich versteht.

Bevor wir die Korrelation als zentrale Berechnungsweise des quantitativen Paradigmas näher betrachten, wird die dahinterstehende Denkweise am Beispiel der kindlichen Sprachentwicklung erläutert. Diese Denkweise ist für die Sozialwissenschaft so fundamental wie für das alltägliche Denken: Es ist das *Denken in Zusammenhängen und Unterschieden.*

Schlussfolgerndes Denken in Zusammenhängen und Unterschieden. Eine fundamentale Erkenntnisstrategie am Beispiel der kindlichen Sprachentwicklung

Unser Geist hat eine Fähigkeit perfektioniert, die man schon in der frühen Entwicklung eines Menschen beobachten kann. Die Fähigkeit, Zusammenhänge und Unterschiede zu entdecken, sei daher an einer zutiefst menschlichen Kompetenzentwicklung beispielhaft erläutert, dem Spracherwerb. Wie das Kind zu einem Wort (Begriff) kommt, ähnelt der Struktur, mit der ein Wissenschaftler zu einem Begriff kommt bzw. diesen Begriff bildet. Man spricht daher auch von Begriffsbildung. Diese Wortkombination aus *Begriff* und *Bildung* wird uns später noch im Zusammenhang mit dem Begriff *Wissenschaft* beschäftigen. Zunächst sei aber die kindliche Sprachentwicklung beleuchtet.

Wenn ein Kleinkind die Sprache in seiner Umgebung wahrnimmt, hört es zunächst nicht wie die Erwachsenen oder älteren Kinder einzelne Laute, die Wörter bilden und diese wiederum ganze Sätze, sondern es hört einen Geräusch- und Klangstrom, bei dem alles ineinander verwoben zu sein scheint. Haben Sie schon mal eine Fremdsprache gehört, die Sie zuvor noch nie gehört hatten und für Sie völlig neu war? So ähnlich muss es sich für die Kleinkinder anhören.

Erwachsene wissen, dass eine Fremdsprache, selbst wenn sie völlig unverständlich ist, die Funktion hat, sich auszutauschen, dem anderen etwas mitzuteilen, ihn zu etwas zu bewegen oder sich selbst mit der Sprache darzustellen. Babys müssen das erst lernen. Sie schaffen das i. d. R. sehr schnell, indem sie die Zusammenhänge in der Situation des Gebrauchs von Geräusch- und Klangstrom erleben: Wenn die enge Bezugsperson diesen an das Baby richtet, dann verstehen die Babys, dass der Geräusch- und Klangstrom was mit ihnen selbst zu tun hat. Wenn sie selbst einen Geräusch- und Klangstrom produzieren (man nennt das die „Lallphase"), dann erfahren sie, dass ihr Gegenüber reagiert, sie also eine Wirkung damit erzielen können. Diese Wenn-dann-Zusammenhänge werden auch als die „Wiege der Kommunikation" bezeichnet, denn darin finden sich die Basisgesetze des kommunikativen Austausches: Das Aufnehmen (Rezeption) und Geben (Produktion) von Informationen.

Durch vielerlei und immer wiederkehrende Wenn-dann-Zusammenhänge (in der Psychologie spricht man auch von *„Kontingenzen"*) lernen die Kleinkinder, wie lustvoll die Kommunikation sein kann, dass sie sich damit ausdrücken können (z. B. Ärger oder Freude), dass man damit etwas erreichen und seine Bedürfnisse befriedigen kann (wenn man z. B. schreit, kriegt man was zu Essen oder wird getröstet) usw.

Der Schritt zum Lernen, dass dieser Geräusche-Klangstrom auch eine gewisse Ordnung und Systematik hat, passiert von Anfang an. Der Zusammenhang zwischen einer gewissen Rhythmik und Tonlage und angenehmen (z. B. Freude) oder auch unangenehmen Gefühlen (z. B. Angst) gehört von Anfang an dazu. Die Babys entdecken aber auch die Struktur der Laute ihrer Muttersprache, indem sie die Zusammenhänge ihres Auftretens analysieren. Sie merken z. B., dass ganz bestimmte Geräusch-Klang-Kombinationen häufiger vorkommen als andere (im deutschen z. B. häufiger /kr/ und weniger häufig /sr/), und identifizieren so die für die Muttersprache typischen Geräusch-Klang-Kombinationen als die Laute ihrer Muttersprache. Die Häufigkeitsanalyse von Zusammenhängen ist eine für die Statistik typische Vorgehensweise. Babys verfügen offensichtlich über eine Art angeborene Statistiksoftware für Sprache, die äußerst präzise und effektiv funktioniert. Schon kleine Babys im Alter von wenigen Monaten können dadurch auch Unterschiede zu anderen Lautsprachen, die nicht zu ihrer Muttersprache gehören, erkennen. Das Lernen von Zusammenhängen geht also fließend über in das Lernen von Unterschieden. Das eine bedingt das andere.

Wenn Kinder die Erkenntnisse über die Lautstruktur ihrer Muttersprache erworben haben, bemerken sie, dass gewisse Laute häufiger miteinander kombiniert werden als andere. In anderen Worten: Einige Laute stehen in einem häufigeren Zusammenhang als andere und sie erleben, dass ganz bestimmte Lautkombinationen immer im Zusammenhang mit einer bestimmten Sache oder im Zusammenhang mit einer bestimmten Person gebraucht werden.

In diesem Zusammenhang steckt die kleinkindliche Erkenntnis, dass eine bestimmte Lautkombination ein Ding oder eine Person bezeichnet bzw. benennt. Das Ding oder die Person hat also einen Namen und somit wird für die Babys in diesem Zusammenhang klar, dass diese Lautkombination das sein muss, was wir Erwachsenen ein Wort nennen und ein Zeichen ist, mit einer ganz bestimmten Bedeutung.

Sehr spannend ist, wie die Kleinkinder in Form von Zusammenhangs- und Unterschiedsanalysen die Wortgrenzen aus dem Lautstrom herausfinden. Da dieses Buch aber nicht die Sprachentwicklung als Thema hat, sondern den fundamentalen Stellenwert des Begreifens von Zusammenhängen und Unterschieden für den Erkenntnisgewinn erklären will, springen wir an die Stelle, wo Kinder die Wörter und Begriffe in ihrer Bedeutung differenzieren. Das ist der Teil der Sprachentwicklung, bei dem der oben angedeutete Zusammenhang zur Erkenntnistätigkeit der Wissenschaft sehr eng ist.

Die ersten Worte, die ein Kind selbst gebraucht, sind sehr eng mit seiner persönlichen Erfahrung (= Empirie) verbunden. Meist werden Personen benannt, welche die Babys oft sehen und die sich um sie kümmern (= Mama). Manchmal werden auch Gegenstände, die sie oft sehen und die sich bewegen oder aus einem anderen Grund auffällig und wichtig für das Kleinkind sind, mit den ersten Worten bedacht. Auch hierbei spielt die Häufigkeit des Zusammenhangs eine Rolle (Wie oft begegnen sie dem Gegenstand?). Nicht selten sind es Tiere, die benannt werden. Da kleine Kinder genial effizient ihre Ressourcen einschätzen können (was Wissenschaftler auch können sollten) und hochgradig kreativ sind (was Wissenschaftlern auch zugeschrieben wird) erfinden Babys ein Wort, welches sie artikulieren können und in irgendeiner Art und Weise mit einem Merkmal des Tieres im Zusammenhang steht, z. B. *Piep Piep* für einen Vogel. Das P ist ein relativ einfacher Konsonant und das lang gezogene /iiiiii/ als Vokal sowieso. Das Merkmal im Zusammenhang mit dem Vogel ist das Geräusch, welches der Vogel produziert – fertig ist das erste Wort. Kann auch sein, dass die enge Bezugsperson *Piep Piep* gesagt hat und auf den Vogel gezeigt hat. Dann hat das Baby die Zeigegeste der Bezugsperson im Zusammenhang mit dem Tier und der *Piep-Piep-Äußerung* der Bezugsperson gesetzt und so das Wort gelernt. Wie das Wortlernen zur Bezeichnung einer einzelnen Person, eines einzelnen Tieres oder eines einzelnen Gegenstandes vonstattengeht, ist manchmal nachvollziehbar (dann wissen es meist die Eltern), manchmal aber auch nicht. Egal wie das Wort entstanden ist, es basiert auf einer Zusammenhangsanalyse.

Wenn man die weitere Begriffsentwicklung bei Kleinkindern anschaut, dann basiert auch die Differenzierung des Wortschatzes auf der Analyse von Zusammenhängen und Unterschieden. Schauen Sie sich die Abbildung 5.2.14 an. Mit dieser Abbildung wird die Differenzierung des Wortschatzes für Vögel bei einem Kleinkind skizziert. Sie kennen diese Abbildung aus Kapitel 1.2. Dort wurde die Abbildung neben anderen Abbildungen als ein Beispiel für eine hierarchische Ordnung in der Wissenschaft benutzt.

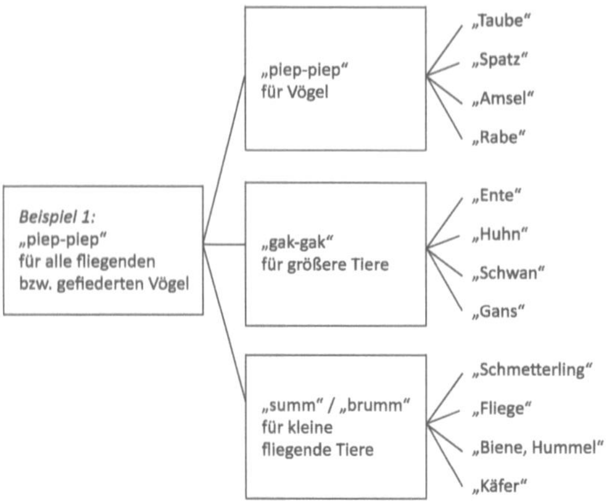

Abb. 5.2.14: Differenzierung des Wortschatzes bei Kleinkindern am Beispiel für alle fliegenden Tiere (aus Brügge & Mohs, 2012, S. 37)

Das *Piep Piep* war bei diesem Kleinkind zunächst das Wort für alles, was fliegt und Federn hat, bevor es nur noch für Vögel benutzt wurde. Das lernende Kind hat bemerkt, dass es einen Unterschied zwischen den gefiederten und fliegenden Tieren in der Größe gibt, und diesen Unterschied mit zwei neuen Wörtern bedacht, nämlich *gak-gak* für die größeren gefiedert-fliegenden Tiere und *summ* oder *brumm* für die kleineren fliegenden Tiere. Die Wörter stehen wieder in engem Zusammenhang mit dem Geräusch als Merkmal, welches die Tiere produzieren.

An dieser Stelle können wir die Beschreibung der kindlichen Begriffsbildung durch Zusammenhangs- und Unterschiedsanalysen abbrechen, denn man kann die strukturelle Ähnlichkeit zur wissenschaftlichen Begriffsentwicklung leicht erkennen, indem man die Abbildungen in den Kapitel 1.1, 1.2 betrachtet. Sie werden auch in den folgenden Kapiteln immer wieder Ordnungsvorschläge von Wissenschaftlern entdecken, die exakt dieselbe Struktur aufweisen. Zwar ist diese Struktur und die damit verbundene Erklärung der Begriffsbildung weder für die kindliche Sprachentwicklung noch für die wissenschaftliche Fachsprachentwicklung erschöpfend, aber es war wichtig, die Gemeinsamkeiten der Entwicklungen zu zeigen. Der Wortschatz der Kinder und der Wortschatz der Wissenschaft entsteht u. a. durch die Analyse von Zusammenhang und Unterschied. Bevor die quantitativ-statistische Methode der wissenschaftlichen Zusammenhangsanalyse behandelt wird, sei mit einer Wortspielerei in der deutschen Sprache der Zusammenhang von Begriffsbildung und Wissenschaft gezogen.

Das Wort Begriffsbildung ist eine Kombination aus „Begriff" und „Bildung". „Bildung" steht einerseits in engem inhaltlichen Zusammenhang mit „Wissen". Wenn jemand gebildet ist oder Bildung hat, dann meint man damit, dass derjenige viel weiß. Andererseits referiert der Wortstamm von Bildung (= Bild) mit Gebilde, im Sinne von „etwas bauen" bzw. „etwas konstruieren" oder auch „etwas erschaffen".

Man könnte insofern sagen, dass die Bildung von Begriffen (= Begriffsbildung) in einem starken Zusammenhang mit dem Schaffen von Wissen (= Wissenschaft) steht.

Wenn man dann noch den „Begriff" in seiner Nähe zu dem „Wort" betrachtet (Begriffe können durch Worte ausgedrückt werden) und sich die ursprüngliche Bedeutung des altgriechischen „Logos" vergegenwärtigt, welches zum einen „das Wort" und zum anderen „der Geist" bedeutet, dann könnte man Begriffsbildung, Wissenschaft und Geistesentwicklung als inhaltlich sehr stark zusammenhängende Begriffe begreifen. Alle drei meinen offensichtlich etwas ähnliches. Der Geist, das Wort, der Begriff, das Wissen entsteht u. a. durch die basale kognitive Wahrnehmung der äußeren Welt und deren Verarbeitung in Form von Zusammenhangs- und Unterschiedsanalysen.

Wenn Sozialwissenschaftler die Statistik zur Hilfe nehmen, um durch Begriffsbildung ihre Fachsprache und Fachwörter zu erschaffen, dann ist die rechnerische Basis von Zusammenhangsanalysen die sogenannte *Korrelationsrechnung*. Um die geht es in folgendem Kapitel.

Korrelation – Zusammenhänge finden

Korrelation heißt ins Deutsche übersetzt nichts anderes als „Zusammenhang" oder „wechselseitige Beziehung".

Wir werden uns im Folgenden wieder nicht mit der Rechnung an sich beschäftigen, sondern eine visualisierte Veranschaulichung nehmen, die helfen soll, sich das Prinzip der Korrelationsrechnung zu vergegenwärtigen. Wir wählen wieder ein Beispiel aus der Heilpädagogik. Es geht um den Zusammenhang von Smartphone-Nutzung und Emotionsregulation.

Die Heilpädagogin hat in ihrem Tätigkeitsfeld beobachtet, dass die meisten Kinder, die als emotional labil gelten, viel mit dem Smartphone hantieren. Sie stellt die Hypothese auf, dass es einen Zusammenhang gibt zwischen der Zeit, welche Kinder mit dem Smartphone verbringen und dem Grad der Unfähigkeit die eigenen Emotionen zu regulieren. Anders ausgedrückt: Je häufiger die Kinder das Smartphone nutzen, desto schlechter können sie ihre Emotionen regulieren. Sie bittet die Kinder und deren Eltern um Kooperation bei der Untersuchung ihrer Hypothese und die meisten Eltern und Kinder erlauben der Heilpädagogin, dass sie über eine App die Gebrauchszeit der Smartphones nachvollziehen kann. Außerdem sind diese Kinder bereit, bei einem

Test zur Emotionsregulation mitzumachen (und die Eltern sind damit einverstanden). Die Heilpädagogin darf also über einen Monat hinweg täglich die Smartphone-Nutzungszeit erfassen. Sie kann so für jedes Kind einen Durchschnittswert der Nutzungsdauer pro Tag in Stunden berechnen und hat für jedes dieser Kinder einen Testwert zur Fähigkeit der Emotionsregulation, wobei 0 = keine Fähigkeit und 50 = sehr hohe Fähigkeit bedeutet. Der Zusammenhang zwischen diesen beiden Variablen wird in Abbildung 5.2.15 durch eine *Punktewolke* dargestellt. Die Punktewolke in einem Achsendiagramm ist die oben angesprochene visuelle Veranschaulichung des Zusammenhangs. Oft nennt man dieses Diagramm auch *Streudiagramm.*

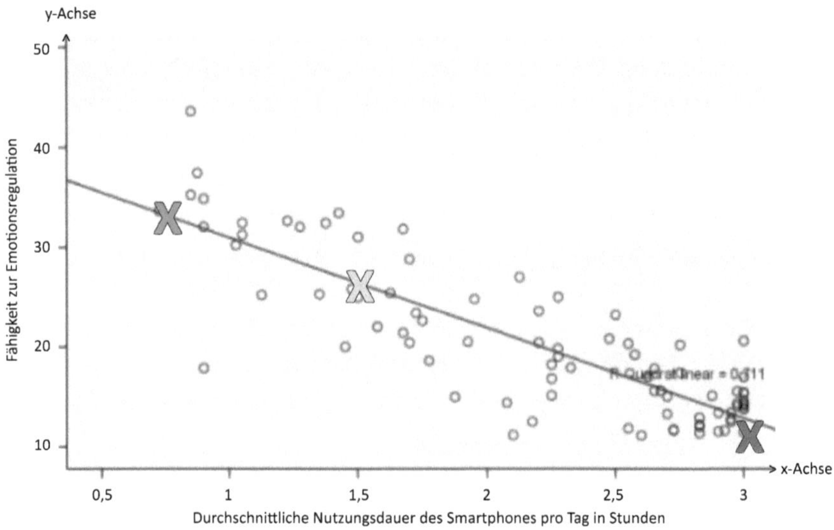

Abb. 5.2.15: Punktewolke im Achsendiagramm (Streudiagramm) mit *negativer Korrelation* zwischen Emotionsregulation und Smartphone-Nutzungsdauer

Auf der x-Achse ist die Dauer der Smartphone-Nutzung und auf der y-Achse die Emotionsregulationsfähigkeit abgetragen.

Jeder Punkt im Diagramm steht für ein Kind. Doris hat eine geringe Smartphone-Nutzungszeit und eine hohe Emotionsregulationsfähigkeit (Kreuz links oben). Hans hingegen hat eine hohe Smartphone-Nutzungszeit und eine geringe Emotionsregulationsfähigkeit (Kreuz rechts unten). Dustin hat eine mittlere Smartphone-Nutzungszeit und eine mittlere Emotionsregulationsfähigkeit (mittleres Kreuz). Für diese drei Kinder trifft die Hypothese also zu, und wenn man sich die Punkte insgesamt ansieht, dann kann man das Zutreffen der Hypothese für die Mehrheit der Kinder (nicht für alle!) nachvollziehen. Dieses Diagramm bietet also eine Veranschaulichung der Zusammenhangshypothese „hohe Smartphone-Nutzungszeit geht mit niedriger Emotionsregulationsfähigkeit einher“. Wenn zwei Variablen so miteinander im Zusammenhang stehen (= hoch mit niedrig) spricht man von einer *negativen Korrelation*. Die Punktewolke im Diagramm gleicht einer Geraden von links oben nach rechts unten.

Abbildung 5.2.16 zeigt eine Punktwolke, die eine andere Ausrichtung hat. Sie würde den Zusammenhang darstellen, dass eine hohe Smartphone-Nutzungszeit mit einer hohen Emotionsregulationsfähigkeit einhergeht. Wenn zwei Variablen so miteinander korrelieren (hoch mit hoch) spricht man von *positiver Korrelation*. Die Ausrichtung der Punktewolke geht von links unten nach rechts oben.

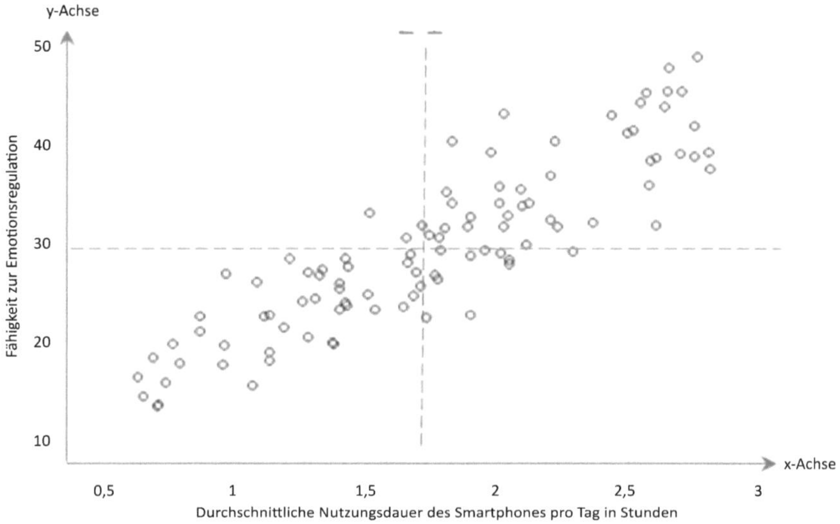

Abb. 5.2.16: Punktewolke im Achsendiagramm mit *positiver Korrelation* zwischen Emotionsregulation und Smartphone-Nutzungsdauer

Abbildung 5.2.17 zeigt die Veranschaulichung eines nicht vorhandenen Zusammenhangs. Die Punktewolke ähnelt nicht mehr einer Geraden, sondern wirkt diffus. Sie hat keine Ausrichtung und es gibt keine Systematik im Zusammenhang „hoch mit hoch“ (bzw. „niedrig mit niedrig“) oder „hoch mit niedrig“ der beiden Variablen *Nutzungsdauer des Smartphones* und *Fähigkeit zur Emotionsregulation*.

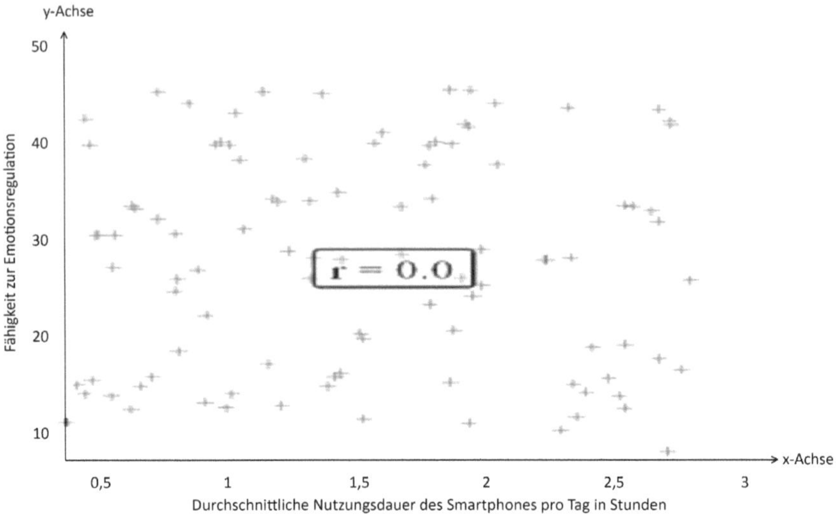

Abb. 5.2.17: Punktewolke im Achsendiagramm mit *Null-Korrelation* zwischen Emotionsregulation und Smartphone-Nutzungsdauer

Statistiker überführen den Grad des Zusammenhangs in einen statistischen Kennwert und nennen ihn *Korrelationskoeffizienten.* Sie können mit diesem Koeffizienten also ausdrücken, ob es einen starken Zusammenhang gibt (dann ist die Punktewolke einer Geraden sehr ähnlich) oder ob es einen schwachen Zusammenhang gibt (dann ist die Punktewolke diffus, ohne Ausrichtung). Es gibt viele solcher Kennwerte, je nachdem mit welchen Zahlen man es zu tun hat. Der bekannteste Kennwert wird mit dem Kürzel r bezeichnet und nach seinem Erschaffer „Pearson" benannt. Er kann Werte zwischen *Minus 1* und *Plus 1* annehmen, wobei Minus 1 eine perfekt negative Korrelation wäre (die es in der Natur so nicht gibt) und plus 1 eine perfekt positive Korrelation bedeuten würde (die es ebenso wenig in der Natur gibt). Wenn der Koeffizient 0 ist, dann spricht man auch von einer Null-Korrelation und meint damit, dass es keinen Zusammenhang gibt.

In Abbildung 5.2.18 sind vier verschiedene Korrelationskoeffizienten durch Punktewolken in Achsendiagrammen dargestellt. Ganz unten die beiden schon erwähnten rein theoretischen Zusammenhänge von r = 1 (links unten) und r = -1 (rechts unten). Die linke obere Abbildung mit r = 0,5 stellt einen mittelmäßig starken Zusammenhang dar. Bei r = 0,9 spricht man i. d. R. von einem starken Zusammenhang.

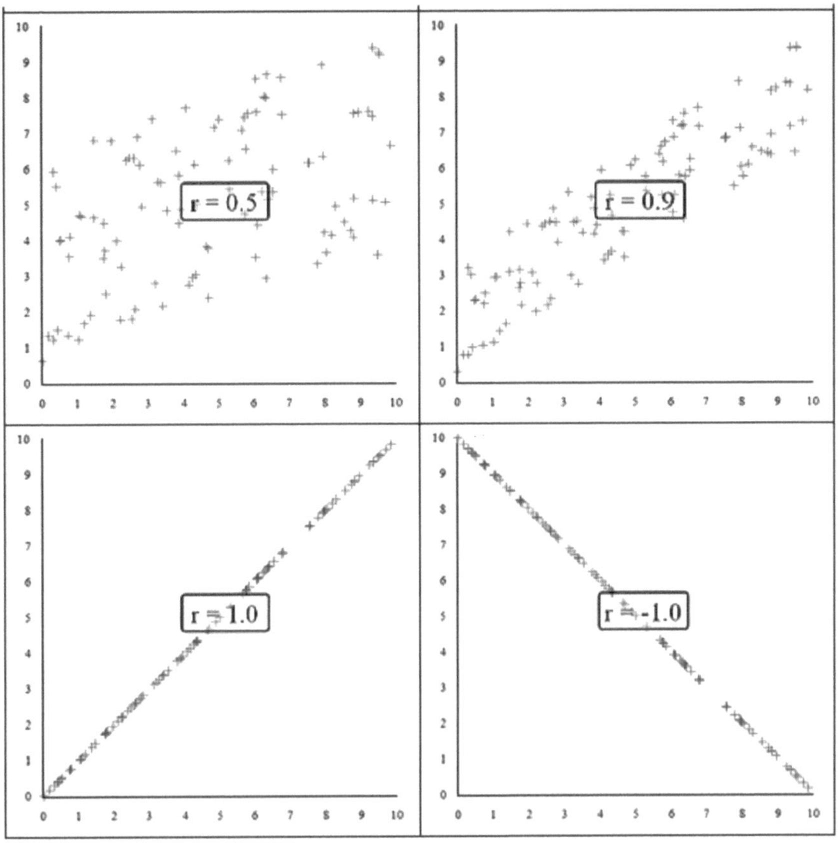

Abb. 5.2.18: Vier Beispiele für den Korrelationskoeffizienten r nach Pearson im Achsendiagramm durch Punktewolken veranschaulicht

Das Punktewolkendiagramm kann man sich als Veranschaulichung des Zusammenhangs merken. Es ist wichtig, dass Sie sich diese Veranschaulichung vor das innere Auge führen können, denn die quantitative Sozialforschung benutzt die Korrelationsrechnung in vielfältigen Variationen, um Zusammenhänge zu finden bzw. zu suchen. Daher wird die quantitative Sozialforschung manchmal etwas polemisch auch als „Korrelationswissenschaft" bezeichnet. Die Polemik will ausdrücken, dass diese Rechnung eine Art Daseinsberechtigung der Sozialwissenschaft darstellt. Wie auch immer man zu dieser Polemik steht: Die Punktewolke im Achsendiagramm repräsentiert eine Art Grundlage des wissenschaftlichen Denkens in der quantitativ orientierten Sozialwissenschaft. Wir werden daher im Folgenden immer wieder darauf zurückgreifen. Es ist abschließend wichtig, den Unterschied zwischen Zusammenhang und Ursachen-Wirkungs-Beziehung zu betonen.

Wenn die Heilpädagogin einen starken negativen Zusammenhang zwischen Smartphone-Nutzungsdauer und Fähigkeit zur Emotionsregulation bei den Kindern durch Korrelationsrechnung gefunden hat (wie in Abb. 5.2.15 veranschaulicht), bedeutet das nicht, dass die Smartphone-Nutzung die Ursache für die geringe Emotionsregulationsfähigkeit ist. Es kann auch etwas ganz anderes die Ursache sein, was die beiden Variablen indirekt miteinander in Zusammenhang bringt. Vielleicht gehören solche Kinder, die sehr intensiv das Smartphone nutzen zu den sozial benachteiligten und kommen mehrheitlich aus schwierigen sozialen Verhältnissen. Dann wäre der *sozialer Status* die dahinterstehende Variable, die eventuell ursächlich für die hohe vs. niedrige Fähigkeit zur Emotionsregulation wirkt und auch eine Erklärung für die hohe Nutzungszeit des Smartphones gibt. Aber auch diese Aussage ist wissenschaftlich zunächst mal eine Hypothese und müsste mit einer anderen Methodik verworfen (= falsifiziert) oder bestätigt (= verifiziert) werden. Ursachen-Wirkungs-Zusammenhänge zu erforschen, erfordern eine „strengere Methodik“. Damit sind wir beim prototypischen Design der Denkweise des quantitativen Paradigmas angelangt: das Experiment. Es wird aber erst im nächsten Kapitel 6 behandelt. Vorher wird noch das fundamentale Erkenntnisprinzip „Unterschiede feststellen“ in Bezug zum quantitativ orientierten Paradigma der Sozialwissenschaft betrachtet.

Unterschiede feststellen

Neben den Zusammenhängen wurde am Beispiel der Sprachentwicklung das Entdecken von Unterschieden als fundamental für den Erkenntnisgewinn aufgezeigt.

Der Bezug zur quantitativ orientierten Sozialforschung wurde eigentlich schon oben mit dem Beispiel des Computerprogramms gezogen, und ich kann an dieser Stelle auf die Ausführungen von oben erinnern und verweisen. Der Heilpädagogin ging es um die Prüfung der Hypothese, welches Computerprogramm besser ist. Dies ist eine typische Fragestellung, die auf eine Unterscheidung abhebt und für die Heilpädagogik hochrelevant ist. Es geht um die Annahme eines qualitativen Unterschieds zwischen zwei möglichen Interventionen. Man könnte auch Fragen: Welche Intervention ist besser geeignet? Diese Frage stellt sich jede Heilpädagogin wahrscheinlich häufig im Zusammenhang mit den ihr anvertrauten Einzelfällen. Die Darstellung oben unter der Frage des Unterkapitels „Welches Computerprogramm ist besser?“ taugt nicht nur um das Signifikanzkonzept zu erläutern, sondern auch, um das Vorgehen bei der Prüfung von Unterschieden beispielhaft darzustellen. In diesem Beispiel wurden zwei Mittelwerte auf Unterschied untersucht, um damit die Hypothese über das vermeintlich bessere Computerprogramm zu prüfen.

Zusammenfassung

Zusammenfassend kann man über die Denkweise zum Aufbereiten und Auswerten von Daten im Rahmen des quantitativen Paradigmas sagen, dass das Aufbereiten eine Fleißarbeit ist und das Auswerten und die Interpretation mit Hilfe der Statistik sehr planvoll und systematisch geschieht. Die Wurzeln dieser Erkenntnisstrategie liegen in der im Menschen angelegten entwicklungsmäßig beschreibbaren Erkenntnistätigkeit. Das Erkennen von Unterschieden (Analyse = etwas trennen) und Zusammenhängen (Synthese = etwas zusammenführen) ist dabei fundamental. Die Normalverteilung spielt bei der Berechnung von Irrtumswahrscheinlichkeit, bei der Prüfung von Unterschiedshypothesen oder Zusammenhangshypothesen eine zentrale Rolle. Das Axiom der klassischen Testtheorie $T = X + E$ formalisiert nicht nur die Tatsache, dass die menschlichen Wahrnehmungen von sozialen Konstrukten nie absolut wahr sind oder 100% genau sein können, sondern veranschaulicht auch diese relative Unzulänglichkeit der Einschätzung von Verhalten und Erleben. Die Mathematik ist ein mächtiges Hilfsmittel, um „der kulturgebundenen Wahrheit" ein Stück näher zu kommen. Trotz dieser Stärke kann die Mathematik die Konstrukte der Menschen in ihrer Substanz nicht erschaffen, aber sie hilft, die Architektur der Gedankengebäude zu erkennen und nachvollziehbar zu machen.

6. Das experimentelle Design in Forschung und Praxis

Das Experiment gilt in der Sozialwissenschaft als Königsweg, um Ursachen-Wirkungs-Zusammenhänge zu erforschen. Es hat daher für die empirische Sonderpädagogik eine herausragende Bedeutung, insbesondere für die Interventionsforschung.

Wenn man heilpädagogische Interventionen als die Ursache für ein erwünschtes, positives Verhalten (= Wirkung) nachweisen kann, legitimiert diese Forschung den beruflichen Status der Profession *Heilpädagogik* in der Gesellschaft. Unter dem Begriff „Evidenzforschung" wird u. a. dieses Vorhaben verstanden. Man soll (muss oder will) die Wirkung von Interventionen beweisen.

Mit dem Begriff Evidenz werden wir uns erst in Kapitel 11.2 vertiefend auseinandersetzen. Hier werden die Prinzipien des experimentellen Designs erklärt und die Bezüge zur heilpädagogischen Praxis dargestellt.

Wenn Sozialwissenschaftler von einem Untersuchungsdesign sprechen, dann steht der Begriff *Design* für die besonderen charakteristischen Merkmale der Untersuchung. Das experimentelle Design hat mehrere Unterdesigns, die allesamt zum experimentellen Design gehören aber durch spezielle Merkmale einen eigenen Namen erhalten haben. Wenn Sie nun etwas über das experimentelle Design erfahren, dann dürfen Sie genau das erwarten. Es werden die wesentlichen Merkmale des Experiments dargelegt und verschiedene Variationen (= Unterdesigns) davon erläutert.

In dem Versuch, das experimentelle Design zu formalisieren, haben Shadish et al. (2002, zitiert nach Döring & Bortz, 2016, S. 102) einen Ordnungsvorschlag gemacht. Sie benutzen dabei folgende Zeichen:

- X – steht für eine Intervention, Behandlung oder allgemein für eine Maßnahme, die der Versuchsleiter sehr gezielt vornimmt. Dies wird auch unabhängige Variable (uV) genannt.
- O – steht für die Messung der Wirkung. Dies wird auch abhängige Variable (aV) genannt.
- R – steht für Randomisierung, was so viel bedeutet wie: Die Auswahl bzw. Zuordnung von am Experiment beteiligten Personen geschieht nach dem Prinzip Zufall.

- Die zeitliche Abfolge wird von links nach rechts dargestellt. Untereinander erscheinende Handlungen passieren zu demselben Zeitpunkt.

Bevor die einzelnen experimentellen Designs beschrieben und mit Beispielen veranschaulicht werden, soll der Begriff *Variable* erklärt werden, weil er so zentral für das Verständnis des sozialwissenschaftlichen Experiments ist.

Hier eine *Definition:* Eine Variable ist ein Merkmal eines Menschen (in der Sozialwissenschaft geht es i. d. R. um Menschen) oder einer Situation. Das Merkmal kann verschiedene Ausprägungen annehmen.

Hierzu folgende Beispiele:

- Das Geschlecht eines Menschen ist eine Variable mit den Ausprägungen „männlich", „weiblich" oder „divers".
- Die Größe eines Menschen ist eine Variable mit den Ausprägungen, welche man in einer Maßeinheit (z. B. Meter) angeben kann.
- Die Aggression ist eine Variable eines Menschen, die man in Ausprägungen wie *gar nicht, gering, mittelmäßig* oder *stark vorhan*den angeben kann.
- Die Temperatur ist eine Variable, die in einer Maßeinheit angegeben werden kann (z. B. Grad Celsius).
- Eine Schulstunde hat ein Merkmal, welches eine Variable darstellt und in verschiedenen Formen (= Ausprägungen) angegeben werden kann (z. B. Frontalunterricht oder offener Unterricht oder Postenlauf etc.).
- Die Intervention ist das Merkmal einer heilpädagogischen Lektion und damit eine Variable, welche unterschiedliche Ausprägungen bzw. Formen annehmen kann (z. B. Rollenspiel, Übungsblatt bearbeiten, Beratungsgespräch führen etc.)

Die Variable als Merkmal hat ihren Namen aufgrund der Ausprägungen, die von Mensch zu Mensch und/oder über die Zeit, von Situation zu Situation variieren (= sich ändern) können. Im Prinzip kann fast jedes Merkmal eines Menschen zu einer Variablen werden und jede Situation trägt potentiell unendlich viele Variablen in sich. Wie Wissenschaftler versuchen, die Merkmale messbar zu machen, wurde im Kapitel 2: *Was ist eine Theorie?*, Abschnitt *Vom Abstrakten zum Konkreten*, unter dem Begriff „Operationalisierung" beispielhaft beschrieben. Nun aber zu den verschiedenen experimentellen Designs.

One-Shot-Design

Von einem One-Shot-Design wird gesprochen, wenn man eine Intervention und deren zeitlich nachgeordnete Auswirkungen betrachtet. Formalisiert dargestellt sieht das so aus:

X O

Dieses Design gehört zum Alltag der Heilpädagogik, denn dort initiieren Fachpersonen ständig Übungen, Gespräche, Spiele oder ganz allgemein Maßnahmen, um eine intendierte Wirkung zu erreichen.

- Das Üben von Unterschieden in der Wahrnehmung von Lauten (= X bzw. uV) soll die phonologische Bewusstheit (O bzw. aV) fördern.
- Die Maßnahme des Time-out bei Verhaltensauffälligkeit (X bzw. uV) soll den störungsfreien Unterricht (O bzw. aV) in der restlichen Zeit ermöglichen.
- Das Nutzen von Kopfhörern (X bzw. uV) soll die Konzentrationsfähigkeit (O bzw. aV) einzelner Schüler beim selbständigen Arbeiten im Klassenraum verbessern, indem Störgeräusche minimiert werden.
- Das Beratungsgespräch mit den Eltern (X bzw. aV) eines lernschwachen Schülers soll den Bezugspersonen helfen, die Hausarbeiten effektiver (O bzw. aV) zu unterstützen.

Im Prinzip ist jede auch noch so kleine Einzelmaßnahme in der Heilpädagogik mit dem One-Shot-Design zu vergleichen. Nicht von ungefähr spricht man auch von „didaktischen Experimenten“ (siehe *Exkurs – das didaktische Experiment*).

Exkurs – das didaktische Experiment

Definition bzw. Erklärung
Dieses Begriffspaar wird oft gebraucht für experimentelle Settings, die auf den Erkenntnisgewinn der teilnehmenden Person angelegt sind und weniger auf den Erkenntnisgewinn des Forschers. Das didaktische Experiment soll einen Zusammenhang oder auch Ursachen-Wirkungs-Zusammenhang für die Schülerin (Klientin, Studentin etc.) sichtbar und nachvollziehbar machen. Die Lehrerin, Heilpädagogin oder Therapeutin kennt den Zusammenhang schon und wählt das didaktische Experiment, um die schon vorhandene Erkenntnis den Schülerinnen zu vermitteln. Letztendlich wird damit kein neuer Erkenntnisgewinn für die Allgemeinheit erreicht, denn die Erkenntnis existiert ja schon. Jedoch hat das didaktische Experiment eine große pädagogische Kraft für den Erkenntnisgewinn des Einzelnen, da hier der Erkenntnisprozess durch eine unmittelbare Erfahrung gelenkt wird.

Übung
Lesen Sie folgenden Satz:
Waurum kann jemnad deisen Tetx lesne, obwhol in einigne Wötren die Buchstabne vertuascht wudren?

Wahrscheinlich konnten sie den Satz relativ flüssig lesen und den Sinn der Frage gut erfassen. Die Antwort auf die gelesene Frage entspricht dem Ziel des didaktischen Experiments. Es soll ein höheres Bewusstsein für die kognitiven Leistungen eines Lesers entstehen.
Hier die Antwort: Leser sind in der Lage, auch bei fehlerhafter Rechtschreibung (= Buchstaben vertauscht) die Wörter als Ganzes zu Erkennen. Sie nutzen dafür Kontextinformationen (z. B. die vorhergehenden und nachfolgenden Wörter) sowie ihr Wortgedächtnis für geschriebene Wörter (wo die Wörter korrekt geschrieben abgelegt sind) und korrigieren in Sekundenbruchteile die falsche Buchstabenreihenfolge. Lesen ist also ein hochgradig konstruktiver kognitiver Vorgang.

Die Wirkung des Experiments ist die Einsicht in die kognitiven Leistungen des Lesers und entspricht der abhängigen Variablen beim didaktischen Experiment. Das Lesen des Satzes ist dabei die unabhängige Variable.

Die Heilpädagogin kennt die Zusammenhänge von kognitiven Leistungen beim Lesen und will sie z. B. den Eltern in einer Beratungssituation verdeutlichen. Sie will den Bezugspersonen deutlich machen, warum ihr Kind langsamer liest und beim Lesesinnverständnis noch Probleme hat. Das Kind hat die Voraussetzungen für das schnelle, sinnerfassende Lesen noch nicht, weil es u. U. erst wenige Wörter in dem Wortgedächtnis für Schriftsprache erworben hat. Die Heilpädagogin benutzt dieses Experiment und die damit verknüpfte Erfahrung, um den Bezugspersonen eine Erklärung nahezulegen, und eventuell, um weitere Maßnahmen (z. B. regelmäßiges gemeinsames Lesen zu Hause) zu begründen.

Nur kann man leider mit dem One-Shot-Design (auch nicht mit dem didaktischen Experiment) keinen Ursache-Wirkungs-Zusammenhang *beweisen*. Auch wenn der Effekt für den Einzelfall noch so offensichtlich erscheint, kann man bei diesem Design gar nicht nachvollziehen, ob sich überhaupt was verändert hat, denn man hat keinen Vergleich mit dem Verhalten vor der Intervention. Für das erste Beispiel bedeutet das, dass die phonologische Bewusstheit eventuell vor der Intervention genauso gut oder schlecht war wie nach der Intervention. Da man vor der Intervention keine Daten zur phonologischen Bewusstheit erhoben hat, weiß man es nicht.

Das Beispiel mit der phonologischen Bewusstheit wird weiter benutzt, wenn im Folgenden die Differenzierung des experimentellen Designs beschrieben wird.

Vorher-nachher-Design

Das Problem mit den Vergleichswerten innerhalb der Dimension Zeit wurde mit dem sogenannten Vorher-nachher-Design gelöst. Formalisiert sieht das so aus:

O1 X O2

Bei diesem Design kann man zumindest schon mal den Vergleich zwischen dem Verhalten vor der Intervention mit dem Verhalten nach der Intervention nachvollziehen.

Auch dieses Setting gehört zum heilpädagogischen Alltag. In der Regel wird man durch ein auffälliges Verhalten (z. B. die Unfähigkeit ganz bestimmte Laute auszusprechen) auf ein Problem aufmerksam. Mit der diagnostischen Suche nach Erklärungen wird dann u. U. die gering entwickelte phonologische Bewusstheit als möglicher Grund identifiziert. Man hat also zum Zeitpunkt 1 die abhängige Variable (hier die phonologische Bewusstheit) schon mal gemessen und kann diese Messung mit der Messung des Zeitpunkts 2 nach der Intervention vergleichen. Wenn die beiden Messungen sich so unterscheiden, dass zum Zeitpunkt 2 die Fähigkeit größer ist, wäre das ein Hinweis auf eine wirksame Intervention, aber leider kein Beleg dafür. Es könnte nämlich sein, dass einfaches *Abwarten*, also Nichts-Tun, ebenfalls zu einer Verbesserung der phonologischen Bewusstheit geführt hätte. Gerade bei der Wahrnehmungsentwicklung könnte auch die bloße Reifung des Gehirns und den von selbst wachsenden Fähigkeiten dazu geführt haben, dass diese Leistung nun gelingt. Das Training von phonologischer Bewusstheit hätte man sich dann sparen können.

Wissenschaftler haben sich daher eine Verfeinerung dieses einfachen experimentellen Designs ausgedacht, welche die Ursachen-Wirkungs-Zusammenhänge sicherer belegen können.

Vorher-nachher-Kontrollgruppendesign

Formalisiert sieht dieses Design so aus:

Experimentalgruppe: O1 X O2

Kontrollgruppe: O1 O2

Dieses Design bringt nun zwei wesentliche Differenzierungen mit sich, die im Namen stecken. Erstens werden neben der Vorher-nachher-Messung ausdrücklich Gruppen betrachtet. Zwar ist es bei den vorhergehenden Designs natürlich nicht verboten, Gruppen zum Gegenstand der Untersuchung zu machen (und wird auch oft gemacht), aber bei diesem Design wird die Gruppe ausdrücklich benannt.

Der Grund ist der Wunsch nach Verallgemeinerbarkeit. Wenn man nur Einzelfälle betrachtet, gilt die Messung eben nur für den einen Fall. Man weiß nicht, ob die Intervention bei anderen Fällen auch was bewirkt hätte. An dieser Stelle muss man einen klaren Unterschied zur heilpädagogischen Praxis feststellen. Die auf den einzelnen Klienten fokussierte heilpädagogische Arbeit kümmert sich zunächst nicht um solche Verallgemeinerungen. Ihr Interesse und Auftrag ist, die Wirkung für jeden einzelnen Fall zu erreichen. Die empirische Sonderpädagogik will aber die Wirkung von heilpädagogischen Arbeiten im Allgemeinen nachweisen können.

Die zweite Differenzierung liegt darin, dass es eine zweite Vergleichsebene gibt. Neben dem Vorher-nachher-Vergleich wird der Vergleich zwischen zwei Gruppen möglich. Die eine Gruppe nennt sich Experimentalgruppe, weil mit den Personen dieser Gruppe die Intervention X durchgeführt wird. Die andere ist die Kontrollgruppe, mit ihr wird keine Intervention durchgeführt (Das X fehlt bei der Formalisierung).

Mit diesem Design kann man dementsprechend den Unterschied zwischen Intervention und Nichts-Tun nachvollziehen. Das ermöglicht einen Beleg der Wirksamkeit mit viel größerer Sicherheit als mit den zuvor skizzierten Designs. Trotzdem wird dieses Design nur als *Quasi-Experiment* bezeichnet (alle anderen zuvor besprochen Designs könnte man auch als Quasi-Experimente bezeichnen). Das *„echte" sozialwissenschaftliche Experiment* hat noch ein weiteres, sehr entscheidendes Merkmal: Die Gruppenzugehörigkeit der Personen wird durch Randomisierung (= R) festgelegt.

Vorher-nachher-Kontrollgruppendesign mit Randomisierung

Die Formalisierung sieht so aus:

R Experimentalgruppe:	O1 X O2
R Kontrollgruppe:	O1 O2

Die Randomisierung (in der Formalisierung mit R abgekürzt) ist die wichtigste Kontrolltechnik, um Störvariablen zu kontrollieren. Die Personen werden dem Zufall nach den beiden Gruppen zugeordnet. Im einfachsten Fall werden aus dem Pool der Gesamtgruppe die zwei Gruppen per zufällig gezogenen Losen gebildet. Ganz praktisch könnte das so aussehen, dass Namenskärtchen aller Personen (= Gesamtstichprobe) in einem Behältnis liegen und der Forscher (oder sonst irgendeine Person) die Namenskärtchen ohne hinzuschauen zieht und immer abwechselnd auf ein Häufchen legt, so dass zwei Häufchen entstehen. Das eine Häufchen der Namenskärtchen bildet die Experimentalgruppe (= Teilstichprobe 1), dass andere Häufchen bildet die Kontrollgruppe (= Teilstichprobe 2).

Warum ist die Randomisierung so wichtig? Ohne Randomisierung könnte es sein, dass die Gruppenzusammensetzung der Experimentalgruppe sich in einem oder mehreren Merkmalen von der Kontrollgruppe systematisch unterscheidet. Würde man z. B. einfach zwei Schulklassen einer Schule als Gruppen nehmen, dann unterscheiden sich diese ganz offensichtlich in mindestens einem Merkmal: Sie haben unterschiedliche Klassenlehrpersonen. Vielleicht hat die eine Klassenlehrperson mehr Erfahrung im Bereich der phonologischen Bewusstheit und hat ihren Unterricht vielmehr danach ausgerichtet als die andere Klassenlehrperson. Dann würden sich die beiden Gruppen höchstwahrscheinlich in der phonologischen Bewusstheit schon vor der Intervention unterscheiden. Diese sollte aber vor der Intervention im Mittel bei beiden Gruppen gleich hoch ausgeprägt sein, damit die Veränderungsmessung zwischen den beiden Gruppen wirklich vergleichbar ist. Noch extremer können Gruppenunterschiede ausfallen, wenn man Schulklassen von verschiedenen Schulen als Gruppen rekrutiert. Wenn z. B. die eine Gruppe aus einer Schule in einem sozialen Brennpunkt mit einer Gruppe aus einer Schule eines Villenviertels verglichen wird, wirken sämtliche sozialen Unterschiede als Störvariablen und man kann die Unterschiede in der Variablen *phonologische Bewusstheit* nicht mehr auf die Intervention zurückführen. Es ist für das *Randomisierte Vorher-nachher-Kontrollgruppendesign* wichtig, dass die Unterschiede zwischen den Gruppen nivelliert sind und im Mittel gleiche Merkmalsausprägungen herrschen. Das erreicht man am besten mit der Randomisierung.

Randomisierung wird also beim „echten" Experiment eingesetzt, um die teilnehmenden Menschen auf die verschiedenen Gruppen (Experimental- oder Kontrollgruppe) aufzuteilen.

Wenn man methodisch ganz streng ist, wäre aber auch für die Auswahl der Personen in der Gesamtgruppe wichtig zu randomisieren. Wenn man das nicht tut, besteht die Gefahr von unerwünschten sogenannten *Stichprobeneffekten*. Darunter versteht man Folgendes: Wenn man den Effekt einer Intervention untersuchen will, dann interessiert den Forscher oft die Intervention hinsichtlich einer Gesamtheit von einer ganz bestimmten Personengruppe. Ein Computerprogramm ist für die Gesamtgruppe aller Schüler gemacht, welche das Lesen in den ersten zwei Grundschuljahren lernen sollen. Diese Gesamtgruppe aller Schüler nennen die Sozialwissenschaftler *Population*. Da es unmöglich ist, alle Schüler dieser Population in die Untersuchung mit dem Computerprogramm einzubeziehen wird die Untersuchung mit einer Stichprobe durchgeführt. Die Stichprobe ist eine Auswahl von Schülern aus der Population. Die Stichprobe soll die Population repräsentieren. Die Kinder der Stichprobe sollen sich in keinem Merkmal von den Kindern der Population unterscheiden. Sie sollen zum Beispiel im Durchschnitt genauso alt sein, das Verhältnis von Jungs und Mädchen soll gleich sein, der soziale Status oder ihr Vorwissen soll im Mittel derselbe sein usw. Die Gewährleistung der *Repräsentativität* gelingt am besten, wenn man die Stichprobe aus der Population mittels Zufall zieht (wie oben mit den Kärtchen beschrieben), also randomisiert. Diese Form von Randomisierung ist leider in der Heil- und Sonderpädagogik kaum praktikabel. In der Regel hat man überhaupt keinen Zugriff auf alle Schülerinnen, sondern man muss sich schon bei der Auswahl der Personen für Gesamtstichprobe mit einer begrenzten Anzahl von Personen begnügen. Diese Form der Stichprobe nennt man deswegen *Gelegenheitsstichprobe* (oder auch *Ad-hoc-Stichprobe*) weil man eine Gelegenheit nutzt, um eine Auswahl von Personen für seine wissenschaftliche Untersuchung zu gewinnen. Oft hat die Gelegenheit für die empirische Heil- und Sonderpädagogik mit dem Arbeitsort des Forschers zu tun oder mit der Kooperationsbereitschaft der Schülerinnen, deren Eltern oder deren Lehrern. Die Gelegenheitsstichprobe ist absolut üblich in der Heil- und Sonderpädagogik und man beugt unerwünschten Stichprobeneffekten vor, indem man die Gesamtstichprobe so genau wie möglich beschreibt, um eventuelle Störvariablen transparent zu machen.

Da Heilpädagoginnen sich in ihrer Praxis eher für den einzelnen Fall interessieren, können sie solche Gruppenunterschiede oder Stichprobeneffekte vernachlässigen. Eine Heilpädagogin interessiert sich natürlich für das Vorwissen der Schüler und deren soziale Rahmenbedingungen. Heilpädagoginnen brauchen solche Informationen, um die Wirksamkeit und Grenzen ihrer

Interventionen am Einzelfall prognostizieren oder erklären zu können. Die Notwendigkeit der Verallgemeinerung ist allerdings eher ein Auftrag für die Forschung.

Zurück zum Experiment: Es gibt noch andere Kontrolltechniken, um Störvariablen im Experiment zu kontrollieren. *Das Wesen des Experiments hat viel mit Kontrolle von Störvariablen zu tun.* Man will sichergehen, dass der Ursachen-Wirkungs-Zusammenhang zwischen uV und aV eindeutig bestimmt werden kann und nicht durch irgendwelche anderen Variablen gestört wird. Manche dieser Kontrolltechniken aus der Forschung sind für die Praxis der Heilpädagogik weitaus interessanter als die Randomisierung. Zwei davon sollen daher an dieser Stelle besprochen werden.

Wiederholungsmessung als Kontrolle von Störvariablen

Die Wiederholung einer Messung (z. B. durch Beobachtung) zur Sicherstellung eines Ergebnisses ist unmittelbar einleuchtend. Bei einer einmaligen Beobachtung kann die Tagesform für die Leistung ausschlaggebend sein oder bestimmte einmalige Bedingungen in der Umgebung (z. B. große Hitze) können als Störvariable wirken. Bei der Wiederholung geht man davon aus, dass die Ergebnisse zwischen den Messzeitpunkten hochgradig übereinstimmen, wenn das Ergebnis tatsächlich aufgrund einer Fähigkeit (z. B. Lesesinnverstehen) zustande kommt und nicht von Tagesform oder Hitze beeinflusst wurde. Dieses Kontrollmittel ist eng mit dem Begriff der Zuverlässigkeit verbunden. Sind die Ergebnisse einer Messung zuverlässig? In der Terminologie der Forschungsmethodik und insbesondere der Testtheorie hat sich der Fachbegriff *Reliabilität* dafür etabliert. Wir werden diesen Begriff an anderer Stelle (vgl. Kapitel 8 zu den Gütekriterien) noch ausführlicher diskutieren.

Eliminierung als Kontrolle von Störvariablen

Wenn Störvariablen bekannt sind, dann können Forscher diese einfach ausschalten und so dafür sorgen, dass sie die Ergebnisse eines Experiments nicht beeinflussen können. Sie sorgen z. B. dafür, dass die Temperatur im Laborraum angenehm ist und nicht übermäßige Hitze oder Kälte als Störvariable die Leistungsfähigkeit der Versuchsperson beeinflusst. So etwas machen Heilpädagoginnen ständig. Bleiben wir bei dem Beispiel des Lesens. Wenn man das Lesesinnverständnis eines Schülers prüfen will, muss man darauf achten, dass die Art und Weise der Überprüfung nicht von anderen beim Lesen vorkommenden bzw. notwendigen Fähigkeiten gestört wird. Deswegen unterscheiden Heilpädagoginnen zwischen lautem und stillem Lesen. Fragt man

Schüler, nachdem sie einen Text laut gelesen haben, nach dem Inhalt des Textes, kann der Schüler u. U. nur wenig dazu sagen. Er musste sich so auf das laute Lesen mit den Anforderungen an Artikulation, Stimmgebung, Pausensetzung etc. konzentrieren, dass ihm der Sinn des Textes beinahe verloren gegangen ist. Die genannten Anforderungen des lauten Lesens wirken als Störvariablen bei der Erkundung des Lesesinnverständnisses. Lässt man den Schüler still lesen, also ohne, dass er diese Anforderungen der Artikulation, Stimmgebung, Pausensetzung etc. bewältigen muss, misst die Heilpädagogin mit ihren Verständnisfragen zum Text vielmehr das „reine" Lesesinnverständnis als beim lauten Lesen. Heilpädagoginnen eliminieren daher auch andere Störvariablen wie z. B. lauten Umgebungslärm, damit die übergeordnete, aber für das Lesen notwendige Variable *Konzentration* sich nicht störend auswirkt. Vielleicht „experimentieren" Heilpädagoginnen auch mit verschiedenen potentiellen Störvariablen, um deren Systematik bei einer Leistungserbringung besser beurteilen zu können. Um bei dem Beispiel des Umgebungslärms und des Lesens zu bleiben: Die Heilpädagogin vergleicht mehrere Zeitpunkte des Lesesinnverständnisses eines Schülers (= Messwiederholung), wobei sie feststellt, dass bei hohem Schallpegel im Klassenraum das Lesesinnverständnis des Schülers regelmäßig schlechter ausfällt, die Variable *Textsorte* (z. B. Bedienungsanleitung vs. Ferienerlebnisbericht) aber keine Auswirkungen auf das Lesesinnverständnis hat.

So hat sie den *Lärm* als eine Störvariable identifiziert und kann ihre pädagogisch-therapeutische Maßnahmen daraufhin abstimmen. Vielleicht darf der Schüler bei den Aufgaben eines Postenlaufes, wo Lesesinnverständnis gefordert wird, einen Kopfhörer aufsetzen, um den Umgebungslärm zu diesem Zeitpunkt zu reduzieren.

In diesem Beispiel wird deutlich, dass verschiedene Kontrolltechniken (hier Wiederholung und Elimination) auch kombiniert werden können. Das tun Forscher genau wie Heilpädagoginnen in einem experimentellen Setting, um den Ursachen-Wirkungs-Zusammenhang systematischer ergründen zu können.

Das Experiment hat für die Heilpädagogik neben einer überprüfenden (diagnostischen) Funktion eine enorme Bedeutung für die didaktische Ausrichtung. Die pädagogischen Maßnahmen (wie oben das Beispiel mit dem Kopfhörer) werden auf Basis von Ergebnissen des experimentellen Settings beschlossen und begründet.

Weitere experimentelle Designs

Wir haben die oben formalisiert dargestellten experimentellen Designs kennengelernt und ihre Bedeutung für die Heilpädagogik angesprochen. Das Begriffspaar „didaktisches Experiment" wurde als eine Variante des Experiments beschrieben und der Begriff Quasi-Experiment wurde in Abgrenzung zum „echten Experiment" angesprochen. Bei dem Versuch Ordnung in die Methodik des Experiments zu bringen (Sie erinnern sich: Ein Hauptgeschäft des wissenschaftlichen Denkens ist Ordnungen herstellen) wurden noch weitere sogenannte Designs beschrieben. Man liest oder hört statt des Begriffs „Design" im Zusammenhang mit dem Experiment auch manchmal den Begriff „Setting".

Im Folgenden werden daher diese begrifflichen Differenzierungen des Experiments kurz in ihrer Bedeutung für die Heilpädagogik dargestellt.

Labor- und Feldexperiment

Das Labor als ein Ort an dem Forschung betrieben wird, ist wahrscheinlich ziemlich prototypisch für das Experiment. Vermutlich können sich alle etwas unter einem Laborexperiment vorstellen, allerdings weniger im sozialwissenschaftlichen, sondern eher im naturwissenschaftlichen Sinne. Leicht zugängliche Assoziationen könnten der Chemiker oder der Biologe sein, die mit Gesichtsmasken unter sterilen Bedingungen und mit Hilfe von Mikroskopen mit chemischen Substanzen hantieren.

Das Laborexperiment hat aber auch für die Sozialwissenschaft eine große Bedeutung. Die oben dargestellte Kontrolle von Störvariablen ist in einem Labor viel besser realisierbar als in der Realität des sozialen Handelns. Letztendlich gelingt daher mit dem Laborexperiment die angestrebte Aufdeckung eines Ursachen-Wirkungs-Zusammenhangs viel zuverlässiger (= reliabler) als beim sogenannten Feldexperiment. Der Begriff Feldexperiment steht für eine große Alltagsnähe. Genau das Gegenteil von dem, was ein Labor darstellt.

Die meisten heilpädagogischen Handlungen haben eher den Charakter von Feldexperimenten als von Laborexperimenten. Die heilpädagogischen Interventionen (z. B. in Form von didaktischen Experimenten) geschehen auf den Einzelfall abgestimmt. Die Heilpädagogin versucht, ihre Klienten in ihrer Lebensumwelt zu verstehen, welche durchdrungen ist von vielen ineinander verflochtenen und in Wechselbeziehungen stehenden Variablen, deren Betrachtung als Störvariablen absurd wäre. Klare und lineare Ursachen-Wirkungs-Zusammenhänge, so wie es das Laborexperiment anstrebt, sind innerhalb dieser Variablenvielfalt nicht so sauber oder einfach zu ziehen. Trotzdem gibt es durchaus Settings, wo die Heilpädagogik die Denkweise des Laborexperiments übernimmt. Insbesondere in der Diagnostik bei Verwendung von standardisierten Tests gelten die Bedingungen des Laborexperiments. Der Vergleich des Testergebnisses eines einzelnen Klienten mit den Normen, welche durch die Untersuchung mit einer großen Gruppe (= Normstichprobe) entstanden ist, erlaubt den Vergleich innerhalb einer Gruppe bzw. die Zuordnung zu einer Untergruppe, so wie beim Kontrollgruppendesign des Experiments.

Dabei geht es i. d. R. um die Zuordnung zu Gruppen die als „auffällig“ oder „weniger leistungsstark“ in einem bestimmten Bereich gelten. Ein Test, der Lesesinnverständnis erfasst, sollte darstellen können, ob ein Kind in diesem Bereich unterdurchschnittliche, durchschnittliche oder überdurchschnittliche Leistungen erbringt. Vom Test wird erwartet, dass so ein Ergebnis ohne das Wirken von Störvariablen zustande kommt. Umgebungslärm oder die Sympathie bzw. Antipathie des Testers dürfen keine Rolle spielen. Daher verlangen Tests eine einheitliche und standardisierte Durchführung und Auswertung, um Störvariablen auszuschließen. An diesen Ausführungen wird deutlich, dass es ein gemeinsames Wesensmerkmal von Test und Experiment gibt: die Kontrolle von Variablen.

Ein neuer Raum, den man zwischen Labor und Feld ansiedeln könnte, ist der digitale Raum. Durch Computer, Tablet, Smartphone etc. sind Forscher mittlerweile in der Lage, die Vorteile von Labor (insbesondere Variablenkontrolle) und Feld (insbesondere große Alltagsnähe) zu verbinden. So kann man mit Hilfe von Smartphones recht zuverlässig den authentischen Gefühlszustand im Alltag von jemandem abfragen. Es gibt allerdings auch besondere Schwierigkeiten im Zusammenhang mit den digitalen Medien. So gehen mit dem Gebrauch unterschiedlicher Betriebssysteme auch unterschiedliche Darstellungsformen auf den Geräten einher und diese können als Störvariablen zu unterschiedlichem Antwortverhalten führen, was natürlich unerwünscht ist. Trotzdem steckt in der Nutzung des digitalen Raumes ein großes Potential für Forschung und auch für die Praxis. Eine Heilpädagogin, die ihrem Klienten über den Tag verteilt Erinnerungen zur Übung schicken kann, hat gute Chancen, die Effektivität der Übungen zu steigern.

Ein- und mehrfaktorielle sowie uni- und multivariate Experimente

Diese Begrifflichkeiten beziehen sich auf die schon bekannte unabhängige Variable (uV) und abhängige Variable (aV).

Zur Erinnerung: Die unabhängige Variable (uV) ist immer ein Merkmal, welches der Forscher verändert, um dann den davon abhängigen Effekt (die sogenannte abhängige Variable = aV) zu untersuchen.

Das Beispiel für die Heilpädagogik war, dass eine Intervention (eine heilpädagogische Maßnahme = uV) und ihr Effekt auf eine Verhaltensweise (z. B. das Lesefähigkeit = aV) untersucht wird.

Der Begriff *faktoriell* bezieht sich auf die unabhängige Variable.

Es kann sein, dass den Forscher nicht nur eine unabhängige Variable interessiert, sondern mindesten zwei oder gar mehrere. Vielleicht will der Forscher herausfinden, ob die Intervention A besser als die Intervention B oder C ist. In so einem Fall spricht man von einem multifaktoriellen Experiment (vgl. in Kapitel 5.2 die Untersuchung mit zwei Computerprogrammen). Falls nur eine unabhängige Variable Gegenstand der Untersuchung ist, spricht man vom einfaktoriellen Experiment. Zum Wesen des Experiments in der Forschung gehört, dass man eher wenige Variablen untersucht. Je mehr Variablen im Spiel sind, desto schwieriger ist es, eine eindeutige Ursachen-Wirkungs-Beziehung zu identifizieren.

Der Bezug zur Praxis der Heilpädagogik wird hier besonders durch die Bedeutung von dem Begriff *faktoriell* gesucht, denn in der (Heil-)Pädagogik geht man bei vielen Phänomenen davon aus, dass es nicht nur eine Ursache (= unabhängige Variable) gibt, sondern deren mehrere, es also eine mehrfaktorielle Ursachenerklärung gibt. Allein die Anlage vs. Umwelt Diskussion in der für die Heilpädagogik wichtigen Entwicklungspsychologie (Siegler et al., 2016) deutet auf diese Ursachenvielfalt hin (vgl. drittes Kapitel die Theorien (A) und (B) zum Einfluss von Anlage vs. Umwelt). Und auch im Bereich der Interventionen ist eine Vielfalt der Variablen realistisch. Für die Psychotherapie wird diskutiert, welche unabhängigen Variablen für eine erfolgreiche Behandlung (= abhängige Variable) ausschlaggeben ist. Die Variable *Intervention* (als Technik) erklärt dabei einen wesentlichen Teil. Die unabhängige Variable *Beziehungsgestaltung* ist offensichtlich in mindestens ähnlichem Maße für den Erfolg der Therapie verantwortlich (Grawe, 1998). Überträgt man diese Diskussion auf die Heilpädagogik, ergibt sich eine mehrfaktorielle Erklärung für die Wirksamkeit von heilpädagogischem Handeln.

Dagegen bezieht sich der Begriff *variat* im Zusammenhang mit dem Experiment auf die abhängige Variable und meint, dass eine Wirkung (= univariat) oder mehrere Wirkungen (= multivariat) untersucht wird.

Heilpädagoginnen kennen wahrscheinlich viele Handlungsergebnisse, die eine multivariate Dimension haben, im Positiven wie im Negativen.

So kann eine erfolgreiche Intervention im Bereich Lesevermögen nicht nur die Variable im engeren Sinne betreffen (also die Leseleistung), sondern auch positive Auswirkungen auf die Variable *Emotion* haben. Wenn Kinder stolz auf ihre Leistung und auf ihre neu hinzugewonnene Kompetenz sind, ist diese multivariate Wirkung (Lesekompetenz + Emotion) erwünscht und oft auch ein Ziel des heilpädagogischen Handelns. Kann aber auch sein, dass die Intervention einen unerwünschten Effekt mit sich bringt. Selbst wenn die Lesekompetenz durch die Intervention gesteigert wird, kann es sein, dass sich die Emotion dazu negativ entwickelt, weil vielleicht die Wahrnehmung für das Defizit beim Kind durch die Intervention sensibilisiert wurde und es sich deswegen schämt. Solche multivariaten Fragestellungen (Welche Auswirkungen hat die Intervention auf Lesekompetenz und Emotion?) werden von der empirischen Sonderpädagogik experimentalmethodisch untersucht und interessieren die Heilpädagogin besonders im Einzelfall.

Weitere Forschungsdesigns

Abschließend seien noch zwei Begriffe kurz dargelegt, die gerne als Untersuchungsdesigns in den Sozialwissenschaften bezeichnet werden. Es handelt sich um das *Querschnittsdesign* und das *Längsschnittdesign*. Diese Designs ordnen ein Forschungsprojekt hinsichtlich einer zeitlichen Dimension. Mit „Querschnitt" meint man, dass viele Einzeluntersuchungen z. B. an verschiedenen Personen einer Gruppe zeitgleich gemacht werden. Der „Schnitt" durch die Stichprobe aller untersuchten Personen geht z. B. quer durch ihr Altersspektrum. Man untersucht dann eine Gruppe von Sechs-, Sieben-, Acht- und Neunjährigen gleichzeitig zu ihrer Lesefähigkeit und versucht, so die Entwicklung der Lesefähigkeit im Grund- oder Primarschulalter zu erfassen, indem man die Fähigkeit zwischen den Altersgruppen vergleicht.

Im Längsschnittdesign würde man z. B. eine Gruppe von Kindern nicht nur zu einem Zeitpunkt, sondern zu vielen Zeitpunkten über vier Jahre hinweg beobachten und so versuchen, die Entwicklung der Lesefähigkeit zu erfassen.

Die Querschnittsstudie ist im Vergleich zur Längsschnittstudie insofern zeitökonomisch, weil man für die Erfassung von Entwicklung nicht so eine lange Zeit braucht, sondern nur einen Zeitpunkt untersucht und trotzdem eine Entwicklung im Vergleich zwischen den Altersgruppen beobachten kann. Allerdings hat die Querschnittsuntersuchung Nachteile. Ein Nachteil ist, dass man weniger Chancen hat, individuelle Entwicklungsverläufe zu entdecken. Wenn man zwei Altersgruppen vergleicht, ist es wahrscheinlich, dass die Älteren schneller lesen können als die Jüngeren. Unter Umständen ist die Entwicklung zum schnelleren Lesen aber bei unterschiedlichen Kindern auch ganz unterschiedlich verlaufen und sie haben sehr individuelle Strategien, wie sie ihre Lesegeschwindigkeit steigern. Solche qualitativ unterschiedlichen

Entwicklungsverläufe fallen bei Querschnittsstudien eher unter den Tisch als bei Längsschnittstudien.

Praktisch tätige Heilpädagoginnen interessieren sich für beide Perspektiven. Der zeitliche Querschnitt hilft ihnen, die Fähigkeiten zwischen den Altersgruppen als Hinweis für eine altersnormgerechte Entwicklung von einzelnen Kindern zu begreifen, und die längsschnittliche Perspektive ist ihnen insbesondere wichtig, um den individuellen Entwicklungsverlauf eines Klienten nachvollziehen zu können.

Aufgabe: Kreuzen Sie die richtigen Aussagen an

1. Im sozialwissenschaftlichen Experiment werden Störvariablen identifiziert.
2. Die abhängige Variable heißt so, weil sie von der unabhängigen Variablen abhängig ist.
3. Mit dem Experiment kann man Ursache-Wirkungs-Zusammenhänge identifizieren
4. Der Begriff „variat" bezieht sich auf die aV und der Begriff „faktoriell" auf die uV im Experiment.
5. Beim Experiment achtet man darauf, dass möglichst viele Variablen untersucht werden.
6. Die Kontrolle von vielen Störvariablen kennzeichnet ein „echtes" sozialwissenschaftliches Experiment.

Anregungen zur Vernetzung

Die Beschreibung einer Untersuchung zur Beantwortung der Frage *Welches Computerprogramm ist besser?* in Kapitel 5.2 kann als ein experimentelles Design aufgefasst werden. Welches Design würden Sie der Untersuchung zuordnen?

Lösungsvorschläge finden Sie im Anhang 6.1

7. Die Einzelfallstudie in Forschung und Praxis

Stellen Sie sich eine Arbeitswoche als selbstständige oder angestellte Heil- bzw. Sonderpädagogin vor:

Da Sie sich durch Ihren Arbeitsort (Regelschule, Sonderschule, Fachstelle, eigene Praxis etc.) insbesondere mit Verhaltensproblemen und Leserechtschreibstörungen beschäftigen, haben Sie sich in dieser Woche um ca. 20 Fälle mit diesen Schwerpunkten (oder anderen Schwerpunkten) gekümmert. Sie hatten direkten Kontakt mit den Betroffenen und haben dabei mit ihnen am vermeintlichen Defizit gearbeitet (z. B. Übung zur Verbesserung der Lesegeschwindigkeit oder Rollenspiel zum Abbau von sozialer Angst), aber auch Gespräche geführt und viel zugehört, haben deren Angehörige und Lehrpersonen beraten, waren auch einmal im Unterricht der Schulklasse eines Ihnen anvertrauten Kindes (oder vielleicht bei der Arbeitsstelle eines Erwachsenen) etc.

Sie dokumentieren standardmäßig jeden Kontakt mit den Betroffenen oder den Bezugspersonen durch kurze qualitative Notizen. Ihre Verlaufsdokumentation enthält eine kurze Beschreibung der Handlung (z. B. Darstellung der Intervention, des Gesprächs etc.) samt dem Ergebnis. Heute steht außerdem an, für einige Fälle einen Bericht in Briefform zu verfassen. Im ersten Brief stellen Sie den Verlauf Ihrer heilpädagogischen Interventionen eines Falles gegenüber einer übergeordneten Stelle (z. B. Schulleitung oder Kostenträger) dar, ein anderer Brief geht an eine Kollegin, die einen Fall von Ihnen übernimmt, ein dritter Brief an eine Psychologin, die mit Ihnen zusammen einen Fall betreut. Solche Berichte an Kolleginnen im interdisziplinären Team schreiben Sie routinemäßig, um den Verlauf des vergangenen Zeitraums darzulegen. Für einen Klienten haben Sie in Ihrem Kalender die Durchführung eines standardisierten Testverfahrens eingetragen. Der heilpädagogische Auftrag für diesen Fall neigt sich dem Ende zu und Sie wollen zum Abschluss die erreichten Veränderungen dokumentieren und mit dem Ergebnis des Eingangstests vergleichen. Sie sind gespannt, ob sich die Ergebnisse zwischen den Testzeitpunkten in den einzelnen Bereichen (bei LRS z. B. Lesegeschwindigkeit oder Lesesinnverständnis) unterscheiden, denn Sie haben bei diesem Kind ein neues Material angewandt, von dem Sie überzeugt sind. Sie vermuten, dass sich dieses neue Material positiv auf den Lerneffekt ausgewirkt hat.

Auch wenn die angenommenen Inhalte (Leserechtschreibstörung und Verhaltensproblem) beispielhaft gemeint und insofern austauschbar sind: Ist dies eine verkürzte, aber annäherungsweise durchaus realistische Beschreibung Ihrer Arbeitswoche?

Dann sind Sie potentielle Praxisforscherin und können mit anderen Kolleginnen, die ihre Praxis ähnlich dokumentieren und reflektieren, an einem Forschungsprojekt teilnehmen, welches mit Designs der *Einzelfallstudie* arbeitet. Was sich dahinter verbirgt¨ erfahren Sie in den folgenden Ausführungen. Zuvor noch eine Kurzdefinition von Praxisforschung: Sie ist im Wesentlichen dadurch gekennzeichnet, dass der situative Kontext der Forschung der Realität entspricht und nicht einer künstlich geschaffenen Situation, wie das bei der Laborforschung geschieht. Dazu gehört auch, dass die praktizierende Fachperson als Teil der realistischen Situation in die Rolle der Forscherin schlüpft oder zumindest einen Teil der Forschungsarbeit mitgestaltet. Sie ist Teil eines Forschungsprojektteams, welches Praxisforschung betreibt. Die Trennung zwischen Forschung und Praxis wird dadurch (teilweise) aufgehoben.

7.1 Qualitative und quantitative Einzelfallstudie im Vergleich

(Einzel-)Fallstudien können in unterschiedlicher Form angelegt sein (Petermann, 1996a und b). Ganz grob wird in eine *qualitative Einzelfallstudie* (Flick et al., 2012) und eine *kontrolliert-quantitative Einzelfallstudie* (Julius et al. 2000; Reicherts & Genoud, 2015) differenziert. Letztere wird meist auch nur *kontrollierte Einzelfallstudie* genannt, ist aber klar dem sogenannten quantitativen Paradigma der Sozialwissenschaft verpflichtet.

Da Sie als Leserin der vergangenen Kapitel schon viel über qualitative und quantitative Sozialforschung kennengelernt haben, wird Ihnen vieles von dem, was im Folgenden über die Einzelfallstudie beschrieben wird, bekannt vorkommen und es wird im Text viele Querverweise zu vorhergehenden Kapiteln geben.

Die qualitative Einzelfallstudie

Insbesondere die qualitative Einzelfallstudie ist ihrem Wesen nach und in ihrem methodischen Vorgehen eigentlich schon dargelegt worden, denn qualitative Forschung an sich bezieht sich traditionellerweise auf die Fallstudie. In dem zweiten Kapitel zur Datenerhebung wurden die Befragungsformen und die Beobachtungsformen immer wieder den Paradigmen (qualitativ vs. quantitativ) zugeordnet. Dabei wurden die offenen Formen (z. B. narratives Interview oder schwach strukturierte Beobachtung) als charakteristisch für die qualitative Sozialforschung benannt. In dem Kapitel 5.1 zur Aufbereitung und Auswertung von Daten wurde die qualitative Inhaltsanalyse recht ausführlich dargelegt.

Diese Erhebungs- und Auswertungsmethoden entsprechen dem Anspruch an Ganzheitlichkeit bzw. der systemischen Betrachtung des Menschen in seiner Einzigartigkeit und werden im Rahmen der qualitativen Form der Einzelfallstudie realisiert.

Der Fall muss sich nicht auf eine einzelne Person beschränken, sondern kann auch als eine Einheit von mehreren Personen begriffen werden, die sich in ganz bestimmten Merkmalen gleichen. So kann eine ganze Schule und all die Menschen, die als Schüler, Lehrer etc. in dieser Institution arbeiten und lernen als ein Fall betrachtet werden. Genauso kann auch eine heilpädagogische Praxis mit den dort arbeitenden Fachkräften oder eine einzelne heilpädagogische Intervention mit den beteiligten Personen (Klient, Bezugspersonen, Heilpädagogin) als ein Fall betrachtet werden.

Die Abbildung 7.1.1, welche aus der Systemtheorie (Bronfenbrenner, 1993, entnommen aus Kasten, 2014) entliehen ist, wurde schon als Metapher für die explikative Inhaltsanalyse verwandt (vgl. Abb. 5.1.2), weil die Sichtweise über das Individuum hinaus erweitert wird, um den einzelnen Menschen zu verstehen. Jetzt ist die Abbildung eine Metapher für die qualitative Einzelfallstudie an sich. Die Abbildung 7.1.1 zeigt die unterschiedlichen Abstraktionsmöglichkeiten der Fallbetrachtung und schlägt dafür die Begriffe Mikro-, Meso-, Exo- und Makrosystem vor.

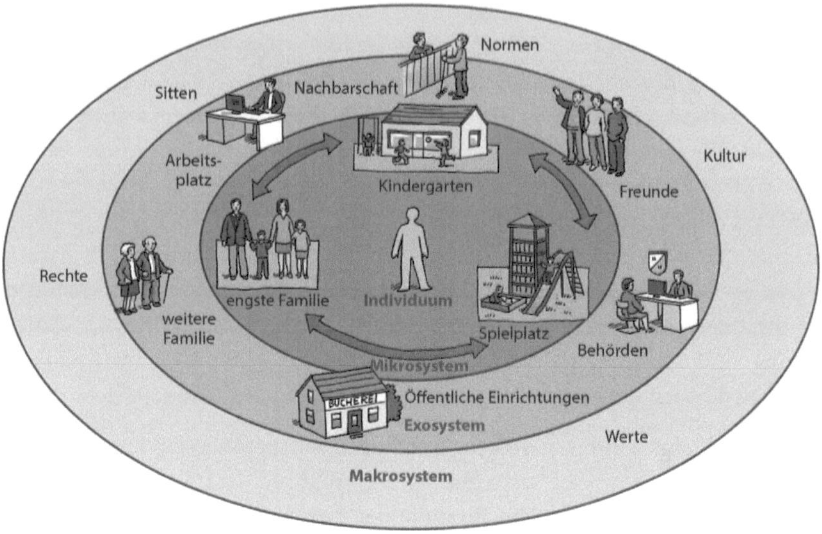

Abb. 7.1.1: Metapher aus der Systemtheorie (Bronfenbrenner, 1993) für die qualitative Einzelfallstudie (aus Kasten, 2014, S. 76; mit freundlicher Genehmigung des Verlags Europa Lehrmittel)

Einzelfälle können auf allen Systemebenen definiert werden. In den zuvor genannten Beispielen könnte man den Einzelfall der Schule auf der Mesoebene oder zwischen Meso- und Exosystem ansiedeln und den Einzelfall im Rahmen einer heilpädagogischen Intervention eher auf der Mikroebene. Gesellschaftliche Fragestellungen, die insbesondere von der Soziologie beforscht werden, sind zwischen Exo- und Makroebene angesiedelt und können trotzdem als Einzelfall betrachtet werden. Das Wesen der qualitativen Einzelfallstudie ist aber immer die systemüberschreitende Betrachtung. Es wird z. B. versucht, das Individuum (Mikroebene) in seinem familiären Kontext (Mesoebene) und auch in seiner Eingebundenheit in eine Institution wie der Schule (Exosystem) zu verstehen. Qualitative Einzelfallstudien sind ihrem Wesen nach also systemüberschreitend und systemintegrierend und damit *ganzheitlich.*

Dieses Wesensmerkmal der qualitativen Einzelfallstudie spiegelt sich auch in den Methoden wider, welche die Sozialforscher benutzen. Das sogenannte *narrative Interview* als Prototyp der qualitativen Datenerhebung ist sehr offen angelegt. Der Interviewer versucht, durch aktives und empathisches Zuhören die umfassende Perspektive des Interviewten zu verstehen. Auch das *Leitfadeninterview* ist geprägt durch diese Offenheit, wenn auch im Leitfaden Themen auftauchen, die das Gespräch leiten sollen. Die Themen im Leitfaden sind immer aus der interessierenden Fragestellung abgeleitet und stellen letztendlich eine Differenzierung derselben dar (vgl. Kapitel 2.2).

Datenauswertung und -interpretation sind in der qualitativen Forschung schwer zu trennen und haben die Aufgabe, ein Kondensat des ganzheitlichen Verstehens in Form von nachvollziehbaren Kategorien zu erzeugen. Sie gelten in der Forschung als Teil von begründeten Hypothesen und haben zunächst nicht den Anspruch verallgemeinerbar zu sein. Sie gelten für den untersuchten Einzelfall und haben einen eher subjektiven Charakter. Auf die Situation der Forschung in Heil- und Sonderpädagogik bezogen bedeutet das: Die Kategorien sind als Hauptaussagen des subjektiven Empfindens und Erlebens von Klienten, Bezugspersonen und Heilpädagoginnen zu betrachten. Qualitative Einzelfallforschung bemüht sich aber um intersubjektive Nachvollziehbarkeit, indem z. B. die Daten eines Interviews von zwei unabhängig voneinander agierenden Auswerterinnen interpretiert werden und bei fehlender Übereinstimmung nach den Gründen dafür gesucht wird.

Die quantitativ-kontrollierte Einzelfallstudie

Der Gegensatz zwischen der oben beschriebenen qualitativen und der nun im Folgenden dargestellten quantitativen Form von Einzelfallstudie ist zunächst groß. Zwar kann der Fall in der quantitativ-kontrollierten Studie sich auch auf größere Einheiten beziehen (Personengruppen oder Institutionen), jedoch findet man eher eine Konzentration auf einzelne Personen und zudem auf einzelne Variablen. Die Abbildung 7.1.2, welche von Beushausen (2014) entlehnt ist, soll diese Konzentration veranschaulichen.

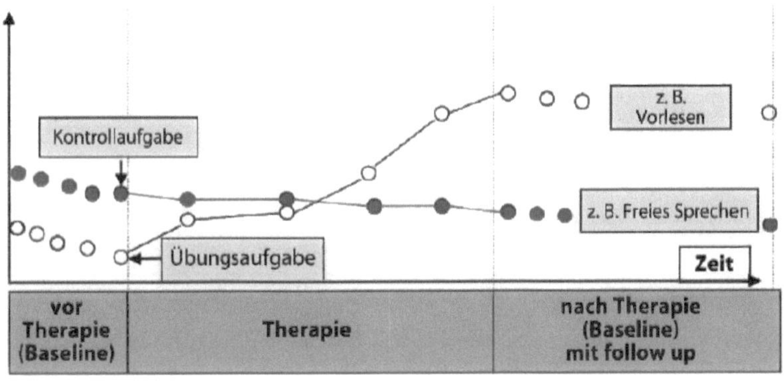

Abb. 7.1.2: Prototypischer Aufbau einer einfachen quantitativ-kontrollierten Einzelfallstudie (aus Beushausen, 2014, S. 101)

Betrachtet werden in Abbildung 7.1.2 zwei messbare, sprachliche Teil-Leistungen eines Klienten, mit dem Lesefähigkeit geübt wird. Es geht um die Variablen *Vorlesen* und *freies Sprechen*. Beide Variablen werden u. a. durch die Lesegeschwindigkeit mit Anzahl von Wörtern pro Zeiteinheit operationalisiert (= messbar gemacht). Die Variablen werden mehrmals gemessen, und zwar vor der Therapie, währenddessen und nach der Therapie. Die häufigen Messungen zeigen einen Verlauf der Leistung über diese drei Phasen hinweg. Man spricht auch von *Messreihe*. Im Vergleich zwischen der geübten *Experimentalvariablen Vorlesen* und der nicht geübten *Kontrollvariablen freies Sprechen* liegt das Potential der Entdeckung eines objektiven Ursachen-Wirkungs-Zusammenhangs (vgl. Kapitel 6 zum Experiment). Es geht darum, ob eine Intervention (hier eine Übung zum Lesen) als Ursache für eine Verhaltensänderung bzw. Wirkung (hier die gesteigerte Lesegeschwindigkeit) betrachtet werden kann.

Die quantitativ-kontrollierte Einzelfallstudie verfolgt das Prinzip eines experimentellen Settings und isoliert dafür wenige Variablen aus dem komplexen Verhalten und Erleben ihrer Versuchspersonen. Die Methoden dieser Form der Einzelfallstudie sind demensprechend geprägt von der Messbarkeit des Verhaltens. Es wird z. B. Geschwindigkeit gemessen oder es werden Häufigkeiten gezählt oder Leistungen skalierend eingeschätzt (z. B. niedrig – mittel – hoch) bzw. mit Zahlen belegt wie 0 für keine Leistung und 100 für maximale Leistung.

Die Erhebungsmethoden sind oft Fragebögen mit geschlossenen Antwortformaten (siehe Beispiel mit der Skalierung) und auch Beobachtungen werden so operationalisiert, dass sie sich auf wenige Variablen begrenzen und diese mit genau vorab festgelegten Skalen erfasst werden (vgl. Kapitel 2.1 und 2.2). Die Auswertungs- und Interpretationsmethoden sind ebenfalls von der Quantifizierung geprägt. Es kommen statistische Verfahren zum Einsatz, welche den Verlauf einer Leistung deskriptiv darstellen (wie oben durch ein Liniendiagramm) oder auch inferenzstatistisch auf Signifikanz (vgl. Kapitel 5.2) prüfen können. Mit Letzterem wird versucht, einen gefundenen Ursache-Wirkungs-Zusammenhang von einem zufällig entstandenen Zusammenhang abzugrenzen.

Wie oben schon erwähnt wird diese Form der Einzelfallstudie manchmal „*kontrollierte* Einzelfallstudie" genannt. Das trifft das Wesen des Vorgehens sehr gut, da es im Kern um die Kontrolle der Variablen geht, damit man so genau und zuverlässig (= reliabel) wie möglich und frei von sogenannten Störvariablen einen Ursachen-Wirkungs-Zusammenhang mit hoher Wahrscheinlichkeit nachweisen kann.

Es geht darum, eine Hypothese zu prüfen. Im Falle der Wirksamkeitsforschung in der Heilpädagogik bezieht sich die Hypothese u. a. auf die Wirksamkeit einer Intervention. Subjektiv ist diese Form von Wirksamkeitsforschung, weil sich der vermeintlich belegte Ursachen-Wirkungs-Zusammenhang nur auf ein Subjekt bzw. einen Fall bezieht. Die Verallgemeinerbarkeit über die in einem Fall agierenden Subjektkonstellation (z. B. Klienten, Bezugspersonen, Therapeutinnen) hinaus ist schwierig. Es könnte ja sein, dass bei einer anderen Heilpädagogin die Intervention nicht gewirkt hätte. Noch schwieriger wird die Verallgemeinerung, wenn man von dem einen untersuchten Fall auf viele Fälle schließen will. Was für diesen einen Fall gegolten hat, muss nicht zwangsläufig auch für andere Fälle gelten. Der Anspruch der Wirksamkeitsforschung in der Heil- bzw. Sonderpädagogik, dass ein sonderpädagogischer Ansatz im Allgemeinen (also für viele Fälle) gilt, wird mit dieser einfachen Form der Einzelfallstudie kaum erfüllt.

Im Folgenden werden Differenzierungen der quantitativ-kontrollierten Einzelfallstudie dargestellt, mit denen dieser Anspruch besser erfüllt werden kann. Zuvor wird durch Tabelle 7.1.3 die bisher formulierten Wesensmerkmale von quantitativer und qualitativer Einzelfallstudie stichwortartig unter Rückgriff auf die metaphorischen Veranschaulichungen aus den Abbildungen 7.1.1 und 7.1.2 zusammengefasst.

<table>
<tr><th colspan="2">Einzelfallstudie</th></tr>
<tr><th>Qualitative Form</th><th>Kontrolliert-quantitative Form</th></tr>
<tr><td>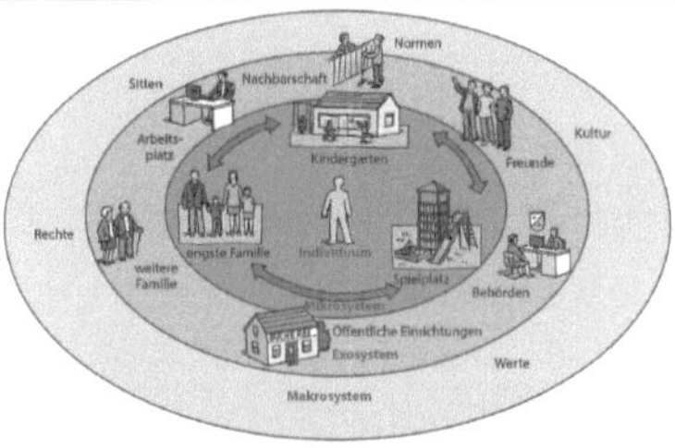

Das ganzheitlich in seiner Umwelt betrachtete Individuum aus der Systemtheorie als Metapher für die qualitative Einzelfallstudie (aus Kasten, 2014, S. 76)</td><td>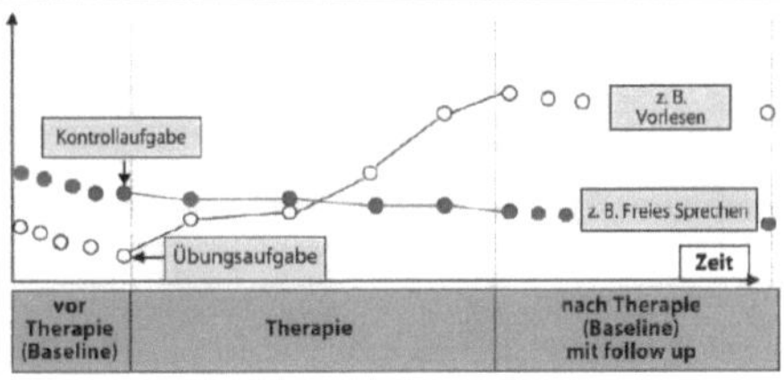

Die kontrollierte Messung von wenigen Variablen im Zeitverlauf als Prototyp für die kontrolliert-quantitative Einzelfallstudie
(aus Beushausen, 2014, S. 101)</td></tr>
<tr><td>Datenerhebung:
• Eher offene Befragungs- und Beobachtungsformen
→ Narratives Interview
→ Leitfadeninterview
Datenauswertung:
• Qualitative Kategorien

Dateninterpretation:
• Idiographisch ganzheitlich verstehend
• Hypothesen-generierend
• Qualitativ beschreibend
• Subjektiv bei großem Bemühen um intersubjektive Nachvollziehbarkeit
• Ergebnis kaum verallgemeinerungsfähig auf andere Fälle</td><td>Datenerhebung:
• Eher geschlossene, hochstrukturierte Befragungs- und Beobachtungsformen
→ Fragebogen
→ Standardisierte Aufgaben oder Tests
Datenauswertung:
• visuelle Analyse
• Statistische Auswertung
Dateninterpretation:
• Idiographisch auf einzelne Variablen konzentriert
• Beschreibung und Erklärung von Ursachen-Wirkungs-Zusammenhang
• Hypothesenprüfend durch experimentelles Design
• Subjektiv bei großem Bemühen um Reliabilität (= Genauigkeit bzw. Zuverlässigkeit)
• Ergebnis wenig verallgemeinerungsfähig auf andere Fälle</td></tr>
</table>

Tab. 7.1.1: Zusammenfassender Vergleich zwischen qualitativer und kontrolliert-quantitativer Einzelfallstudie

Differenzierung der quantitativ-kontrollierten Einzelfallstudie

Vor der Differenzierung der „einfachen“ kontrollierten Einzelfallstudie wird an dieser Stelle eine neue Darstellungsform erklärt.

Abbildung 7.1.3 überführt die bisher besprochene Einzelfallstudie mit der Darstellung von oben aus Beushausen (2014) in eine tabellarische Darstellungsform.

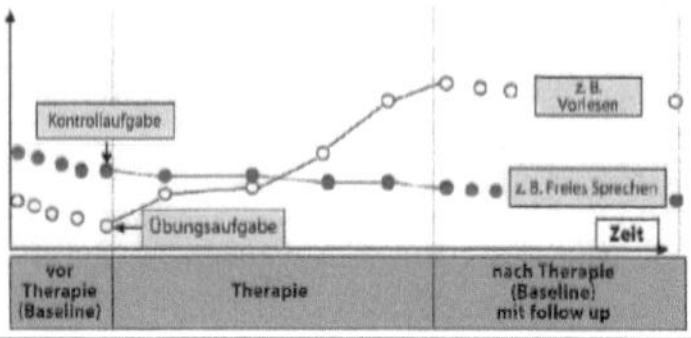

=

Kontrollierte Einzelfallstudie mit zwei abhängigen Variablen	Varianz zwischen den Messzeitpunkten									
	A			B			A			ABAB …
	Vorher Baseline			Während Intervention			Nachher Baseline			
	T1	2	3	4	5	6	7	8	9	Tn
	AV 1 und 2			UV 1 AV 1 und 2			AV 1 und 2			
EinzelFall1										

Abb. 7.1.3: Rechts die tabellarische Form der kontrollierten Einzelfallstudie mit wenigen Variablen und den Phasen A und B

Die Überführung bringt eine für die kontrollierte Einzelfallstudie übliche terminologische Ergänzung. Man spricht von der Phase A oder auch von der *Baseline-Phase*, wenn während dieses Zeitraumes keine Interventionen stattfinden. Die Phase mit Interventionen wird mit Phase B benannt. Die T1, T2 … Tn stehen für Messzeitpunkte der Messreihe. Es gibt verschiedene Möglichkeiten der Phasenaneinanderreihung. Die einfachste Aneinanderreihung ist die Reihe BA ohne Messungen vor der Intervention. Dies entspricht einem One-Shot-Design der von Shadish et al. (2002) vorgeschlagenen Formalisierung der experimentellen Designs (vgl. Kapitel 6). Bei der Reihe AB fehlt die Messung nach der Intervention. Es können auch mehrere Phasen hintereinander geschaltet werden, z. B. ABABA, was einer sogenannten *intermettierenden Interventionsform* (= mit Unterbrechungen) entspricht. Die tabellarische Darstellungsform erleichtert hoffentlich die nachfolgende Differenzierung der kontrollierten Einzelfallstudie. Für jede Differenzierung hat die Sozialwissenschaft eigene Begrifflichkeiten erschaffen. Das macht das Verstehen zunächst nicht einfacher, allerdings geht es bei genauem Hinsehen um Sachverhalte, die der heilpädagogischen Praxis durchaus entsprechen. Insofern lohnt sich die Auseinandersetzung mit diesen neuen Begriffen, weil man damit die Denkweise der Forschung in die Praxis der Heilpädagogik überführen kann.

Multiple-Baseline-Design der kontrollierten Einzelfallstudie

Das Multiple-Baseline-Design unterscheidet sich durch die *Variablenvielfalt* von der vorhergehenden einfachen Form. Es können mehrere abhängige Variablen (aV) und damit einhergehende unabhängige Variablen (uV) Gegenstand der Einzelfallstudie sein. Übertragen auf die Praxis der Heilpädagogik heißt dies nichts anderes, als dass nicht nur eine heilpädagogische Maßnahme (= uV) in einem Zeitraum unternommen wird, sondern mehrere und dass man die einzelnen Effekte (aVs) dieser Maßnahmen messen will. Es könnte z. B. sein, dass eine Sonderpädagogin neben dem Lesetraining (uV1 mit entsprechender aV1) auch die Rechtschreibung (uV2 mit entsprechender aV2) übt und daneben auch die Konzentration (uV3 mit entsprechender aV3) extra fördert und zusätzlich Elternberatung (uV4 mit entsprechender aV4) anbietet. Schon hat man die angesprochene Variablenvielfalt.

Die meisten Einzelfallstudien im Multiple-Baseline-Design gehen dabei mit einer Nacheinander-Logik der Experimental-Variablenreihung vor. Das heißt, dass die Experimentalvariablen (= aVs) nicht gleichzeitig in einer Baseline bestimmt und auch die dazugehörigen Interventionen (= uVs) nicht gleichzeitig durchgeführt werden, sondern nacheinander. Dieses forschungsmethodische Vorgehen soll die Vermischung der Effekte von unterschiedlichen Interventionen und ihre gegenseitige Störung auf die Identifikation des Ursachen-Wirkungs-Zusammenhangs verhindern. Leider ist dieses Vorgehen wenig praxisnah, denn in der Heilpädagogik existieren wahrscheinlich meist mehrere Interventionen nebeneinander. So wird z. B. die Elternberatung i. d. R. parallel zur symptomorientierten Übungstherapie des Lesens oder Rechtschreibens angeboten. Tabelle 7.1.2 veranschaulicht das Wesen des Multiple-Baseline-Designs durch die Häufung der Variablen, ausgedrückt durch die Ziffern 1,2,3,4,5,n. Dies soll die Variablenvielfalt hervorheben. Auf die praxisferne Nacheinander-Logik in der Abfolge der Variablen wurde in der Darstellung verzichtet.

Kontrollierte Einzelfallstudie im Multiple Baseline Design	**Varianz zwischen den Messzeitpunkten**									
	A			**B**			**A**			**ABAB …**
	Vorher Baseline			Während Intervention			Nachher Baseline			
	T1	2	3	4	5	6	7	8	9	Tn
	AV 1,2,3,4,5,n			UV 1,2,3,4,5,n AV 1,2,3,4,5,n			AV 1,2,3,4,5,n			
EinzelFall1										

Tab. 7.1.2: Multiple-Baseline-Design der kontrollierten Einzelfallstudie mit der kennzeichnenden Variablenvielfalt

Kontrollierte Einzelfallstudie im psychometrischen Ansatz

Diese Form der kontrollierten Einzelfallstudie verzichtet auf eine Messreihe über die Phasen hinweg und setzt normierte Testverfahren vor und nach der Intervention ein. Statt des Vergleichs zwischen den Messzeitpunkten stellt die Normierungsstichprobe der Tests eine Vergleichsebene für den Einzelfall dar. Man könnte auch sagen, dass die Messreihe eine vergleichende Bewertung auf Ebene der *individuellen Bezugsnorm* erlaubt und der Einsatz von Tests eine vergleichende Bewertung auf Ebene der *sozialen Bezugsnorm*. Die individuelle Bezugsnorm bezieht sich auf Messwerte einer Messreihe, die nur von einem Individuum stammen und miteinander verglichen werden. Die soziale Bezugsnorm bezieht sich auf Messwerte, die auf einer sozialen Ebene, also von mehreren Menschen, erhoben wurden und miteinander verglichen werden. In anderen Worten: Bei einem Test wird das Ergebnis eines einzelnen Menschen mit den Ergebnissen vieler anderer Menschen (= Normstichprobe) verglichen. Daher geschieht die Einordnung des Ergebnisses eines Einzelnen auf sozialer Ebene mit den Ergebnissen von anderen, die ebenfalls getestet wurden. Beide Bezugsnormen bringen die für die statistische Auswertung so wichtige Varianz (= Streuung von Messwerten, vgl. Kapitel 5.2) und damit die Möglichkeit, die Intervention (= uV) als nicht nur zufällige, sondern systematische Wirkung auf die abhängige Variable (= aV) zu identifizieren.

Der psychometrische Ansatz hat einen wichtigen Vorteil. Er ist ökonomisch und wahrscheinlich praxisnah. Die praktizierende Heil- oder Sonderpädagogin, welche ihre Eingangs- und Abschlussdiagnostik mit Hilfe von normierten Tests betreibt, erfüllt die Anforderungen dieses Designs. Außerdem liefert ein Test i. d. R. eine Variablenvielfalt innerhalb des interessierenden Konstrukts. So bestehen Tests, die das Konstrukt *Leserechtschreibleistung* messen in der Regel aus vielen Items, die innerhalb des Konstrukts dessen Unterkategorien (z. B. Wahrnehmungsfehler, Merkfehler, Regelfehler) in ihrer Ausprägung bestimmen. Die Variablenvielfalt gilt auch für die Intervention. Es können viele unabhängige Variablen eingesetzt werden und auch deren Kombination, Reihenfolge oder Gewichtung ist i. d. R. nicht zwingend festzulegen. So können praxisnahe Variationen von sonderpädagogischen Interventionsansätzen trotz einer gewissen Flexibilisierung in der Ausgestaltung durch die Heilpädagogin oder trotz einer Anpassung an die individuellen Bedürfnisse des Klienten verglichen werden. Entscheidend ist der Output (= abhängige Variable) und dieser wird durch den Vergleich zwischen den zwei Testzeitpunkten T1 und T3 relativ unabhängig vom Zufall gemessen. Tabelle 7.1.3 veranschaulicht die kontrollierte Einzelfallstudie im psychometrischen Ansatz.

Kontrollierte Einzelfallstudie im psychometrischen Ansatz	**Unterschied zwischen den Messzeitpunkten T1 und T3**			
	A	**B**	**A**	**ABAB ...**
	Vorher Baseline T1	Während Intervention T2	Nachher Baseline T3	Tn
	Normierter Test		Normierter Test	
	aV 1, 2, 3, 4, n = Viele Items eines Tests	uV 1, 2, 3, 4, n Bündel von Interventionen bilden einen Therapieansatz	aV 1, 2, 3, 4, n = Viele Items eines Tests	
EinzelFall1				

Tab. 7.1.3: Kontrollierte Einzelfallstudie im psychometrischen Ansatz mit normierten Tests und Variablenvielfalt in der Messung des Therapieerfolgs und der therapeutischen Intervention

Die kumuliert-kontrollierte Einzelfallstudie

Das Wesen der kumulierten Einzelfallstudie besteht in der Anhäufung von vielen Einzelfallstudien, die miteinander verglichen werden können. Die Vergleichbarkeit setzt voraus, dass die Studien sich in der Fragestellung und auch in der Durchführung gleichen.

Gewollte Variabilität herrscht dagegen in allen Merkmalen, die einzigartig für einen Fall sind wie z. B. der sozio-ökonomische Status oder das Geschlecht der Klienten, die Berufserfahrung der Heilpädagoginnen oder das Alter der Bezugspersonen. Durch die Anhäufung der Einzelfälle besteht die Chance, dass sich solche spezifischen Merkmale über die Betrachtung von vielen Fällen hinweg nivellieren und nur der reine Effekt der heilpädagogischen Maßnahme sichtbar wird.

In der Kumulation steckt also die Chance der Verallgemeinerbarkeit. Es kann vom Einzelfall abstrahiert und die Wirkung einer Intervention für viele Fälle dargestellt und gegen zufällige oder störende Effekte abgegrenzt werden. Dieses Potential der kumulierten Einzelfallstudie entspricht dem Anspruch der Wirksamkeitsforschung, wenn sie heil- und sonderpädagogische Ansätze, -modelle oder -programme auf ihre Wirksamkeit hin prüfen will. In der Tabelle 7.1.4 wird die kumulierte Einzelfallstudie in einer Form dargestellt, welche wenig Variablen (= einfache Interventionen) zum Gegenstand haben.

Kumulierte (auch manchmal multiple, aggregierte genannt) Einzelfallstudie (der Begriff „Multilevel-analyse“ ist ebenfalls gebräuchlich, bezieht sich aber eher auf die Auswertung)		**Varianz zwischen den Messzeitpunkten**									
		A			**B**			**A**			**ABAB …**
		Vorher Baseline			Während Intervention			Nachher Baseline			
		T1	2	3	4	5	6	7	8	9	Tn
Varianz zwischen den Fällen		AV 1			UV 1 und AV 1			AV 1			
	EinzelFall 1										
	EF 2										
	EF 3										
	EF 4										
	EF 5										
	EF 6										
	EF 7										
	EF 8										
	EF 9										
	EF n										
Ergebnisse einer Gruppe von Einzelfällen = Verallgemeinerung											

Tab. 7.1.4: Kumulierte Einzelfallstudie mit nur einer Variablen

In der Darstellung durch Tabelle 7.1.4 wird gar nur eine abhängige Variable und eine unabhängige Variable angenommen. Das kann in einem Laborsetting verwirklicht werden, entspricht aber kaum der real existierenden Komplexität von heilpädagogischen Prozessen. Aus diesem Grund macht es Sinn, die Differenzierungen der kontrollierten Einzelfallstudie miteinander zu kombinieren. In diesem Fall spricht man von der *kombinierten Einzelfallstudie.*

Die kombiniert-kontrollierte Einzelfallstudie

Wenn man z. B. die Einzelfallstudie im psychometrischen Ansatz mit dem kumulierten Einzelfalldesign kombiniert, kann man das wie in Tabelle 7.1.5 geschehen darstellen.

Kombiniert-kontrollierte Einzelfallstudie (hier die Kombination vom psychometrischen Ansatz mit dem kumulativen Design	**Unterschied zwischen den Messzeitpunkten T1 und T3**			
	A	**B**	**A**	**ABAB ...**
	Vorher Baseline T1	Während Intervention T2	Nachher Baseline T3	Tn
	Normierter Test		Normierter Test	
	AV 1, 2, 3, 4, n Viele Items eines Tests	UV 1, 2, 3, 4, n Bündel von Interventionen bilden einen Therapieansatz	AV 1, 2, 3, 4, n Viele Items eines Tests	
EinzelFall1				
EinzelFall2				
EinzelFall3				
EinzelFall4				
EinzelFall5				
EinzelFall6				
EinzelFall7				
EinzelFalln				

Tab. 7.1.5: Kombiniert-kontrollierte Einzelfallstudie mit Kombination des psychometrischen Ansatzes mit dem kumulativen Design

Man könnte aber auch das Multiple-Baseline-Design mit dem psychometrischen Ansatz kombinieren oder die kumulierte Einzelfallstudie mit dem Multiple-Baseline-Design und das Ganze in einer ABABA-Abfolge durchführen. Die Kombinationsmöglichkeiten sind nur begrenzt durch die Anzahl der Einzeldesigns und durch die zur Verfügung stehenden Ressourcen an Zeit, Geld, Personal etc. in der Forschungspraxis.

Bevor eine weitere Kombinationsmöglichkeit, nämlich die von quantitativen mit qualitativen Strategien angesprochen wird, muss noch auf die terminologische Unsicherheit bzw. Vielfalt im Zusammenhang mit der kontrolliert-quantitativen Einzelfallstudie hingewiesen werden.

Die kumulative Einzelfallstudie wird auch manchmal *aggregierte* oder einfach nur *multiple* Einzelfallstudie genannt. Auch der Begriff *Multilevelanalyse* wird manchmal gebraucht, bezieht sich allerdings eher auf die Auswertung von kumulierten Einzelfallstudien.

In der Fachliteratur wird manchmal das kumulative Design dem Multiple-Baseline-Design untergeordnet oder mit diesem gleichgesetzt. Wie dem auch sei: Die Variablenvielfalt (hier dem Multiple-Baseline-Design zugeordnet) und die Fallanhäufung (hier dem kumulativen Design zugeordnet) sind zwei unterschiedliche methodische Möglichkeiten die Einzelfallstudie zu differenzieren.

Einzelfallstudien im Mixed-Method-Design

Wenn quantitative und qualitative Strategien bei Einzelfallstudien gemischt werden, benutzt man für diese Form der Kombination das aus dem Englischen kommende Begriffspaar *Mixed-Method*. Die forschungsmethodischen Vorteile von Mixed-Method werden durch die Tabelle 7.1.6 skizziert, wobei wieder auf die schon benutzte bildhafte Metaphorik zurückgegriffen wird.

Kombinierte Einzelfallstudie im Mixed-Method-Design		
Mit steigender Anzahl der Fälle steigt das Potential an Verallgemeinerung des Ursachen-Wirkungs-Zusammenhangs zwischen Intervention (= Ursache) und Therapieeffekt (= Wirkung)	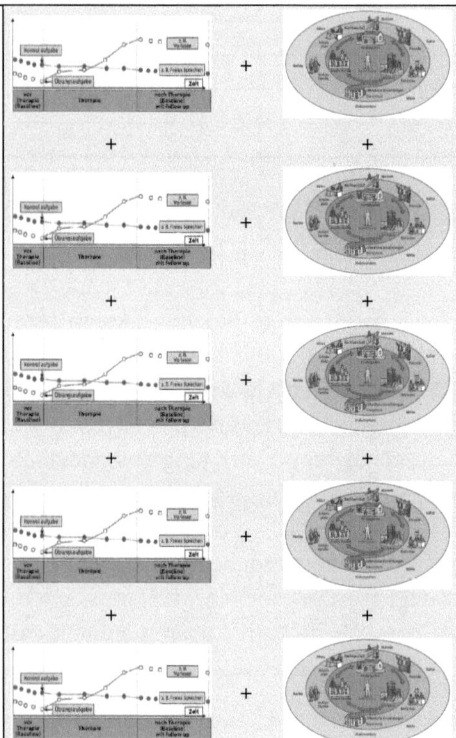	Mit steigender Anzahl der Fälle steigt das Potential an Verallgemeinerung von qualitativen Zusammenhängen, insbesondere auch was die Identifikation von bisher vernachlässigten Zusammenhängen angeht.

Tab. 7.1.6: Kombinierte Einzelfallstudie im Mixed-Method-Design

Jede Zeile in der mittleren Spalte der Tabelle 7.1.6 steht für einen Fall, die addiert (= kumuliert) werden. Innerhalb einer Zeile (= eines Falles) werden quantitative Strategien (links) mit qualitativen Strategien (rechts) verknüpft und erhalten daher ebenfalls ein Pluszeichen.

An dieser Stelle sei ein Beispiel gegeben, wie die Kumulation von qualitativen Strategien helfen kann, verallgemeinerungswürdige Sachverhalte für die heilpädagogische Arbeit zu entdecken (bezieht sich auf die rechte Spalte der Tabelle 7.1.6):

Interventionsvorschläge im heilpädagogischen Feld haben neben dem eigentlichen inhaltlichen Gegenstand im engeren Sinne (z. B. Lesestörung, Verhaltensauffälligkeit oder anderes) oft allgemein didaktische oder formal-gestalterische Elemente zum Gegenstand, welche ihren Einsatz prägen. So kann die Attraktivität von Zeichnungen oder Bildern bei Materialien, die in der Heilpädagogik benutzt werden, Einfluss auf die Wirksamkeit einer Intervention haben, welche mit dem Material verbunden ist. Wenn nun viele Anwender mit relativ offenen Frageformen zum Einsatz des Materials befragt werden (z. B. Was fanden Sie an der Gestaltung des Materials gut, was fanden Sie schlecht?) und hinsichtlich der Qualität von Zeichnung oder Bildern eine Rückmeldung geben, kann dies ein verallgemeinerbarer Hinweis auf deren Optimierungsbedarf sein (bei kritischen Rückmeldungen) oder auch eine verallgemeinerbare Bestätigung ihres positiven Wertes für den Effekt des Materialeinsatzes. Die Betrachtung von vielen Einzelfällen bringt die Forscherin also forschungsmethodisch einen entscheidenden Schritt weiter. Sowohl, was den Ursachen-Wirkungs-Zusammenhang angeht, als auch, was bisher unbeachtete Zusammenhänge betrifft, steigt das Potential an Verallgemeinerungsmöglichkeit. Insbesondere durch kritische Rückmeldungen erhält die Forscherin wertvolle Anstöße, um über Optimierung und Verbesserung der Intervention (hier die Beschaffenheit des Materials) nachzudenken. Die kritischen qualitativen Rückmeldungen können übersetzt in die Terminologie der Forschungsmethodik als *Falsifikationen* betrachtete werden. Man sieht an dem Beispiel mit der Beschaffenheit des Materials welches Potential die Falsifikation hat: Sie ist der entscheidende Erkenntnisgewinn für die Weiterentwicklung der Intervention.

Bevor die Bedeutung der vielfach kombinierten Einzelfallstudie und insbesondere die Kumulation von Einzelfällen in der heilpädagogischen Praxis vertieft wird, sei noch ein Problem angesprochen, welches Praxis und Forschung teilen und mit Ressourcen zu tun hat. Genau wie für die heilpädagogische Praxis sind die zur Verfügung stehenden Mittel in der Forschung begrenzt. Forscherinnen müssen sich auch bei höchsten Ansprüchen an die wissenschaftliche Methodik mit den gegebenen Ressourcen arrangieren und zu einem machbaren Vorgehen finden. Kumulierte Einzelfallstudien mit vielen Fällen in Kombination mit einem Multiple-Baseline-Design mit vielen Variablen und mit langen Messreihen sowie unter Einbezug qualitativer

Erhebungs- und Auswertungsverfahren sind vielleicht methodisch wünschenswert und können die Realität sehr gut abbilden, jedoch sind solche Studiendesigns extrem aufwändig. Sie sind daher aus pragmatischen Gründen oftmals kaum realisierbar, weil sie enorme Ressourcen an Zeit, Personal und finanziellen Mitteln benötigen.

7.2 Die Bedeutung der Einzelfallstudie für die Praktikerin

In diesem Buch wurde immer wieder die strukturelle Ähnlichkeit des Denkens und Handelns von Forscherin und Praktikerin aufgezeigt und betont, aber auch die Unterschiede benannt.

Die Einzelfallstudie hat eine besondere Bedeutung für die Praktikerin, denn sie ist in der Praxis mit Einzelfällen konfrontiert. Sie betreibt für jeden Klienten eine individuelle Analyse und versucht, eine genauso individuelle Lösung anzubieten bzw. gemeinsam mit ihm zu erarbeiten. Insofern besteht eine besondere Nähe der Forschung mit Einzelfallstudien zur einzelfallorientierten heilpädagogischen Praxis. Wenn Forscherinnen, wie oben unter kumulativer Einzelfallstudie skizziert, versuchen, durch die Kumulation vieler Einzelfälle eine verallgemeinerbare Aussage zu finden, dann tun das Praktikerinnen ganz genauso. Sie können wahrscheinlich gar nicht anders.

In ihrer persönlichen Erfahrung mit vielen Einzelfällen (z. B. in der Arbeit mit LRS) bildet sich eine Art kognitive Gesetzmäßigkeit des bewährten Erklärens und Veränderungshandelns heraus. Durch ihre berufliche Erfahrung (= Empirie) bildet sich in der Praktikerin ein kognitives Konzept, welches als Routine eine handlungsleitende Funktion einnimmt. Somit trägt die *kumulierte Einzelfallbetrachtung* eine Konzeptbildung in sich, welche einen generalisierenden Stellenwert für die Therapeutin mit sich bringt. Es entstehen persönliche Therapiekonzepte, die nicht nur für den Einzelfall „Hans" gelten, sondern für die Einzelfallgruppe der LRS-Kinder. In diesem Zusammenhang sei an die Bedeutung des Wortes Empirie erinnert. Die empirisch arbeitende Forscherin sammelt und integriert die Erfahrung vieler Einzelfälle, wenn sie mit dem Design der kumulativen Einzelfallstudie arbeitet. Die Praktikerin tut nichts anderes, wenn sie ihre vielen Einzelfälle zu einem bestimmten Gegenstandbereich (z. B. LRS) miteinander vergleicht und den „roten Faden ihrer Arbeit für LRS" daraus zieht.

Allerdings gibt es einen entscheidenden Unterschied: Bei den Einzelfällen, welche die Forscherin betrachtet, sind in der Regel verschiedene Heilpädagoginnen involviert. Das heißt, dass die Forscherin die Chance hat, Gesetzmäßigkeiten zu finden, die unabhängig von der Subjektivität einer einzelnen Praktikerin existieren. Wenn die Forscherin genügend viele Fälle mit genügend vielen involvierten Praktikerinnen untersucht, dann nivellieren sich die Besonderheiten der Praktikerinnen wie z. B. Alter, Berufserfahrung, Persönlichkeit, Geschlecht etc. Die gefundenen Gesetzmäßigkeiten sind insofern „objektiviert". Wenn die Praktikerin bei ihrem persönlichen Konzeptbildungsprozess verallgemeinert, dann ist diese konzeptuelle Verallgemeinerung abhängig von ihrer Persönlichkeit, ihrem Alter, ihrer Berufserfahrung, ihrem Geschlecht etc.

Das sollte die Praktikerin nie vergessen. Ihre Verallgemeinerung, ihre gefundene Gesetzmäßigkeit, ihr Konzept, ihre Theorie (oder wie immer man dazu sagen will) hat sehr viel mit ihr selbst zu tun und ist insofern subjektiv.

Was bedeutet das für die Forschung bzw. für die Partizipation von Praxis an der Forschung?

Wenn verschiedene Praktikerinnen im Zuge eines Forschungsprojektes ihre Einzelfälle zur Verfügung stellen, haben Forscherinnen die Möglichkeit durch die oben festgestellte Verallgemeinerungsfähigkeit bei vielen Einzelfällen diese Subjektivität in eine Objektivität zu überführen. Sie brauchen dafür aber genügend kooperationswillige Praktikerinnen, denn nur durch die Kumulation von vielen Fällen mit möglichst vielen unterschiedlichen Praktikerinnen besteht die Chance, eine verallgemeinerungsfähige Gesetzmäßigkeit für das heilpädagogische Handeln zu finden. Hier schließt sich der Kreis zu den einführenden Worten dieses Kapitels. Praktikerinnen sind immens wichtige Partnerinnen für eine einzelfallorientierte Forschung. Alle Daten, die Praktikerinnen im Zuge ihrer praktischen Tätigkeit erheben und dokumentieren, sei es durch das Protokollieren von Verläufen, das Schreiben von Berichten, die Auswertung von Tests usw. sind potentiell wichtige und wertvolle Daten für Forschende. Man könnte sogar so weit gehen und den Grad an Kooperation von heilpädagogischer Praxis mit Forschung mit dem Grad der Anwendungsorientierung in der Heil- und Sonderpädagogischen Forschung in Verbindung bringen.

Zuordnungsaufgabe

Die Fachbegriffe in der zweiten Spalte von links sollen den Definitionen, Beschreibungen, Begriffen, Merkmalen oder Aussagen in der ganz rechten Spalte zugeordnet werden, die am besten passen.

Man kann die Zuordnung durch die Verknüpfung von Zahlen und Buchstaben vollziehen oder indem man Verbindungslinien zwischen den Zellen zieht.

1	Qualitative Einzelfallstudie	A	Individuelle Bezugsnorm
2	Mixed-Method	B	Experimentelles Setting
3	Kombiniert-kontrollierte Einzelfallstudie	C	Mit Intervention
4	Multiple-Baseline-Design	D	Ohne Intervention
5	Hypothesenprüfung	E	Verknüpfung von qualitativen und quantitativen Strategien
6	Ursachen-Wirkungs-Zusammenhang	F	aggregierte
7	Konzeptbildung	G	Einsatz von Tests
8	kumulierte	H	Variablenvielfalt
9	B-Phase	I	Kontrollierte Einzelfallstudie
10	A-Phase	J	Ganzheitlich-systemische Betrachtungsweise
11	Messreihe	K	Verknüpfung verschiedener Designs der quantitativ orientierten Einzelfallstudie
12	Psychometrischer Ansatz	L	Forscherin und Praktikerin

Den Lösungsvorschlag finden Sie im Anhang 7.1.

8. Die Bedeutung der Gütekriterien von Forschung für die Praxis

Gütekriterien der sozialwissenschaftlichen Forschung sind Kriterien für qualitativ hochwertige Forschung. Oft werden diese Kriterien getrennt für die beiden Paradigmen quantitative vs. qualitative Forschung aufgeführt. In diesem Kapitel wird diese Trennung weniger betont, sondern eher die Gemeinsamkeiten der Gütekriterien beider Paradigmen hervorgehoben.

Eine Gemeinsamkeit ist schon benannt: Alle Gütekriterien stehen für Qualität. Den Qualitätsanspruch hat natürlich die praktisch-heilpädagogische Arbeit ebenfalls. An diesem gemeinsamen Ziel lässt sich wiederum allerhand Vergleichbarkeit zwischen Forschung und Praxis zeigen. Es wird allerdings nicht die allgemein gebräuchliche Einteilung der Gütekriterien aus der einschlägigen Literatur zur Sozialforschung in ihrer üblichen Form übernommen. Bei den Gütekriterien für die quantitative Sozialforschung werden die Testgütekriterien in den Vordergrund gestellt. Das hat u. a. einen didaktischen Grund. Ich gehe davon aus, dass die Praktikerin diese kennt oder zumindest schon einmal davon gehört hat, weil Heilpädagoginnen in der Ausbildung mit der Testtheorie konfrontiert werden und in ihrer Praxis bei Anwendung von Tests diesen immer wieder begegnen. Ich hoffe, dass diese Bekanntheit den Einstieg für die Praktikerin erleichtert. Gleichzeitig bedeutet diese Herangehensweise eine Reduktion. Die in den einschlägigen Lehrbüchern zur Forschungsmethodik (z. B. bei Döring & Bortz, 2015, S. 81–119) diskutierten Gütekriterien sind umfassender als das, was man unter Gütekriterien für die Testdiagnostik versteht. Es beginnt also trotz dieser Einschränkung mit den Hauptgütekriterien der Testdiagnostik in ihrer Übertragbarkeit auf die heilpädagogische Praxis. Dabei ist nicht nur die Praxis der Diagnostik gemeint, sondern auch die Praxis der Intervention.

Bevor wir loslegen, muss noch eine Voraussetzung für das Sinnverständnis der folgenden Ausführungen erwähnt werden: Wenn man die Operationalisierung der Gütekriterien für die Testdiagnostik betrachtet, dann versucht man nachzuvollziehen, wie es dazu kommt, dass einem Test durch einen statistischen Kennwert eine Güte zugeschrieben wird. Dazu ist es zentral, das Konzept der Korrelationsrechnung zu verstehen (vgl. Kapitel 5.2). An dieser Stelle also am besten kurz innehalten und die Ausführungen zur Korrelationsrechnung in Kapitel 5.2 noch einmal lesen. Es werden in den folgenden Ausführungen noch weitere Querverweise zu anderen Textstellen dieses Buches gemacht. Das macht das Lesen nicht einfacher, aber erhöht hoffentlich das übergreifende Verständnis für den Begriff der Güte (= Qualität) im wissenschaftlichen Denken.

8.1 Hauptgütekriterien der Testdiagnostik

Objektivität

Die Objektivität ist ein Hauptgütekriterium für die Erhebung, Auswertung und Interpretation von Daten im Forschungsprozess und in der Testdiagnostik des quantitativen Paradigmas. Es gibt keinen Grund dieses Gütekriterium nicht auch für die Diagnostik im Allgemeinen (also nicht nur für Tests) und für die heilpädagogische Intervention als wünschenswert zu betrachten. Gemeint ist die Unabhängigkeit eines Beobachtungs- oder Befragungsprozesses und -ergebnisses vom Beobachter bzw. Befrager und die Unabhängigkeit der Wirksamkeit einer Intervention von der intervenierenden Fachperson.

Anders formuliert: Wenn zwei, drei oder mehr Fachpersonen dasselbe Kind bzw. denselben Klienten begutachten, sollten sie zu demselben Ergebnis kommen. Für die Intervention gilt Ähnliches: Wenn eine Intervention angewandt wird (z. B. ein Programm zur Förderung bei Leserechtschreibschwäche), dann sollte es unabhängig davon wirken, welche Heilpädagogin das Programm anwendet. Die Diagnose oder Intervention soll nicht von subjektiven Einstellungen, Wünschen, Fähigkeiten oder sonstigen Merkmalen der Fachperson abhängen.

Um diese Unabhängigkeit der Diagnostik oder Intervention zu messen, könnte man mehrere (mindestens zwei) Fachpersonen bei demselben Klienten dieselbe Diagnostik oder Intervention unabhängig voneinander durchführen lassen und dann die Übereinstimmung zwischen den Ergebnissen als Maß der Objektivität nehmen. Im Rahmen der Diagnostik ist das relativ einfach durchführbar, im Rahmen von Interventionen dagegen ist diese Operationalisierung von Objektivität quasi nicht durchführbar, weil man an einem Fall nicht gleichzeitig oder zeitlich versetzt dieselbe Intervention durchführen kann. Die Objektivität lässt sich auch bei Interventionen nur durch die Messung der abhängigen Variablen (dem Ergebnis der Intervention) und nicht der unabhängigen Variablen (= Intervention) selbst operationalisieren.

Eine hohe Übereinstimmung zwischen unabhängig voneinander agierenden Einschätzern würde dafürsprechen, dass die Diagnostik oder Intervention hochgradig objektiv geschehen ist. Eine geringe Übereinstimmung würde dafürsprechen, dass irgendwelche subjektiven Merkmale der Fachpersonen dazu geführt haben, dass die Ergebnisse so unterschiedlich ausfallen. Vielleicht war die eine Fachperson sehr streng und die andere sehr mild in ihrem Urteil. Dann wäre der Strenge- bzw. Milde-Effekt für die fehlende Objektivität verantwortlich.

Wenn so eine Übereinstimmung zwischen Fachpersonen bei der diagnostischen Tätigkeit erfasst und gemessen wird, nennt man das merkwürdigerweise Inter-Rater-Reliabilität, obwohl der Begriff Reliabilität als Gütekriterium einen eigenen Stellenwert besitzt, der etwas anderes meint als Objektivität, nämlich Zuverlässigkeit und Genauigkeit (vgl. nächstes Unterkapitel). Die Testdiagnostik begnügt sich zur Bestimmung von Objektivität meist mit der Standardisierung von Durchführungs-, Auswertungs- und Interpretationsbedingungen in der Hoffnung, dass sich die Anwender des Tests daran halten und dadurch die Objektivität garantiert ist. Standardisierung meint, dass es genaue Vorgaben gibt, wie die Testdurchführung, -auswertung und -interpretation zu geschehen hat. Es wird für die Objektivität insofern meist gar kein statistischer Kennwert (z. B. ein Korrelationswert, der die Übereinstimmung zwischen zwei Fachpersonen kennzeichnet) berechnet, sondern die Standardisierung quasi als Ersatz für Objektivität betrachtet.

Für heilpädagogische Interventionen ist eine Standardisierung weniger vorstellbar. Zwar gibt es programmartige Interventionen, wo ziemlich genau festgelegt wird, wie die Fachperson agieren soll, doch überwiegen Interventionsansätze oder -modelle, die (ganz im Gegenteil zur Standardisierung) eine flexible und auf die Situation spontan und individuell abgestimmte Vorgehensweise fordern. Die Objektivität liegt dann außerhalb der konkreten Vorgehensweise, sondern eher in der Haltung der Fachperson, die mit einer gewissen Distanz agiert, ohne die eigenen, subjektiven Bedürfnisse, Meinungen oder Sichtweisen in die Beurteilung einfließen zu lassen.

Zum Abschluss der Ausführungen sei noch eine für die quantitative Forschung typische Denkweise zur Objektivität erwähnt. Wenn viele Personen eine subjektive Einschätzung machen, kann man den Mittelwert aller subjektiven Einschätzungen als den Versuch einer Objektivierung betrachten. Erinnern Sie sich an das Experiment „*Was ist normal?*" aus Kapitel 5.2? Dort wurden viele Personen um eine subjektive Einschätzung zur Aggressivität eines Jungen und einer Heilpädagogin gebeten. Auf einer Skala von 1 bis 10 sollte die Aggressivität eingeschätzt werden und es wurde der Mittelwert aus allen abgegebenen Einschätzungen berechnet. Dieser wurde als eine Schätzung des „wahren Wertes" für die Aggressivität deklariert. Das Attribut „wahr" geht einher mit dem Attribut „objektiv", denn die durchschnittliche Einschätzung erfährt durch die Mittelwertbildung eine relative Unabhängigkeit von der einzelnen subjektiven Einschätzung.

Reliabilität

Dass Daten zuverlässig und genau erhoben und verarbeitet werden ist eine weitere Forderung des quantitativen Paradigmas. Das Fachwort dafür heißt Reliabilität. Der Bezug zur sonderpädagogischen Praxis ist wieder für die Diagnostik vordergründig, denn die Reliabilität ist das zweite Hauptgütekriterium für die Testdiagnostik. Reliabilität kann aber auch für die Intervention wichtig sein.

Es gibt in der Testdiagnostik verschiedene Unterformen der Reliabilität, die allesamt mit Hilfe einer Korrelationsrechnung einen statistischen Kennwert als Gütemerkmal erhalten.

Im Folgenden werden diese Unterformen beschrieben und der Bezug zur Praxis der Heil- und Sonderpädagogik gemacht.

Re-Test-Reliabilität

Von Re-Test-Reliabilität wird dann gesprochen, wenn sich ein (Test-)Ergebnis bei wiederholter Messung bestätigen lässt. Wenn eine Fachperson bei demselben Klienten das Verhalten auf dieselbe Art und Weise zu unterschiedlichen (nicht sehr weit auseinanderliegenden) Zeitpunkten erfasst, soll dasselbe Ergebnis rauskommen. Im Kapitel 6 zum Experiment wird genau dieses Prinzip als eine Kontrolle von Störvariablen im Experiment beschrieben. Die heilpädagogische Fachperson trifft auch im nicht-standardisierten Diagnostiksetting auf diese Form der Reliabilität, indem sie z. B. eine Beobachtung mehrmals wiederholt, um das Verhalten wirklich zuverlässig einschätzen zu können.

Die Zeitpunkte der Messungen dürfen nicht weit auseinanderliegen, weil sonst u. U. der Faktor „Zeit" verhindert, dass die Ergebnisse übereinstimmen. Auf der anderen Seite hat man bei dieser Form der Reliabilitätsmessung das Problem, dass der Klient durch die Erst-Überprüfung u. U. etwas gelernt hat und schon allein deswegen die Zweitmessung mit einer gewissen Wahrscheinlichkeit besser ausfällt als dic Erstmessung. Was aus pädagogischen Gründen hochgradig erwünscht ist (= der Lerneffekt) ist aus Perspektive der Messung von Zuverlässigkeit ein Problem, weil die Übereinstimmung der beiden Ergebnisse ja als Kennzeichen für die Reliabilität betrachtet wird. Die Re-Test-Reliabilität hat daher für die Praxis der Heilpädagogik (außer in der Testdiagnostik) kaum eine Bedeutung. Das Zustandekommen des statistischen Kennwertes für die Re-Test-Reliabilität funktioniert so:

Man testet sehr viele Klienten (1, 2, 3, n) mit einem Test zu einem Zeitpunkt A und wiederholt diese Testungen mit demselben Test zu einem nicht so weit entfernt liegenden Zeitpunkt B und prüft dann den Zusammenhang aller Ergebnisse des Zeitpunktes A mit den Ergebnissen des Zeitpunktes B. Die Tabelle 8.1.1 veranschaulicht dieses Vorgehen.

Person 1	Person 2	Person 3	Person n	Re-Test-Reliabilität
Test zum Zeitpunkt A	Test zum Zeitpunkt A	Test zum Zeitpunkt A	Test zum Zeitpunkt A	Statistischer Kennwert = Korrelationskoeffizient Korrelation der Testergebnisse A und B
Test zum Zeitpunkt B	Test zum Zeitpunkt B	Test zum Zeitpunkt B	Test zum Zeitpunkt B	

Tab. 8.1.1: Re-Test-Reliabilität

Man kann sich auch ein Streudiagramm vorstellen, bei dem auf der x-Achse alle Testergebnisse des Zeitpunkts A abgetragen sind und auf der y-Achse alle Testergebnisse des Zeitpunkts B (vgl. Abbildungen 5.14 bis 5.17 in Kapitel 5).

Das Ergebnis dieser Korrelationsrechnung ist ein Korrelationskoeffizient und wird als Ausdruck der Güte „Zuverlässigkeit" betrachtet. Wenn die Korrelation hoch ist, dann ist die Güte hoch, wenn der Koeffizient niedrig ist, dann ist auch die Reliabilität niedrig.

Wegen der oben erwähnten Schwierigkeiten und Probleme, die diese Art von Zuverlässigkeitsmessung mit sich bringt, haben sich die Forscher noch andere Arten ausgedacht, wie man Reliabilität messen kann.

Das Prinzip ist aber immer dasselbe: Es wird ein Vergleich zwischen zwei Messzeitpunkten gleicher oder ähnlicher Messungen gezogen. Der Vergleich wird i. d. R. durch eine Korrelationsrechnung gemacht.

Paralleltest bzw. Split-half-Reliabilität

Schauen wir uns die nächste Unterform der Reliabilitätsbestimmung an. Sie wird Paralleltest-Reliabilität oder Split-half-Reliabilität genannt.

Von dieser Reliabilitätsform wird dann gesprochen, wenn ein Test in zwei beinahe identische Hälften geteilt wird und deren Ergebnisse verglichen werden. Die beiden Ergebnisse sollten hochgradig übereinstimmen (= korrelieren). Auch hier funktioniert die Bestimmung der Güte über die Berechnung einer Zusammenhangsrechnung. Es werden Tests, die nach dem Split-half-Prinzip aufgebaut sind, mit vielen Personen gemacht und dann werden die Ergebnisse der einen Testhälfte mit der anderen Testhälfte korreliert, so dass der Korrelationskoeffizient genau wie oben bei der Re-Test-Reliabilität als Ausdruck der Zuverlässigkeit betrachtet wird. Tabelle 8.1.2 veranschaulicht das Vorgehen: Testhälfte 1 wird mit Testhälfte 2 aller Personen korreliert.

Person 1	Person 2	Person 3	Person n	Split-half-Reliabilität
Testhälfte A	Testhälfte A	Testhälfte A	Testhälfte A	Statistischer Kennwert = Korrelationskoeffizient Korrelationen der Testhälften A mit B
Testhälfte B	Testhälfte B	Testhälfte B	Testhälfte B	

Tab. 8.1.2: Split-half-Reliabilität

Die Heilpädagogin kennt dieses Prinzip der Bestimmung von Zuverlässigkeit aus ihrem diagnostischen Alltag, selbst wenn sie keine Tests anwendet. Wenn sie z. B. während eines Gesprächs eine Frage stellt, um eine Information zu erhalten, dann versucht sie das Ergebnis in demselben Gespräch zu sichern, indem sie die Frage zu einem späteren Zeitpunkt (vielleicht mit einer etwas anderen Wortwahl) noch einmal stellt. Sie erwartet dann eine Antwort auf die zweite Frage, die sich inhaltlich mit der Antwort auf die erste Frage deckt. Um es noch konkreter zu machen sei hier ein Beispiel angeführt:

Nehmen wir an, die Heilpädagogin will herausfinden in welchen Kontexten das von ihr betreute Kind aggressiv ist. Sie befragt die Eltern dazu. Es geht um den häuslichen Kontext und sie fragt nach dem Zeitpunkt des Auftretens von Aggression zu Hause.

Der Vater antwortet und sagt, dass es abends, wenn das Kind ins Bett gehen soll, am schlimmsten ist. Im weiteren Verlauf des Gesprächs berichtet der Vater von einem aggressiven Ausbruch des Kindes am Frühstückstisch. Nun fragt die Heilpädagogin abermals nach dem Zeitpunkt des häufigsten Auftretens von Aggression. Sie will das Ergebnis der ersten Frage sichern (= die Zuverlässigkeit überprüfen). Der Vater bestätigt, dass die aggressiven Ausbrüche am häufigsten und am schlimmsten am Abend auftreten. Der Ausbruch beim Frühstück war die Ausnahme von der Regel.

Bei dieser Form der Sicherung von Zuverlässigkeit ist der Zeitfaktor kein Problem mehr, denn die Wiederholungsmessung findet fast zeitgleich statt. Das gilt auch für die nächste Form der Reliabilitätsmessung.

Interne Konsistenz

Die dritte Form der Bestimmung von Reliabilität treibt das Prinzip der quasi gleichzeitigen Wiederholungsmessung auf die Spitze. Diese Form der Bestimmung von Reliabilität wird interne Konsistenz genannt.

In einem Test gibt es dann nicht nur zwei Hälften, die quasi identisch sind, sondern viele einzelne Aufgaben oder Fragen in einem Fragebogen sind sich sehr ähnlich in dem, was sie messen wollen. Man erwartet nun, dass bei diesen sehr ähnlichen Aufgaben oder Fragen auch dasselbe herauskommt, die einzelnen Ergebnisse stark übereinstimmen.

Die Berechnung eines statistischen Kennwertes für diese Form der Zuverlässigkeit geschieht wieder über eine Korrelationsrechnung: Es werden sehr viele Personen mit einem Test getestet und dieses Mal erwartet man, dass die vielen inhaltlich sehr ähnlichen Aufgaben und Items im Ergebnis stark korrelieren. Dieses statistische Verfahren basiert ebenfalls auf dem Grundprinzip der Korrelationsrechnung und wird nach seinem Erfinder benannt. Der statistische Kennwert, der dabei errechnet wird, heißt Cronbachs Alpha.

Person 1	Person 2	Person 3	Interne Konsistenz
Item 1	Item 1	Item 1	Es wird die durchschnittliche Korrelation zwischen allen inhaltlich ähnlichen Items berechnet
Item 2	Item 2	Item 2	
Item 3	Item 3	Item 3	
Item n	Item n	Item n	

Tab. 8.1.3: Interne Konsistenz

Als ein konkretes Beispiel sei an dieser Stelle die interne Konsistenz dreier Subtests des StressVerarbeitungsFragebogens (Erdmann & Janke, 2008) gezeigt (vgl. Tab. 8.1.4).

Subtest 2: Herunterspielen (HER); Alpha = .90
Nr. Itembezeichnung
12 … werde ich schneller damit fertig als andere
30 … bin ich froh, dass ich nicht so empfindlich bin wie andere
36 … sage ich mir, andere würden das nicht so leicht verdauen
52 … habe ich mich viel besser unter Kontrolle als andere in derselben Situation
63 … finde ich meine Ruhe immer noch schneller wieder als andere
73 … nehme ich das leichter als andere in der gleichen Situation
Subtest 3: Schuldabwehr (SCHAB); Alpha = .83
Nr. Itembezeichnung
05 … sage ich mir, ich habe mir nichts vorzuwerfen
21 … sage ich mir, Gewissensbisse brauche ich mir nicht zu machen
35 … sage ich mir, ich kann nichts dafür
44 … denke ich, ich habe die Situation nicht zu verantworten
56 … denke ich, mich trifft keine Schuld
70 … denke ich, an mir liegt es nicht, dass es dazu gekommen ist
Subtest 4: Ablenkung (ABL); Alpha = .77
Nr. Itembezeichnung
01 … versuche ich, meine Gedanken auf etwas anderes zu konzentrieren
14 … gehe ich irgendeiner anderen Beschäftigung nach
32 … tue ich etwas, was mich davon ablenkt
50 … stürze ich mich in die Arbeit
66 … versuche ich, meine Aufmerksamkeit davon abzuwenden
74 … lenke ich mich irgendwie ab

Tab. 8.1.4: Cronbachs Alpha bei drei homogenen Subtests des StressVerarbeitungs-Fragebogens (SVF)

Der Subtest 2 „Herunterspielen“ hat die Items mit den Nummern 12, 30, 36, 52, 63, und 73. Die Korrelation zwischen diesen Items wird mit dem Cronbachs Alpha berechnet. Der Wert ist mit .90 relativ hoch. Der Subtest hat also eine relativ hohe interne Konsistenz und gilt als reliabel.

Der Subtest „Schuldabwehr“ mit anderen Items hat einen Cronbachs Alpha mit 0.83, was immer noch eine gut bis befriedigende interne Konsistenz darstellt.

Beim Subtest 4 *Ablenkung* mit Alpha 0.77 würde man von einer befriedigenden internen Konsistenz sprechen.

An dem Beispiel wird klar, dass die Bestimmung der internen Konsistenz nur dann Sinn macht, wenn man einen homogenen (Sub-)Test vor sich hat. Die Subtests des SVF sind in sich homogen, weil die Konstrukte wie *Herunterspielen, Schuldabwehr* oder *Ablenkung* jedes für sich eine klare und eindeutig in sich geschlossene (= intern konsistente) Strategie darstellt, um den Stress zu verarbeiten. Betrachtet man *Stressverarbeitung* insgesamt, setzt sich dieses Konstrukt aber aus verschiedenen Strategien zusammen, die nicht zusammen gezeigt werden müssen: *Herunterspielen* ist etwas qualitativ anderes als *Ablenken* und auch etwas anderes als *Schuldabwehr.* Das Konstrukt Stressverarbeitung als Ganzes ist also heterogen. Eine Bestimmung der internen Konsistenz für den Gesamttest würde keinen Sinn machen.

Für die Praktikerin, die im nicht-standardisierten Setting Diagnostik betreibt, gilt eine interne Konsistenz z. B. dann, wenn sie auf verschiedene, aber inhaltlich doch gleichartige Fragen übereinstimmende Antworten von ihrem Klienten erhält. Antwortet der Klient auf diese Fragen wenig übereinstimmend, ist die interne Konsistenz bedroht. Entweder sind die Fragen ungeeignet oder der Klient kann keine zuverlässigen Aussagen machen, weil er sich selbst nicht sicher ist oder in Widersprüchen verstrickt ist. Es lohnt sich für die Praktikerin auf jeden Fall, die Gründe für die fehlende Konsistenz nachzugehen. Eine fehlende interne Konsistenz ist ein Hinweis auf weiteren Abklärungsbedarf oder auf die Notwendigkeit, eine Intervention zu verändern.

Diese testtheoretischen Konzepte der Reliabilität für Zuverlässigkeit bzw. Genauigkeit lassen sich, wie die Beispiele zeigen sollten, zum Teil außerhalb der Testdiagnostik auf den sonstigen Berufsalltag der Heil- bzw. Sonderpädagogin übertragen. Der grundsätzliche Wert von Genauigkeit und Zuverlässigkeit kann sicherlich nicht nur zum Teil, sondern voll und ganz für nicht-standardisierte Diagnostiksituationen als Qualitätsanspruch formuliert werden: Wenn z. B. eine Verhaltensproblematik wie die Bulimie nicht in ihrer Schwere erkannt wird, weil die Häufigkeit des Übergebens nicht zuverlässig erfasst wird, ist dieses Gütemerkmal verletzt. Auch auf der Seite von heilpädagogischen Interventionen kann die grundsätzliche Bedeutung von Zuverlässigkeit und Genauigkeit wichtig sein. Wenn z. B. die Verstärkung eines erwünschten Verhaltens einem Zeitplan folgen soll und dieser nicht genau und zuverlässig eingehalten wird, ist die Wirksamkeit der Maßnahme gefährdet. An dem letzten Beispiel wird deutlich, dass es bei der Zuverlässigkeit auch um einen Wert handelt, der weniger mit Genauigkeit als mit Verlässlichkeit zusammenhängt. Insbesondere die Beziehungsqualität zwischen Fachperson und Klientin hängt davon ab, wie zuverlässig Absprachen eingehalten werden. Diese Bedeutung von Zuverlässigkeit hat nur wenig mit der messtechnisch geprägten Bedeutung von Zuverlässigkeit im Sinne des Reliabilitätskonzepts der Testtheorie zu tun. „Zuverlässigkeit“ steht im Sinne von

„Verlässlichkeit" in einem weiteren und umfassenden Bedeutungszusammenhang für qualitativ hochwertiges (heil-)pädagogisches Arbeiten.

Validität

Die Validität gilt als das zentrale Gütekriterium, den hierbei geht es um „Gültigkeit" im Allgemeinen. Meist ist damit eine inhaltliche Gültigkeit, Korrektheit bzw. Angemessenheit gemeint. Folgende Fragen treffen den Kern der Bedeutung von Validität sowohl für die Forschung als auch für die Praxis:

- Wird mit dem Beobachtungs- oder Befragungsverfahren auch das gemessen, was es vorgibt zu messen?
- Beobachtet die Fachperson das wirklich relevante Verhalten für ein Merkmal, wenn es einen Klienten hinsichtlich dieses Merkmals beurteilen soll?

Hierzu gleich ein Beispiel: Ein Kind hat in Mathematik schlechte Noten. Die Unterstützung der Heilpädagogin steht an. Sie bemerkt, dass es einen Unterschied gibt zwischen den Leistungen des Kindes bei reinen Rechenaufgaben und Textaufgaben. Sie entdeckt durch die gesonderte Beobachtung des Lesesinnverständnisse in diesem Bereich ein Defizit, das den Unterschied erklärt, denn das Kind hat enorme Probleme beim Lesesinnverständnis.

Der Bezug zum Konstrukt der Validität kann so gezogen werden: Die Prüfung in Mathematik war für die Fähigkeiten, welche ein Kind braucht, um Textaufgaben zu lösen nicht valide. Erst die Kombination von einem Test zum Lesesinnverständnis und sprachverständnisfreien Rechenaufgaben kann die Ursache für die schlechte Mathematiknote erklären und ist damit vielmehr ein valides Verfahren, um die Hintergründe der unterdurchschnittlichen Leistung zu erklären.

Validität ist also an eine Fachlichkeit gebunden, in diesem Fall an Fachwissen zum Zustandekommen von Mathematiknoten, wenn Textaufgaben gestellt werden. Das ist auch der Grund warum für die sogenannte *Inhaltsvalidität* eines Tests oder anderer Verfahren der Leistungsdiagnostik meist Experten befragt werden. Sie können vermeintlich am besten beurteilen, ob die Fragen oder Beobachtungen im Rahmen von diagnostischen Verfahren inhaltlich angemessen sind. Die Inhaltsvalidität wird nicht mit einem Kennwert angegeben, sondern qualitativ diskutiert. Die Inhaltsvalidität ist allgegenwärtig für die Praktikerin, denn ihr gesamtes Handeln, ob diagnostisch, therapeutisch oder die Förderung betreffend sind von ihren inhaltlichen Überlegungen geprägt.

Es gibt noch andere Arten der Validität. Der inhaltliche Hintergrund bleibt zentral. Es ändert sich jedoch die Herangehensweise. Statt Experten zu fragen, wird bei der *Konstruktvalidität* oft ein anderes Verfahren herangezogen, das inhaltlich dasselbe erfassen soll wie das zu validierende Verfahren. Wenn beide Ergebnisse verglichen werden, soll dementsprechend eine große Übereinstimmung bestehen. Diese Spielart der Konstruktvalidität nennt man auch *konvergente Validität,* was nichts anderes meint wie „übereinstimmender Inhalt". Ein Beispiel für die konvergente Validität wäre, wenn man die Ergebnisse eines neuen Tests zur Erfassung der Sprachentwicklung mit den Ergebnissen eines älteren Verfahrens vergleicht. Die Forscherin bestimmt diese Übereinstimmung (Sie haben es vielleicht geahnt) mit einer Korrelationsrechnung.

Wenn Praktikerinnen mehrere ähnliche Verfahren benutzen, um etwas zu prüfen, würden sie ähnliche Ergebnisse erwarten. Wenn diese Erwartung enttäuscht wird, haben sie einen Hinweis auf eine fehlende konvergente Validität. Allerdings ist diese Annahme etwas wirklichkeitsfremd. Welche Praktikerin hat die Zeit und kann es sich erlauben, mehrere gleichartige Verfahren anzuwenden? I. d. R. entscheiden sich Praktikerinnen wahrscheinlich für ein Verfahren. Die Bestimmung der konvergenten Validität ist den Forscherinnen vorbehalten.

Dem gegenüber steht die *divergente (diskriminante) Validität* als Unterform der Konstruktvalidität. Sie wird dadurch bestimmt, dass man das zu validierende Verfahren mit einem inhaltlich unähnlichen, anderen Verfahren vergleicht und dann erwartet, dass sich die Ergebnisse voneinander unterscheiden. Wenn die Ergebnisse des neuen Sprachentwicklungstest mit den Ergebnissen eines Tests zur Erfassung von Grobmotorik verglichen wird, sollten keine systematischen Ähnlichkeiten festzustellen sein, weil solche Kinder, deren Sprachentwicklung auffällig ist, nicht notwendigerweise eine auffällige Entwicklung ihrer Grobmotorik zeigen. Auch die divergente Validität ist eher praxisfremd, weil ihr Grundgedanke nur Sinn macht, wenn man sehr viele Tests miteinander vergleicht. Die Praktikerin beurteilt aber einzelfallorientiert. Dabei kann es durchaus vorkommen, dass Kinder mit Sprachentwicklungsproblemen auch grobmotorische Auffälligkeiten zeigen.

Man sieht an diesen Beispielen, dass die Konstruktvalidität eher wenig praktische Relevanz hat, außer natürlich für die Beurteilung eines Testverfahrens. Ähnlich sieht es mit der sogenannten *faktoriellen Validität* aus. Sie wird manchmal als Unterform der Konstruktvalidität genannt, manchmal auch ohne diese Unterordnung.

Sie kann bei der Konstruktion von Tests eine Rolle spielen, wenn von vielen möglichen Items die inhaltlich passenden ausgewählt werden sollen. Oft wird sie mit einem speziellen statistischen Verfahren bestimmt, welches auch den Begriff *Faktor* im Namen trägt: die Faktorenanalyse. An dieser Stelle empfehle ich der Leserin das Kapitel 1.2 über die wissenschaftliche Aufgabe zur Systematisierung und Ordnung noch einmal zu lesen. Dort wird beschrieben, wie abstrakte Begriffe, die auch Konstrukte genannt werden, in ihrer Bedeutung geordnet werden. Die Ordnung erfolgt auf weniger abstrakten Ebenen und werden oft Dimensionen, Skalen, Kategorien oder manchmal eben auch Faktoren genannt. Die Faktorenanalyse kann helfen eine solche Ordnung zu finden, indem sie auf rechnerische Art und Weise (Basis der Rechnung ist wieder die Korrelationsrechnung) die einzelnen Operationalisierungen (z. B. die konkreten Fragen = Items des Fragebogens) eines Konstruktes zu Faktoren bündelt. Ein Faktor ist dann ein Teil des Konstrukts, welches aus inhaltlich ähnlichen Unterteilen (meist konkret beobachtbare Verhaltensausschnitte) besteht.

Für die Praktikerin ist die faktorielle Validität insofern interessant, als sie das abstrakte Konstrukt geordnet greifbar macht. Das weiter oben unter *interner Konsistenz* gezeigte Beispiel des Stressverarbeitungsfragebogens kann auch zur Veranschaulichung der faktoriellen Validität herangezogen werden. Die Subtests des Stressverarbeitungsfragebogens stellen die Faktoren auf mittlerer Abstraktionsebene dar und die Items der Subtests können der konkreten Verhaltensebene auf unterster Abstraktionsebene zugeordnet werden. Das übergeordnete Konstrukt auf der höchsten Abstraktionsebene heißt *Stressverarbeitung*.

Während die faktorielle Validität im Rahmen einer Verfahrenskonstruktion (= die besten Items eines Tests sollen gefunden werden) nützlich ist, wird die interne Konsistenz im Rahmen der Normierung benutzt. Beide Konzepte folgen aber demselben Grundgedanken: Es werden die Zusammenhänge zwischen einzelnen i. d. R. konkret beobachtbaren Verhaltensweisen mit statistischen Verfahren bestimmt, deren Grundlage die Korrelationsrechnung ist.

Für die Praktikerin sind solche Validitäten nützlich, denn sie machen die Bedeutung eines Konstrukts anschaulicher und nachvollziehbarer. Es wird klarer, was unter Stressverarbeitung (Beispiel von oben unter interner Konsistenz) oder Temperament oder Intelligenz (vgl. Beispiele in Kapitel 1.2) verstanden werden kann.

Unter der sogenannte *Kriteriumsvalidität* versteht man die Übereinstimmung eines Testverfahrens mit einem inhaltlich ähnlichen Außenkriterium. Das bekannteste Beispiel ist der Zusammenhang von Intelligenztests und Schulnoten. Das Außenkriterium für den Intelligenztest sind die Schulnoten. Interessant für die Praktikerin ist diese Validitätsart, weil dadurch miteinander verwandte Konstrukte auf einer zeitlichen Dimension in Zusammenhang gebracht werden können. Wenn man weiß, dass das Ergebnis eines Intelligenztests tatsächlich mit den Schulnoten zusammenhängt, kann man durch einen Intelligenztest eine Prognose für die Zukunft von schulischen Leistungen abgeben. Man spricht daher auch von *prognostischer Validität.* Zeitlich in die Vergangenheit gerichtet ist die *retrospektive Validität.* Sie existiert, wenn man Erklärungen im Nachhinein durch einen Test gewinnt. Wenn der Zusammenhang zwischen Intelligenztest und Schulnoten stimmt, kann man schlechte oder gute Schulleistung in der Vergangenheit mit dem Ergebnis eines in der Gegenwart durchgeführten Intelligenztests erklären. Bei einer Gleichzeitigkeit der Zusammenhangserklärung spricht man einfach von *Übereinstimmungsvalidität.* Auch ohne die Verwendung von standardisiert-normierten Testverfahren (wie z. B. einem Intelligenztest) gibt die praktizierende Heilpädagogin Prognosen für die Zukunft ab oder gibt Erklärungen für Verhalten, das in der Vergangenheit oder in der Gegenwart aufgetreten ist, indem sie Wenn-dann-Beziehungen zwischen verwandten Konstrukten knüpft. Sie kann dann keine Korrelationskoeffizienten oder Testwerte angeben, sondern begründet ihre Prognose oder Erklärung mit inhaltlichen Argumenten und stützt sich dabei auf die Erfahrung (= Empirie).

Da der Begriff Validität eine vielfältige Differenzierung in Kombination mit Adjektiven erfahren hat, sei hier ein tabellarischer Ordnungsvorschlag gegeben, wobei die Relevanz für die heilpädagogische Praxis in der Tabelle nicht aufgenommen ist.

Validität Gültigkeit i. A. ↓ **Inhaltsvalidität** Inhaltliche Gültigkeit	
durch Korrelationsrechnung bestimmbar	Zusammenhang
Konstruktvalidität →	**mit einem anderen Verfahren**
• Konvergente Validität →	desselben Konstrukts
• Divergente (diskriminante) Validität →	eines unähnlichen Konstrukts
• Faktorielle Validität →	zwischen ähnlichen Operationalisierungen eines Konstrukts
Kriteriumsvalidität →	**mit einem ähnlichen Konstrukt**
• Prognostische Validität →	zur Vorhersage
• Retrospektive Validität →	zur Erklärung im Nachhinein
• Übereinstimmungsvalidität →	zur Erklärung in der Gegenwart

Tab. 8.1.5: Ordnungsvorschlag zum Begriff *Validität*

Die Tabelle 8.1.5 verrät, dass die geschaffenen Fachbegriffe sich zum Teil überschneiden und in ihrer Bedeutung nicht 100% trennscharf voneinander abgegrenzt werden können. Ein Außenkriterium kann auch ein anderes Verfahren sein, welches dasselbe Konstrukt misst, aber durch seine andere Operationalisierung (es werden andere Fragen gestellt oder andere Verhaltensausschnitte beobachtet) eben doch nicht genau denselben theoretischen Hintergrund hat wie das zu validierende Verfahren. So wundert es nicht, dass die Begriffe Konstruktvalidität und Kriteriumsvalidität manchmal vertauscht werden oder dass die konvergente und divergente Validität manchmal nicht der Konstruktvalidität, sondern der Kriteriumsvalidität untergeordnet werden.

Interne und externe Validität

Zwei Arten von Validität lassen sich nicht in die bisherigen Ausführungen einordnen, weil sie weniger mit inhaltlicher Angemessenheit zu tun haben, aber viel mit der zentralen Wortbedeutung von Validität. Zur Erinnerung: Validität wird mit „Gültigkeit" übersetzt.

Die *interne Validität* ist sehr stark mit der Güte des sozialwissenschaftlichen Experiments verbunden. In Kapitel 6 wurde das Experiment ausführlich besprochen. An dieser Stelle genügt ein Beispiel aus der Praxis. Wenn eine Logopädin in einer Therapiesituation ein stotterndes Kind behandelt, kann es sein, dass sie dem Kind auf kindgerechte Art und Weise eine Sprechtechnik anbietet, damit es die eigene Redeunflüssigkeit beeinflussen kann. Ein Therapieansatz bietet z. B. die Metapher eines gemütlichen Bärs, der etwas verlangsamt und gleichzeitig mit leichter Vokaldehnung die Wörter und Sätze spricht. Bei manchen Kindern hilft diese andere Sprechweise sehr effektiv und schnell, um auf diese Weise flüssiger zu sprechen. Im Therapieraum gelingt dies oft durchweg.

Interne Validität bezieht sich hier auf die Ursachen-Wirkungs-Beziehung zwischen einem sehr bewusst eingesetzten Verfahren oder einer Intervention und der Auswirkung des Einsatzes. Eine hohe interne Validität ist dann gewährleistet, wenn die Wirkung eindeutig auf den Einsatz des Verfahrens oder der Intervention zurückgeführt werden kann. Das ist bei obigem Beispiel gegeben. Die therapeutische Intervention zur Veränderung der Sprechweise hat offensichtlich eine Auswirkung auf die Verflüssigung der Rede. Leider ist dieser Effekt aber auf die „interne" Situation des Therapieraumes begrenzt. Sobald das Kind nach draußen (= extern) geht und den Therapieraum verlässt, kann es diese andere Sprechweise nicht abrufen und stottert wie zuvor. Die Effekte der Therapie im Raum (= intern) können nicht übertragen werden auf den Alltag des Kindes. Die *externe Validität* ist nicht gegeben.

Wie das Beispiel zeigen soll, sind die interne und externe Validität für die Praxis hochrelevant. Eine hohe interne Validität steht für die Wirksamkeit einer Intervention innerhalb des laborähnlichen Therapieraumsettings, bedeutet aber noch lange keine hohe externe Validität. Letztere ist aber viel entscheidender für den Interventionserfolg, der sich nicht auf ein geschlossenes System zwischen Heilpädagogin und Klientin begrenzen darf, sondern sich im Alltag des Klienten zeigen soll.

In Forschungssettings verhalten sich interne und externe Validität oftmals (nicht zwangsläufig) antagonistisch. Sorgt man für eine hohe interne Validität durch Kontrolle von Störvariablen im echten Experiment leidet die externe Validität, weil es sich um eine künstliche Situationen handelt, deren Ergebnis man nicht ohne weiteres auf den Alltag übertragen kann. Sorgt man dagegen für eine hohe externe Validität und kümmert sich um Alltagsnähe, leidet die interne Validität, weil man keine Kontrolle über die im Alltag vorhandene Variablenvielfalt ausüben kann.

Validität		
bezogen auf das Ursache-Wirkungs-Denken des Experiments		
Art der Validität	**Kennzeichnende Fragestellung**	**Methodische Dimension**
Interne Validität	Wie eindeutig lässt sich die Veränderung der abhängigen Variable (z. B. die Wirkung auf die Redeflüssigkeit) auf die Manipulation der unabhängigen Variablen (z. B. eine Intervention als Ursache) zurückführen?	Hoch im experimentellen Setting des Labors (hier Therapieraum) Niedrig im Feld, weil Störvariablen nicht kontrolliert werden können
Externe Validität	Inwiefern gilt die Gesetzmäßigkeit eines Ursachen-Wirkungs-Zusammenhangs in verschiedenen Kontexten (z. B. dem Alltag)	Hoch im Feld, wenn die Intervention den (Alltags-)Kontext einbezieht

Tab. 8.1.6: Zusammenfassung von interner vs. externer Validität in Tabellenform

Auch hier muss wieder ein Problem der Fachterminologie angesprochen werden. Da die interne und externen Validität weniger mit inhaltlicher Gültigkeit zu tun haben und mehr mit der Genauigkeit oder Zuverlässigkeit mit der eine UV eine Veränderung in der AV bewirkt, sind die interne Validität und die externe Validität dem Grundgedanken der Reliabilität eigentlich näher als dem Grundgedanken der Validität. Es ist so ähnlich wie mit dem Fachbegriff *Inter-Rater-Reliabilität*, der eigentlich dem Grundgedanken der Objektivität näher ist als dem Grundgedanken der Reliabilität.

Bedeutungsvielfalt im Zusammenhang mit dem Wortstamm „valid“

Der Wortstamm „valid“ begegnet uns noch in anderen Wortformen außer dem eben diskutierten Nomen *Validität*. Das Verb *validieren* hat eine übergeordnete Bedeutung für den Gesamtprozess einer Überprüfung. Wenn ein

Sachverhalt validiert wird, so wird seine Gültigkeit, seine Angemessenheit, sein Wahrheitsgehalt überprüft. In diesem Sinne hat *validieren* eine bedeutungsmäßige Verwandtschaft mit *Evaluieren.* Bei letzterem liegt der Akzent allerdings auf der Bewertung eines Sachverhalts. Im sozialwissenschaftlichen Kontext wird *validieren* oft im Zusammenhang mit der Überprüfung von Tests oder von Resultaten benutzt. Übergeordnet ist *validieren*, weil die Überprüfung der Gesamtqualität gemeint ist, also nicht nur des einen Gütekriteriums Validität, sondern im Prinzip der Gesamtgüte eines Verfahrens. In diesem umfassenden Sinne wird auch das Adjektiv *valide* gebraucht. Das Verb *validieren* hat vermutlich auch Einzug in die alltägliche Fachsprache der Pädagogik und anderen akademisch geprägten Handlungsbereichen gehalten. „Das muss man mal validieren" ist eine Aussage, welche die Notwendigkeit einer Überprüfung meint, wenn irgendetwas unklar ist oder angezweifelt wird. Wenn die Verlaufsform *Validierung* auftaucht, wird damit der Prozess der Findung von Gültigkeit betont. Wir werden im Zusammenhang mit den Gütekriterien der qualitativen Sozialforschung auf die *Validierung* stoßen, wenn von *kommunikativer Validierung* gesprochen wird. An dieser Stelle nur die Kurzbeschreibung davon: Mit kommunikativer Validierung ist der Akt des Gesprächs (= der Kommunikation) gemeint, um einen Sachverhalt in gegenseitigem Abgleich bzw. Einverständnisses hinsichtlich seiner Gültigkeit zu überprüfen.

Bedeutungsvielfalt im Zusammenhang mit dem Wortstamm „valid"		
Nomen	Validität	Vgl. Tab. 8.1.5 und 8.1.6
Verb	validieren	Prozess der Überprüfung auf Gültigkeit, Angemessenheit, Wahrheitsgehalt
Adjektiv	valide	Eigenschaft der Güte, Gültigkeit, Angemessenheit im übergreifenden Sinne
Verlaufsform	Validierung	In Kombination mit dem Adjektiv *kommunikativ* ist der Gesprächsprozess als Methode der Überprüfung auf Gültigkeit gemeint

Tab. 8.1.7: Vielfältige Bedeutung im Zusammenhang mit dem Wortstamm „valid"

Validität wird durch Bewertungskriterien abgebildet

Eine Lehrperson beurteilt den Erfolg der heilpädagogischen Intervention bei einem Schüler mit Leserechtschreibproblematik anhand der Fehlerzahl im Diktat und muss feststellen, dass sich die Fehler trotz der heilpädagogischen Interventionen kaum verringern. Ihre Fehleranalyse orientiert sich an den Rechtschreibnormen und an der individuellen Bezugsnorm des Schülers und kann daher objektiv und genau angegeben werden. Die Gütekriterien Objektivität und Reliabilität sind erfüllt, um die heilpädagogische Arbeit zu beurteilen. Die Heilpädagogin hatte in ihrer Arbeit mit dem Schüler allerdings gar nicht die Rechtschreibung im Visier, sondern konzentrierte sich auf den Abbau von Ängsten und Vermeidungsverhaltens des Schülers im Zusammenhang mit der Schriftsprache. Es ging ihr darum, eine konstruktive Einstellung des Schülers im Umgang mit Schriftsprache zu erreichen, um eine Basis für die Auseinandersetzung mit der Rechtschreibproblematik zu schaffen. Sie kann den Erfolg darin objektiv und zuverlässig-nachvollziehbar durch folgende qualitative Daten belegen: Der Schüler ist bereit, eine Brieffreundschaft mit einem Schüler der Partnerschule einzugehen und verfasst regelmäßig jede Woche einen Brief trotz enormer Probleme mit der Rechtschreibung. Außerdem hat er sich auf Anregung der Heilpädagogin eine Zeitschrift für Jugendfußball abonniert. Er kann mit Freude in jeder heilpädagogischen Lektion von den neuesten Entwicklungen im Jugendfußball berichten, die er sich trotz großer Lesesinnverständnisprobleme angelesen hat. Der Erfolg der heilpädagogischen Intervention kann also von beiden Fachpersonen objektiv und zuverlässig angegeben werden, wird aber mit völlig unterschiedlichen Kriterien beurteilt, was ein Problem der Validität ist. Man sieht an dem Beispiel gut, dass Validität durch eine inhaltlich-fachliche Diskussion geprägt ist. Was sind die „richtigen" Kriterien? Welcher Weg ist der richtige Weg?

Validität wird durch inhaltlich begründete Intervention abgebildet

Unterschiedliche Fachpersonen können ganz unterschiedliche Wege in der Beeinflussung von Problemen des Schriftspracherwerbs gehen und haben demnach auch unterschiedliche Kriterien, die sich grundsätzlich voneinander unterscheiden können. In der Beeinflussung der Schriftspracherwerbsproblematik gibt es u. a. „störungsspezifische" (z. B. Schulte-Körne & Mathwig, 2019) neben ganzheitlich „spracherfahrungsbasierten" Ansätzen (z. B. Brügelmann, 2014). Beide Ansätze unterscheiden sich grundsätzlich. Sie können aber auch kombiniert werden: Die Heilpädagogin im obigen Beispiel hat zunächst das emotionale Problem bearbeitet, indem sie positive Spracherfahrungen geschaffen hat, und würde danach die Rechtschreibproblematik (störungsspezifisch) gezielter angehen. Beides kann sie objektiv und genau erfassen. Eine andere Kollegin würde sofort mit gezielten Übungen zur Rechtschreibproblematik beginnen und interessiert sich zunächst für zuverlässige und objektive Verringerung der Fehlerzahl und würde die Freude und den Stolz des Schülers wegen besserer Noten aufgrund der verbesserten Rechtschreibfähigkeit als Folge ihrer Intervention ebenso objektiv und genau erfassen wollen.

Der Unterschied zwischen beiden liegt eher in der zeitlichen Abfolge als in einem grundsätzlichen inhaltlichen (= der Validität betreffenden) Unterschied. Trotzdem kann man natürlich darüber diskutieren, welche der oben skizzierten zeitlichen Reihenfolgen die bessere ist. Die Validität lebt von der inhaltlichen Diskussion. In der Diskussion kann es passieren, dass es den vermeintlich allgemeingültigen richtigen Weg gar nicht gibt, sondern das verschiedene Schüler von verschiedenen Wegen profitieren. Für den Einzelfall wäre dann die *individuell begründbare Passung* zwischen ausgewählter Intervention und den Bedürfnissen des Klienten das Qualitätsmerkmal und die nachvollziehbare Güte für die Intervention.

Eine dritte Kollegin würde die Briefe des Jugendlichen nutzen und anhand der dort gemachten Rechtschreibfehler auf Rechtschreibregeln aufmerksam machen. Sie versucht, Emotionalität und Rechtschreibleistung beinahe gleichzeitig zu bearbeiten und dementsprechend auch gleichzeitig objektiv und zuverlässig zu erfassen. Diese Vorgehensweise bringt einen Kompromiss in die Diskussion der „richtigen" Abfolge von Maßnahmen bei Schriftspracherwerbsproblematik.

Das Beispiel ist verkürzend und kann hoffentlich trotzdem die fachliche Diskussion als zentrales Element der Validität verdeutlichen. Im nächsten Beispiel wird die Komplexität des Einzelfalls im sozialen Kontext und die zentrale Bedeutung von Validität innerhalb der Hauptgütekriterien etwas deutlicher herausgearbeitet.

Zur Komplexität der Validität

In der Heilpädagogik werden manchmal kreative oder gestalterische Elemente genutzt, um die Emotionalität der Klienten positiv zu beeinflussen. Außerdem werden solche gestalterischen Prozesse auch für die Erarbeitung von Schulstoff (wie z. B. der Rechtschreibregeln) genutzt.

Eine Heilpädagogin baut mit einem rechtschreibschwachen Schüler ein kleines Boot aus Holz, das im Schulteich in See stechen soll. Es werden Einkaufslisten geschrieben, um die Materialien zu besorgen. Der Bauvorgang wird schriftsprachlich dokumentiert. Die Verschriftlichungen geben Gelegenheit, auf Rechtschreibregeln zu achten. Die beiden haben Spaß am Sägen, Hämmern und Kleben. Das lustvoll kreative Handeln ist ein Teil der heilpädagogischen Strategie, um das Schriftsprachdefizit gezielt anzugehen. Der große Moment der Seetaufe wird mit der gesamten Klasse angegangen. Das kleine Boot sinkt sofort, nachdem es ins Wasser gelassen wurde. Zunächst sind alle Umstehenden ein wenig sprachlos. Die Enttäuschung ist dem Schüler, der das Boot gebaut hat, anzusehen. Einige Schüler der Klasse machen sich lustig über diesen Misserfolg, aber andere reagieren einfühlsam, weil sie sich in den Wunsch des Mitschülers hineinversetzen können, ein wahrhaft schwimmendes Boot der Klasse zu präsentieren. Ein Schüler interpretiert die Situation um, und behauptet, dass dies ein U-Boot sei mit rekordverdächtiger Sinkgeschwindigkeit. Eine Mehrheit der Klassengemeinschaft freut sich über diese Interpretation und stimmt in die Anerkennung des Erfolges mit ein. Die

Klassenlehrerin überlegt laut, warum das U-Boot so schnell sinken konnte, und zwei der Schüler, die das Boot mittlerweile geborgen haben, entdecken, dass sehr viele Nägel gebraucht wurden. Sie glauben, durch das Gewicht der Nägel den Untergang erklären zu können. Die Klassenlehrerin kündigt für die nächste Stunde einen physikalischen Versuch an, um herauszufinden, ob die Hypothese zum Grund des Sinkens wahr sein könnte. Sie bedankt sich bei dem rechtschreibschwachen Schüler und der Heilpädagogin, die das Boot gebaut haben, denn ohne deren Einsatz wäre sie selbst nie auf die Idee des Versuchs gekommen. Die Einkaufsliste zum Material wird als Grundlage für den Versuchsaufbau benutzt. Der rechtschreibschwache Schüler erhält dadurch noch mehr Anerkennung durch die Lehrerin …

Die Situation und ihre Folgen könnten noch weiter beschrieben werden. Die Komplexität der heilpädagogischen Intervention in ihren Auswirkungen auf den einzelnen Schüler und die gesamte Klassengemeinschaft ist aber hinreichend angedeutet. Sie zeigt, dass alltägliche pädagogische Situationen hinsichtlich einzelner messbarer und objektiv erfassbarer Kriterien kaum valide abgebildet werden können. Es wäre irrsinnig, die Anzahl der verbrauchten Nägel als genau messbares Kriterium für den Erfolg der heilpädagogischen Intervention angeben zu wollen oder die Anzahl der besprochenen Rechtschreibfehler auf der Materialliste heranzuziehen, um diese Lektion in ihrem pädagogischen Nutzen zu legitimieren (vgl. auch unten das Beispiel mit dem Zählen von Ideen als Maß für Kreativität). Das valide Kriterium für den Erfolg entsteht vielmehr in vielfältigen Bedeutungszuschreibungen im Rahmen einer komplexen Kommunikationssituation mit vielen Beteiligten. Die qualitative Darstellung der Dramaturgie des Geschehenen ist für die Bestimmung der inhaltlichen Angemessenheit und Gültigkeit dieser Intervention zentral. Die Zuordnung zu einer Theorie spielt dabei eine wichtige Rolle. Man könnte z. B. die Theorie der Selbstwirksamkeit (Bandura, 1997) nehmen, um die Intervention der Heilpädagogin, die Äußerungen der Lehrerin und das Erleben des Schülers zu erklären. Die Frage der Objektivität und Reliabilität rückt hier in den Hintergrund. Sie wären nur mit hohem Aufwand messbar[5] und

5 Man kann zwar alles messbar machen, muss sich aber fragen, ob das für solche wie die oben skizzierten pädagogischen Situationen wirklich notwendig bzw. überhaupt machbar ist. Man könnte hier z. B. eine Befragung der Klassengemeinschaft durchführen zum Erleben der Situation, die man mit skalierten Fragen versieht, deren Auswertung Zahlen generieren. Die Heilpädagogin hätte auch die Einstellung des Schülers zur Schriftsprache vor ihrer Intervention, im Laufe der Intervention prozessbegleitend und nach der Intervention mit skalierten Fragen messen können, um so den Verlauf einer sozial-emotionalen Entwicklung des Schülers mit einer Zahlenreihe zu veranschaulichen (vgl. die kontrollierte Einzelfallstudie in Kapitel 7). Die Frage ist aber: Lohnt sich der Aufwand in der Praxis, hat das einen Nutzen?

die Notwendigkeit der Messung erscheint nicht zwingend, um die Sinnhaftigkeit (was man hier auch als eine Form von Gültigkeit bzw. Validität betrachten könnte) der heilpädagogischen Maßnahme zu erfassen.

Wie oben schon angedeutet hat die Validität auch eine Beziehung zu dem, was man als nützlich bezeichnet. Einer inhaltlich angemessenen Intervention wird gleichzeitig das Attribut „nützlich" zugeschrieben. Der Nutzen ist eines der Nebengütekriterien in der testtheoretischen Diagnostik und wird unten im Kapitel 8.2 diskutiert.

Die Beziehung der Hauptgütekriterien untereinander

Bisher wurde so getan, als ob die Hauptgütekriterien getrennt voneinander existieren. In Wahrheit besteht aber eine Beziehung zwischen Objektivität, Reliabilität und Validität, die auch so in der Fachliteratur insbesondere für die Testtheorie beschrieben wird. Oft wird diese Beziehung als eine lineare Abfolge beschrieben.

Validität sei von Reliabilität abhängig und Reliabilität von Objektivität. Oder anders formuliert: Eine Voraussetzung von Reliabilität sei Objektivität und eine Voraussetzung von Validität sei Reliabilität. Grafisch könnte man das mit Pfeilen wie in Tabelle 8.1.8 symbolisieren

Validität	← hängt ab von	**Reliabilität**	← hängt ab von	**Objektivität**

Tab. 8.1.8: Die Vorstellung der linearen Abhängigkeit der Hauptgütekriterien untereinander

Man könnte auch zwei Achsendiagramme (siehe Abb. 8.1.1 und 8.1.2) als Vorstellungshilfe für die lineare Abhängigkeit wählen.

Reliabilität auf der y-Achse

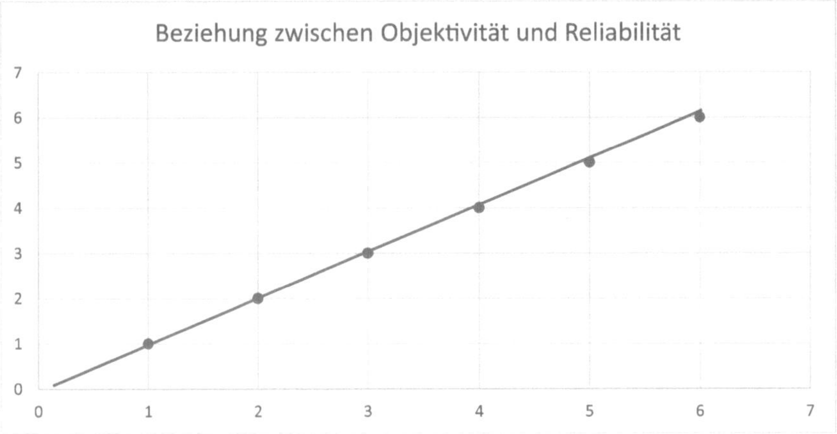

Objektivität auf der x-Achse

Abb. 8.1.1: Vorstellung der linearen Abhängigkeit der Reliabilität von der Objektivität

Validität auf der y-Achse

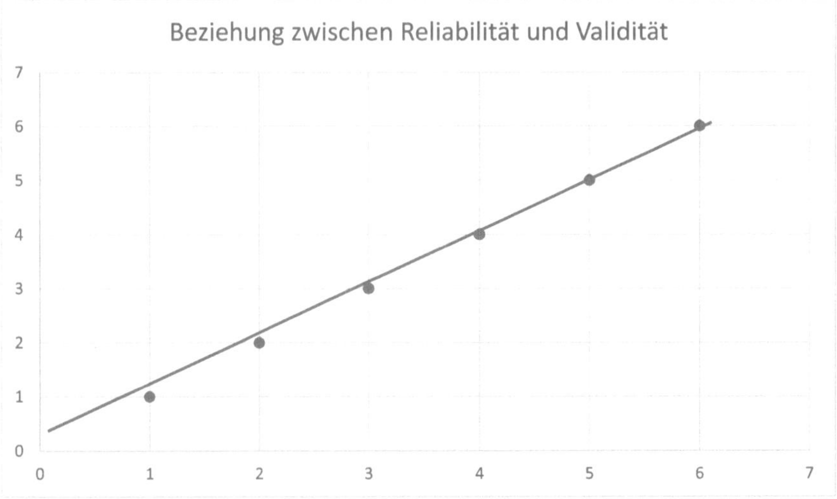

Reliabilität auf der x-Achse

Abb. 8.1.2: Vorstellung der linearen Abhängigkeit der Validität von der Reliabilität

Diese lineare Vorstellung der Beziehung zwischen den Gütekriterien sei durch ein Beispiel aus der Heilpädagogik illustriert:

Fehlende Objektivität beeinträchtigt Reliabilität und Validität

Wenn eine Fachpersonen einem Erwartungseffekt beim Beurteilen unterliegt, ist ihre Objektivität gefährdet (vgl. Beobachtungsfehler in Kapitel 3.1). Erwartungseffekte entstehen z. B. wenn vorangehende Erfahrungen der Fachperson mit einem Schüler die aktuelle Wahrnehmung des Schülers beeinflussen. Angenommen, dieser Schüler war sehr aggressiv in einer vorangehenden Situation. Dies kann dazu führen, dass die Fachperson besonders sensibilisiert ist in ihrer Wahrnehmung von Aggression bei diesem Schüler. Sie schätzt deswegen Verhaltensweisen bei ihm als aggressiv ein, die ihr bei einem anderen Schüler nicht als solche aufgefallen wären. Wenn so ein Erwartungseffekt, der die Objektivität beeinträchtigt, unbemerkt bleibt, wirkt er sich linear bei mehrmaligem Beobachten (= Re-Test-Reliabilität) aus und verfälscht die Gültigkeit (= Validität) des Urteils insgesamt.

Die Beziehung zwischen Reliabilität und Validität kann sich aber auch nichtlinear verhalten. Man kann sie durch eine umgekehrte U-Funktion darstellen (vgl. Abb. 8.1.3).

Validität auf der y-Achse

Reliabilität auf der x-Achse

Abb. 8.1.3: Nicht lineare Abhängigkeit der Validität von der Reliabilität

Die umgekehrte U-Funktion drückt aus, dass bei niedriger Reliabilität die Validität ebenfalls niedrig ist. Steigt die Reliabilität an, so steigt auch die Validität. Irgendwann gibt es einen kritischen Wendepunkt wo bei steigender Reliabilität die Validität nicht mehr steigt, sondern wieder fällt und kleiner wird. Bei extrem hoher Reliabilität ist die Validität sehr klein. Dieser Zusammenhang sei durch folgendes Beispiel illustriert:

Hohe Reliabilität bringt nicht automatisch hohe Validität

Kreativität wird manchmal durch die Produktion von „neuen", auch ungewöhnlichen Ideen erfasst, die gleichzeitig zielführend sein sollen (also eine angemessene Lösung für ein Problem darstellen). Typisch in Fragebögen zur Bestimmung von Kreativität sind daher offene Fragen, bei denen nach der möglichen Verwendung eines Gegenstandes gefragt wird. Auf die Situation der Heilpädagogin übertragen könnte man z. B. folgende Frage stellen: Was können Sie im Rahmen einer heilpädagogischen Lektion mit einem Bleistift alles tun? Mögliche Antworten:

- Zeichnen
- Schreiben
- mit anderen Gegenständen auf den Holzboden fallen lassen (nicht gleichzeitig sondern nacheinander) und aufgrund des Geräusches beim Aufprall beurteilen lassen, welcher Gegenstand gerade gefallen ist
- In der Mitte entzweibrechen
- Im Rahmen eines Versteckspiels als zu versteckenden Gegenstand benutzen
- Zwischen Nase und Oberlippe einklemmen
- Aus dem Fenster werfen
- Usw.

Wenn man die Anzahl der produzierten Ideen als Maß für Kreativität betrachtet, könnte man ziemlich genau die „weniger Kreativen" von den „hochgradig Kreativen" unterscheiden. Wenn man vielen Heilpädagoginnen so eine Aufgabe stellt, könnte man einen Mittelwert bilden und so eine „mittlere" Kreativität für Heilpädagoginnen bestimmen. Dem Bedürfnis nach Genauigkeit und Zuverlässigkeit ist damit bis zu mehreren Stellen hinter dem Komma sehr gut entsprochen. Doch ist diese Art von Operationalisierung der Kreativität auch valide?

Das Bestimmen von Häufigkeit der Ideen sagt nichts über deren Qualität aus. Man weiß u. a. nicht, ob die einzelne Idee auch dem Kriterium „zielführend" entspricht. Ohne eine inhaltliche Begründung der Tätigkeit kann man das nicht beurteilen. So kann …

- das Zeichnen als Vorläufer für eine grafomotorische Übung begründet werden,
- das Schreiben als basale Tätigkeit für eine Übung zum Schriftspracherwerb begründet werden,
- das Fallenlassen von Gegenständen als Geräuschdifferenzierung und damit als Wahrnehmungsübung begründet werden,
- das Einklemmen zwischen Nase und Oberlippe als Übung für die Mundmotorik und damit als Vorläufer einer Artikulationsübung begründet werden
- und vielleicht fällt Ihnen, liebe Leserin, auch eine Begründung dafür ein, den Bleistift in der Mitte auseinanderzubrechen, ihn zu verstecken oder aus dem Fenster zu werfen.

Ohne inhaltlich plausible Begründungen taugen die Ideen nichts, um Kreativität zu erfassen. Man könnte sonst auch Blödsinn formulieren, als Idee auflisten und zählen lassen. Eine hohe Anzahl von Ideen würde mit diesem hochgradig zuverlässigen Verfahren (= Häufigkeit der Ideen erfassen) zu einer Reduzierung der Validität von Kreativität führen, weil dann auch Blödsinn mitgezählt wird.

Das Beispiel soll zeigen, dass eine genaue und zuverlässige Messbarkeit nicht zwangsläufig zu einer hohen Gültigkeit führt. Das Beispiel zeigt wieder, wie zentral wichtig Validität ist, weil dieses Gütemerkmal für den Inhalt steht.

8.2 Nebengütekriterien der Testdiagnostik

Nutzen

Der Nutzen einer Forschung ist insbesondere in der angewandten Forschung wichtig.

In der Testdiagnostik wird der Nutzen lediglich als Nebengütekriterium aufgeführt, was für die Praktikerin verwunderlich ist. Die Heilpädagogin begründet ihre Entscheidungen für eine Interventionen aufgrund ihrer Erkenntnisse aus der Diagnostik. Wenn Diagnostik keinen Nutzen für die weiteren Maßnahmen hätte, könnte man auf sie verzichten. Manche Formen der Klassifikationsdiagnostik müssen sich dieser Kritik stellen. Klassifikationsdiagnostik versucht, im besten wissenschaftlichen Sinn eine Ordnung zu schaffen, die das abstrakte Konstrukt differenziert (vgl. Kapitel 1.2). So ein abstraktes Konstrukt wie *Schriftsprachstörung* wird z. B. eingeteilt (= klassifiziert) in spezifische und unspezifische Leserechtschreibschwierigkeiten (Klicpera et al., 2020). Diese Einteilung hängt eng mit dem Intelligenzkonstrukt zusammen. Kinder mit einer normalen Intelligenz und gleichzeitiger LRS gehören in die Gruppe der *spezifischen LRS*. Kinder, die gleichzeitig LRS und ein Intelligenzdefizit zeigen, werden der *unspezifischen LRS* zugeordnet.

Welchen Nutzen hat diese Einteilung für die heilpädagogische Praxis bei Schriftspracherwerbsstörung? Kann man aufgrund einer solchen Etikettierung eine nützliche Entscheidung ableiten? Die Klassifikation hat primär einen diagnostischen Hintergrund und dieser hat im Kern zwei Funktionen nämlich A) eine Selektionsentscheidung zu treffen und B) Informationen für die Gestaltung der Förderung zu liefern.

Zu A) Die Selektionskomponente dieser Einteilung hat gravierende Folgen. Nur Kinder mit spezifischer LRS kommen in den Genuss einer spezifisch auf LRS ausgerichteten heilpädagogischen Förderung. Diese Entscheidung ist für die Kinder mit dem Etikett unspezifische LRS wenig nützlich, denn sie brauchen ebenfalls eine auf LRS ausgerichtete Förderung. Diese Selektionsentscheidung bei LRS auf Basis des Diskrepanzkriteriums *Intelligenz* erscheint daher diskussionswürdig.

Zu B)

Eine Förderplanung mit der Einteilung spezifische vs. unspezifische LRS aufzustellen, gelingt nur sehr undifferenziert. Die differenzierte Durchführung einer heilpädagogischen Intervention hängt natürlich von den allgemeinen geistigen Fähigkeiten des Klienten ab, aber durch die bloße Einteilung in spezifisch vs. unspezifisch wird keine konkrete Interventionsplanung möglich.

Der Nutzen einer solchen Klassifikation liegt vielleicht in der Kommunikation zwischen den Fachleuten. Sie können mit Hilfe der geschaffenen Begrifflichkeiten ökonomischer miteinander kommunizieren. Der Nutzen für die heilpädagogische Intervention ist eher indirekt und nicht unmittelbar ersichtlich.

Den Nutzen einer Intervention kann man als zentrales und übergreifendes Ziel der heilpädagogischen Tätigkeit betrachten, es ist ihr eigentlicher Auftrag. Eine Diagnostik oder eine Intervention ohne Nutzen würde der Bestimmung der Heilpädagogik widersprechen. Wenn man sich vergegenwärtigt, dass der wichtigste Nutzen in der Wirkung der heilpädagogischen Intervention liegt, erscheint das in der Testdiagnostik so benannte *Neben*gütekriterium „Nutzen“ die *Haupt*sache für die Heilpädagogik zu sein.

Fairness und Zumutbarkeit

Als nächstes wird das Gütemerkmal *Fairness* betrachtet. Darunter versteht man eine Art Nicht-Diskriminierungs-Gebot. Die Forschung, Diagnostik oder heilpädagogische Intervention soll niemanden wegen seiner Herkunft, Hautfarbe, Sprache, sexueller Orientierung oder anderer Eigenschaften benachteiligen. Das Gütemerkmal *Fairness* hat eine große Nähe zum für die Wissenschaft relevanten Qualitätsmerkmal der „ethischen Strenge" (Döring & Bortz, 2015). Unter der Perspektive der ethischen Strenge werden Wissenschaftler aufgefordert, sich an ethische Richtlinien zu halten wie z. B. der Nicht-Benachteiligung oder der Nicht-Schädigung von Personen, die in den Forschungsprozess involviert sind. Die Nicht-Schädigung als ethisches Prinzip kann man auch dem Gütemerkmal *Zumutbarkeit* zuordnen. Personen, die in einem diagnostischen Prozess involviert sind, sollen „weder in körperlicher, zeitlicher noch psychischer Hinsicht unverhältnismäßig beansprucht" (Ziegler & Bühner, 2012, S. 89) werden. Es ist offensichtlich und bedarf keiner weiteren Beispiele, um die Gültigkeit dieser Gütekriterien für das heilpädagogische Setting zu erkennen. Die Differenzierung der ethischen Dimension von Forschung im Zusammenhang mit der Heilpädagogik erfolgt in Kapitel 11.3.

Ökonomie

Eine Testdurchführung und wissenschaftliches Wirken i. A. ist auch der Ökonomie verpflichtet. *Tue so viel wie nötig, aber so wenig wie möglich* könnte die pragmatische Devise lauten, die diesem Gütemerkmal entspricht. Wenn man mit sparsamen Mitteln eine Befragung durchführen kann und Antworten auf seine Fragen bekommt, dann sollte diese einer aufwändigen Befragungsform vorgezogen werden. Wenn man mit einem einfachen statistischen Verfahren zu demselben Ergebnis kommt wie mit einem aufwändigen, sollte man das einfache Verfahren nutzen. Wenn man mit einer einfachen heilpädagogischen Intervention einen großen Effekt erzielen kann, ist das besser, als mit vielen komplizierten Interventionen denselben Effekt zu erzielen. An letztem Beispiel wird besonders deutlich, dass die Ökonomie eine Frage des Kosten-Nutzen-Verhältnisses ist. Bei manchen Fragestellungen oder Zielsetzungen, sowohl im Kontext der Forschung als auch im Kontext der Heilpädagogik, muss man allerdings aufwändige Verfahren einsetzen, weil es keine ökonomischeren Alternativen gibt und weil es sich lohnt, ein differenziertes Ergebnis zu erhalten. In diesem Zusammenhang sei auf das Beispiel aus dem Abschnitt zur internen und externen Validität (siehe oben) verwiesen. Dort wurde von einem stotternden Kind berichtet, das sehr schnell eine flüssige Sprechweise im Therapiezimmer der Logopädin erlernen konnte. Das klingt zunächst mal ökonomisch. Wenn man einen langfristigen und alltagsrelevanten Effekt erreichen will, muss man sich als Therapeutin aber um den Transfer des Gelernten in den Alltag des Kindes kümmern, auch wenn diese Vorgehensweise mit hohen Kosten und Aufwand verbunden ist. Der Transfer funktioniert in der Regel nur, wenn man das Therapiezimmer verlässt und auch im Alltag des Kindes die alternative Sprechweise übt. Ohne diesen Aufwand würde die ganze Therapie wenig Sinn machen.

Mit dieser Darstellung der Gütekriterien sei die Bedeutung von Gütemerkmalen aus dem Paradigma der quantitativen Sozialforschung für die Praxis der Heilpädagogik vorläufig beendet, auch wenn einige Kriterien nicht betrachtet wurden. Wie zu Beginn des Kapitels erwähnt, konzentrierte sich das Nebeneinander und In-Beziehung-Setzung der Gütekriterien auf die Gemeinsamkeiten zwischen Forschung und Praxis. Im nun folgenden Teil 8.3 des achten Kapitels über die Gemeinsamkeiten von qualitativen Gütemerkmalen mit der heilpädagogischen Praxis werden zudem Gemeinsamkeiten zwischen quantitativer und qualitativer Sozialforschung deutlich.

8.3 Gütekriterien des qualitativen Paradigmas

Auch für das qualitative Paradigma gibt es mehr Kriterien, als hier referiert werden. Zudem gibt es je nach Vertreter des Paradigmas unterschiedliche Begrifflichkeiten. Die Vorstellung von Güte innerhalb der qualitativen Sozialforschung ist eher heterogen und uneinheitlich. Für einige zentrale Begrifflichkeiten lohnt sich der Bezug zur Praxis der Heilpädagogik aber allemal. Hier eine subjektive Auswahl:

Kommunikative Validierung (Member Checking)

Wie oben im Kapitel *Bedeutungsvielfalt im Zusammenhang mit dem Wortstamm „valid“* angedeutet, steht dieses Begriffspaar für eine Maßnahme im qualitativen Forschungsprozess, um die Ergebnisse einer Auswertung von Daten hinsichtlich ihrer Gültigkeit zu prüfen. Im Gespräch (= in der Kommunikation) werden dem Beforschten (meist der Befragte) die Ergebnisse (z. B. das Kategoriensystem) erklärt, so dass dieser die Möglichkeit hat, zu prüfen, ob das Ergebnis mit dem übereinstimmt, was er im Gespräch zum Ausdruck bringen wollte.

So etwas machen Heilpädagoginnen ständig. Wenn eine Heilpädagogin z. B. das Beratungsgespräch mit den Eltern eines ihr anvertrauten Schülers mit

Leserechtschreibproblematik am Ende des Gesprächs zusammenfasst (vgl. Kapitel 5.1 Inhaltsanalyse von Gesprächen) geschieht dies auch im Sinne einer kommunikativen Validierung. Wenn die Eltern in der Zusammenfassung nicht das wiederfinden, was sie zum Ausdruck bringen wollten bzw. was im Gespräch ausgetauscht wurde, können sie das korrigieren. Der Akt der Korrektur ist in diesem Fall die Validierung der zusammengefassten Gesprächsinhalte. Die Zusammenfassung wird durch die kommunikative Validierung ein Stück gültiger (= valider). Manchmal spricht man auch von Verständnissicherung im Gespräch, was dasselbe meint. Das gemeinsame Verständnis zu einem Sachverhalt soll gesichert werden. Was für die Praxis der Heilpädagogik zunächst mal plausibel klingt, alltäglich und vielleicht sogar einfach, kann aber kompliziert und manchmal sogar undurchführbar sein. Das gilt insbesondere für die Forschung, aber auch für die Praxis.

Nehmen wir an, die Heilpädagogin oder Forscherin fasst ein Gespräch mit Hilfe eines Kategoriensystems zusammen, welches auf Basis einer tiefenpsychologischen Theorie existiert. Dann sind i. d. R. Kategorien relevant, die mit dem Unbewussten in Zusammenhang stehen. „Verdrängung" oder „unbewusste Schuldabwehr" könnten solche Kategorien sein. Eine Interpretation der Heilpädagogin oder Forscherin auf Basis dieser tiefenpsychologischen Kategorien könnte sein, dass die Rechtschreibproblematik etwas mit den Eheproblemen der Eltern zu tun hat. Die Leserechtschreibstörung sei in diesem Zusammenhang ein unbewusstes Signal des Kindes an seine Eltern. Die Mutter versteht dieses Signal als solches, hat es aber wegen der hohen Selbstwertbelastung verdrängt und andere Gründe für die Leserechtschreibproblematik vorgeschoben. Letzteres könnte man als „Schuldabwehr" bezeichnen.

Eine solche Interpretation eines Ergebnisses wird die Heilpädagogin kaum zum Abschluss eines Beratungsgespräches zur Diskussion stellen können, weil die Eltern gerade wegen der Unbewusstheit damit überfordert wären. Aus demselben Grund würde auch die Forscherin mit der Maßnahme „kommunikative Validierung" an eine methodische Grenze stoßen. Kommunikative Validierung setzt nicht nur Bewusstheit voraus, sondern auch ein einigermaßen (Fach-)Wissen zu einem Gegenstand. Nehmen wir an, die Heilpädagogin hat den Eltern beim Beratungsgespräch die Ergebnisse eines Leserechtschreibtests erklärt. Dort werden Fachwörter aus der Linguistik benutzt, um die Problematik zu fassen. Der Test ist außerdem normiert und setzt gewisse Kenntnisse aus der Statistik voraus, um die Zahlenangaben (z. B. Prozentränge) nachvollziehen und verstehen zu können.

Wenn eine gemeinsame Verständnisbasis fehlt (hier das Fachwissen aus Linguistik und Statistik) kommt die kommunikative Validierung eines Gesprächs an ihre Grenzen. Kommunikative Validierung erscheint aber bei subjektiv-deskriptiven Kriterien von Diagnostik- oder Therapieinhalten sinnvoll und geboten: Wenn es zum Beispiel um die subjektive Einstellung der Eltern im Umgang mit der Leserechtschreibproblematik geht (z. B. Sorgen der Eltern), kann die kommunikative Validierung sehr gut eingesetzt werden und die Güte (= hier die Validität) sichern.

Triangulation

Triangulation als Fachbegriff der qualitativen Forschungsmethodik (Flick, 2008) meint im weitesten Sinne eine *Perspektivenpluralität.* Diese kann auf den verschiedensten Ebenen als Gütemerkmal wirken. Greifen wir das eben gedachte Beispiel einer Beratungssituation auf, wo das Gespräch die zentrale Methode war, um Daten zu erheben.

Daten-Triangulation

Die Heilpädagogin hat in den Lektionen mit dem leserechtschreibschwachen Kind beobachtet, dass dieses bei Anforderungen im Bereich der Schriftsprache ein starkes Vermeideverhalten zeigt. Immer wenn sie eine Übung anbietet, erzählt das Kind lange Geschichten aus dem Schulalltag, steht auf und interessiert sich für die Spiele im Regal, hat auf einmal Kopfweh usw.

Im Gespräch mit den Eltern und im Gespräch mit der Lehrerin versucht die Heilpädagogin, herauszufinden, ob dieses Verhalten auch in anderen Situationen auftritt. Wenn sie von den Eltern erfährt, dass das Kind in der häuslichen Situation ähnliches Verhalten zeigt, und von der Lehrerin berichtet bekommt, dass auch im Klassenzimmer das Vermeidungsverhalten auftritt, hat sie die Gültigkeit ihrer Hypothese zum Vermeideverhalten durch die Perspektiven der Eltern und der Lehrerin abgesichert. Diese Form der Triangulation kann man Daten-Triangulation nennen, weil unterschiedliche Datenquellen (Heilpädagogin selbst, Eltern und Lehrerin) genutzt werden.

Für die Forscherin und für die Heilpädagogin ist die potentielle Falsifikation bei der Daten-Triangulation hochinteressant. Zur Erinnerung: Falsifikation ist ein Grundprinzip der Erkenntnisgewinnung und meint „scheitern“ oder „zu Fall bringen“ oder auch „den Widerspruch identifizieren“. Letzteres kann passieren, wenn man unterschiedliche Ergebnisse aus den verschiedenen Perspektiven erhält. Wenn die Eltern was ganz anderes berichten als die Lehrerin, dann ist entweder das Vermeideverhalten nicht situationsübergreifend gültig oder die Wahrnehmung bzw. die Bewertung der Personen für dasselbe Verhalten unterscheidet sich stark. Die Heilpädagogin oder Forscherin wird jedenfalls durch die Falsifikation zur Bildung und Überprüfung neuer Hypothesen angeregt.

Methoden-Triangulation

Gleichzeitig ist die oben dargestellte Triangulation eine Methoden-Triangulation, da die Heilpädagogin verschiedene Methoden angewandt hat. Sie hat das Kind beobachtet (Beobachtung als Methode) und die Eltern und Lehrerin befragt (Methode der Befragung). Die Methoden-Triangulation hat einen herausragenden Stellenwert in der qualitativen Sozialforschung. Dies liegt u. a. wieder an ihrem großen Falsifikationspotential.

Eine Möglichkeit in Forschung und Praxis ist der beinahe gleichzeitige oder zumindest zeitnahe Einsatz von mündlicher und schriftlicher Befragung bei denselben Personen. Nehmen wir an, dass die Heilpädagogin der Mutter kurz vor dem Beratungsgespräch einen Fragebogen hat zukommen lassen. Gegenstand des Fragebogens ist u. a. die sozial-emotionale Dimension der Leserechtschreibschwäche und darin sind auch Fragen gestellt, die auf das Vermeideverhalten des Kindes abzielen.

Bei der Auswertung des Fragebogens stellt die Heilpädagogin fest, dass die Mutter die Fragen zum Vermeideverhalten ganz anders beantwortet als im mündlichen Gespräch. Durch diese widersprüchlichen Ergebnisse ist die Hypothese des Vermeideverhaltens zwar nicht gänzlich widerlegt (falsifiziert), aber die Heilpädagogin hat einen Hinweis auf Widersprüche der Wahrnehmung bzw. Bewertung des kindlichen Verhaltens durch die Mutter. Das ermöglicht ihr, neue Hypothesen zur Bedeutung des Problems Leserechtschreibstörung im Zusammenhang mit der Einstellung und Wahrnehmung der Mutter aufzustellen. Die Kraft der Falsifikation liegt hier in der Differenzierung des Gegenstandes. Die Einstellung der Mutter rund um die Leserechtschreibproblematik des Kindes bekommt mehr Aufmerksamkeit und rückt in ihrer Relevanz für den Problemlöseansatz der Heilpädagogin mehr in den Vordergrund.

Durch die Methoden-Triangulation kann man die Vorteile einzelner Methoden miteinander kombinieren. Der normierte Fragebogen liefert Ergebnisse, welche man Dank der Normstichprobe im sozialen Vergleich interpretieren kann. Die mündliche Befragung bietet u. a. die Chance des tieferen Verstehens im Einzelfall (vgl. auch Kapitel 3.2.2 Wesentliche Unterschiede zwischen mündlicher und schriftlicher Befragung).

Theorie-Triangulation

Das Anlegen von verschiedenen Perspektiven kann auch aus theoretischer Perspektive sehr interessant sein.

Die Theorie-Triangulation wurde schon an anderer Stelle angedeutet, als die Wahrnehmung einer systemisch orientierte Heilpädagogin mit der Wahrnehmung einer verhaltenstherapeutisch arbeitenden Heilpädagogin unter der gegenseitigen Abhängigkeit von Theorie und Empirie und im Speziellen unter der „Theoriebeladenheit der Empirie“ (vgl. Kapitel 3) verglichen wurde. Die Theorie-Triangulation legt den Fokus auf die Bereicherung der Betrachtung eines Gegenstands, wenn man diesen aus verschiedenen theoretischen Perspektiven (hier verhaltenstherapeutisch und systemisch) betrachtet.

Bereichernd kann die Theorie-Triangulation ebenfalls sein, wenn es einer Fachperson (egal ob Forscherin oder Heilpädagogin) gelingt intra-individuell unter der Perspektive verschiedener Theorien eine Sache bzw. einen Fall anzuschauen.

Kann sein, dass die Fachperson dann in einen inneren Konflikt gerät, wenn ihre Lieblingstheorie gegen eine andere Theorie im Wettstreit der Erklärungen antritt. Die Fachperson braucht eine gehörige Portion Offenheit für die andere Perspektive, um deren Wert zu erkennen. Für diese Haltung der Fachperson hat die qualitative Sozialwissenschaft mit dem Begriff *Abduktion* einen Ausdruck, der auch manchmal als Gütemerkmal angeführt wird (Steinke, 2004).

Abduktive Haltung

Abduktion ist ein abstrakter Begriff aus der Erkenntnistheorie. Seine Auslegung ist im wissenschaftlichen Diskurs leider recht uneinheitlich. Wahrscheinlich ist er aus der Unzufriedenheit der Erkenntnistheoretiker mit den beiden Begriffen „Induktion“ und „Deduktion“ entstanden. Zur Erinnerung (vgl. Kapitel 5.1): Induktion meint das Entstehen einer Ordnung auf Grundlage des schon vorhandenen Datenmaterials. Bei einem Text gleicht das einer durch eine Fragestellung geleiteten Zusammenfassung. Auf Basis des vorhandenen Textes entstehen so Kategorien. Deduktion geht von einer schon vorhandenen Theorie aus und interpretiert Datenmaterial (z. B. Texte) mit Hilfe der Kategorien, welche von der Theorie vorgegeben wird, und stellt so eine Ordnung her. Bei beiden Prozessen (= Induktion und Deduktion) entsteht streng genommen nichts wirklich Neues. Das schon Existierende wird durch systematische Forschung lediglich irgendwie geordnet. Die Abduktion steht hingegen für die Entdeckung und damit für den Ausgangspunkt der Erkenntnis. Im gedanklichen Formulieren einer Vermutung, die auf mehr oder weniger unerklärliche Art und Weise entsteht, steckt das Wesen der Abduktion. Die abduktive Vermutung kommt als Akt der Einsicht blitzartig, sie geht von einer überraschenden Erfahrung aus und kann dabei einer bisherigen Überzeugung widersprechen und insofern irritieren. Man kann sich eine Wissenschaftlerin vorstellen, die während eines Experiments eine ungeplante Beobachtung macht, die sie sich nicht erklären kann und die ihren bisherigen Theorien widerspricht. Dies stürzt sie in Zweifel, die sie antreiben, eine Erklärung für das Unerklärliche zu finden. Kennzeichnend für die Abduktion ist die Offenheit des Wissenschaftlers sich in seiner Gewohnheit irritieren zu lassen.

Die Abduktion löst zudem eine Suche aus. Die Wissenschaftlerin macht sich mit der Systematik von Induktion und Deduktion auf diese Suche. Der Moment der Auslösung bleibt ihr aber unerklärlich. Sie kann sich selbst nicht erklären, warum gerade in diesem Moment durch ihre Wahrnehmung eine Vermutung ausgelöst wurde. Zur weiteren Illustration sei ein Zitat von Albert Einstein gegeben, der den Moment der Abduktion im Zusammenhang mit seiner Gravitationstheorie so beschreibt:

> „Ich saß im Berner Patentamt in einem Sessel, als mir plötzlich der Gedanke kam: Wenn sich ein Mensch im freien Fall befindet, wird er seine eigene Schwere nicht empfinden können. Mir ging ein Licht auf. Dieser einfache Gedanke beeindruckte mich nachhaltig. Die Begeisterung, die ich da empfand, trieb mich dann zur Gravitationstheorie." (https://www.spiegel.de/fotostrecke/albert-einstein-ueber-die-relativitaetstheorie-fotostrecke-134511.html)

Irgendwie scheinen solche Entdecker wie Albert Einstein bereit und offen für die wirklich neuen Idee zu sein. In dem „Irgendwie" steckt das unerklärliche Mysterium der plötzlichen Erleuchtung (= Mir ging ein Licht auf), was erkenntnistheoretisch mit Abduktion bezeichnet wurde. Von außen betrachtet ist es gar nicht so mystisch-unerklärlich, dass jemand (wie z. B. Albert Einstein), der sich jahrelang mit Theorien beschäftigt hat, auf alternative Theorien kommt. In diesem Moment ist es dem Forscher selbst offensichtlich nicht bewusst, jedoch gelingen solche Abduktionen eher, wenn jemand sich lange und intensiv mit einer Sache auseinandergesetzt hat. Sie sind, wenn auch unbewusst, das Produkt von vielen vorgängigen Gedanken und gar nicht so „blitzartig" bzw. „aus dem Nichts" entstanden. Wie gesagt: Die Auslegung des Begriffs Abduktion ist nicht einheitlich, man findet noch viele andere Auslegungen. Für die von den qualitativen Sozialwissenschaftlern formulierten *abduktiven Haltung* als Gütemerkmal trifft das Kennzeichen „Offenheit" am besten den Kern der geforderten Einstellung des Forschers. Anders formuliert: Um eine wirklich neue Erkenntnis zu haben, braucht man eine Offenheit gegenüber dem Neuen, gegenüber dem Fremden, gegenüber dem Ungewohnten, dem Überraschenden, vielleicht sogar gegenüber dem Unliebsamen und gegenüber dem Abgelehnten. Beispiele aus der qualitativen Forschung und der Praxis der Heilpädagogin gibt es viele. Das narrative Interview lebt von der Offenheit der Forscherin und Heilpädagogin. Eine heilpädagogische Lektion, die in ihrer Planung die Mitwirkung und Selbstbestimmung des Klienten einbezieht, ist für Überraschungen offen. Im Allgemeinen könnte eine nicht völlig geschlossene, nicht hochstrukturierte, nicht absolut feste Planung, als ein Zeichen von abduktiver Haltung gewertet werden. Wer bei der kollegialen Supervision (eine qualitativ orientierte Forscherin würde *„peer debriefing"* sagen) für die von der eigenen Meinung abweichende Position der Kollegin offen ist, hat durch die andere Perspektive die Chance, sein ins Stocken geratenes Vorgehen zu ändern und eventuell erfolgreicher zu gestalten. Die Voraussetzung für den Nutzen der Triangulation (hier die andere Perspektive durch die Kollegin) und der damit einhergehenden fehlenden Übereinstimmung zwischen der eigenen und der fremden Beurteilung scheint in so einem Fall die abduktive Haltung zu sein. Diese Haltung passt gut zum erkenntnistheoretischen Prinzip der Falsifikation, wonach nur das Scheitern den eigentlichen Erkenntnisgewinn bringt. Alltagssprachlich könnte man auch ausrufen: „Hurra, ein Fehler!"

Mit abduktiver Haltung kann also u. a. gemeint sein, dass die Forscherin offen und bereit ist, sich von dem einmal eingeschlagenen Weg wieder zu entfernen. Man könnte es in der Übertragung auf die Heilpädagogik auch als Bewusstheit für die eigene *Fehlbarkeit* bezeichnen. Es geht darum, den eigenen Ergebnissen von Diagnostik oder Intervention hinsichtlich ihres Wahrheitsgehaltes oder ihrer Gültigkeit stets mit einer Portion Skepsis gegenüberzustehen. Die eigene Fehlbarkeit ist der Heilpädagogin mit abduktiver Haltung bewusst, sie formuliert keinen Anspruch auf absolute Wahrhaftigkeit in ihren Aussagen. Sie könnte auch eher alltagssprachlich formulieren: „Es kann auch alles anders sein".

In der Sprache einer Heilpädagogin mit dieser Haltung drückt sich diese dadurch aus, dass sie „vorläufige" Diagnosen formuliert oder deren Zeitabhängigkeit betont. Diese Haltung kann auch durch den Gebrauch von vorsichtigen Formulierungen in schriftlichen Berichten transparent gemacht werden. Die Heilpädagogin schreibt eher im Konjunktiv als im Indikativ, gebraucht häufig die Formulierung „es kann sein" statt das festlegende „es ist" oder benutzt Worte wie „wahrscheinlich", „eventuell" „anscheinend" etc. Sie bringt dadurch die Relativität mancher „Wahrheiten" zum Ausdruck. Die abduktive Haltung und Denkweise passt sehr gut zu der in der Wissenschaft allgemein anerkannten relativen und nicht absoluten Gültigkeit von Theorien (vgl. Kapitel 3 oder auch Kapitel 1) und sie hat einen Bezug zum ethischen Prinzip des „Abwägens". Dieses wird im Kapitel 11.3 genauer besprochen.

Reflektierte Subjektivität

Im qualitativen Paradigma der Sozialwissenschaften wird die Objektivität eher kritisch gesehen. Stattdessen wird die Subjektivität der Forscherin als unumgänglich betrachtet und versucht, diese Tatsache für den Forschungsprozess konstruktiv zu nutzen. Diese Betrachtungsweise ist auch für die Heilpädagogin nachvollziehbar. Die oben gemachten Ausführungen zur abduktiven Haltung und zur Triangulation können als Versuche gewertet werden, diese Subjektivität zu reflektieren. Im Jargon des quantitativen Paradigmas würde man vielleicht eher „kontrollieren" und nicht „reflektieren" sagen. Egal welcher der beiden Begriffe gewählt wird, es geht darum, die gewählten Vorgehensweisen bei der Datenerhebung (z. B. beim Gespräch), bei der Datenauswertung und -interpretation (z. B. bei der Kategorienbildung) und die eigene Haltung selbstkritisch zu reflektieren. Dazu gehört auch eine umfassende Dokumentation der Entscheidungen (Warum wurde das narrative Interview und nicht der Fragebogen eingesetzt? Warum diese und nicht jene Theorie? usw.) und die Transparenz von eigenen Vorerfahrungen, Werthaltungen bis hin zur Reflexion persönlicher Eigenschaften der Forscherin, die für das Vorgehen relevant sein könnten.

Solche hohen Anforderungen an die Persönlichkeit der Forscherin bzw. Heilpädagogin stehen offensichtlich im Gegensatz zum Konstrukt der Objektivität, mit dem Unabhängigkeit von den persönlichen Vorlieben, Meinungen, Haltungen etc. gefordert wird.

Jede professionelle Person (Forscherin oder Heilpädagogin) muss sich entscheiden, welchen Weg sie zwischen den Ansprüchen von Objektivität und reflektierter Subjektivität geht. Vielleicht kann man auch beides gleichzeitig versuchen und ist dann auf einem „goldenen Mittelweg" zwischen zwei Paradigmen? Dafür gibt es in den Sozialwissenschaften den Begriff „Mixed-Method", welcher hin und wieder als drittes Paradigma betrachtet wird.

Güte in Form von Unterstützung durch Rückmeldung

Sowohl im quantitativen als auch im qualitativen Paradigma muss man diesen Weg nicht alleine gehen. Viele der unter Triangulation dargestellten Vorgehensweisen deuten darauf hin, dass die Forschungsgemeinschaft genau wie die Kollegialität zwischen den Heilpädagoginnen einen wichtigen Stellenwert für die Güte der Forschung bzw. Heilpädagogischen Arbeit haben. Mit *Peer Debriefing* ist die Nachbesprechung der Studie mit den Kolleginnen gemeint. Das entspricht der *kollegialen Supervision* in der Heilpädagogik. Mit *Peer Review* ist die Begutachtung von Fachartikeln durch Kolleginnen gemeint. Dieser Prozess birgt die Chance als Wissenschaftlerin eine konstruktive Rückmeldung zur eigenen Veröffentlichung zu bekommen und dieses Feedback zu nutzen, um die Arbeit selbst oder kommende Arbeiten qualitativ hochwertiger zu gestalten. In dem Peer-review-Gedanken steckt allerdings ein Dilemma, welches mit dem oben angeführten Zweifel an der Objektivität zu tun hat.

In der Regel soll die Begutachtung unabhängig von der Person der Autorin stattfinden. Die Gutachter werden daher gegenüber der Autorenschaft „verblindet". Die Gutachter sollen nicht wissen, wer den Artikel geschrieben hat, um möglichst objektiv zu urteilen. Wenn die Autorin die Rückmeldung der Gutachter bekommt, erfährt sie ihrerseits nichts über die Person der Gutachterin. Das soll die Gutachterin frei machen in ihrer Beurteilung. Diese *doppelte Verblindung* macht insofern Sinn und ist begründet, verhindert jedoch gleichzeitig den Diskurs zwischen Autorin und Gutachterin. Da sich die beiden nicht kennen, können Sie keine Missverständnisse klären, bleiben u. U. unterschiedliche erkenntnistheoretische Positionen in der Beurteilung stehen, ohne dass eine Annäherung möglich ist. Das Peer-review-Verfahren steht insofern in einem gewissen Widerspruch zum Diskurs als einem der wichtigsten Qualitätssicherungsmaßnahmen in der Forschung. Außerdem ist das Peer-review-Verfahren durch die Verblindung intransparent. Die wichtige Forderung der Nachvollziehbarkeit in der Forschung (hier: Wer hat wann was gesagt?) wird dadurch verhindert.

Wer sich auf den Diskurs einlässt, zeigt ein hohes Qualitätsbewusstsein. Das kann auch für die professionelle Praxis der Heilpädagogik gelten. Ein Diskurs in der Praxis kann allerdings unter sehr heterogenen Bedingungen geführt werden. Idealerweise findet der Diskurs unter herrschaftsfreien Bedingungen statt. Wenn eine Heilpädagogin eine kollegiale Supervision in ihrem Team in Anspruch nimmt (oder nehmen soll), in dem auch ihre Vorgesetzte sitzt, sind das ebenfalls keine idealen Bedingungen für einen herrschaftsfreien Diskurs. Im Zweifel hat immer die Chefin recht und auch die Macht, andere Meinungen zu sanktionieren. In der Praxis der kollegialen Zusammenarbeit gibt es also Bedingungen, die dem Ideal des Diskurses zuwiderlaufen. Im Peer-review-Verfahren sind die dem Ideal des Diskurses widersprechende Bedingungen im Verfahren selbst angelegt. Die Bedingungen des Peer-review-Verfahrens widersprechen nicht nur wegen der Verblindung diesem Ideal, sondern auch wegen dem Machtgefälle zwischen Gutachterin und Autorin. Beim Peer-Review-Verfahren hat nämlich die Gutachterin die Macht, ein Urteil zu fällen, welches unter Umständen dazu führt, dass ein Artikel nicht veröffentlicht wird.

Man sieht an den zuletzt gemachten Ausführungen, dass es nicht einfach ist, die Güte bzw. Qualität einer Forschung bzw. einer heilpädagogischen Tätigkeit zu fassen. Die Gütekriterien bewegen sich in beiden Handlungsfeldern aus vergleichbaren Gründen in einem Spannungsfeld von ideellem Anspruch und pragmatischer Machbarkeit.

8.4 Gemeinsamkeiten aller Gütekriterien – die Verwandtschaft aller Gütekriterien untereinander

Objektivität ist als Unabhängigkeit vom Forscher bzw. von der Heilpädagogin bei Datenerhebung, -auswertung und -interpretation definiert. Operationalisiert ist dieses Gütemerkmal u. a. durch die Übereinstimmung von Urteilen bzw. Bewertungen von mindestens zwei unabhängig beurteilenden Fachpersonen. Es ist bezeichnend, dass dies Inter-Rater-Reliabilität genannt wird. Offensichtlich entspricht die Definition von Objektivität der Operationalisierung von Inter-Rater-Reliabilität. Ein Zeichen, dass sich diese Begriffe (Reliabilität und Objektivität) zum Teil bedeutungsmäßig überschneiden. Wenn man sich die Operationalisierungen aller Gütekriterien anschaut, kann man im *Vergleich* ein gemeinsames Grundprinzip entdecken.

Der Vergleich zwischen urteilenden Personen findet sich bei der Objektivität (oder Inter-Rater-Reliabilität). Der Vergleich zwischen Messzeitpunkten (bei der Re-Test-Reliabilität) lässt sich auch beim Konzept der Triangulation wiederfinden, wenn die Mutter vor dem Elterngespräch mit Fragebogen und während dem Elterngespräch mündlich befragt wird. Die Perspektiven von verschiedenen Personen (Lehrerin, Eltern, Heilpädagogin) bei der Daten-Triangulation werden miteinander verglichen, was sehr an die Definition der Objektivität erinnert.

Bei der Validität kann man ebenfalls den Vergleich als Grundlage der Güte identifizieren und mit dem Prinzip der Triangulation in Verbindung bringen: Die Perspektiven von verschiedenen Theorien werden bei der Theorie-Triangulation miteinander verglichen, was sehr an die Konstruktvalidität erinnert. Wenn die eine Theorie (bzw. der eine Test) mit einer ähnlichen Theorie (bzw. mit einem ähnlichen Test) verglichen wird, nennt man das konvergente Validität. Wenn man die Theorie (den Test) mit einer unähnlichen Theorie (einem unähnlichen Test) vergleicht, nennt man das divergente Validität. Bei der kommunikativen Validierung suchen Forscher und Beforschte bzw. Heilpädagogin und Klientin den Vergleich in der Beurteilung einer Sache.

Der Vergleich als Grundlage für die Güte dominiert offensichtlich alle Gütemerkmale, ganz egal wie man sie nennt. Es scheint hinsichtlich dieses Grundprinzips auch egal zu sein, ob das Gütemerkmal aus dem Verständnis der quantitativen oder aus dem Verständnis der qualitativen Sozialforschung heraus formuliert wird.

8.5 Zusammenfassung und Ausblick

Die hier dargestellten Gütemerkmale und -kriterien von Forschung waren eine Auswahl und daher nicht vollständig. Es wurde eher beispielhaft versucht, Gemeinsamkeiten mit der Güte von praktischem Handeln in der Heilpädagogik zu finden. Es ist hoffentlich klar geworden, dass die Kriterien vielfach miteinander verwoben sind. Eine hohe analytische Trennschärfe zwischen den Begriffen herzustellen fällt schwer (z. B. bei der Operationalisierung von Objektivität und Inter-Rater-Reliabilität). Manchmal scheinen sich die Gütekriterien mit ihren Anforderungen unvereinbar gegenüberzustehen (z. B. Objektivität vs. reflektierte Subjektivität oder Offenheit vs. Genauigkeit). Ein hierarchisches Netzwerk als Modell der Güte zu zeichnen wäre enorm schwierig, zu unklar sind die Abstraktionsstufen und zu uneindeutig die Begrifflichkeiten selbst. Man kommt nicht umhin, die Ordnung der Gütekriterien und auch andere Begrifflichkeiten aus der Forschungsmethodik kritisch zu betrachten. Die Sozialwissenschaft hat das Ziel Ordnung und Systematik zu schaffen. Die Ordnung der Begrifflichkeiten ihrer Gütekriterien erscheint aber eher wenig vorhanden bzw. hierarchisch logisch aufeinander aufbauend oder trennscharf zu sein.

Die abduktive Haltung könnte man als hochgradig abstrakt und damit übergeordnet betrachten und die Validität als herausragend wichtig.

Der Vergleich erscheint als ein gemeinsames Prinzip auf der Ebene der Operationalisierung von Gütekriterien. Wie streng und genau man die Gütekriterien beachtet, könnte ein übergeordnetes Prinzip sein. Dafür gibt es in der Forschungsmethodik ein etabliertes Konzept. Es heißt *methodische Strenge* und meint, dass man alles, was man im Forschungsprozess tut, im Sinne des state of the art der Wissenschaftsgemeinde macht. Bei all den diskussionswürdigen Unklarheiten und Widersprüchlichkeiten wirkt die methodische Strenge als ein ideelles Konstrukt, dem man in der Praxis der Forschung und der Heilpädagogik nur annäherungsweise gerecht werden kann.

Auch gibt es unterschiedliche Gewichtungen der Gütekriterien, je nach Handlungsbereich, Fragestellung und Ziel. Die Nützlichkeit erscheint für ein anwendungsorientiertes Handlungsfeld wie der Heil- und Sonderpädagogik mindestens so zentral wie die Reliabilität. Letzteres hat dagegen in der Grundlagenforschung sicherlich einen höheren Stellenwert. Vermutlich muss man sich auch innerhalb anwendungsorientierter Forschung für die hohe Gewichtung eines Gütemerkmals entscheiden und ein anderes dafür weniger beachten.

Allen und allem gleichzeitig gerecht zu werden erscheint illusorisch.

Die ethische Dimension von Güte wurde nur recht kurz im Zusammenhang mit „Fairness", „Zumutbarkeit" und der „abduktiven Haltung" angesprochen, dabei ist die Frage nach der „guten" Forschung und der „guten" Heilpädagogik sehr eng mit ethisch relevanten Aspekten wie Verantwortung, Ehrlichkeit, dem Einhalten von Regeln oder dem Vermeiden von Schaden etc. verknüpft. Die „ethische Strenge" gilt übrigens auch als ein Qualitätsmerkmal von Wissenschaft. Die angesprochenen Aspekte werden in Kapitel 11.3 ausführlicher diskutiert.

Aufgaben: Beurteilung von richtigen und falschen Aussagen

1. Die Konstruktvalidität ergibt sich aus der Übereinstimmung zwischen konvergenter und divergenter Validität.
2. Die Re-Test-Reliabilität meint die Übereinstimmung zwischen zwei Testwiederholungen.
3. Die Inhaltsvalidität wird i. d. R. nicht durch die Übereinstimmung mit einem Korrelationskoeffizienten bestimmt.
4. Die interne Validität bezieht sich auf die Übereinstimmung zwischen den Items innerhalb eines Tests.
5. Die externe Validität bezieht sich auf die Übereinstimmung zwischen dem Testergebnis und einem Expertenurteil von außerhalb.
6. Die Paralleltestreliabilität meint die Übereinstimmung zwischen zwei beinahe gleichzeitig durchgeführten unterschiedlichen Tests.
7. Die durch die Re-Test-Reliabilität gemessene Übereinstimmung ist durch Lerneffekte gefährdet.
8. Die Reliabilität ist von der Objektivität abhängig.
9. Eine hohe Reliabilität garantiert eine hohe Validität.
10. Objektivität gilt als die Voraussetzung für die beiden anderen Hauptgütekriterien.

9. Planung und Ablauf von wissenschaftlichem und heilpädagogischem Denken und Handeln

Normalerweise wird in Büchern zur Forschungsmethodik in den Sozialwissenschaften das Thema „Planungen“ von wissenschaftlichen Projekten vor der Handlungsdurchführung (= Daten erheben und auswerten) zur Sprache gebracht. In diesem Buch wird es erst jetzt behandelt, weil sich mit dem schon erworbenen Wissen gut darstellen lässt, was hinter den Planungen steckt. Es wird also auf die vorhergehenden Kapitel immer wieder verwiesen.

Am Anfang einer Planung steht für die Wissenschaftlerin und für die Heilpädagogin eine Fragestellung. Sie ist zentraler Ausgangspunkt der Planungen und letztendlich auch Ausgangspunkt der Umsetzung von Planung in Handlungen.

Der Unterschied zwischen den Fragen einer Heilpädagogin und einer Forscherin besteht (wie schon mehrfach erwähnt) im Grad der Verallgemeinerung und dem Auftrag. Die Heilpädagogin stellt Fragen, um für das konkrete Problem eines Klienten eine Antwort zu finden. Die Wissenschaftlerin stellt primär Fragen, um eine neue, möglichst verallgemeinerbare Erkenntnis zu gewinnen, die als Teil einer Problemlösung betrachtet werden kann, aber primär nicht den Auftrag an Veränderung in sich trägt.

Alle Ablaufpläne von sozialwissenschaftlichem Handeln, aber auch von heilpädagogischem Handeln beginnen daher mit der Fragestellung bzw. der Problemstellung. Die Frage bzw. das Problem haben eine Ausgangslage. Manchmal spricht man auch von Hintergrund. Die Frage bzw. das Problem ist nicht aus dem Nichts entstanden, es gibt eine Geschichte dazu. Wenn es gelingt, auf Basis des Hintergrundwissens eine klare Fragestellung zu formulieren, kann es an die Planungen gehen. Alle Planungen haben das Ziel, die Frage zu beantworten bzw. das Problem zu lösen oder zumindest einen Beitrag zur Problemlösung zu liefern.

Für die wissenschaftliche Arbeit gibt es Ablaufpläne, welche versuchen, die wissenschaftlichen Tätigkeiten in ihrer zeitlichen Dimension zu ordnen. Solche Ablaufmodelle sind wie abstrakte Planungsmodelle zu verstehen. Sie machen grob deutlich, wann was geschehen soll. Im Folgenden werden verschieden Ablaufmodelle miteinander verglichen. Die Nachvollziehbarkeit des

Vergleichs ist nur dann einigermaßen lesefreundlich möglich, wenn man die Abbildungen der Modelle vor Augen hat. Der Text bezieht sich sehr eng auf die abgebildeten Modelle. Ich empfehle daher Folgendes: Laden Sie die im Internet bereitgestellten Tabellen und Abbildungen herunter.[6] Drucken Sie alle Abbildungen des Kapitels 9 aus und haben Sie den Ausdruck bei der Lektüre dieses Kapitels zur Hand. Wenn Sie die ausgedruckten Tabellen und Abbildungen neben dem Text vor Augen haben, müssen Sie nicht in den Seiten des Buches blättern, um das im Text jeweils erwähnte Modell zu finden. Wenn Text und Modelle nicht nebeneinander vorliegen, ist die Nachvollziehbarkeit des Textinhaltes eher mühsam.

Lineare Ablaufpläne

Viele Ablaufpläne sind linear aufgebaut. Das heißt, man stellt sich die zu planenden Handlungen als ein *chronologisches Nacheinander* vor. Die Abbildungen 9.1 und 9.2 zeigen einen solchen linearen Ablaufplan für die Forscherin (links) und für die diagnostizierende Heilpädagogin (rechts). Lineare Ablaufpläne sind meist mit Begrifflichkeiten bestückt, die auf ein Selbstverständnis der quantitativen Sozialforschung hindeuten.

Lineares Ablaufmodell eines Forschungsprozesses	Lineares Ablaufmodell eines heilpädagogisch-diagnostischen Prozesses
	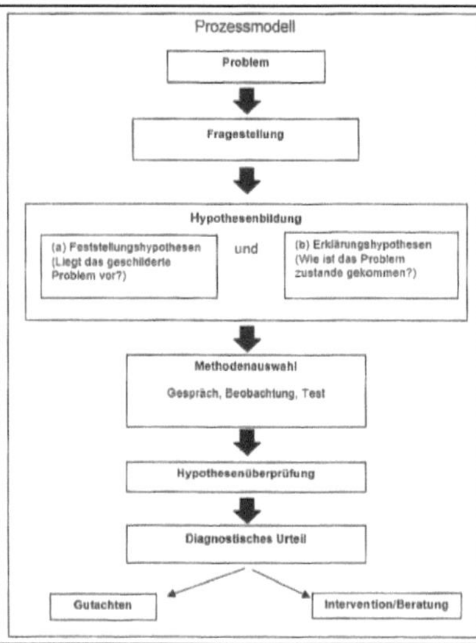

Abb. 9.1 und 9.2: Lineare Ablaufmodelle der Forschungstätigkeit (links Modell 1, aus Hug, & Poschechnik, 2010, S. 67) bzw. heilpädagogisch-diagnostischen Tätigkeit (rechts Modell 2, aus Hesse & Latzko, 2017, S. 64)

6 Die Dateien stehen unter www.beltz.de auf der Seite des Titels zum Download zur Verfügung.

Auch wenn es einige Unterschiede in den Begrifflichkeiten der beiden nebeneinander gestellten Ablaufpläne gibt, kann man doch eine große Überschneidung entdecken.

Gemeinsam ist neben der *Fragestellung* die *Methodenauswahl.* Im Modell 9.2 rechts wird darunter das *Gespräch*, die *Beobachtung* und der *Test* erwähnt. Das entspricht dem, was die Forscherin unter Datenerhebung versteht. Dann wird im Modell 9.2 rechts von *Hypothesenprüfung* geschrieben. Das entspricht dem, was im Ablaufmodell 9.1 der Forschung links unter Datenauswertung verstanden wird. Sowohl Datenerhebung als auch Datenauswertung wurde in den Kapiteln 5.1 und 5.2 ausführlich besprochen. Dort wurde auch gezeigt, dass die Tätigkeit des *Datenaufbereitens*, die im Ablaufmodell 9.1 links erscheint, ebenfalls zum Geschäft der Heilpädagogin gehört, auch wenn im Modell 9.2 rechts dafür lediglich die Tätigkeit *Hypothesen prüfen* aufgeführt wird. Links in Modell 9.1 erscheint unter *Auswertung* die Tätigkeit des *Dateninterpretierens*, welches im Ablaufmodell 9.2 rechts seine Entsprechung im *Diagnostischen Urteil* findet.

Der Unterschied zwischen Forschung und heilpädagogischer Diagnostik im Auftrag wird erst ganz am Ende der Ablaufmodelle 9.1 bis 9.2 sichtbar. Die Forscherin präsentiert ihre Ergebnisse gemäß Ablaufplan 9.1 oder stellt diese dar und interpretiert sie und kommt damit zum Ende ihres Forschungsprozesses. Für die Heilpädagogin ist der Erkenntnisgewinnungsprozess mit dem *diagnostischen Urteil* meist nicht zu Ende, sondern der begründete Ausgangspunkt für eine heilpädagogische *Intervention* (vgl. Modell 9.2 unten rechts).

Beiden linearen Modellen fehlt etwas Wichtiges: die theoretische Arbeit. Jeder Forschungsprozess braucht den Bezug zur Theorie und auch die heilpädagogische Diagnostik oder Intervention kommt nicht ohne Theorie aus (vgl. Kapitel 3). Das Ablaufmodell 9.3 wird dem Stellenwert der *Theoriephase* im Forschungsprozess gerecht und hat außerdem den Vorzug, dass quantitative und qualitative Strategien beinahe gleichberechtigt nebeneinanderstehen.

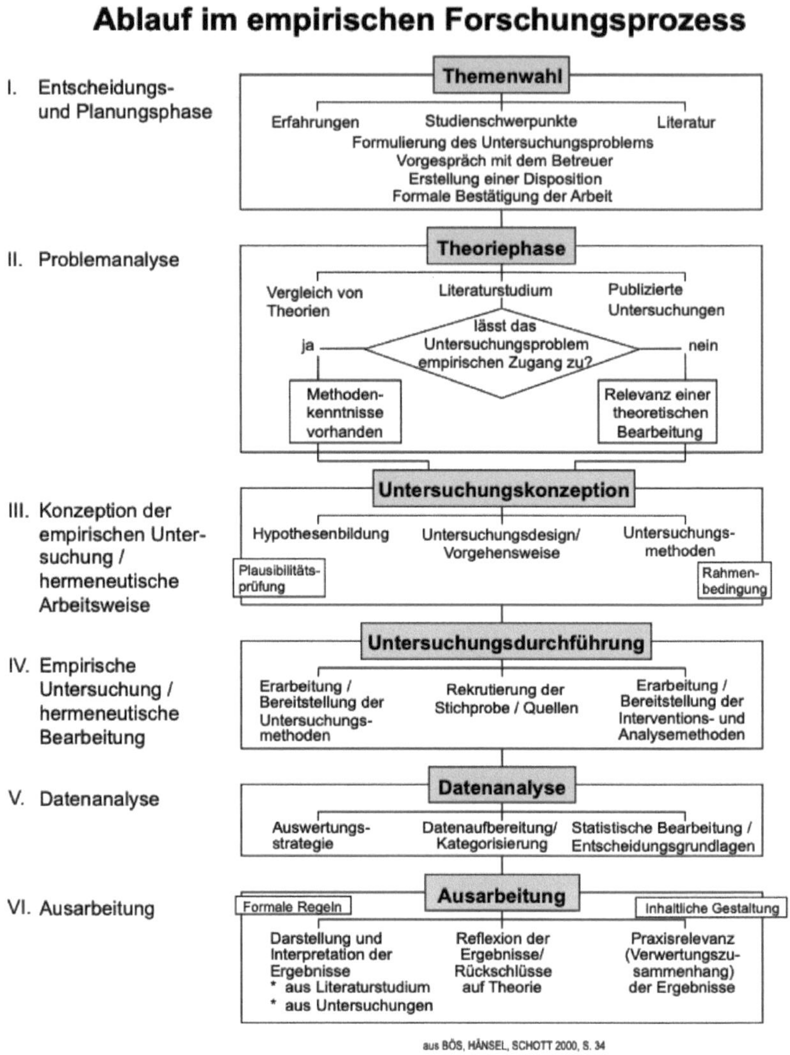

Abb. 9.3: Lineares Ablaufmodell eines empirischen Forschungsprozesses mit Einbezug einer theoretischen Phase und Elementen einer Mixed-Method-Strategie

In diesem Modell 9.3 sind links die Ablaufkomponenten mit römischen Ziffern versehen und rechts werden die dazugehörigen Tätigkeiten (grafisch in Kästen und mit verbindenden Linien geordnet) spezifiziert. Sehr deutlich kann man den Stellenwert der qualitativen Forschung in diesem Modell 9.3 durch die Erwähnung des Begriffspaares *hermeneutische Bearbeitung* unter IV. erkennen, welcher als Lehre des Verstehens eine Grundlage der qualitativen Forschung ist. Der Begriff *Kategorisierung* (= eher Begriff aus der qualitativen Sozialforschung) und die Begriffskombination *statistische Bearbeitung* (= eindeutiger Hinweis auf quantitative Strategie) sind Spezifikation der Ablaufkomponente *V. Datenanalyse* und zeigen dadurch, dass qualitative und quantitative Strategien neben- oder miteinander im Sinne eines Mixed-Method-Selbstverständnisses angewandt werden können.

In Modell 9.3 gibt es am Ende unter der Modellkomponente *Ausarbeitung* in der Mitte einen Hinweis auf eine andere Ablauf-Modellstruktur, die man zirkulär nennt. Es werden *Rückschlüsse auf die Theorie* gezogen. Dieser Rückschluss ist in Modell 9.4 mit einem Pfeil gekennzeichnet. Dieser Pfeil geht von der *Datenanalyse* zurück zur *Theoriebildung*.

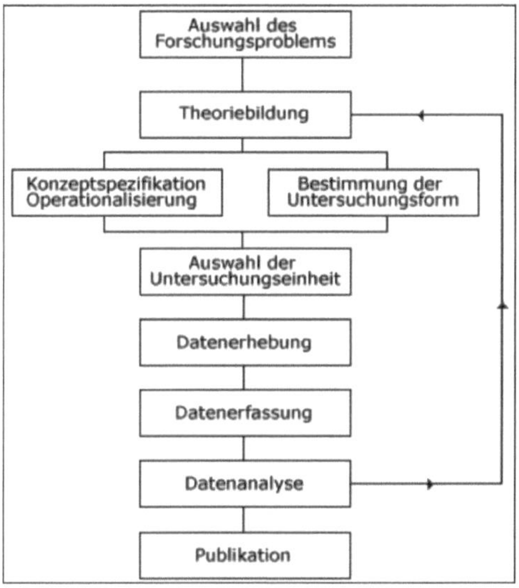

Abb. 9.4: Lineares Ablaufmodell mit einer zirkulären Komponente zwischen Datenanalyse und Theoriebildung

Zirkuläre Ablaufpläne

Neben den linearen Ablaufmodellen gibt es sowohl in der Forschung als auch für die heilpädagogische Praxis sogenannte *zirkuläre Modelle*. Dort tauchen die Begriffe der linearen Modelle wieder auf, aber es wird nicht von einem chronologischen Nacheinander ausgegangen, sondern von einem immer wiederkehrenden Muster in der Abfolge dieser Tätigkeiten. Solche Modelle werden oft eher mit dem Selbstverständnis der qualitativen Sozialforschung assoziiert. Modell 9.4 hat für diesen Rückschluss mit dem Pfeil, der die *Datenanalyse* wieder zur *Theoriebildung* zurückführt, ein grafisches Element, welches typisch für die Veranschaulichung der Zirkularität ist.

Abbildung 9.5 und 9.6 veranschaulichen diesen zirkulären Typ von Ablaufmodell für die Planungen, wieder für die Forschung (links) und für die Heilpädagogik (rechts) gegenüberstellend.

Teilweise erscheinen die Begriffe im Englischen – hier eine Übersetzung:

- Chosing a topic = ein Thema auswählen
- Thinking about methods = über die Methoden nachdenken
- Reading for research = Lesen für die Forschung
- Collecting data = Daten sammeln
- Analysing data = Daten auswerten
- Writing up = Niederschreiben

Gegenüberstellung	
Zirkuläres Ablaufmodell eines Forschungsprozesses	Zirkuläres Ablaufmodell eines diagnostischen Prozesses

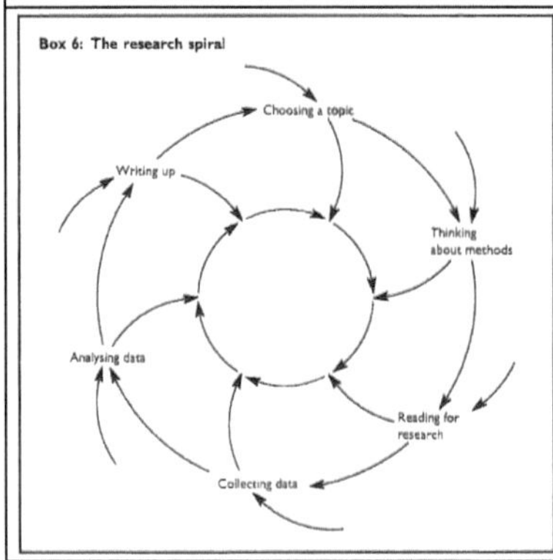

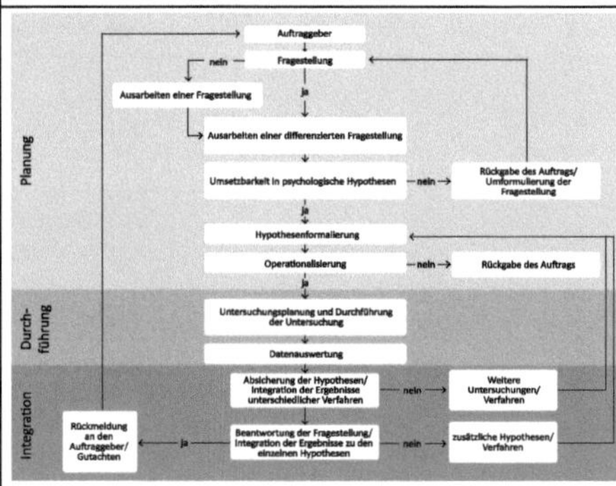

Abb. 9.5 und 9.6: Zirkuläre Ablaufmodelle zur Planung von Forschungshandlungen (links, aus Blaxter et al., 2001, S. 10) und heilpädagogisch-psychologischer Diagnostik (rechts, aus Ziegler & Bühner, S. 16)

Das äußerliche Kennzeichen der Zirkularität fällt besonders im linken Modell 9.5 auf, denn dort dominiert der Kreis als grafische Darstellung. Aber auch rechts in Modell 9.6 kann man Kreisbewegungen entdecken, wenn sie auch eher als Viereck grafisch realisiert wurden.

Es geht im zirkulären Modell immer wieder darum, dass man nach einer oder mehreren Handlungen wieder zu einem Ausgangspunkt zurückkehrt. Im rechten Modell 9.6 wird das oben im Bereich der *Planung* deutlich. Im mittigen weißen Feld steht *Umsetzbarkeit in psychologische Hypothese.* Falls dies nicht möglich ist, geht der Pfeil nach rechts wieder zurück zur Fragestellung, die umgearbeitet werden muss, so dass über deren nun differenzierte Ausarbeitung die Umsetzbarkeit in psychologische Hypothesen und eine ausgearbeitete Hypothesenformulierung möglich wird.

Ganz unten im rechten Modell 9.6 gibt es das weiße Feld *Beantwortung der Fragestellung/Integration der Ergebnisse zu den einzelnen Hypothesen.* Falls dies nicht gelingt, geht der Pfeil nach rechts wieder zur Hypothesenformulierung nach oben zurück, weil *zusätzliche Hypothesen* oder *andere Prüfverfahren* benutzt werden sollen.

Im linken Modell 9.5 schließt sich der äußere Kreis am oberen Ausgangspunkt *Choosing a topic.* Im zirkulären Forschungshandeln wird damit angedeutet, dass ein Forschungsprozess beides kann:

1. Fragen beantworten bzw. Hypothesen bestätigen oder verwerfen und
2. neue Fragen oder Themen (hier *topic*) aufwerfen.

Das linke Modell nennt sich nicht Kreismodell, sondern *Spiralmodell.* Die Spiralform wird hier durch den inneren Kreis angedeutet, der auf einer anderen (vermeintlich höheren) Ebene angesiedelt ist. Die Spiralform soll andeuten, dass man nach einmaligem Durchlaufen des Kreises mehr weiß und sich entsprechend auf einem höheren Erkenntnisniveau befindet. Das Spiralmodell will auch zum Ausdruck bringen, dass man nie ganz oben ankommen kann. Es gibt immer eine weitere Form der Erkenntnis und man kann in der Wissenschaft stets nur vorläufiges und nie endgültiges Wissen erschaffen.

Die beiden Modellformen (linear und zirkulär) schließen sich nicht aus, sie ergänzen sich. Im linken Modell 9.1 sieht man, dass rechts pfeilartige Verbindungen zwischen den Modellkomponenten gezeichnet sind. Dies ist ein zirkuläres Element im linearen Modell.

Komplexe Ablaufpläne

Das folgende Ablaufmodell 9.7 für wissenschaftliches Handeln lässt sowohl Linearität als auch Zirkularität erkennen.

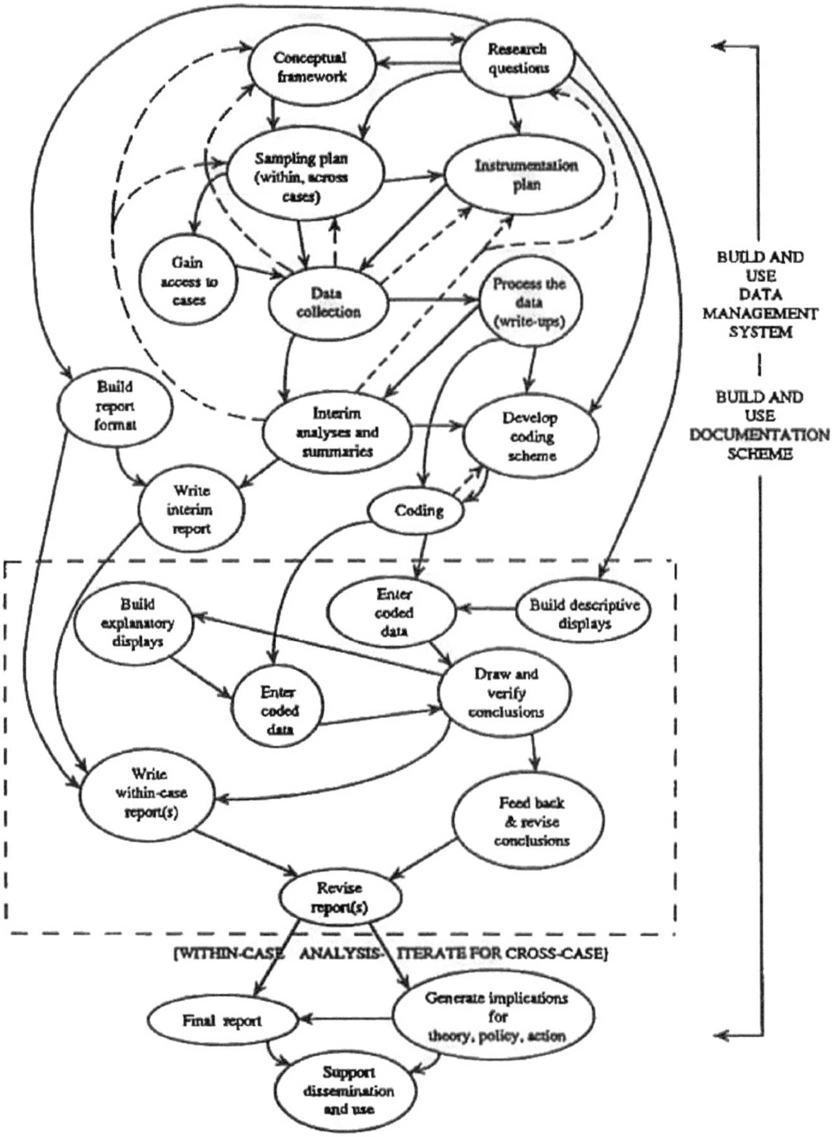

Abb. 9.7: Komplexes Ablaufmodell mit Wechselbeziehungen
(aus: Blaxter et al. 2001, S. 8)

Es gehen Pfeile linear von oben nach unten und zirkulär wieder zurück. Zusätzlich werden zwischen den Modellkomponenten auch Wechselbeziehungen angedeutet, indem zwischen zwei Komponenten Pfeile hin- und hergehen. Gestrichelte Pfeillinien deuten eine andere Qualität von Beziehung zwischen zwei Modellkomponenten an als durchgezogene Linien. Welche andere Qualität das ist, wird hier nicht besprochen, aber solche Strukturmerkmale einer grafischen Abbildung stehen für eine erhöhte Komplexität der Planung von wissenschaftlichem und auch heilpädagogischem Handeln. Im Vergleich mit den vorgängig besprochen Ablaufmodellen hat dieses Modell also zusätzliche Merkmale, die grafisch ausgedrückt werden und das Modell komplexer machen.

Vorteile, Nachteile und Grenzen der unterschiedlichen Ablaufpläne

Die Linearität, Zirkularität bzw. Spiralförmigkeit ist durch die komplexe Anordnung der Modellkomponenten in Abbildung 9.7 nur mit Mühe zu erkennen. So ein Modell kommt damit an die Grenzen seiner Brauchbarkeit als Planungshilfe, selbst wenn es den komplexen Prozess wahrscheinlich realistischer abbildet als die einfacheren Modelle 9.1 bis 9.6. Modelle haben also Vor- und Nachteile. Was für die Planung nützlich ist, weil es die Chronologie eines Ablaufes linear in einem zeitlichen Nacheinander ordnet, ist eventuell nicht so realitätsnah. Das komplexe Modell liefert dagegen eine realistische Darstellung eines Ablaufes im Nachhinein, taugt aber für die Planung im Vorhinein weniger.

Jedes Modell hat außerdem Lücken. Die ersten beiden Modell 9.1 und 9.2 vernachlässigen, wie schon erwähnt, die Theoriearbeit. Man kann auch (wieder) eine gewisse Begriffsverwirrung bzw. Uneindeutigkeit in der Ordnung der Terminologie feststellen, denn es gibt unterschiedliche hierarchische Ordnungen der Begriffe innerhalb der Ablaufmodelle.

Dies wurde schon oben beim Vergleich der beiden linearen Modelle 9.1 und 9.2 festgestellt. Man kann diese Begriffsunschärfe aber bei beinahe jedem beliebigen Vergleich von Ablaufmodellen feststellen. Wenn man z. B. Modell 9.6 betrachtet, dann sieht man in der linken Spalte den Begriff *Durchführung*, der einen gewissen Bereich der Handlungsabfolge, nämlich die in den beiden weißen Feldern rechts davon erscheinende *Untersuchungsplanung und Durchführung der Untersuchung* und eins weiter unten die *Datenauswertung* zusammenfasst. Vergleicht man das mit den Begrifflichkeiten in dem Modell 9.3, muss man feststellen, dass die Begriffe „Durchführung“ und „Auswertung“ eher getrennt voneinander aufgeführt werden. Die *Auswertungsstrate-*

gie erscheint hier unter dem Begriff *Datenanalyse* und ist von der zuvor erwähnten *Untersuchungsdurchführung* getrennt.

Diese relative Uneindeutigkeit der Begrifflichkeiten in den Modellen macht das Verständnis der Abläufe nicht gerade einfacher. Wenn man die Ablaufmodelle als Planungshilfen versteht, dann erscheint die Begriffsverwirrung als Spiegelbild einer eingeschränkten Nützlichkeit von Planung an sich. An dieser Stelle sei ein Ausflug in die Lyrik erlaubt, denn dort findet man Reflexionen über das menschliche Planen in Versform.

So dichtet Berthold Brecht in der zweiten Strophe seiner *Ballade von der Unzulänglichkeit des menschlichen Planens*:

> Ja, mach nur einen Plan!
> Sei nur ein großes Licht!
> Und mach dann noch 'nen zweiten Plan
> Geh'n tun sie beide nicht.
> Denn für dieses Leben
> Ist der Mensch nicht schlecht genug.
> Doch sein höh'res Streben
> Ist ein schöner Zug.

Der Dichter schenkt uns damit die Einsicht, dass Planungen nicht immer so nützlich sind, wie man sich das als Wissenschaftler oder als Heilpädagogin wünscht.

Die Strophe passt durch die Worte *ein großes Licht* in der zweiten Zeile und die Worte *höh'res Streben* in der vorletzten Zeile in einem metaphorischen Sinne sehr gut zum Wissenschaftsbetrieb und zu den besprochene Ablaufmodellen: Das Licht der Erkenntnis ist hoch oben und der Wissenschaftler strebt auf seinem spiralartigen Weg zur Erleuchtung (als Metapher der absoluten Erkenntnis) und will vielleicht selbst als Lichtgestalt erscheinen. Vielleicht wird er manchmal geblendet oder fällt wieder runter oder er verirrt sich auf den geplanten Wegen (am wahrscheinlichsten im Modell der Abb. 9.7). Stolpern kann man auch (besonders auf den gestrichelten Wegen) oder man weiß nicht mehr wo vorne und hinten ist (bei Pfeilen, die Wechselbeziehungen zeigen wollen). Eventuell nimmt man auch einen falschen Weg, wenn man mehrere Möglichkeiten hat oder verpasst eine Abzweigung.

Die folgenden Ablaufmodelle sind in der Praxis der Heilpädagogik oder in der Erkenntnistheorie bekannt. Sie haben mit den bisher besprochenen Modellen das kreisförmige Denken gemeinsam und sollen zeigen, dass diese Form des Denkens fundamental für Problemlöseprozesse i. A. sind.

Teufelskreismodell

Der Kreis als Metapher bringt noch ganz andere Bezüge mit sich. Wenn man den *Teufelskreis* betrachtet, ist das ein Weg in die Hölle statt zur himmlischen Erleuchtung. Gott sei Dank gibt es auch den *Engelskreis*, der schon eher im Sinne der erkenntnisreichen Erleuchtung funktionieren sollte. Der Teufelskreis kann aber als Metapher für die Situation bzw. die Handlungen von Klienten der Heilpädagogik dienen und wird auch als solcher gebraucht. Abbildung 9.8 aus Döpfner (2007) wird z. B. benutzt, um die maladaptiven, sich verstärkenden Interaktionshandlungen zwischen einem Kind mit ADHS und einer Lehrperson zu veranschaulichen. Das Kind befolgt zunächst die Aufforderungen der Lehrperson nicht, worauf diese erst mit Wiederholung der Aufforderung und bei erneutem Nichtbefolgen mit Drohungen reagiert. Im weiteren Ablauf des Teufelskreises kommt es zu Resignation (= gibt nach), Hilflosigkeit und u. U. zu impulsiv-verbaler Aggression bei der Lehrperson.

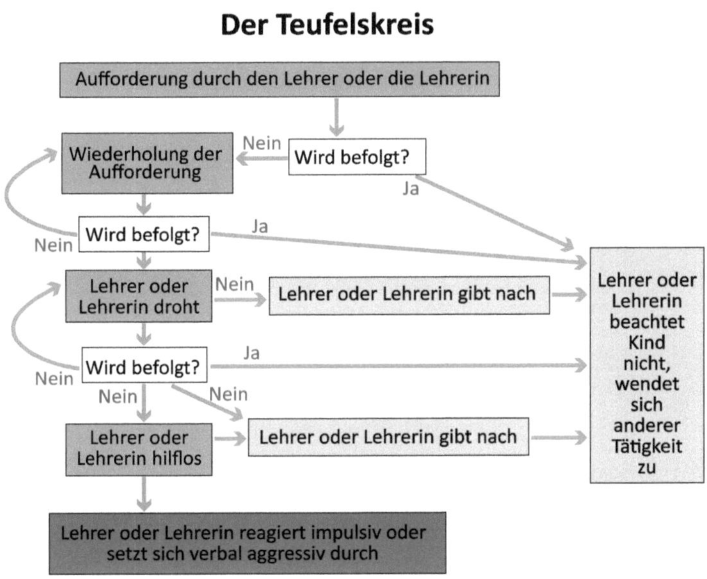

Abb. 9.8: Teufelskreismodell zur Illustration von maladaptiven Interaktionshandlungen zwischen Lehrerin und Schüler bei ADHS (nach https://www.zentrales-adhs-netz.de/fileadmin/redakteure/Der_Teufelskreis_Beschreibung.pdf)

Die Struktur des Teufelskreismodells wird in einem Arbeitsblatt aufgenommen (vgl. Abb. 9.9) und stellt so eine Reflexionshilfe für die Beteiligten dar.

Der Ablauf von Handlungen wird so bewusst gemacht. Diese Erkenntnis kann Ausgangspunkt für die Problemlösung sein.

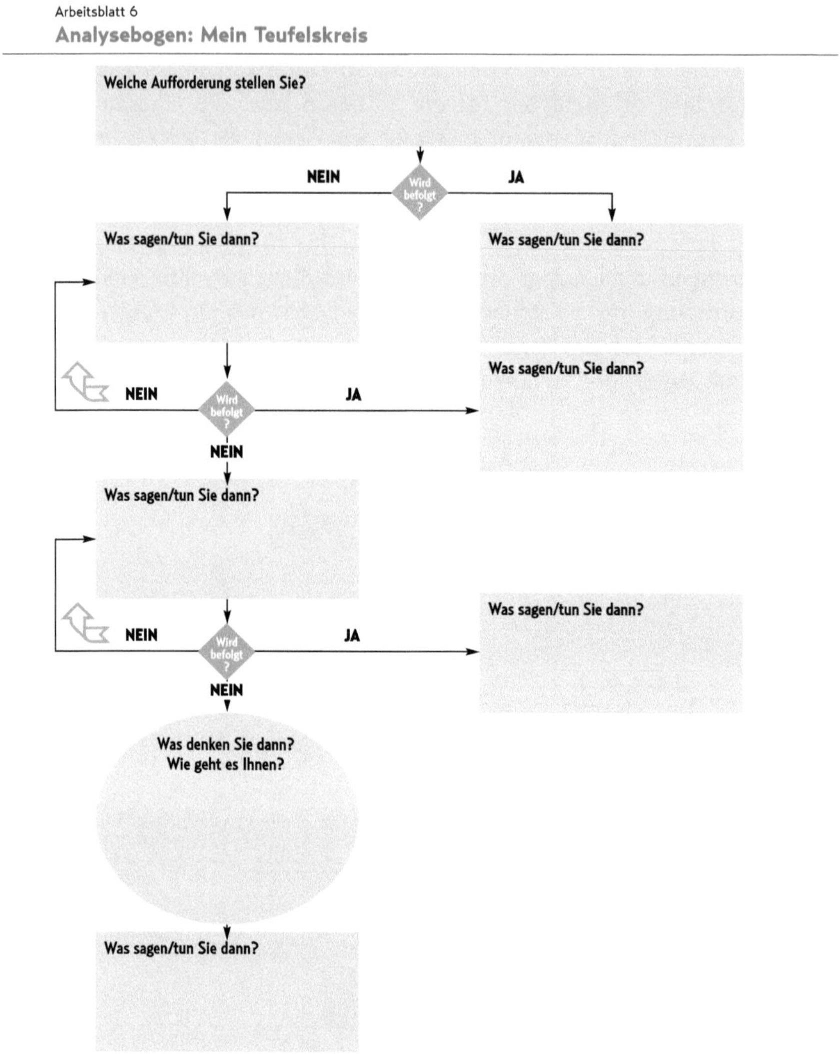

Abb. 9.9: Arbeitsblatt zur Analyse des Teufelskreises bei ADHS, um den Teufelskreismechanismus bewusst zu machen (https://www.zentrales-adhs-netz.de/fileadmin/redakteure/Mein_Teufelskreis.pdf)

Interessant ist, dass auch andere Prozessmodelle sich des Kreises bzw. des Zirkels bedienen.

Der hermeneutische Zirkel

Da wäre z. B. der hermeneutische Zirkel (vgl. Abb. 9.10) des Textverstehens, der den Erkenntnisweg auf zwei Komponenten komprimiert, nämlich das Vorverständnis (V) und das Textverständnis (T).

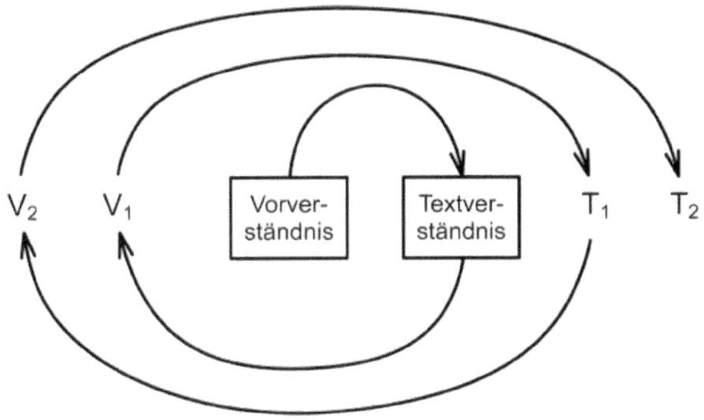

Abb. 9.10: Der Hermeneutische Zirkel als Ausweitung des Verständnisses (= der Erkenntnis) (nach https://arbeitsblaetter.stangl-taller.at/ERZIEHUNGSWISSENSCHAFTGEIST/HermeneutikZirkel.shtml)

Der *Text* hat in der qualitativen Forschung einen hohen Stellenwert (vgl. Kapitel 5.1). Manche Sozialwissenschaftler bezeichnen die qualitative Forschung als eine Textwissenschaft. In Kapitel 4 wird ausgeführt, welcher Stellenwert das Lesen von theoretischen Texten im Wissenschaftsbetrieb einnimmt. Das Lesen ist in der Theoriearbeit *die* zentrale Form der Informationsgewinnung schlechthin.

Im hermeneutischen Zirkel gibt es ein Vorverständnis (bevor man den Text zum ersten Mal gelesen hat) als Voraussetzung für ein erstes Textverständnis T0, welches zu einem neuen Vorverständnis V1 führt und daraus ein tieferes Textverständnis T1 ermöglicht, welches in der nächsten Runde ein erweitertes Vorverständnis V2 darstellt und so zu einem abermals erweiterten Textverständnis T2 führt usw.

In diesem Zirkel wird die Vergrößerung der Erkenntnis nicht durch Höhe symbolisiert wie bei der Spirale, sondern durch Ausweitung, denn die Schleifen ziehen immer weitere Kreise um das ursprünglich enge (Vor-)Verständnis.

TOTE-Modell der Handlungsregulation

Fast genauso sparsam und kreisförmig einfach ist das Basismodell der Handlungsregulationstheorie angelegt (vgl. Abb. 9.11).

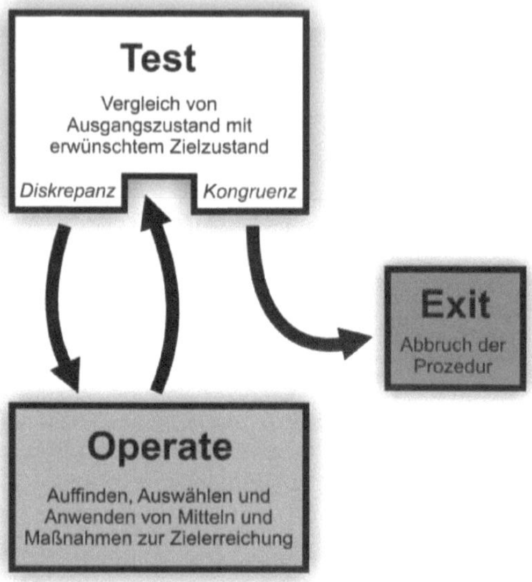

Abb. 9.11: Das TOTE-Kreismodell der Handlungsregulationstheorie (https://de.wikipedia.org/wiki/TOTE-Modell)

Dieses Modell gibt der Zirkularität noch zwei vertiefende Bedeutungen, welche für das Verständnis eines Problemlöseprozesses mit dem Erreichen eines erwünschten Zielzustands taugt. Die erste vertiefende Bedeutung wird im Alltag gerne mit dem Begriff *Rückmeldeschleife* benannt. Die Rückmeldeschleife (auch Feedbackschleife genannt) steht zwischen dem Wahrnehmungsanteil (Test) und der Ausführung (Operate) einer Handlung. Dieses Modell taugt für die Betrachtung von zeitlich verschobenen Test- und Operate-Einheiten, die gleich einem Versuch-Irrtums-Ablauf auf der Ebene eines beispielhaften heilpädagogischen Handelns, wie in Tabelle 9.1 dargestellt, aussehen könnte.

Phase im TOTE-Modell	Zugeordnete Wahrnehmung oder Handlung
Test0	Die Heilpädagogin erkennt eine unerwünschte Diskrepanz zwischen Ausgangszustand (z. B. eine Leserechtschreibproblematik) und dem erwünschten Zielzustand (z. B. flüssiges Lesen) bei einem Kind und
Operate1	initiiert deswegen eine diagnostische Abklärung.
Test1	Sie stellt eine visuelle Wahrnehmungsschwäche des Kindes fest,
Operate2	worauf sie eine heilpädagogische Übung anwendet, um das erwünschte flüssige Lesen zu erreichen.
Test2	Sie merkt jedoch während der Übung, dass dies nicht wie gewünscht funktioniert und
Operate2	verändert daher die Übung unter Einbezug des Wissens vom Scheitern aus der ersten Übungsphase. Dabei
Test3	merkt sie, dass die zweite Übungsform zwar besser funktioniert, aber immer noch nicht so gut, um das erwünschte Ziel zu erreichen. Daher
Operate3	verändert sie die Übung abermals mit dem glücklichen
Test4	Ergebnis, dass der gewünschte Erfolg sich nun einstellt, so dass sie
Exit	die Übung nach einer gewissen Zeit nicht mehr durchführen muss, weil die Leseflüssigkeit sich wunschgemäß gesteigert hat.

Tab. 9.1: Ablauf einer heilpädagogischen Problemlösung mit dem zirkulären TOTE-Modell der Handlungsregulation

Die Feedbackschleifen muss man sich bei dieser tabellarischen Veranschaulichung wie „zwischen den Zeilen" positioniert vorstellen. Die Test-Operate-Komponenten für den in Tabelle 9.1 dargestellten Handlungsablauf würde mit TOTOTOTE notiert werden.

Die *Exit-Komponente* des TOTE-Modells als zweite vertiefende oder beinahe schon erweiternde Bedeutung von Zirkularität steht für die Endlichkeit des Erkenntnisprozesses und damit im Gegensatz zur potentiellen Unendlichkeit des Kreis- oder Spiralmodells. Etwas flapsig formuliert könnte man sagen: Irgendwann dreht man sich nur noch im Kreis, kommt nicht höher oder weiter und gewinnt keine neuen Erkenntnisse mehr. Man wiederholt immer wieder die alte Leier. Dann ist gut, wenn man den Ausgang (= Exit) findet. Den richtigen Zeitpunkt für den Abschluss einer wissenschaftlichen Datenerhebung oder für das Beenden einer heilpädagogischen Intervention zu finden ist manchmal gar nicht so einfach. Den richtigen Zeitpunkt zu finden hat viel mit dem Gütermerkmal *Ökonomie* des quantitativen Paradigmas zu tun (vgl. Kapitel 8.1) und gleichzeitig mit dem Gütemerkmal *Sättigung* des qualitativen Paradigmas. Die Sättigung wurde in Kapitel 8.3 nicht als Gütemerkmal extra aufgeführt und besprochen. Dieser Begriff meint genau dasselbe wie hier unter der Exit-Komponente des TOTE-Modells beschrieben: Es ist ein Zeichen von Qualität, wenn man den Moment des ausreichenden Informationsstandes erkennt und nicht unnötigerweise mehr Energie und Ressourcen aufwendet für eine Informationssuche (z. B. im Rahmen der Diagnostik), die keinen Mehrwert hat.

Die TOTE-Modellvorstellung liefert auch bei beinahe gleichzeitig ablaufenden Wahrnehmungs-Ausführungs-Sequenzen eine plausible Vorstellung vom Zusammenspiel dieser beiden Komponenten *Wahrnehmung* (= Rezeption, entspricht dem *Test*) und *Ausführung* (= Produktion, entspricht dem *Operate*).

Ein für die Heilpädagogik relevantes Beispiel sei wieder aus dem Bereich der Schriftsprache genommen: Beim Schriftspracherwerb muss das Kind die Schreibbewegung als einen wohl dosierten Einsatz von Muskelkraft erlernen. Drückt es zu fest im Produktionsprozess (= Schreiben = Operate), bekommt es von verspannten Muskeln und einem durchgedrückten Papier (= Test) das Feedback der Überdosierung von Kraft und passt seinen Schreibdruck (= Operate und Exit) an. Ist dieser TOTE-Prozess der Grafomotorik in irgendeiner Art und Weise beeinträchtigt (vielleicht durch ein taktil-kinästhetisches Wahrnehmungsdefizit der schreibenden Hand) hat das Kind ein Problem und die Heilpädagogin fragt sich, wie sie dieses Problem mit dem Kind zusammen lösen kann. Der weitere Ablauf zur Problemlösung bzw. zur Beantwortung der Frage folgt eventuell dem Modell 9.2 oben und mündet in eine heilpädagogische Intervention. Im Vergleich mit dem „einfachen" TOTE-Modell (vgl. Abbildung 9.11) ist das Modell aus Abbildung 9.2 ein etwas differenzierteres Makromodell der Handlungsplanung und -ausführung. Es funktioniert aber strukturell nach demselben Prinzip einer Feedbackschleife wie das Modell der Handlungsregulation aus Abbildung 9.11, auch wenn die Zeichen der Zirkularität bei diesem Modell fehlen. Im Modell 9.1 sind die Feedbackschleifen eingezeichnet und finden ihre Entsprechung in den pfeilartigen Verbindungen zwischen den Modellkomponenten auf der rechten Seite des Modells 9.1. Diese pfeilartigen Verbindungen repräsentieren das Element der Zirkularität. Man kann also in allen Planungs- und Handlungsmodellen, egal ob sie zur Veranschaulichung von wissenschaftlichen, von heilpädagogischen oder von ganz alltäglichen Handlungen gebraucht werden, einen Mechanismus entdecken, der einer Tätigkeit zugrunde liegt. Dieser grundlegende Mechanismus des Wechselspiels von Wahrnehmung und Ausführung in Form einer Feedbackschleife kann als fundamentales Gesetz von Erkenntnisgewinnung aufgefasst werden.

Dabei ist das wissenschaftliche Handlungsmodell gespickt mit besonders intensiven Feedbackschleifen und einer besonderen Systematik der Informationsverarbeitung (z. B. für die Datenerhebung und Auswertung). Strukturell gibt es aber keinen Unterschied zu nicht-wissenschaftlichen Handlungen, die auf Lernen und Erkenntnisgewinn abzielen.

Spiralablaufmodell

Zuletzt sei daher ein Ablaufmodell (vgl. Abb. 9.12) angeboten, welches sich auf die strukturellen Gemeinsamkeiten von wissenschaftlichem, heilpädagogischem und alltäglichem Handeln konzentriert.

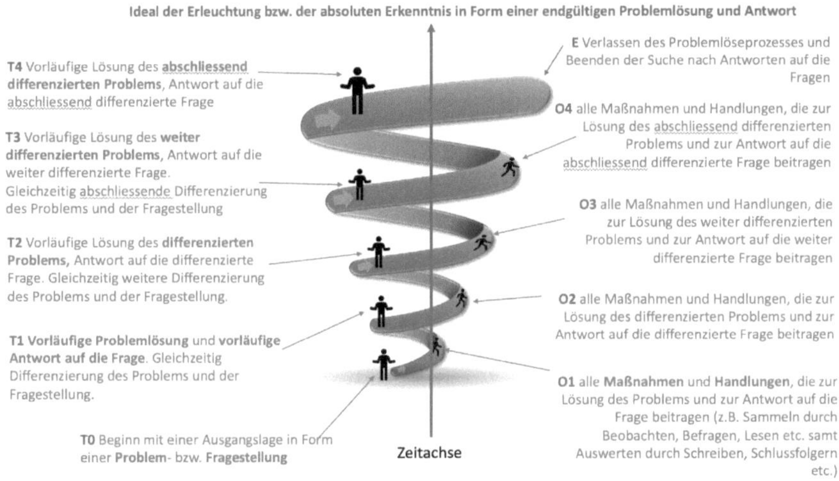

Abb. 9.12 Spiralmodell des Ablaufes von Problemlösehandlungen beim wissenschaftlichen und heilpädagogischen Arbeiten in ihrer Reduktion auf die strukturellen Gemeinsamkeiten

In seiner vereinfachten Form entspricht das Spiralmodell 9.12 dem TOTE-Modell der Handlungsregulation (= Abb. 9.11), wobei man sich einfach den dort skizzierten Kreisprozess als Spirale vorstellen muss. Das oben angeführte Beispiel mit der Heilpädagogin (vgl. Tab. 9.1), die mit der eingeschränkten Lesefähigkeit eines Kindes konfrontiert ist, entspricht dem Modellablauf des Spiralmodells 9.12.

Eigentlich müsste man zwischen den Testzeitpunkten T3 und T4 und zwischen den Operatezeitpunkten O3 und O4 im Modell noch viele weitere mögliche Zwischenschritte (weitere Feedbackschleifen) einbauen. Je nach Komplexität des Gegenstandes können zudem viele Probleme und viele Fragen anstehen und nicht nur eine(s) wie das im Modell durch den Gebrauch des Singulars suggeriert wird. Die Bearbeitung mehrerer Probleme oder Fragen geschieht nicht nur sequentiell (= nacheinander), sondern auch parallel. Um dieser Komplexität gerecht zu werden, müsste man mehrere Spiralen nebeneinander abbilden, was aber aus Gründen der Anschaulichkeit ausbleibt. Das Modell ist insofern eine Vereinfachung eines komplexen Handlungsablaufes.

Die „abschließende“ Lösung des Problems oder die „abschließende“ Antwort auf die Frage stellen keine absolute und endgültige Wahrheit oder absolute und endgültige Lösung bzw. Antwort dar. Dieser Umstand ist durch das Wörtchen *vorläufig* markiert.

Bei Operate 1 (O1) im Modell sind Beispiele für Maßnahmen und Handlungen angegeben, die weitestgehend dem entsprechen, was Wissenschaftlerinnen und auch Heilpädagoginnen tun und was in diesem Buch als Handlungen und Denken dargestellt wurde. Das ist Sammeln von Informationen (= Daten) durch Beobachten, Befragen und Lesen und das ist Auswerten und Interpretieren dieser gesammelten Informationen durch z. B. Kategorisieren, Schreiben, Rechnen und (vergleichendes) Schlussfolgern. Darüber haben Sie sich durch die Kapitel 1 bis 8 eine differenzierte Vorstellung gebildet.

Anregungen zu Vertiefung, Erweiterung bzw. Diskussion von Kapitel 9

A) Suchen Sie im Internet nach weiteren Ablauf- oder Prozessmodellen für Forschung, Heilpädagogik, Diagnostik und vergleichen Sie deren Modellkomponenten untereinander, so wie das in diesem Kapitel geschehen ist.
Versuchen Sie, die dort benutzten Begrifflichkeiten miteinander in Bezug zu bringen. Gibt es synonym Begriffe, wo liegen bedeutungsmäßige Unterschiede (auch wenn sie nur fein sind)?

B) Weiten Sie die Suche nach Ablauf- und Prozessmodellen aus und „wildern“ Sie in anderen Bereichen, die der Heil- und Sonderpädagogik mal näher, mal ferner stehen: Sozialpädagogik, Sprachwissenschaft, Soziologie, Wirtschaft, Technik etc.
Finden Sie einen roten Faden, also Gemeinsamkeiten mit den hier besprochenen Ablaufmodellen? Gibt es Unterschiede?

C) Manchmal wird das Denken und Handeln im Rahmen der quantitativen Sozialforschung dem linearen Ablaufmodell und das Denken und Handeln der qualitativen Sozialforschung dem zirkulären Ablaufmodell zugeordnet (siehe oben). Können Sie angeben, warum das so gemacht wird? Können Sie diese Zuordnung kritisch diskutieren?

10. Die Fragestellung in der Forschung und Praxis

Die Fragestellung gilt als Ausgangspunkt des wissenschaftlichen Denkens und Handelns. In ihr spitzt sich das Erkenntnisinteresse zu. Sie entsteht nicht aus dem Nichts, sondern hat eine Vorgeschichte oder Ausgangslage. Wenn Forscher oder Praktikerinnen eine Frage haben, dann meist aus dem Wunsch heraus, etwas zu verstehen, und wenn es einen konkreten Anwendungsbezug gibt, kommt noch der Wunsch oder der Bedarf hinzu, etwas zu verändern oder zu gestalten.

In der Forschungsterminologie wird manchmal zwischen Fragestellung und Forschungsfrage unterschieden. Dabei ist die Fragestellung der Forschungsfrage übergeordnet. Die Forschungsfrage wird als konkreter Fragesatz verstanden und die Fragestellung beinhaltet u. a. auch das Vorverständnis oder die zur Frage gehörenden Hypothesen.

In den folgenden Ausführungen wird diese Unterscheidung nicht gemacht, weil sie mir nicht plausibel erscheint. Die Begriffe *Fragestellung* und *Forschungsfrage* werden synonym gebraucht. Es ist ein konkreter Fragesatz damit gemeint.

Auch wenn wir gleich mit einem Beispiel einsteigen und damit versucht wird, eine höchstmögliche Anschaulichkeit zu erlangen, werden wieder Bezüge zu den vorhergehenden Kapiteln notwendig sein, um das Gesagte zu verstehen.

Die Entwicklung einer Fragestellung im Gespräch

Eine Heilpädagogin hat eine neu geschaffene Stelle als Co-Leiterin einer Fachstelle für Heilpädagogik übernommen. Die Anforderungen dieser Stelle sind für sie ungewohnt und neu. Sie möchte sich durch ein Aufbaustudium zum Management im Sozialwesen, welches sie berufsbegleitend absolviert, für diese Stelle „on the job“ weiterqualifizieren.

Sie hat ihren ersten Termin zur Besprechung ihrer Bachelor-These bei ihrer Betreuerin und hat sich ein Thema für diese Arbeit überlegt, welches sie seit der Corona-Krise verstärkt beschäftigt. Das fiktive Gespräch zwischen ihr und der Betreuerin wird hier wiedergegeben. Anmerkungen auf der Metaebene werden mit grauem Hintergrund gesetzt.

Heilpädagogin:

Ich möchte mich in meiner Bachelor-These mit der Umsetzung der Inklusion und deren Grenzen beschäftigen. Ich habe den Eindruck, dass die anfängliche Euphorie für die Idee der Inklusion sich mit den Möglichkeiten und real existierenden Bedingungen der Praxis reibt.

Meine Kollegin und ich bilden einen heilpädagogischen Fachdienst für 42 Kitas, die im ganzen Stadtgebiet verstreut sind. Unser Konzept ist ganz klar der Inklusion verpflichtet. Wir schulen und beraten diese Einrichtungen in Sachen inklusiver Heilpädagogik. Bei den ganztägigen Schulungen geht es vordergründig um Fragen der Haltung und Einstellung gegenüber der Inklusion. Bei den Schulungen empfinde ich eine Art Aufbruchstimmung für die Inklusion bei allen Beteiligten. Mir selbst macht es großen Spaß, und ich genieße diese positive Atmosphäre. Bisher haben wir 16 Kitas mit unserem Konzept schulen können. Die anderen beraten wir in Einzelfällen zum heilpädagogischen Förderbedarf. Während der Corona-Krise wurde unsere Chefin pensioniert. Mit ihrer Nachfolgerin haben wir bisher nur Organisatorisches besprochen. Wir waren damit beschäftigt den Laden am Laufen zu halten. Gleichzeitig ist der Bedarf an heilpädagogischer Beratung in den Kitas gestiegen. Die schwierigen Kinder sind noch schwieriger geworden. Teilweise sind schon überwunden geglaubte Verhaltensauffälligkeiten wieder zurückgekommen. Ich frage mich, ob wir es wirklich schaffen, unser Inklusionskonzept weiter voranzubringen bzw. aufrechterhalten zu können. Ich bezweifle, ob unsere Beratungstätigkeit und die Schulungen ausreichen. Ich denke, eine Heilpädagogin, die auch vor Ort mit den Kindern arbeiten könnte, wäre notwendig. Ich würde auch gerne die Grundstruktur der Kitas ändern. Ich glaube, dass kleinere Gruppen besser wären. Ich weiß aber nicht, wie man die Gruppenstruktur steuern kann. Die Gruppenzusammensetzungen müssten jeweils ähnlich heterogen sein. Das heißt: Eine Gruppe sollte nicht mit mehr Kindern mit heilpädagogischem Förderbedarf bestückt sein, als eine andere Gruppe.

Betreuerin:

Sie skizzieren eine komplexe Situation. Der Inklusionsgedanke soll weiterentwickelt und gefestigt werden. Gleichzeitig gibt es coronabedingt einen höheren Bedarf an heilpädagogischen Ressourcen. Ein personeller Wechsel auf der Führungsebene kann auch wegen Corona nur bedingt vollzogen werden. Konzeptuelle Änderungen scheinen aus Ihrer Perspektive notwendig. Für Ihre wissenschaftliche Arbeit müssen Sie mit meiner Hilfe eine konkrete Forschungsfrage erarbeiten. Versuchen Sie, aus dem Gesagten eine Frage zu formulieren, die Sie besonders interessiert. Das muss nicht die endgültige Fragestellung sein. Mit einer ersten Version können wir weiterarbeiten.

Heilpädagogin:

Gut, dann probier' ich es mal …

A) Woran merkt man, dass man inklusiv arbeitet?

Es ist oft hilfreich eine erste Frage zu formulieren. Das hilft, sich zu konzentrieren und bedeutet, dass die Forscherin eine erste Entscheidung treffen muss. In den Ausführungen der Heilpädagogin stecken viele andere potentielle Fragen, z. B.

1. Was müssen wir tun, um unser Inklusionskonzept weiter voranzubringen?
2. Reicht unsere Beratungstätigkeit aus, um eine qualitativ ausreichende pädagogische Arbeit zu gewährleisten?
3. Kann eine Heilpädagogin, die in den Einrichtungen arbeitet, die Qualität der pädagogischen Arbeit verbessern?
4. Tragen kleinere Gruppen zur Verbesserung der pädagogischen Arbeit bei?
5. Trägt die Gruppenzusammensetzung zur Qualität der pädagogischen Arbeit bei?

Diese Fragen treten durch die erste Formulierung einer Frage zunächst einmal in den Hintergrund.

Betreuerin:

Prima. Ich werde nun Fragen zur Frage stellen. Das soll Sie weiterbringen. Wen meinen Sie mit „man“?

Heilpädagogin:

Ich meine die pädagogischen Fachkräfte der Kitas.

Betreuerin:

Gehe ich richtig in der Annahme, dass diese Frage Ausdruck Ihrer schon berichteten Unsicherheit hinsichtlich der Umsetzung des inklusiven Konzepts in den Kitas ist?

Heilpädagogin:

Ja, das kann man so sehen.

Betreuerin:

Gut, dann könnten Sie die Frage *präzisieren*, wenn Sie das „man“ ersetzen.

Heilpädagogin:

B) Woran merken die pädagogischen Fachkräfte der 42 Kitas, dass sie inklusiv arbeiten?

Betreuerin:

Ich erlaube mir die Frage ein bisschen weniger Alltagssprachlich zu formulieren:

C) Welche Merkmale ihrer pädagogischen Arbeit betrachten die pädagogischen Fachkräfte der 42 Kitas als „inklusiv“?

Die Entwicklung einer Fragestellung wurde durch die Reihenfolge A) bis C) angedeutet.

Ist es das, was Sie wissen wollen?

Heilpädagogin:

Ja

Betreuerin:

Gut, dann kann ich weiterfragen. Schauen Sie sich die Frage an. Haben Sie eine spontane Idee, wie Sie auf diese Frage eine Antwort erhalten können, oder anders formuliert: Was müssen Sie tun, um auf die Frage eine Antwort zu bekommen?

Wenn die Frage wirklich das Erkenntnisinteresse abdeckt, bietet es sich an, die Erhebungsmethoden bzw. das Forschungsdesign zum Thema zu machen.

Heilpädagogin:

Mir fällt der Fragebogen ein …

Betreuerin:

Das scheint mir angemessen. In Ihrer Frage steckt, dass sich die pädagogischen Fachkräfte Gedanken machen über ihre Art, inklusiv zu arbeiten. Gedanken sind am besten mit einer Befragung zu erkunden. Warum soll es ein Fragebogen sein? Es gibt ja auch die Möglichkeit der mündlichen Befragung?

Heilpädagogin:

Ich möchte einen umfassenden Eindruck der inklusiven Arbeit der pädagogischen Fachkräfte bekommen. Wie soll man alle Fachkräfte der 42 Kitas mündlich befragen? Das wäre viel zu aufwändig. Man müsste eine Auswahl treffen und dann hätte ich bedenken, dass nur die Leitungspersonen der Kitas zum Zuge kommen …

Beraterin:

Ihre Vorbehalte gegenüber der mündlichen Befragung kann ich nachvollziehen. Wenn wirklich nur die Leitungspersonen befragt werden würden, wäre das eine sogenannte selektive Stichprobe, die keinesfalls die Gesamtheit der pädagogischen Fachkräfte repräsentiert. Ihr Anspruch nach einer umfassenden Einsicht in die Umsetzung des inklusiven Konzepts spricht für einen Fragebogen in Schriftform. Mit dem kann man mehr Leute erreichen als mit Interviews …

Heilpädagogin:

Aber wie wird so ein Fragebogen gemacht?

Betreuerin:

Das zentrale an einem Fragebogen sind die Fragen und der damit verbundene Inhalt, in Ihrem Fall ist das die Inklusion. Dafür sind sie Expertin, denn Sie vertreten die Inklusion in Ihrem Einrichtungsverbund. Natürlich müssen Sie nochmal über die Bücher und sich den aktuellen Stand der Diskussion zur Inklusion erarbeiten. Das ist übrigens auch für den theoretischen Teil Ihrer Arbeit unerlässlich.

Die Art und Weise, wie man einzelne Items (= Fragen im Fragebogen) konstruiert, also in Ihrem Fall eine Operationalisierung von Inklusion angeht, geschieht im Zusammenspiel zwischen Ihrem Fachwissen zur Inklusion und einer eher technischen Seite der Fragebogenkonstruktion. Diese eher technische Ebene betrifft z. B. Eindeutigkeit der Fragen, Reihenfolge der Fragen, Länge des gesamten Fragebogens, Gestaltung eines einleitenden Textes etc. Sie werden dazu in der Veranstaltung zur Methodenlehre einen Input erhalten. Außerdem gibt es dazu reichlich Literatur.

Heilpädagogin:

Aber … ich will ja nicht nur abfragen was ich über Inklusion weiß, sondern rauskriegen, was die pädagogischen Fachkräfte denken …

Betreuerin:

Sie sprechen einen wichtigen Nachteil von einer deduktiv-geschlossenen Fragebogenkonstruktionen an. Das Ergebnis einer solchen Befragung ist sehr stark abhängig von dem, was man reinsteckt. Sie haben aber auch die Möglichkeit offene Fragen in einem Fragebogen zu stellen oder gemischt offene und eher geschlossene Fragen. Sie sollten jedoch die Auswertung bei der Konstruktion mitbedenken. Die Auswertung von offenen Fragen in einem schriftlichen Fragebogen ist aufwändiger als die Auswertung von geschlossenen Fragen.

Heilpädagogin:

Ich habe keine Ahnung, von was Sie reden …

Betreuerin:

Sie werden sich das Wissen zur Konstruktion und Auswertung von Fragebögen in groben Zügen aneignen müssen. Für die Feinheiten und die speziellen Probleme gibt es an unserer Hochschule die Methodenberatung. Ich empfehle Ihnen, sich auf jeden Fall eine spezielle Methodenberatung zu organisieren bzw. spezielle Fachliteratur zur Konstruktion und Auswertung von Fragebögen zu besorgen, wenn der Fragebogen ihre zentrale Methode im Rahmen Ihrer Bachelor-These sein soll. Sie werden im Methodenteil Ihrer Arbeit zeigen müssen, dass Sie ein Grundlagenwissen zur Methode haben, die Sie nutzen.

Wenn Sie wollen, können wir uns noch andere Fragen anschauen, welche in Ihrer einleitenden Erzählung stecken …

An dieser Stelle sei die Widergabe eines fiktiven Erstgesprächs zwischen einer angehenden forschenden Praktikerin und einer Beratungsperson beendet.

Wir beschäftigen uns trotzdem noch mit den „anderen Fragen“. Das sind die oben formulierten potentiellen Fragen eins bis fünf, die man weiterentwickeln könnte, um sie als mögliche Forschungsfragen in Betracht zu ziehen. Es geht dabei, wie in dem fiktiven Gesprächsausschnitt gezeigt, im Wesentlichen um folgende *wesentliche Eckpunkte*:

- Bewusstmachung der Ausgangslage
- Bewusstmachung der (eigenen) Interessen und Ziele
- Präzisierung der Begriffswahl und Begriffsbedeutung samt Operationalisierung

Damit einher geht

- die Klärung des notwendigen theoretischen Hintergrunds
- Suchen der passenden Forschungsmethodik bzw. des passenden Forschungsdesigns
- Reflexion zur Pragmatik der Durchführbarkeit mit Abschätzen der eigenen und von außen verfügbaren (nicht nur fachlichen) Ressourcen

Die Entwicklung einer Fragestellung mit Hilfe wesentlicher Eckpunkte

Die oben formulierten potentiellen Fragen eins bis fünf werden nun hinsichtlich der eben aufgelisteten Eckpunkte reflektiert. Beginnen wir mit der ersten Frage:

1a) Was müssen wir tun, um unser Inklusionskonzept weiter voranzubringen?

Diese Frage ist eine „große" Frage und kaum zu beantworten, weil zu unpräzise bzw. unspezifisch.

In der allgemeinen Frage nach irgendwelchem Tun steckt jegliche vorstellbare Tätigkeit. Man könnte Fortbildungen besuchen, Bücher lesen, Personal aufstocken, im Aufenthaltsraum Kaffee kochen oder was auch immer als mehr oder weniger nützliche Tätigkeit anführen, um das anvisierte Ziel zu erreichen.

Man müsste bei dieser Frage sehr viel Energie in die Präzisierung stecken. Aber selbst wenn inhaltlich gute Begründungen für das Tun gefunden werden, ist die Menge der potentiellen Tätigkeiten unendlich groß. Ein weiteres mit der potentiellen Unendlichkeit verbundenes Problem steckt in dem Modalverb *müssen*. Das *müssen* impliziert nämlich eine erschöpfende Antwort. Im *Müssen* steckt der Anspruch einer notwendigen Bedingung. Wenn nur eine Tätigkeit nicht gefunden wird, dann ist das ganze Tun zum Scheitern verurteilt. Angesichts der Unendlichkeit der potentiellen Tätigkeiten kann es eine erschöpfende Antwort aber gar nicht geben. Anders formuliert: Wenn man das *müssen* in der Fragestellung belässt, wird man diese Frage nie beantworten können. Auch wenn man *müssen* durch *sollen* ersetzt wird es nicht viel besser. Eine Möglichkeit, dieses Problem zu umgehen, ist der Gebrauch des Modalverbes *können* in der Fragestellung.

1b) Was können wir tun, um unser Inklusionskonzept weiter voranzubringen?

Die Frage ist nun nicht mehr so „streng" formuliert. Der Anspruch der notwendigen Bedingung ist weg: Es gibt keine absolut notwendigen und allein selig machenden Maßnahmen, ohne die man verloren wäre, wenn man sie nicht finden würde.

Es müsste außerdem auch hier die Frage nach den beteiligten Personen (wer ist *wir*?) geklärt werden, und man müsste den Begriff *Inklusionskonzept* genauer fassen. Neben der allgemein theoretischen Darlegung von *Inklusion* im Theorieteil der wissenschaftlichen Arbeit müsste die in der Frage auftauchende Begrifflichkeit *Inklusionskonzept* näher erläutert werden. Was ist das

Besondere an dem Inklusionskonzept, von dem in der Frage gesprochen wird?

Auch wenn eine erste Modifikation der Frage von 1a) nach 1b) günstig erscheint, um die Frage beantwortbarer zu machen, bleibt das Unpräzise in der Frage enthalten.

Man könnte die Frage so modifizieren, dass nicht mehr potentiell unendlich viele Tätigkeiten gesucht würden, sondern eine klar begrenzte Auswahl von Tätigkeiten Gegenstand der Frage sind:

1c) Welche Inklusionskonzepte können wir nützen, um unser eigenes Inklusionskonzept voranzubringen?

Die Menge der potentiellen Tätigkeiten wird durch die Menge an schon existierenden Inklusionskonzepten klar eingegrenzt.

Diese Fragestellung 1c) „riecht" nach einer theoretischen Arbeit. Deutlicher Hinweis ist der Begriff *Konzept* im zusammengesetzten Wort *Inklusionskonzept*. Durch das Fragewort *welche* wird nahegelegt, dass eine Auswahl stattfinden soll. Wenn man auswählen will, vergleicht man zwangsläufig und in diesem Vergleich zwischen verschiedenen Konzepten liegt ein Hinweis auf eine theoretische Arbeit (vgl. Kapitel 3). Die Auswahl muss begründet werden, damit sie zum eigenen Konzept passt. Die Passung soll sich in einem Fortschritt des eigenen Konzepts niederschlagen. In der Frage steckt nicht unbedingt die Aufforderung einer empirischen Prüfung. Wenn man die Frage nur leicht ändert, rückt die empirische Prüfung als adäquater Zugang zur Beantwortung in den Vordergrund. Schauen Sie sich die folgende Variante an:

1d) Welches Inklusionskonzept bringt unser eigenes Inklusionskonzept weiter?

Die Notwendigkeit mehrere Inklusionskonzepte zu vergleichen ist in der Fragestellung 1d) erhalten geblieben, jedoch fordert die indikative Aussage vielmehr die empirische Überprüfung. Es kann bei dieser Fragestellung kaum bei einer wohl überlegten und gut begründeten theoretischen Reflexion bleiben, sondern man sollte die Inklusionskonzepte in ihrer Wirkung auf das eigene Konzept konkret umsetzen, um nach dieser Erfahrung (= Empirie) eine Antwort auf die Frage erhalten zu können. Vermutlich scheitert diese Fragestellung an der pragmatischen Undurchführbarkeit, denn es wäre enorm aufwändig viele verschiedene Inklusionskonzepte auszuprobieren. Daher kehrt man lieber wieder zu Variante 1c) zurück.

Man sieht an der hier konstruierten Entwicklung der Fragestellungen 1a) bis 1d) und wieder zurück zu 1c), wie penibel an einer wissenschaftlichen Fragestellung gefeilt wird. Jeder Begriff wird auf die Goldwaage gelegt. Das heißt, die Begriffe werden genau definiert, theoretisch reflektiert, eine mögliche Operationalisierung angedacht usw.

Modalverben können einen entscheidenden Unterschied machen (*müssen* oder *können*). Die Wortwahl und die Satzgrammatik stehen in einem engen Zusammenhang zur passenden Methodik.

Die oben angeführten potentiellen Fragen zwei bis fünf sind schon um einiges spezifischer als die erste Frage, denn sie tragen eine bestimmte Maßnahme oder ein bestimmtes Merkmal in sich, welches ob seiner Nützlichkeit bzw. seiner Wirkung hinterfragt wird. Hier noch einmal die Auflistung der Fragen zwei bis fünf:

2. Reicht unsere Beratungstätigkeit aus, um eine qualitativ befriedigende pädagogische Arbeit zu gewährleisten?
3. Kann eine Heilpädagogin, die in den Einrichtungen arbeitet, die Qualität der pädagogischen Arbeit verbessern?
4. Tragen kleinere Gruppen zur Verbesserung der pädagogischen Arbeit bei?
5. Trägt die Gruppenzusammensetzung zur Qualität der pädagogischen Arbeit bei?

Bei der zweiten Frage wird die *Beratungstätigkeit* hinterfragt, bei der dritten Frage wird die *personelle Besetzung* in Frage gestellt, bei der vierten Frage ist es die *Gruppengröße* und bei der fünften Frage die *Gruppenzusammensetzung*.

Alle Fragen zwei bis fünf fordern eine empirische Zugangsweise und idealerweise das „echte“ Experiment (vgl. Kapitel 6) als Forschungsdesign, denn es wird immer nach einem Ursachen-Wirkungs-Zusammenhang gefragt. Die unabhängige Variable (uV) ist bei den Fragen zwei bis fünf je nach Frage verschieden und wird durch die eben genannten Begrifflichkeiten repräsentiert. Die abhängige Variable (aV) ist immer dieselbe: Es geht um die *Qualität der pädagogischen Arbeit* und deren Überprüfung in Abhängigkeit von den verschiedenen uVs.

Bei all den Begriffen, welche inhaltlich tragend (also entscheidend) in diesen Fragen auftauchen, muss man sich im Rahmen einer weiteren Spezifikation Gedanken um die Operationalisierung machen. Das gelingt bei den oben angeführten Begriffen teilweise leicht. Die Gruppengröße zum Beispiel kann man sofort mit einer Zahl definieren. Was unter einer *Gruppenzusammensetzung* zu verstehen ist, wird schwieriger zu fassen sein.

Die Anwesenheit einer Heilpädagogin in einer Einrichtung ist leicht zu fassen und stellt schon die Operationalisierung dar. Sie ist entweder präsent oder nicht präsent.

Oft scheitern die Ideen für eine Fragestellung an der *pragmatischen Machbarkeit*. Um die Frage drei zu beantworten, müsste man zwei Typen von Einrichtungen miteinander vergleichen, nämlich die Einrichtung mit anwesender Heilpädagogin und die Einrichtung ohne anwesende Heilpädagogin. Da es gar nicht in der Macht der Forschenden liegt in den Einrichtung Kolleginnen einzustellen und somit das experimentelle Setting umzusetzen, ist diese Frage in ihrem Arbeitsfeld aus pragmatischen Gründen nicht zu beantworten.

Auch hat die Forschende nicht die Möglichkeit, einfach die Gruppengröße zu bestimmen. Das müsste sie aber tun können, um die vierte Frage experimentell zu beantworten. Ganz abgesehen davon wäre es auch nicht ausreichend, nur *eine* kleine Gruppe mit *einer* großen Gruppe zu vergleichen. Man müsste schon *mehrere* kleine Gruppen mit *mehreren* großen Gruppen vergleichen, um die Bedeutung der unabhängigen Variablen *Gruppengröße* für die Qualität der pädagogischen Arbeit zu fassen. Bei experimentellen Settings sind oft der *Aufwand* und die *Kosten* Stolperstein für die Realisierung.

Die *Operationalisierung* der abhängigen Variablen wäre für alle Fragen zwei bis fünf ein aufwändiges Unterfangen, weil sich dahinter ein sehr breites Spektrum an möglichen Effekten verbergen kann. Die Qualität der pädagogischen Arbeit kann sich z. B. in der sozial-emotionalen Entwicklung der Kinder zeigen oder in ihrer Sprachfähigkeit oder in ihrer Problemlösekompetenz bei alltäglichen Herausforderungen und in vielem mehr.

Für die Forschende besteht die Möglichkeit entweder die Breite der Bedeutung von *Qualität der pädagogischen Arbeit* einzugrenzen und einen (oder einen anderen) der oben erwähnten Bereiche auszuwählen. Dann würde die Fragestellung inhaltlich eingegrenzt werden und die Formulierung *Qualität der pädagogischen Arbeit* würde durch *sozial-emotionale Entwicklung*, *Sprachfähigkeit* oder *Problemlösekompetenz* ersetzt werden. Auch dann muss die Forscherin sich überlegen, wie sie diese „engeren" Konstrukte operationalisieren kann. Eine andere Möglichkeit besteht darin, dass sie eine Form der Operationalisierung findet, welches der Breite des Konstrukts *Qualität der pädagogischen Arbeit* gerecht werden könnte. Dies könnte eventuell im Einsatz eines allgemeinen Entwicklungstests für Kinder liegen plus dem Einsatz eines Fragebogens, der die Zufriedenheit der Bezugspersonen mit der pädagogischen Arbeit der Fachpersonen erfasst. Ob das wirklich eine adaquate Möglichkeit ist, um die Qualität der pädagogischen Arbeit im Allgemeinen zu fassen, wird die Forscherin in ihrer theoretischen Auseinandersetzung mit dem Konstrukt *pädagogische Qualität begründen* müssen.

Eine weitere Möglichkeit besteht darin, die Frage so zu verändern, dass kein experimentelles Setting mehr zwingend notwendig erscheint. Die Prüfung einer Ursachen-Wirkungs-Zusammenhang darf sich nicht mehr durch die Frage aufdrängen. Hierzu eignen sich z. B.

a) Fragen nach einem Zusammenhang oder
b) Fragen, die recht offen angelegt sind und die wahrgenommene Perspektive einer definierten Personengruppe beinhalten.

Solche Fragevarianten sind im Folgenden jeweils mit den kleinen Buchstaben a und b hinter der Ziffer gekennzeichnet:

2. Reicht unsere Beratungstätigkeit aus, um eine qualitativ befriedigende pädagogische Arbeit zu gewährleisten?
   a) 2a Gibt es einen Zusammenhang zwischen unserer Beratungstätigkeit und der Qualität der pädagogischen Arbeit der pädagogischen Fachkräfte?
   b) 2b Welchen Stellenwert hat unsere Beratungstätigkeit für die Qualität der Arbeit von pädagogischen Fachkräften aus deren Perspektive?
3. Kann eine Heilpädagogin, die in den Einrichtungen arbeitet, die Qualität der pädagogischen Arbeit verbessern?
   a) Gibt es einen Zusammenhang zwischen der Anwesenheit einer Heilpädagogin und der Qualität der pädagogischen Arbeit in den Einrichtungen?
   b) Welchen Stellenwert hat die Anwesenheit einer Heilpädagogin für die Qualität der Arbeit von pädagogischen Fachkräften aus deren Perspektive?
4. Tragen kleinere Gruppen zur Verbesserung der pädagogischen Arbeit bei?
   a) Gibt es einen Zusammenhang zwischen der Gruppengröße und der Qualität der pädagogischen Arbeit?
   b) Welchen Stellenwert hat die Gruppengröße für die Qualität der Arbeit von pädagogischen Fachkräften aus deren Perspektive?
5. Trägt die Gruppenzusammensetzung zur Qualität der pädagogischen Arbeit bei?
   a) Gibt es einen Zusammenhang zwischen der Gruppenzusammensetzung und der Qualität der pädagogischen Arbeit?
   b) Welchen Stellenwert hat die Gruppenzusammensetzung für die Qualität der Arbeit von pädagogischen Fachkräften aus deren Perspektive?

Den Zusammenhangsfragen fehlt ein Verb oder ein Nomen, welches eine Veränderung anzeigt. In Frage 2a ist *gewährleisten* verschwunden, in Frage 3a ist *verbessern* verschwunden, in Frage 4a ist *Verbesserung* und *beitragen* eliminiert und in Frage 5a fehlt das Verb *beitragen*. Die Frage nach dem bloßen Zusammenhang impliziert keinen Ursachen-Wirkungs-Zusammenhang, so wie das die oben genannten Verben oder das Nomen *Verbesserung* getan haben. Man kann auch mit experimentellen Designs niedrigerer Güte (vgl. Kapitel 6) oder mit rein korrelativ angelegten Designs die Frage beantworten. Letzteres meint, dass man keine unabhängige Variable definieren muss und einfach zwei Variablen, die in der Frage genannt sind auf einen systematischen Zusammenhang untersucht (vgl. Kapitel 5.2 die Ausführungen zur Korrelationsrechnung).

Die offenen b-Fragen sind ihrem Wesen nach qualitativer angelegt, weil sie ausdrücklich die Perspektive einer Personengruppe in die Frage aufgenommen haben. Der Begriff *Perspektive* steht für mehr Subjektivität und legt daher den Einsatz von qualitativen Methoden nahe. Man würde wegen dem Begriff *Perspektive* zudem eine Befragung als die Methode der Wahl erwarten.

Die Spezifikation der Methodik ist aber nicht zwingend. Welche speziellen Befragungsformen und welche spezielle Auswertungsmethodik (eher quantitativ oder eher qualitativ) angemessen sein könnten, steckt in der Frage nicht drin. Hier spielen die Rahmenbedingungen (z. B. zeitliche und personelle Ressourcen) eine wichtige Rolle.

Die Konstruktion weiterer Fragevarianten sollte die herausragende Bedeutung der Fragestellung für die Wahl der Methodik noch weiter verdeutlichen, auch wenn in der Spezifikation der Methodik immer eine gewisse Wahlfreiheit herrscht.

Es gibt eine klare Beziehung zwischen der Fragestellung und der Methodik. Die Fragestellung fordert aber nicht nur einen bestimmten methodischen Zugang, sie ist Dreh- und Angelpunkt für das wissenschaftliche Denken und Handeln insgesamt. In Anlehnung an Hug (2001b, S. 15) wird mit der Abbildung 10.1 dieser herausragende Stellenwert der Forschungsfrage modellhaft skizziert (vgl. auch oben die Eckpunkte der Fragestellung).

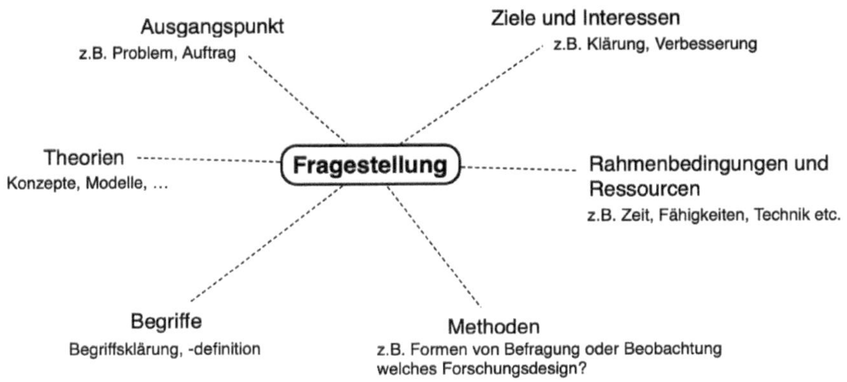

Abb. 10.1: Zentrale Funktion der Fragestellung im Forschungsprozess

Für die Forscherin und für die forschende Heilpädagogin ist es wichtig, sich im Rahmen ihres Forschungsvorhabens zu allen Bezugspunkten der Fragestellung Gedanken zu machen.

Insbesondere für Einsteigerinnen ist es allerdings schwer abzusehen, welche Methoden man braucht, um eine Fragestellung zu beantworten und welche Rahmenbedingungen und Ressourcen notwendig sind. Aus diesem Grund wurde das fiktive Beratungsgespräch oben so angelegt, dass der *Beratungsbedarf* und die *prozessbegleitende Aneignung von Fachwissen aus der Methodenlehre* als zum Forschungsprozess dazugehörig erscheinen. Das sind völlig normale Elemente eines Forschungsprojektes. Auch geübte Forscherinnen lassen sich beraten (vgl. z. B. den Sinn von *Peer Debriefing* in Kapitel 8) und erweitern mit jedem Forschungsprojekt ihre Methodenkompetenz.

Als nächstes seien noch zwei häufig auftretende Fallstricke innerhalb von Fragestellungen dargestellt.

Zwei Fallstricke innerhalb von Fragestellungen

Grundlage der Darstellung ist wieder ein Beispiel, welches Forschung und Praxis verbindet:

Eine Lehrerin, die im Aufbaustudium Heilpädagogik studiert, arbeitet an einer allgemeinbildenden Schule und interessiert sich besonders für die Unterstützung einer Schülerin mit Depression. Sie will eine Einzelfallstudie im Zusammenhang mit dieser Schülerin unternehmen, um diesen Fall tiefer zu verstehen und die Gelingensbedingungen der pädagogischen Interventionen zu prüfen. Sie entwirft für ihre Master-These mehrere Frageversionen:

6a) „Welche Unterstützungen sind für eine Schülerin mit Depressionen besonders wichtig, damit sie am Unterricht wieder teilnehmen kann?“

In dieser Frage ist ein hoher *Grad an Verallgemeinerung* angelegt. Es wird zwar von einer Schülerin gesprochen, aber die Formulierung steht für potentiell alle Schülerinnen mit Depression. Diesem Grad an Verallgemeinerung kann man methodisch unmöglich mit einer Einzelfallstudie mit N = 1 gerecht werden. Die Frage passt nicht zum Erkenntnisinteresse, denn der Heilpädagogin geht es ja um eine ganz bestimmte Schülerin. Die Frage sollte umformuliert werden, damit die Einzelfallstudie „passt“. Das gelingt z. B. indem man explizit von der Schülerin spricht.

6b) „Welche Unterstützungen sind für die Schülerin xy mit Depressionen besonders wichtig, damit sie am Unterricht wieder teilnehmen kann?“

Der problematische Grad an Verallgemeinerung ist in der zweiten Version der Frage nicht mehr vorhanden, allerdings steckt in der Frage die Annahme an einen Ursachen-Wirkungs-Zusammenhang, der so gar nicht eintreten muss. Kann ja sein, dass es der Schülerin nicht gelingt, am Unterricht wieder teilzunehmen. In diesem Fall kann man auch keine dafür notwendigen Unterstützungsmaßnahmen identifizieren.

Das Problem einer überstrapazierten Verallgemeinerung und *impliziten Vorannahmen*, welche in der Fragestellung stecken, existiert auch in dem nächsten Versuch, eine Forschungsfrage zu formulieren:

6c) „Weshalb gelingt es einer kleinen familiären Schule, Lernende mit depressiven Episoden erfolgreich wieder einzugliedern, ohne dass sie eine Spezialisierung auf diesem Gebiet vorweisen kann?“

Auch in dieser Version 6c ist der hohe Grad der Verallgemeinerung problematisch. Es wird von „den Lernenden“ gesprochen. Zumindest gibt es mit der Formulierung *einer kleinen familiären Schule* den Hinweis, dass es sich um eine spezielle Schulform handelt. Trotzdem wird eine Einzelfallstudie mit N = 1 keine Chance haben, diese auf Verallgemeinerung ausgerichtete Frage zu beantworten.

Die in der Frageversion 6b problematisierte Annahme von Erfolg ist auch in der Frageversion 6c offensichtlich. Allerdings könnte dieses Problem durch den Zeitpunkt der Untersuchung gelöst werden. Falls die erfolgreiche Eingliederung tatsächlich geschehen ist, könnte diese Aussage berechtigterweise stehen bleiben, denn dann ist es keine Annahme mehr, sondern ein Faktum, dass die Schülerin erfolgreich wieder eingegliedert wurde.

In der Forschungsfrage müsste man lediglich die Zeitform ändern:

6d) „Weshalb gelang es einer kleinen familiären Schule, die Lernende xy mit depressiven Episoden erfolgreich wieder einzugliedern, ohne dass sie eine Spezialisierung auf diesem Gebiet vorweisen kann?"

Eine andere implizite Annahme in 6c und 6d bleibt aber auf jeden Fall problematisch. Diese Annahme betrifft den ungeprüften ursächlichen Zusammenhang von *erfolgreicher Eingliederung* und der *fehlenden Spezialisierung*. In den Fragen 6c und 6d steckt die Annahme, dass *Spezialisierung* eine hinreichende Bedingung für die erfolgreiche Eingliederung sei. Selbst wenn *Spezialisierung* die Wahrscheinlichkeit eines Erfolges erhöht, ist sie keine Garantie auf Erfolg, sie ist nicht hinreichend für den Erfolg.

Implizite Annahmen und überhöhte Verallgemeinerungen stellen ein logisches Problem dar. Sie zu entdecken, ist für die Forscherin unbedingt notwendig und für die Praktikerin sehr hilfreich, um im komplexen Bedingungsgefüge ihrer Arbeit mehr Klarheit zu erlangen.

Ungeprüfte Vorannahmen bei der Entwicklung von Produkten

An dieser Stelle sei die Frage der Einleitung dieses Buches noch einmal aufgeführt: Welchen Einblick in das wissenschaftliche Denken und Handeln benötigen Studierende und Praktikerinnen der Heil- und Sonderpädagogik, um dieses Denken und Handeln als Teil ihrer beruflichen Praxis zu erkennen und als nützlich zu entdecken? Auch in dieser Fragestellung stecken zwei ungeprüfte Vorannahmen, und zwar

- erstens, dass wissenschaftliches Denken und Handeln Teil der heil- und sonderpädagogischen Praxis ist (sonst könnte man es nicht erkennen), und
- zweitens, dass wissenschaftliches Denken und Handeln für diese Praxis nützlich sein soll.

Die zweite Vorannahme ist zudem abhängig von der ersten, denn nützlich kann nur etwas sein, das existiert.

Auch wenn diese Frage mit ihren ungeprüften Annahmen aus wissenschaftlicher Perspektive problematisch ist, hat sie dazu geführt, dass dieses Buch geschrieben wurde. Die Überzeugung zur Gültigkeit dieser Annahmen hat die Energie freigesetzt, um dies zu tun. Sie halten also ein Produkt in Händen, welches sich dem wissenschaftlichen Denken und Handeln widmet und das eine Antwort auf eine Frage sein will, die Frage selbst aber streng genommen nicht wissenschaftlich beantwortbar ist. Für die Entwicklung eines Produkts ist es manchmal wichtig, solche logischen Brüche auszuhalten. Das Aushalten hat auch etwas mit der Dimension Zeit zu tun. Die Produktentwicklung (z. B. dieses Buch oder ein Interventionskonzept, das ebenfalls als Produkt betrachtet werden kann) geschieht eher auf theoretischer Ebene unter ungeprüften Annahmen. Man spricht manchmal von einer *Arbeitshypothese* und will damit sagen, dass man eine Annahme aus pragmatischen Gründen als gültig betrachtet, obwohl man nicht genau weiß, ob die Annahme wirklich gültig ist. Wenn man das nicht täte, wäre man nicht arbeitsfähig. Die Prüfung der Annahmen kann erst zeitlich nachgeordnet stattfinden. Daher sind Rückmeldungen zu diesem Buch oder die systematische Prüfung einer Intervention für die Qualität des Produkts wichtig. Die meisten Interventionskonzepte in der Heilpädagogik entstehen auf Basis wissenschaftlich ungeprüfter Annahmen (vgl. auch Kapitel 3 zum Stellenwert von Hypothesen in Theorien). Schöpfer von Interventionskonzepten sind meist so dermaßen von ihren Ideen überzeugt (im besten Fall aufgrund von wissenschaftlich fundierten theoretischen Überlegungen) und haben eine dementsprechende subjektive Erfahrung, dass sie aus dieser Logik heraus eine anwendungsorientierte, handlungsleitende Theorie erschaffen, die man als Interventionskonzept betrachten kann.

Ob das wissenschaftliche Denken und Handeln wirklich Teil der praktischen Arbeit von Heilpädagoginnen ist (= erste Annahme oben), erscheint sehr plausibel. Wahrscheinlich würden das die meisten praktizierenden und forschenden Heilpädagoginnen bejahen. Ob es wirklich nützlich ist, kann man wahrscheinlich nur sehr bedingt beantworten.

Warum kann man den Nachweis der Nützlichkeit des wissenschaftlichen Denkens und Handelns in der Heilpädagogik nur sehr bedingt führen? Diese Frage ist die abschließende Aufgabe dieses Kapitels.

Zuvor noch ein Exkurs zum Begriff *Entwicklung* bei Forschungsvorhaben und ein Hinweis zu Fragestellungen in der Praxis.

Exkurs – Forschung und Entwicklung

Die Begriffskombination *Forschung und Entwicklung* kommt aus den Ingenieurwissenschaften und hat einen starken Anwendungsbezug. Insbesondere große Unternehmen (z. B. Hersteller von Autos), aber auch mittelständische Unternehmen entwickeln Produkte mit Hilfe von Forschungsmethoden. Insofern ist der Begriff „Entwicklung" eng verbunden mit einem Produkt, das entstehen und verkauft werden soll. In der Heilpädagogik werden ebenfalls Produkte mit Hilfe von Forschungsmethodik entwickelt. Normierte Tests sind das Paradebeispiel dafür. Die Begriffskombination Forschung und Entwicklung kann in die Irre leiten, wenn man durch die Konjunktion „und" annimmt, dass Forschung und Entwicklung zwei gesonderte und voneinander getrennte Dinge oder Prozesse sind, was aber so nicht stimmt. Es macht keinen Sinn von einer *Forschungsarbeit* und davon abgetrennt von einer *Entwicklungsarbeit* zu sprechen. Forschung ist immer eine Entwicklung und eine Entwicklung im wissenschaftlichen Sinne basiert immer auf einer Forschungsmethodik, die in den Sozialwissenschaften anerkannt ist. In den Sozialwissenschaften geht es dabei nicht nur um ein physisches Produkt, sondern

nicht zuletzt um geistige Produkte, zum Beispiel um (anwendungsorientierte) Theorien. Dabei macht es Sinn, den Entwicklungsprozess als wissenschaftliche Theoriearbeit oder als empirische Arbeit zu differenzieren (vgl. Kapitel 3). Der wissenschaftliche Entwicklungsprozess kann sich zwischen diesen beiden Polen positionieren. Dabei ist die theoretische Verankerung obligatorisch – ohne theoretische Reflexion gibt es keine Wissenschaftlichkeit. Die empirische Dimension dagegen ist fakultativ. Es gibt die „reine" Theoriearbeit ohne Empirie, aber keine empirische Arbeit ohne Theorie.
Die Entwicklung von Interventionskonzepten (= anwendungsorientierte Theorien) wurde oben als Produktenwicklung beschrieben, welche oftmals unter Fragestellungen entstehen, die nicht streng wissenschaftlich sind. Wenn man sich den Kreisprozess der Planungs- und Ablaufmodelle (vgl. Kapitel 9) als Basis dieses Entwicklungsprozesses vorstellt, dann können natürlich auch in der Entwicklung von heilpädagogischen Interventionen forschungsmethodische Mittel zum Einsatz kommen, obwohl die übergeordnete Frage dem Anspruch einer streng wissenschaftlichen Logik nicht standhält. Wenn Interventionen (vgl. Kapitel 11.2 zur Evidenz) hinsichtlich ihrer Nützlichkeit bzw. Wirksamkeit überprüft und die kritischen Rückmeldungen (= Falsifikationen) zur Optimierung benutzt werden, ist das Forschung und Entwicklung oder anders formuliert: Es ist eine auf wissenschaftliche Methoden basierte und geprüfte Entwicklung eines heilpädagogischen Produkts. Die Fragen, die dabei gestellt werden, beleuchten Teilaspekte des Entwicklungsprozesses und genügen den Anforderungen an Wissenschaftlichkeit allemal. Es sind solche Fragentypen, wie sie oben im Teilkapitel *Entwicklung einer Fragestellung mit Hilfe wesentlicher Eckpunkte* unter 2. bis 5. beispielhaft konstruiert wurden.

Besonderheiten von Fragestellungen in der Praxis

Das Beispiel unter der Überschrift *Zwei Fallstricke innerhalb von Fragestellungen* ist prototypisch für eine Frage, die in der Praxis gestellt wird. Es handelt sich um eine einzelne Klientin mit einem spezifischen Problem und dafür wird eine Lösung gesucht. Die Struktur der Frageversion 6b ist wahrscheinlich der häufigste Fragetyp in der Praxis der Heilpädagogik. Hier noch einmal diese Frage:

6b) „Welche Unterstützungen sind für die Schülerin xy mit Depressionen besonders wichtig, damit sie am Unterricht wieder teilnehmen kann?"

Wie oben analysiert, enthält dieser Fragetyp eine ungeprüfte Annahmen und ist insofern schwierig zu beantworten. Genau diese Situation ist typisch für die Praxis. Die Heilpädagogin macht mindestens zwei ungeprüfte Annahme in der Frage, nämlich

- erstens, dass ein erwünschtes Ziel eintritt und
- zweitens, dass die heilpädagogischen Maßnahmen zur Zielerreichung hinreichen.

Sie geht davon aus, dass sich diese Annahmen im Prozess der Antwortfindung erfüllen. Anders formuliert: Wenn sie nicht davon überzeugt wäre, dass die Annahmen sich bewahrheiten, wäre sie arbeitsunfähig. Durch ihr professionelles Handeln tut sie alles ihr Mögliche, damit die Annahmen sich erfüllen, und lässt sich vom Glauben an die Erfüllung leiten. In dem konkreten Fall der Frage 6b bedeutet das: Die Heilpädagogin weiß nicht, ob die Schülerin xy wirklich den Unterricht wieder aufnehmen kann, aber sie nimmt an, dass ihre Unterstützungsangebote die Zielerreichung ermöglichen werden. Auch aus diesem Grund spricht man vom hypothesengeleiteten Vorgehen in der Heilpädagogik.

Die Praktikerin muss also bei der Entwicklung ihres Produkts (= das Interventionskonzept) unter einer Unsicherheit agieren, die sich in der logischen Betrachtung der Fragestellung als Bruch darstellt. Man kann diesen logischen Bruch entschärfen, indem man das Modalverb *können* (vgl. auch Frage 1b ganz oben) in die Frage einbaut, dann lautet sie:

6b 2) „Welche Unterstützungen können für die Schülerin xy mit Depressionen besonders wichtig sein, damit sie am Unterricht wieder teilnehmen kann?“

Der Gebrauch des Modalverbs „können“ in der Frage entspricht dieser Ungewissheit und erscheint insofern adäquater. Die „Kann-Formulierung“ bringt mehr Realismus in die Frage, sie befreit die Intervention von dem absoluten Anspruch der hinreichenden Bedingung.

Aufgabe

Warum kann man den Nachweis der Nützlichkeit von Kenntnissen des wissenschaftlichen Denkens und Handelns in der Heilpädagogik nur sehr bedingt führen?

Schreiben Sie in Prosa Ihre Antwort und vergleichen Sie Ihre Antwort mit dem Lösungsvorschlag in Anhang 10.1

11. Weitere Begriffe der Sozialwissenschaften in ihrer Bedeutung für die Heilpädagogik

11.1 Aktionsforschung, Praxisforschung, Versorgungsforschung

Dieses Kapitel ist mit drei Begriffen überschrieben, die im Zusammenhang mit wissenschaftlichem Denken und Handeln in der Heil- und Sonderpädagogik eine wichtige Rolle gehabt haben (Aktionsforschung) bzw. in der Gegenwart haben (Praxisforschung) und in Zukunft vielleicht noch stärker haben werden (Versorgungsforschung).

Diese drei Begriffe werden zwar nicht als Paradigmen innerhalb der Sozialwissenschaften betrachtet, doch sie stehen für einen bestimmten Ansatz, Forschung zu betreiben, und damit für ein ganz bestimmtes wissenschaftliches Denken und Handeln. Die drei Begriffe überschneiden sich in ihrer Bedeutung zum Teil, doch haben sie unterschiedliche (insbesondere historische) Wurzeln und werden daher gesondert diskutiert. Beginnen wir mit dem ältesten Begriff.

Aktionsforschung

Im Zuge der politischen Umbrüche der 68er-Revolte in den westeuropäischen Gesellschaften und insbesondere in deren Bildungseinrichtungen wurde der etablierte Wissenschaftsbetrieb massiv kritisiert. Die Protagonisten der Aktionsforschung (vgl. Altrichter et al., 2018) wollten nicht nur in Bücher abgelegtes Wissen für die verstaubten Regale der Universitätsbibliothek produzieren, sondern forderten einen *konkreten Nutzen* von wissenschaftlichen Erkenntnissen für die Praxis. An vorderster Front engagierten sich Pädagogen für diese „andere" Form der Forschung. Ein zentrales Kennzeichen der Aktionsforschung war, dass die (Heil-)Pädagoginnen das Heft des Handelns in die Hand nehmen sollten und ihren Unterricht bzw. ihre Interventionen selbst erforschen sollten, um den gesellschaftlichen Nutzen der Pädagogik für ihre Schülerschaft bzw. für ihre Klienten voranzutreiben. Letzteres war das oberste Ziel der Aktionsforschung: Die Forschung sollte einen direkten Effekt für die Praxis haben. Indem die Praktikerin auch die Rolle der Forscherin übernimmt, sollte dies gelingen. Die Praktikerin stellt selbst die Fragen, die es zu beantworten gilt, und sie entscheidet sich auch selbst für die Methoden, mit denen sie diese Fragen bearbeiten und beantworten will. Der Nutzen liegt zum einen in der Problemlösung, also in der konkreten Antwort auf eine praxisrelevante Frage, zum anderen in der Kompetenzerweiterung der forschenden Person. Aktionsforschung ist keine Forschung über Betroffene, sondern von Betroffenen zum Gegenstand ihrer Betroffenheit. Die (Heil-) Pädagogik der 60er und 70er Jahre des vergangenen Jahrhunderts versprach sich davon einen Kulturwandel für die Lehr-Lernsituation mit gesamtgesellschaftlicher Bedeutung: Schulen sollten demokratischer werden.

Bis heute wird der Begriff Aktionsforschung in diesem Sinne gebraucht und auch kritisch diskutiert. Aktionsforschung hat sich traditionellerweise eher qualitativen Methoden bedient. Teilweise sind die Methoden der qualitativen Sozialforschung sogar aus dem Geist der Aktionsforschung entstanden. Die mit den Paradigmen der Sozialwissenschaft vertraute Leserin ahnt vielleicht schon den Konflikt mit dem etablierten, viel eher quantitativ orientierten Paradigma der Sozialwissenschaften. Die Kritikpunkte der etablierten Forschungen lagen und liegen auf der Hand. Hier nur die Wichtigsten:

- Praktiker fehlen die notwendigen profunden Kenntnisse der Forschungsmethodik und selbst wenn sie diese hätten, hätten sie gar keine Zeit, diese Methodik einzusetzen (vgl. auch Kritik an der evidenzbasierten Praxis).
- Praktiker haben viel zu wenig Distanz zur eigenen Sache und können daher kaum objektive Forschung betreiben.

Diese beiden Punkte könnte man als *Überforderung der Praktikerin* bezeichnen. Sie hat demnach keine Chance, die von der Aktionsforschung vorgesehene Rolle als Forscherin auf eine befriedigende Art auszufüllen.

- Wenn Praktikerinnen ihre eigene Praxis erforschen, dann ist das Potential an *Verallgemeinerung gering*. Für die Praxis (in unserem Falle die Praxis der Heil- und Sonderpädagogik) entstünde durch Aktionsforschung ein Wissen, das wenig übergreifend ist und die Profession als solche nicht weiterbringen würde.
- Außerdem bestünde durch Aktionsforschung die Gefahr, das Rad immer wieder neu erfinden zu müssen, was mit einer *Ressourcenverschwendung* einherginge.

Der Disput zwischen den unterschiedlichen Selbstverständnissen von Wissenschaftlern untereinander und die Spannung zwischen Praxishandeln und Wissenschaftsbetrieb besteht im Kern wahrscheinlich immer noch, hat jedoch auch eine sich gegenseitig annähernde Bewegung in die Gänge gebracht, die man durchaus als integrativ bezeichnen könnte. Integrativ meint hier, dass Praxis und Forschung aufeinander zugehen und auch die unterschiedlichen Methoden und damit einhergehenden Selbstverständnisse (qualitativ vs. quantitativ) sich annähern oder zumindest als komplementär betrachtet werden. Für diese Bewegung steht in der Forschungsterminologie der Begriff *Mixed-Method* und auch die im Folgenden dargestellten Begriffe *Praxisforschung* oder *Versorgungsforschung* repräsentieren die Integration von ursprünglich verschiedenen Denk- und Handlungsrichtungen in den Sozialwissenschaften.

Praxisforschung

Die Kernelemente der Aktionsforschung leben im Begriff Praxisforschung (Moser, 2001 und 2015; van der Donk et al., 2011) weiter. Den Praktikerinnen wird eine wesentliche Rolle im Forschungsprozess zugeschrieben. Allerdings wird die Abgrenzung der Aktionsforschung zum etablierten Wissenschaftsbetrieb nicht mehr so betont. Eine Kooperation zwischen der heilpädagogischen Praxis mit Stallgeruch von Schule und Klinik und dem Elfenbeinturm der Hochschule, wo der Staub von den Büchern gewischt wird, ist erwünscht. Eine gegenseitig sich unterstützende, wertschätzende, gleichberechtigte und voneinander profitierende Arbeitsteilung ist das Ideal der Praxisforschung. Die Verknüpfung und wechselseitige Beziehung von Theorie mit Empirie bzw. von Wissenschaft und Praxis wird betont (vgl. Kapitel 3). Auch die Methodik ist nicht mehr auf qualitative Methoden konzentriert. Die Praxisforschung ist offen für jegliche Methodik, die nützt. Warum nicht mal eine Statistik verwenden, um einen Überblick zu vielen Einzelfällen zu bekommen und gleichzeitig den Wert von narrativen Interviews selbstbewusst vertreten, um die Tiefe des Verstehens für den Einzelfall zu erlangen? Praxisforschung positioniert sich durch diese Offenheit in einer Art Mixed-Method-Philosophie. Der Schwerpunkt des forschungsmethodischen Selbstverständnisses bleibt aber der qualitativen Sozialforschung zugeneigt. Komplexe Forschungsdesigns unter Verwendung von ebenso komplexen statistisch Auswertungsverfahren sind nicht verpönt, aber gehören eher nicht in die Werkzeugkiste der Praxisforscherin, nicht zuletzt, weil sie in einer Kosten-Nutzen-Rechnung schlecht abschneiden. Praxisforschung will den goldenen Weg zwischen notwendiger Differenzierung und einer machbaren Einfachheit im Gebrauch der Methodik finden und tendiert dabei zur Pragmatik der Machbarkeit mit dem inneliegenden Gedanken „weniger ist mehr“, ohne dabei Einfachheit mit unzulässiger Vereinfachung zu verwechseln.

Versorgungsforschung

Die Versorgungsforschung (Pfaff et al., 2017) ist ein Begriff, der im Gesundheitswesen gebraucht wird. Vielleicht wundert sich die Leserin an dieser Stelle, warum dieser Begriff in einem Buch über wissenschaftliches Denken und Handeln von Heil- und Sonderpädagoginnen auftaucht. Das hat damit zu tun, dass die Versorgungsforschung sich selbst als disziplinübergreifend versteht und einiges mit der Praxisforschung gemein hat. Die größte Gemeinsamkeit liegt darin, dass der Ort für die Forschung in der Praxis liegt. Dies geschieht in Abgrenzung zu einer rein grundlagenwissenschaftlich orientierten Laborforschung und ist insofern ein klares Merkmal für die Anwendungsorientierung der Versorgungsforschung. Die *Komplexität der Praxis* mit ihren vielfältigen individuellen Gegebenheiten wird nicht als Störvariable betrachtet, sondern als Teil einer menschlichen Realität in die Forschungskonzepte einbezogen. Man versucht, experimentelle Designs mit ihrem Potential der Identifikation von Ursachen-Wirkungs-Zusammenhängen in der Praxis (forschungsmethodisch würde man „im Feld" sagen) umzusetzen. Die sogenannte *methodische Strenge* wird zwischen den Anforderungen an Kontrolle von Variablen und der Offenheit für das Nicht-Planbare interpretiert.

Unter dem Begriff Versorgungsforschung stellen sich die Forscher der Herausforderung einer Übertragung von grundlagenwissenschaftlichen Anforderungen (insbesondere den methodischen Ansprüchen eines echten experimentellen Designs) in die Praxis. Man könnte auch sagen, die Versorgungsforschung balanciert auf dem Drahtseil zwischen interner und externer Validität (vgl. Kapitel 8) oder zwischen Labor- und Feldforschung.

Die Kriterien der Versorgungsforschung sind meist weit bzw. breit, eben komplex angelegt. So hat die ICF den Kriterienkatalog der Versorgungsforschung deutlich geprägt. Zum Beispiel ist das Kriterium der *sozialen Teilhabe* nicht mehr wegzudenken, wenn die Effekte von gesundheitsdienlichen Interventionen erforscht werden. Das könnte man so auch für die heil- und sonderpädagogischen Maßnahmen formulieren. Auch werden Bedingungen in der Person (anlagefokussiert) den Bedingungen außerhalb der Person (umweltfokussiert) nicht gegenüber, sondern nebeneinandergestellt. Der Mensch wird nicht nur als Träger einer Störung betrachtet, sondern die Störung entsteht in der Interaktion zwischen den Einzelnen und seiner Umwelt. Der Mensch steht im Zentrum und seine Wünsche und Bedürfnisse rücken in den Fokus der Aufmerksamkeit. In der Versorgungsforschung wird das *Patientenorientierung* genannt.

Da das Gesundheitssystem meist in das Wirtschaftssystem von Staaten eingebettet ist und als Wirtschaftsfaktor eine große Bedeutung für die Gesellschaften hat, integriert die Versorgungsforschung auch eine *ökonomische Perspektive*: Kosten-Nutzen-Analysen sind wichtig. Eine (heil-)pädagogische Intervention wird also nicht nur rein aus (heil-)pädagogischer Perspektive betrachtet (z. B. Lernzuwachs oder Verhaltensänderung), sondern auch im Zusammenhang mit finanziellen bzw. personellen Ressourcen diskutiert. In der Versorgungsforschung wird aus diesem Grund von einer *doppelten Komplexität* gesprochen. Nicht nur die Intervention und deren Nutzen oder deren Wirksamkeit im engeren Sinne werden betrachtet, sondern auch die Kontextfaktoren (z. B. Ökonomie) werden in ihrer Komplexheit einbezogen.

11.2 Evidenz

Evidenz hat mehrere Übersetzungen. Folgende Begriffskombinationen werden genannt: mit Sicherheit; Offensichtlichkeit; unmittelbare, unbezweifelbare Einsicht; Gewissheit. Folgende Adjektive werden für die Übersetzung von „evident" genannt: ersichtlich, augenscheinlich oder bewiesen. Ursprünglich aus dem Wissenschaftsbetrieb der Medizin kommend, geht es um den Nachweis der Wirksamkeit von medizinischen Maßnahmen. Es wird auch gerne der Begriff „evidenzbasiert" benutzt, um auszudrücken, dass ein diagnostisches Instrument oder eine Intervention auf wissenschaftliche Belege und Beweise gestützt ist. Für die Heilpädagogik geht es insbesondere um das zuletzt erwähnte: Die heilpädagogischen Maßnahmen haben eine hohe Evidenz, sind evidenzbasiert, wenn ihre Wirksamkeit bzw. ihr vorgegebener Nutzen durch wissenschaftliche Studien belegt ist. Es kann sich dabei nicht nur um den Effekt einer Intervention, sondern auch um die Güte von Entscheidungen handeln, die durch diagnostische Instrumente getroffen werden. Die Gütekriterien aus der Testtheorie (vgl. Kapitel 8) wie Validität, Reliabilität oder Objektivität zeugen dann von Evidenz.

Die Evidenz hat in den letzten Jahren zunehmend an Bedeutung gewonnen, denn sie repräsentiert ein zentrales gesellschaftliches Anliegen. Eine heilpädagogische Intervention bzw. die Entscheidung einer Heilpädagogin soll bewiesenermaßen wirken oder richtig sein. Diesen Anspruch haben alle Beteiligten: Die Klienten wollen Maßnahmen angeboten bekommen, die das halten, was sie versprechen und helfen ihr Problem zu lösen. Sie haben ein Interesse an einer Diagnostik, die ein korrektes Ergebnis liefert und mögliche Schwächen, aber auch Stärken korrekt identifiziert. Daran haben die Heilpädagoginnen selbst ein Interesse, denn es legitimiert ihre Professionalität, wenn das, was sie tun bewiesenermaßen nützlich ist. Nicht zuletzt haben die

Kostenträger von heilpädagogischen Leistungen ein Interesse daran, dass das, was sie bezahlen, einen bewiesenen Wert hat.

Seit das Konzept der Evidenz von der Medizin auf die Heil- und Sonderpädagogik übertragen wurde, wird es kontrovers diskutiert. Diese Diskussion wird im Folgenden unter Rückgriff auf zwei Differenzierungen des Evidenzkonzepts geführt. Zunächst schauen wir uns die sogenannte Evidenzhierarchie an, dann die evidenzbasierte Praxis mit ihren drei Unterarten der Evidenz und ihren fünf Schritten im Ablauf.

Evidenzhierarchie

Dieser Ordnungsvorschlag kommt aus der Vorstellung des quantitativen Paradigmas und sieht das experimentelle Design als zentrale Methodik, um die Ursachen-Wirkungs-Beziehung zwischen Intervention (Ursache) und Heilung (Wirkung) zu beweisen. Es werden verschiedene Forschungsdesign hinsichtlich ihrer Möglichkeit unterschieden, diese Ursachen-Wirkungs-Beziehung methodisch zu gewährleisten. Es gibt gemäß dieser Vorstellung eine unterschiedliche Qualität von Evidenz.

Mit dem Hintergrundwissen aus Kapitel 5.1 und 5.2 zu den Auswertungsmethoden und insbesondere mit dem Wissen aus dem 6. Kapitel zum Experiment und auch aus dem Kapitel 7 zur Einzelfallstudie sollten Sie das nun Dargestellte nachvollziehen können. Abbildung 11.2.1 zeigt ein solches Evidenzmodell.

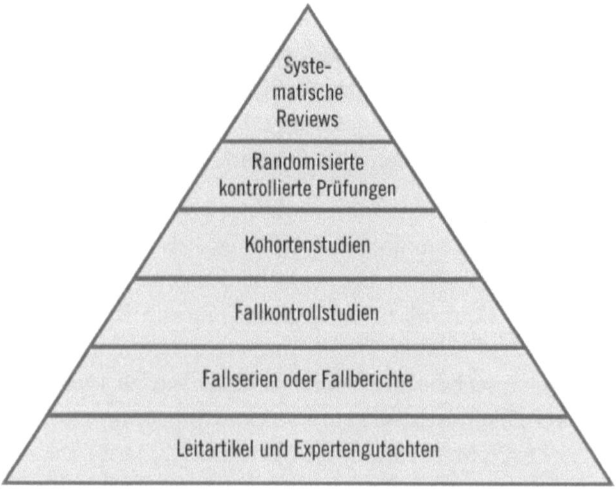

Abb. 11.2.1: Evidenzhierarchie mit Evidenzstufen zur Unterscheidung zwischen niedriger Evidenz (unten) und hoher Evidenz (oben)

Beginnen wir mit der untersten Stufe und arbeiten uns bis an die Spitze der so verstandenen Evidenz vor.

Eine *Expertenmeinung* oder ein Leitartikel kann man nicht als Studiendesign bezeichnen. Der Experte gibt zwar sein Urteil aufgrund seiner Erfahrung ab, es wird aber unter der Kategorie „Expertenmeinung" keine empirische Studie erwartet. Ein Leitartikel ist von einem Experten verfasst und theoretischer Natur, also ebenfalls ohne empirische Anbindung. Diese unterste Stufe stellt die schwächste Evidenz dar und wird deswegen manchmal als „eminenzbasiert" verspottet.

Mit *Fallserien* oder *Fallberichte* sind qualitativ orientierte Studien gemeint. In Kapitel 7 haben Sie erfahren, dass solche Einzelfallstudien wenig verallgemeinerbare Ergebnisse liefern können, da sie in ihrer Grundstruktur nicht-experimentell angelegt sind. Selbst wenn, wie bei der Fallserie, mehrere Fälle betrachtet werden, hindert die fehlende experimentelle Grundstruktur daran auf verlässliche Art und Weise eine Ursachen-Wirkungs-Beziehung zu identifizieren. Aus diesem Grund kommen solche Studien nur auf den zweitletzten Platz.

Mit der *Fallkontrollstudie* der nächsthöheren Stufe kommt die experimentelle Grundstruktur ins Spiel. In Kapitel 7 wurde dieses Design als die kontrollierte Einzelfallstudie bezeichnet. Die gewünschte Verallgemeinerbarkeit ist aber nicht gegeben, außer man kumuliert die Einzelfälle und nähert sich so einer Gruppenstudie an. Die Designs der kumulierten oder kombinierten Einzelfallstudie kommen aber in diesem Evidenzhierarchie-Modell nicht vor. An dieser Stelle könnte man deswegen schon mal leise Kritik an dem Modell formulieren. Tatsächlich gibt es andere Modelle der Evidenzhierarchie, die differenzierter sind. Diese Modelle haben z. B. noch mehr Stufen und damit mehr Designs aufgenommen oder weisen eine etwas andere Grundstruktur auf, indem u. a. qualitative Designs das Potential einer höheren Stufe zuerkannt wird. Wir verzichten an dieser Stelle auf die Darstellung dieser komplexeren Modelle und konzentrieren uns weiterhin auf das „einfache" Modell der Abbildung 11.2.1:

Die *Kohortenstudie* der folgenden, höheren Stufe bringt die Gruppe als wesentliches Bestimmungsmerkmal des Forschungsdesigns nun ausdrücklich mit ins Spiel. Unter Kohorte versteht man eine Gruppe von Personen, die ein Merkmal miteinander teilen. Die Einschulungskohorte ist zum selben Zeitpunkt eingeschult worden. Die Geburtskohorte ist im selben Jahr geboren worden.

Die Kohorte kann auch eine Gruppe von Personen sein, die einem bestimmten Risiko ausgesetzt ist (z. B. Armut als Risiko für Verhaltensauffälligkeit).

Mit der Kohortenstudie vergleicht man diese Gruppe mit einer anderen Gruppe (Kohorte), die nicht dem Risiko ausgesetzt ist (hier: nicht von Armut betroffen). Im Vergleich versucht man, abzuschätzen, inwiefern man Armut als Risiko für Verhaltensauffälligkeit betrachten kann.

Im Jargon der Experimentalmethodologie wäre „Armut“ die unabhängige Variable und „Verhaltensauffälligkeit“ die abhängige Variable. In Anlehnung an die in Kapitel 6 vorgestellten experimentellen Designs könnte man von einer Kontrollgruppenstudie ohne Vorher-nachher-Vergleich sprechen. Die Kohorte mit dem Attribut „arm“ wird als Experimentalgruppe bezeichnet und die nicht-arme Kohorte als die Kontrollgruppe oder besser als eine Vergleichsgruppe benannt.

Der Begriff „Kontrolle“ im Zusammenhang mit Gruppenstudien kommt bei dieser Abstufung von Evidenz auf der nächsten Stufe zum Tragen und markiert einen entscheidenden Qualitätssprung in der Evidenzhierarchie. Bei den *randomisierten und kontrollierten Prüfungen* werden Gruppen miteinander verglichen, die mit dem Prinzip Zufall (vgl. Randomisierung in Kapitel 6) gebildet wurden. Wer die heilpädagogische Intervention (unabhängige Variable) bekommt, ist vom Zufall abhängig. Insofern ist die Gruppe ohne heilpädagogische Intervention nicht nur Vergleichsgruppe, sondern eine wirkliche Kontrollgruppe. Mit dieser Technik werden potentielle und unbekannte Störvariablen kontrolliert (vgl. Kapitel 6). Die wichtigste Kontrolle bei dieser zweithöchsten Evidenzstufe wird aber dadurch ausgeübt, dass der Forscher die unabhängige Variable kontrolliert (man sagt auch „manipuliert“). Die Forscherin hat die Kontrolle über die Intervention, weiß genau (oder sollte es wissen), was, wie, wann als Intervention gemacht wird.

Bei der Kohortenstudie hat die Forscherin die unabhängige Variable (im Beispiel Armut) nicht kontrolliert. Die Forscherin hat die Armut nicht induziert oder herbeigeführt, sondern lediglich erfasst.

Erst auf der Stufe der randomisierten und kontrollierten Prüfungen spricht man von einem „echten“ Experiment. Der englische Fachbegriff lauten Randomised Controlled Trail, abgekürzt RCT. Die Kohortenstudie würde man als eine Form von quasi-experimenteller Studie bezeichnen. An der Spitze der Evidenzhierarchie stehen die sogenannten *systematischen Reviews*, manchmal auch als Metaanalysen bezeichnet. Review meint „Überblick schaffen“, auch „Rezension“, „Überprüfung“ bzw. „Besprechung“ sind dem „Review“ nahestehende Begriffe.

Dahinter verbirgt sich das Sammeln und Vergleichen von Ergebnissen vieler sogenannter *Primärstudien* (meist von RCTs), die zu einer vergleichbaren Fragestellung durchgeführt wurden. Die Ergebnisse werden mit statistischen Methoden systematisch aufbereitet und ausgewertet. Man bekommt sozusagen einen Überblick über die zu derselben Fragestellung durchgeführten (echten) Experimente.

Genau an dieser Stelle wird ein zweiter nicht nur leiser Kritikpunkt an der Evidenzhierarchie formuliert. Die Metastudien sind abhängig von der Qualität der Primärstudien. Wie die Primärstudien im Einzelnen durchgeführt und ausgewertet wurden, wird aber i. d. R. nur sehr grob erfasst. Die Evidenzhierarchie selbst liefert dazu keine Anhaltspunkte, denn sie konzentriert sich nur auf das grobe Design. Selbst dann, wenn eine Metaanalyse die Primärstudien nach bestimmten Kriterien überprüft und die ein oder andere ausschließt, weil ganz bestimmte Kriterien nicht erfüllt sind, besteht die Gefahr der Potenzierung von methodischen Mängeln. Die Metaanalyse selbst kann natürlich auch methodische Mängel haben und unabhängig von der Qualität der Primärstudien zur Fehlerpotenzierung beitragen. Hierzu ein konkretes Beispiel:

Eine der wohl bekanntesten Meta-Studien im Bereich der Pädagogik ist die Hattie-Studie (2014). Eigentlich ist es sogar eine Meta-Meta-Studie, weil Hattie keine Primärstudien, sondern Metastudien zusammengeführt und als Grundlage seiner Forschung benutzt hat. Hierbei bestand also die Gefahr der erhöhten Fehler-Potenzierung und genau das scheint auch passiert zu sein. Es seien nur zwei Punkte aus dem „Feuerwerk der Kritik“ von Schulmeister & Loviscach (2015) aufgeführt.

1. In ihrer Kritik an dieser Metastudie sprechen die genannten Autoren von nicht vergleichbaren Metastudien. So gibt es bei Hattie eine Gruppe von Studien, die zusammengefasst werden und so unterschiedliche Dinge wie *Konzentration* und *Engagement* zu einem Konstrukt vereinen. Es wird also etwas verglichen, was man gar nicht vergleichen kann. Dieses Problem der Metastudien ist unter Bezug auf einen Alltagsspruch als das Äpfel-Birnen-Problem bekannt.
2. Die Kritiker werfen Hattie Fehler in der Auswertungsmethodik vor. Hattie bildete Mittelwerte von statistischen Kennwerten. Wenn man so etwas macht, dann verschwindet die Streuung der für diese statistischen Kennwerte kennzeichnenden Einzelwerte. Hierzu ein Beispiel, welches unter zu Hilfenahme der Ausführungen im Kapitel 5.2 zur Varianz hoffentlich nachvollzogen werden kann. Dort wird ausgeführt, dass ein Mittelwert als statistischer Kennwert nur im Zusammenhang mit seiner Streuung (= Varianz, Standardabweichung) interpretierbar ist. Wenn man nun von vielen Mittelwerten wiederum den Mittelwert bildet (den Mittelwert der Mittelwerte sozusagen), dann fällt die Streuung der einzelnen Mittelwerte einfach unter den Tisch. Die Aussagekraft des Mittelwerts der Mittelwerte ist somit kaum interpretierbar.

Man kann aus dem bisher Gesagten ein gewisses Dilemma vermuten: Praktiker sollen die Evidenzen als Baustein ihrer Interventionsplanung nutzen, können aber das Zustandekommen der Evidenzen i. d. R. nicht beurteilen.

Wie Praktiker die Evidenzen nutzen sollen, wird unter dem Begriffspaar *evidenzbasierte Praxis* näher beschrieben, wobei das eben angesprochene Dilemma noch deutlicher herausgearbeitet wird.

Evidenzbasierte Praxis

Unter dem Konzept *evidenzbasierte Praxis* sind Modelle bekannt geworden, die sich damit beschäftigen, wie eine Praktikerin (z. B. eine Heilpädagogin) die durch die Forschung generierten Evidenzen nutzen kann. Im Zuge dieser Reflexion wurde noch weitere Kritik an den Evidenzhierarchien geäußert.

Eine fundamentale Kritik ist die schon angedeutete schwierige Nachvollziehbarkeit des Zustandekommens von Evidenz. Um eine Studie als methodisch gute Studie beurteilen zu können, braucht man nicht nur Basiswissen, sondern oftmals ein vertiefendes Wissen zur Forschungsmethodologie, was von Praktikern nicht erwartet werden kann.

Neben dem fehlenden Wissen zur Forschungsmethodik fehlt den Praktikerinnen schlicht und einfach die Zeit, um Primärstudien oder auch Metastudien zu recherchieren und zu lesen.

Die Kritiker der Hattie-Studie sind ausgewiesene Methodenfachleute und haben sich die Zeit nehmen können, die Hattie-Studie genau unter die Lupe zu nehmen. Nur beide Ressourcen zusammen (1. Methodenkenntnis *und* 2. Zeit) führen zu dieser Kritikfähigkeit. Beide Ressourcen haben Praktiker i. d. R. nicht und daher keine Chance, in den kritischen Methodendiskurs einzusteigen. Praktiker müssen den Metastudien und auch den Primärstudien beinahe blind vertrauen. Ganz abgesehen davon scheint der praktische Nutzen einer Evidenz für den Einzelfall eher gering. Wenn man die Ergebnisse aus der psychotherapeutischen Wirksamkeitsforschung (Asay & Lambert, 2001) auf die Heilpädagogik überträgt, hat die Behandlungsmethode nur 15% Anteil an dem Effekt einer Intervention (vgl. Abb. 11.2.1). Die Behandlungsmethode ist der zentrale Gegenstand von Evidenzforschung und hat unter dieser Perspektive aber nur einen marginalen Stellenwert für die Evidenz.

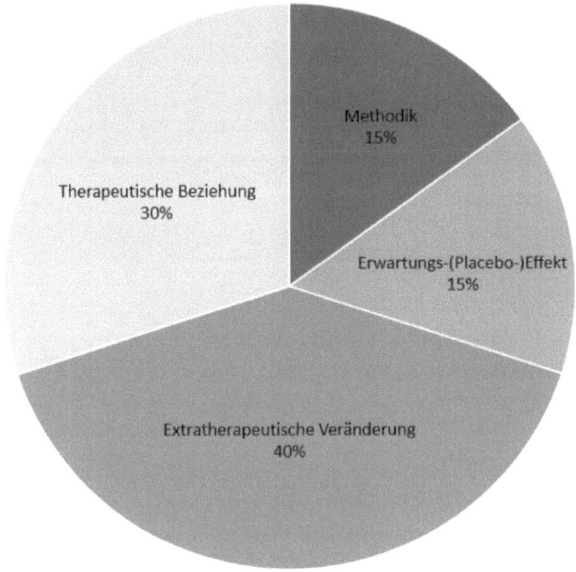

Abb. 11.2.2: Wirkfaktoren einer psychotherapeutischen Intervention mit ihren unterschiedlichen Gewichten (Asay & Lambert, 2001)

In dem unten abgebildeten Modell der evidenzbasierten Praxis von Dollaghan (2007) werden nicht nur deswegen der Begriff Evidenz differenziert und drei Formen von Evidenz unterschieden:

1. Die bisher besprochene Evidenz aus wissenschaftlichen Studien wird *externe Evidenz* genannt. Das entspricht meist der in Abbildung 11.2.2 genannten „Methode".
2. Die mit der Fachlichkeit der Heilpädagogin zusammenhängende Expertise wird *interne Evidenz* genannt. Sie wird nicht von außen an den Fall herangetragen (wie die wissenschaftliche Studie das macht), sondern existiert innerhalb der Fachperson in Form ihres individuell angelegten Fachwissens und heilpädagogischen Selbstverständnisses.
3. Die *soziale Evidenz* bezieht sich auf die individuelle Perspektive der Klientin, die einzigartige Wünsche, Ansprüche, Hemmnisse, Widersprüche etc. einbringt.

Abbildung 11.2.3 zeigt das einfache Drei-Formen-Modell der evidenzbasierten Praxis von Dollaghan (2007). Das Modell wird mit der Buchstaben-Zahlen-Folge „E3BP" abgekürzt, wobei das E für „Evidenz", die 3 für die drei Formen (externe, interne und soziale), das b für „basiert" und das P für „Praxis" steht.

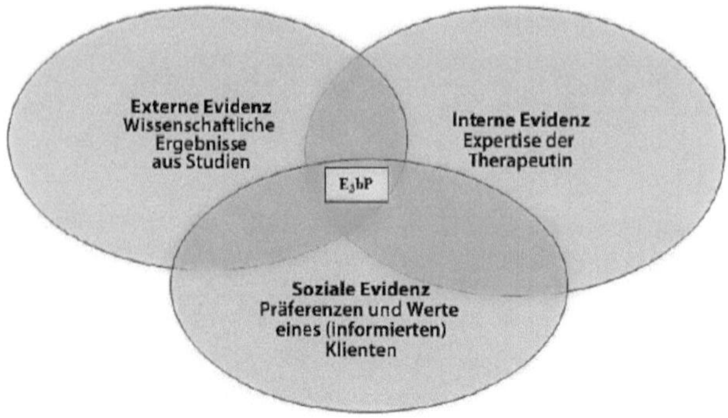

Abb. 11.2.3: E3bP-Modell der evidenzbasierten Praxis
(Dollaghan, 2007, aus Beushausen, 2014)

Dieses Modell schreibt der externen Evidenz aus wissenschaftlichen Studien einen anteiligen Wert für die evidenzbasierte Praxis zu, ohne eine Gewichtung (z. B. in Prozent) vorzunehmen. Deutlich wird, dass die beiden anderen Evidenzen einem mindesten genauso großen Stellenwert für die Gesamtevidenz haben.

Es gibt zudem ein Ablaufmodell (vgl. Abb. 11.2.4) in der EbP, in dem die verschiedenen Formen der Evidenz in eine chronologische Ordnung gebracht werden (vgl. auch Ablaufmodelle für wissenschaftliches Arbeiten in Kapitel 9).

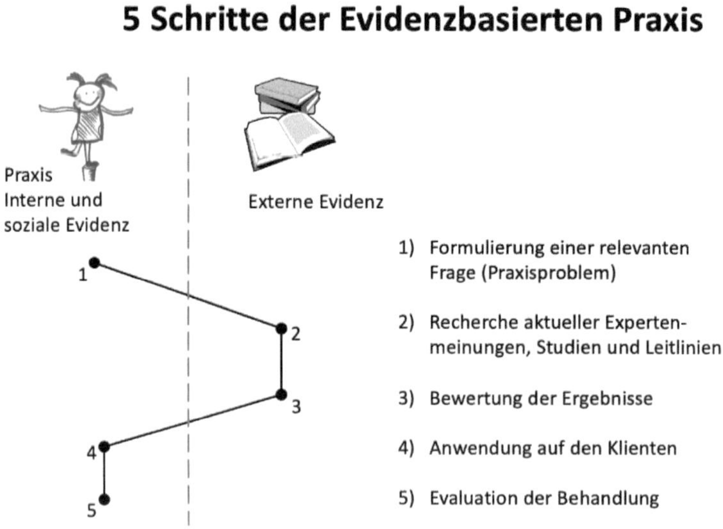

Abb. 11.2.4: Fünf Schritte der EbP ist ein Ablaufmodell

Die Schwierigkeiten innerhalb von Schritt zwei und drei wurden oben durch die fehlende Zeit zur Recherche und Lektüre (Schritt 2) und das fehlende Fachwissen zu den Forschungsmethoden (Schritt 3) beispielhalft benannt. In der Anwendung auf den Klienten (Schritt 4) können noch weitere Stolpersteine liegen. Eine zentrale Frage des Transfers von Schritt 3 zu Schritt 4 ist die Passung für den Klienten. Selbst wenn eine methodisch sehr gut durchgeführte experimentelle Studie hochsignifikante Ergebnisse zur allgemeinen Wirksamkeit eines Interventionskonzept erbringt, gilt dies nicht unbedingt für den speziellen Fall eines Klienten. Daraus wird deutlich, wie wichtig es ist, dass die Heilpädagogin die externe Evidenz in ihrer Passung für den konkreten Einzelfall prüft und dabei auch die soziale Evidenz (die Bedürfnisse oder Voraussetzungen des Klienten) in ihren Entscheidungsprozess miteinbezieht.

Schritt 5 ist aus dem wissenschaftsbasierten Verständnis einer professionellen Heil- und Sonderpädagogik betrachtet mit Kenntnissen aus der Forschungsmethodik verbunden. Die Heilpädagogin sollte Methoden kennen, um den Erfolg ihrer Intervention prüfen zu können. Im Sinne der Evidenzbasierung hat hierbei die Logik der kontrollierten Einzelfallstudie (vgl. Kapitel 7) eine herausragende Bedeutung. Dies ist wichtig, weil professionelle Fachpersonen bei unspezifischen Urteilen über den eigenen Erfolg dazu neigen, die positive Wirksamkeit ihrer Arbeit zu überschätzen. Walfish et al. (2012) hatten dazu eine Untersuchung gemacht, deren Ergebnis dies eindrucksvoll belegt.

Sie hatten Fachpersonen der psychosozialen Versorgung die Qualität und den Erfolg ihrer Arbeit Prozenträngen zuordnen lassen. Bei Prozenträngen ist es so, dass der Rang etwas darüber aussagt, welche Position eine individuelle Leistung (hier ganz unspezifisch der eigene berufliche Erfolg) im Vergleich mit einer Bezugsgruppe innehat. Wenn eine einzelne Fachperson sich selbst den Prozentrang 90 gibt, heißt das, dass sie glaubt, 10% ihrer Kolleginnen sind erfolgreicher und 89% sind weniger erfolgreich. Weist sich die Fachperson selbst den Prozentrang 40 zu, dann heißt das, dass sie glaubt, 60% ihrer Kolleginnen arbeiten erfolgreicher und 39% weniger erfolgreich. Letzteres hat aber keine einzige Fachperson gemacht. Das Minimum der Selbstzuordnung war der Prozentrang 50. Diese Personen glauben von sich, dass sie selbst mit ihrem beruflichen Erfolg genau mittelmäßig sind. Im Mittel haben die Fachpersonen den Prozentrang 80 gewählt.

Diese überwiegend positive Einschätzung der eigenen Arbeit mag aus psychologischen Gründen verständlich sein und spricht für ein überwiegend gutes Selbstwertgefühl der Fachpersonen. Diese Einschätzung ist nur leider völlig unrealistisch, denn der wahre Mittelwert bei Prozenträngen liegt immer bei Prozentrang 50. Das liegt in der Natur der Sache von Prozenträngen.

Auch wenn man den Glauben an den eigenen Erfolg mit einem Außenkriterium konfrontiert, muss man eine unrealistische, eine ins Positive verzerrte Beurteilung bei den Fachpersonen feststellen. Bei der Untersuchung von Walfish et al. (2012) wurden die Fachpersonen nach dem prozentualen Anteil ihrer Therapieergebnisse auf einer dreigestuften Skala befragt. Sie sollten angeben, wie viel Prozent ihrer Klienten 1) sich verschlechtern, 2) gleichbleiben, 3) sich verbessern.

In Abbildung 11.2.5 können Sie das Ergebnis der Selbsteinschätzung durch Therapeutinnen in Konfrontation mit den Antworten von Klientinnen auf dieselbe Frage in einer anderen Studie (= Außenkriterium) nachvollziehen. In der Metaanalyse von Hansen et al. (2002) wurden Untersuchungen verglichen, bei denen Klienten (= Patienten) den Behandlungseffekt ebenfalls mit der Skala „verschlechtert – gleichgeblieben – verbessert“ eingeschätzt hatten.

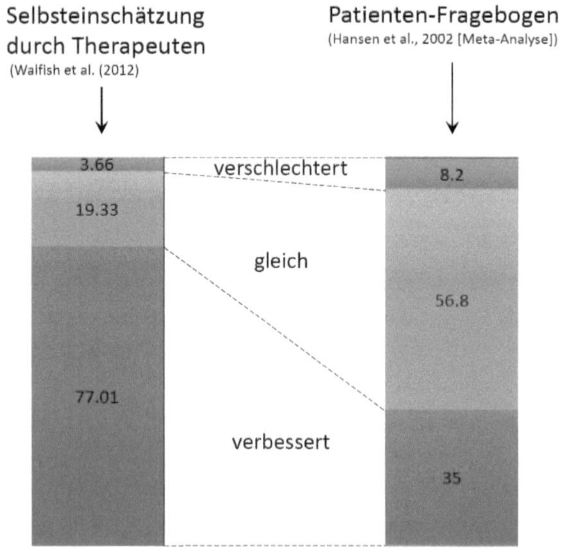

Abb. 11.2.5: Unterschiedliche Einschätzung des Behandlungseffekts von Fachpersonen und Klienten

Aus diesen Ergebnissen lässt sich die Notwendigkeit einer „objektivierten“ Messung des Erfolgs von heilpädagogischen Interventionen ableiten.

Zusammenfassung zur Evidenz

Evidenz wird oft nur als externe Evidenz betrachtet. Es werden Studien zitiert, die Diagnostik oder Interventionsinstrumente mehr oder weniger experimentell überprüft haben. Die Probleme bei der Be- und Verwertung dieser externen Evidenzen wurden oben beispielhaft dargelegt. Es sind die fehlende Zeit, das eingeschränkte Wissen der Praktikerin über Forschungsmethodik und das Passungsproblem im Einzelfall. Die Systematisierung der internen und sozialen Evidenz mit Hilfe von Strategien der quantitativ orientierten kontrollierten Einzelfallstudie (vgl. Kapitel 7) könnte zu einer Professionalisierung der Heil- und Sonderpädagogik beitragen. Wenn solche systematisch zusammengeführten internen und sozialen Evidenzen (z. B. in Form von kumulierten Einzelfallstudien im Mixed-Method-Design) der Fachöffentlichkeit zur Verfügung gestellt werden, werden daraus externe Evidenzen, die hochwertiger sind als die externen Evidenzen, die sich ausschließlich auf die Interventionsmethode konzentrieren. Wichtig erscheint, dass interne Evidenzen von Fachpersonen mit davon unabhängigen Einschätzungen konfrontiert werden. Aufgrund der Unzuverlässigkeit von Selbsteinschätzungen der Fachpersonen rückt die Inter-Rater-Reliabilität als ein für die interne Evidenz von Interventionseffekten wichtiges Gütemerkmal in den Vordergrund.

11.3 Ethik

Die Ethik wird auch als Moralphilosophie bezeichnet. In der Ethik wird über Moral philosophiert. Es geht um das „gute" Leben bzw. konkreter betrachtet um die Fragen: *Was soll man?*, *Was darf man?* oder auch *Was muss man tun?*. Sollen, Dürfen, Müssen sind die entscheidenden Kategorien in der Ethik. Grundsätzlich geht es um die wertegeleitete Reflexion des eigenen Handelns und des Handlungsziels. Dieses betrifft die Forscherin genauso wie die Heil- oder Sonderpädagogin und eigentlich jeden Menschen.

Wenn es um das Handeln im Beruf geht, spricht man auch von *Bereichsethiken* oder *Berufsethiken*. Manche Bereiche bzw. Berufe bringen spezielle ethische Probleme mit sich. Im Bereich der Forschung bzw. Wissenschaft hat die Ethik einen wichtigen Stellenwert. So gilt die „ethische Strenge" als ein Kriterium der wissenschaftlichen Qualität (vgl. Kapitel 8).

Da es in diesem Buch vornehmlich um strukturelle Gemeinsamkeiten von zwei Handlungsbereichen geht, werden auch in diesem Kapitel wieder Vergleiche zwischen Forschung und der Praxis der Heil- und Sonderpädagogik gezogen mit jeweils ihren speziellen ethischen Problemen. Es wird von ethischen Problemen gesprochen, weil in der Ethik insbesondere die nicht eindeutigen Antworten auf die Fragen *Was soll, darf oder muss ich tun?* diskutiert werden. Die Ethik als Teildisziplin der Philosophie liefert i. d. R. keine eindeutigen Antworten. Sie versucht, allgemeine Prinzipien oder Beurteilungskriterien zu entwickeln, um begründete Antworten auf die oben gestellten Fragen geben zu können. Die Bereichsethiken (z. B. in der Ethik für

Wissenschaft oder für Heil- und Sonderpädagoginnen) konstituieren die sogenannte *angewandte Ethik*, weil dort allgemein ethische Gesetze und Prinzipien der sogenannten *normativen Ethik* auf einen Bereich übertragen oder auch angewandt werden.

Das klingt alles ziemlich abstrakt. Konkreter wird es mit Beispielen. Die folgenden Ausführungen bedienen sich u. a. den schon ausgeführten Beispielen aus den vorhergehenden Kapiteln. Auch dieses Kapitel knüpft also an Ihr schon erworbenes Wissen an, und Sie werden nicht umhinkommen, den einen oder anderen Abschnitt aus den vorangegangenen Kapiteln noch einmal zu lesen. Ich versuche, die Lesefreundlichkeit zu gewährleisten, indem möglichst präzise Angaben zu den entsprechenden Kapiteln gemacht werden, damit die Leserin nicht lange suchen muss. Die einzelnen Mosaiksteinchen von wissenschaftlichem Denken und Handeln im Vergleich mit der Heil- und Sonderpädagogik können so hoffentlich in ihrer ethischen Dimension nachvollzogen werden.

Forschungsethik und Wissenschaftsethik

Grob formuliert versteht man unter *Forschungsethik* die Reflexion des Forschungshandelns mit seinen *Konsequenzen* für die an der Forschung involvierten. In erste Linie geht es dabei um die Menschen, die man „beforscht". Manchmal spricht man von *Probanden* oder von den *Versuchspersonen* oder den *Teilnehmern an einem Forschungsprojekt.* In der Heil- und Sonderpädagogik sind das oft die von Behinderung, Störung oder einem Problem direkt Betroffenen, aber auch deren Bezugspersonen oder die Professionellen (= Heil- oder Sonderpädagoginnen). Der ethische Anspruch ist, positiv formuliert, das *Wohlergehen* dieser Personen. Wenn man den Anspruch negativ formuliert, dann spricht man von dem *Schadensvermeidungsprinzip.* Durch die Forschung sollen die beteiligten Personen nicht in ihrem Wohlergehen beeinträchtigt werden, es soll jeglicher Schaden für sie verhindert werden. Dieser Anspruch trifft zu 100% auch auf die Heil- und Sonderpädagogik zu: Die Handlungen einer Heil- oder Sonderpädagogin sollen den ihr anvertrauten Kindern, Klienten, Patienten oder wie auch immer man diese Personen nennt, nicht schaden. In der Ethik werden die moralischen Ansprüche oft in sogenannten Dilemmasituationen diskutiert. Das sind Situationen, die eine Zwickmühle für die Personen darstellen, die Entscheidungen treffen müssen, weil es bei der Antwort auf die Frage *Was soll, darf oder muss ich tun?* keine eindeutige oder klare Antwort gibt. Wenn man sich so eine *Dilemmasituation* vorstellt, wird die ethische Dimension des Handelns in der Regel deutlich. Im Folgenden werden daher Beispiele von Dilemmasituationen dargestellt und daran die wesentlichen Begriffe einer ethischen Reflexion gebraucht und erklärt. Die Beispiele kommen sowohl aus der Forschung als auch aus der Praxis der Heilpädagogik. Die strukturelle Gemeinsamkeit ist mal mehr oder weniger gegeben.

Der Begriff *Wissenschaftsethik* wird gebraucht, wenn es um die Einhaltung von Regeln des state of the art der anerkannten Forschungsmethodologie geht. Die methodische Strenge in der Forschung hat insofern mit der ethischen Strenge viel gemein. Sehr allgemein könnte man sagen, dass die Beachtung der Gütekriterien von Forschung (vgl. Kapitel 8) die Wissenschaftsethik ausmacht. Auch dazu werden die nun folgenden Beispiele in ihrer ethischen Relevanz analysiert. Die analytische Trennung von Forschungs- und Wissenschaftsethik wird allerdings nicht weiter verfolgt. Der Fokus der Analyse liegt auf den ethisch relevanten Begrifflichkeiten unterhalb dieser Abstraktionsstufe.

Ein Dilemma bei der Gruppenbildung

Nehmen wir eine Situation an, die sowohl für die Forscherin als auch für die Heilpädagogin realistisch ist und sich von der Struktur her ähnelt.

Eine Forscherin hat den Auftrag, die Wirksamkeit einer heilpädagogischen Intervention zu untersuchen. Es geht um ein in den USA sehr erfolgreiches Training für ängstliche Jugendliche. Bevor das Jugendamt dieses Training bezahlt, soll die Wirksamkeit im deutschsprachigen Raum nachgewiesen werden. Die Forscherin weiß, dass der methodische Königsweg das echte Experiment ist (vgl. Kapitel 6). Sie muss also aus einer Gesamtstichprobe von behandlungsbedürftigen, ängstlichen Jugendlichen mit Hilfe der Randomisierung eine Experimentalgruppe und mindestens eine Kontrollgruppe bilden. Die Experimentalgruppe bekommt die Intervention, die Kontrollgruppe bekommt keine Intervention. Aus ethischer Perspektive ist das hochgradig problematisch, weil auch die Kontrollgruppe eine Intervention dringend bräuchte. Wenn durch das experimentelle Setting diese Intervention verhindert wird, könnte man das als eine Art unterlassene Hilfeleistung betrachten. Man muss befürchten, dass die Jugendlichen der Kontrollgruppe einen Nachteil haben und Schaden nehmen, weil ihnen eine Intervention verwehrt wird.

Vor einer ähnlichen Situation steht die Heilpädagogin, die eine neue Stelle bei einer Organisation für Jugendhilfe angetreten hat. Diese Stelle wurde neu geschaffen, weil die Anmeldezahlen von ängstlichen Jugendlichen in den letzten Monaten sprunghaft angestiegen ist. Die Heilpädagogin wird mit einem relativ hohen Pensum (= 80%) angestellt und trotzdem kann sie nicht alle angemeldeten Jugendlichen sofort versorgen. Sie muss eine Warteliste führen und entscheiden, wer von den Jugendlichen zuerst drankommt und welche Jugendlichen warten müssen.

Während die Forscherin das Los zieht (= Randomisierung) und so die Gruppeneinteilung macht, versucht die Heilpädagogin, einen Kriterienkatalog zu erstellen, um den erhöhten Bedarf festzustellen. Ihre Idee ist, dass Jugendliche mit einem erhöhten Bedarf bevorzugt drankommen und die anderen auf die Warteliste gesetzt werden. Beim Aufstellen des Kriterienkatalogs begegnet sie vielen Fällen, bei denen ihr die Unterscheidung in erhöhten vs. geringen Bedarf nicht gelingt. Das Dilemma sei an vier kurzen Fallbeschreibungen illustriert:

1. Eine Jugendliche hat die Angststörung schon sehr lange und fluktuierend. Letzteres bedeutet, dass sich phasenweise starke Angstepisoden mit weniger starken Episoden abwechseln. Ein Suizidversuch während einer starken Angstperiode ist gescheitert.
2. Ein anderer Jugendlicher hat eine gemischte Angst/Aggressionsproblematik. Er flippt immer wieder aus und wird gegenüber anderen Jugendlichen gewalttätig. Die Angst scheint in Form einer primären Emotion die Aggression auszulösen.
3. Ein dritter Jugendlicher lebt als Flüchtling in einem Asylantenheim unter beengten Wohnverhältnissen. Bei ihm werden traumatische Erfahrungen während der Flucht als Auslöser der Angststörung vermutet.
4. Bei einer vierten Jugendlichen wird sexueller Missbrauch als Auslöser der Angststörung vermutet.

Das Dilemma der Heilpädagogin besteht aus der Abwägung von inhaltlichen Gründen, die aus ihrer Perspektive keinen Hinweis auf einen hohen oder geringen Bedarf erbringen. Stellt eine einmalige Suizidhandlung (Fall 1) einen höheren Bedarf dar als die gewalttätige und andere Personen schädigende Verhaltensweise (Fall 2)? Sind traumatische Erfahrungen während der Flucht (Fall 3) geringer zu gewichten als das Trauma des sexuellen Missbrauchs (Fall 4)? Diese Wertekonflikte der Heilpädagogin werden in Tabelle 11.3.1 gegenübergestellt.

<table>
<tr><th colspan="4">Wertekonflikt der Heilpädagogin</th></tr>
<tr><td>Beispiel</td><td>Wert A</td><td>stehen in Konkurrenz zueinander</td><td>Wert B</td></tr>
<tr><td rowspan="2">Gruppenbildung Bedarf an HP</td><td>einmalige Suizidhandlung</td><td rowspan="2">Was ist wichtiger?</td><td>gewalttätige, andere schädigende Verhaltensweise</td></tr>
<tr><td>Trauma durch Flucht</td><td>Trauma durch sexuellen Missbrauch</td></tr>
</table>

Tab. 11.3.1: Wertekonflikte bei Entscheidungen für oder gegen die Warteliste

Die Forscherin hat sich aus methodischen Gründen für das Randomisieren entschieden. Wenn sie, wie die Heilpädagogin, eine Gewichtung aus inhaltlichen Gründen vornehmen würde, würde sie einen methodischen Fehler machen, denn dann unterscheiden sich die Experimental- und die Kontrollgruppe in einem wichtigen Merkmal. Man spricht auch von *selektiven Stichproben*. Die Experimentalgruppe wäre bestückt mit Jugendlichen, die einen höheren Schweregrad des Problems (hier Ängstlichkeit) aufweisen als die Jugendlichen in der Kontrollgruppe. Bei einem Experiment sollen sich die Gruppen aber ausschließlich durch die Intervention unterscheiden und nicht schon vor der Intervention durch andere Merkmale. Dieser Fehler könnte dazu führen, dass die Ergebnisse nicht mehr hinsichtlich der Wirksamkeit der Intervention interpretiert werden können. Es besteht dann die Gefahr, dass die Wirksamkeit der Intervention unter- oder überschätzt wird. Wenn sie unterschätzt wird, würde sie vom Jugendamt mit hoher Wahrscheinlichkeit abgelehnt werden. Es würde eine eigentlich wirksame Methode nicht bezahlt und damit vielen bedürftigen Jugendlichen vorenthalten werden. Das Dilemma für die Forscherin besteht in den nachteiligen Konsequenzen, die sich gegenüberstehen: Mit der Randomisierung schädigt sie wahrscheinlich die Kontrollgruppe, weil diese keine Behandlung bekommt. Ohne Randomisierung schädigt sie unter Umständen viele Jugendliche, die keine wirksame Behandlung bekommen. Der Wert eines methodisch strengen Forschungsdesign kollidiert hier mit dem Wert der Verantwortung gegenüber den Jugendlichen in der Gesamtstichprobe des Forschungsprojektes. Dieser Wertekonflikt der Forscherin wird in Tabelle 11.3.2 dargestellt.

Wertekonflikt der Forscherin			
Beispiel	Wert A	stehen in Konkurrenz zueinander	Wert B
Gruppenbildung in Experimental und Kontrollgruppe	methodisch hochwertige Güte durch Randomisierung	Was ist wichtiger?	Vorenthalten einer Intervention gleicht einer unterlassenen Hilfeleistung

Tab. 11.3.2: Wertekonflikt einer Forscherin bei der Gruppenbildung

Die Heilpädagogin hat das strukturell vergleichbare Problem, auch wenn das Dilemma nichts mit einem forschungsmethodischen Wert zu tun hat.

Das Schadensvermeidungsprinzip scheint in beiden Situationen in einem unauflöslichen Dilemma zu stecken. Aber: Ist das Dilemma wirklich so unauflöslich? Eine Aufgabe der angewandten Ethik ist es, sich auf die Suche nach Lösungen zu begeben. Meist bedeutet das, *Handlungsalternativen* zu suchen. Hier werden zwei Handlungsalternativen für die Heilpädagogin und eine für die Forscherin dargestellt:

- Die Heilpädagogin könnte sich überlegen, ihrem Arbeitgeber vorzuschlagen, ob sie ihre 80%-Stelle zeitweise auf 100% aufstockt, um dem erhöhten Bedarf gerecht zu werden. Allerdings hat sie auch eine Verantwortung gegenüber ihren eigenen Kindern und gegenüber ihrem Ehemann, mit denen ihr 80%-Pensum abgesprochen ist. Wer soll die Familienarbeit während einer möglichen Aufstockung ihres Pensums übernehmen? Dieses Handlungsalternative wirkt sich über die Grenzen ihrer Berufstätigkeit hinaus auf ihr Privatleben aus. Sie kann nicht alleine entscheiden, ob sie die Aufstockung ihres Pensums überhaupt in Erwägung ziehen kann.
- Die Heilpädagogin könnte sich überlegen, vermehrt das Gruppensetting anzubieten, um damit mehr Jugendlichen die Teilnahme an einer heilpädagogischen Versorgung zu ermöglichen. Aus fachlicher Perspektive würden hierbei aber die wichtigen Einzelsitzungen zu wenig Gewicht erhalten und damit der Interventionserfolg an sich in Frage gestellt werden.
- Für die Situation der Forscherin gibt es eine in der Forschungsmethodik anerkannte Lösung des Problems. Diese Lösung wird *Wartekontrollgruppe* genannt. Bei dem experimentellen Design mit Wartekontrollgruppe muss die Kontrollgruppe nicht auf die Intervention verzichten, sie wird ihr lediglich später angeboten. Die Wartezeit kann zwar immer noch einen Nachteil der Kontrollgruppe gegenüber der Experimentalgruppe bedeuten. Dieser wird aber als nicht mehr so gravierend betrachtet. Die Schadensvermeidung durch die Wartekontrollgruppe ist nicht absolut, aber relativ zum Kontrollgruppendesign ohne Intervention die bessere Alternative.

Auch die Handlungsalternativen können eine dilemmaartige Struktur aufweisen. Tabelle 11.3.3 stellt diese erweiterte Dilemmastruktur dar.

Wertekonflikt der Heilpädagogin			
Beispiel	Wert A	stehen in Konkurrenz zueinander	Wert B
Versorgung von Jugendlichen mit HP	Gruppentherapie ermöglicht Versorgung von mehr Jugendlichen	Was ist wichtiger?	Einzeltherapie muss eingeschränkt werden. Interventionserfolg ist gefährdet.
	Aufstockung des Pensums ermöglicht Versorgung von mehr Jugendlichen		Es besteht die Gefahr, dass die Familienarbeit nicht mehr gerecht aufgeteilt ist bzw. im Sinne der verbindlichen Absprache geleistet werden kann.

Tab. 11.3.3: Erweiterte Dilemmastruktur durch Handlungsalternativen

Die Heilpädagogin hat zwar weitere Handlungsoptionen. Die Entscheidung wird deswegen nicht unbedingt einfacher.

An den Beispielen mit der Gruppenbildung sollen verschiedene ethisch relevante strukturelle Gemeinsamkeiten von Forschung und Heilpädagogik deutlich werden:

- Sowohl die Forscherin als auch die Heilpädagogin hat es mit dem ethischen Prinzip der Schadensvermeidung zu tun.
- Es können Dilemma entstehen, bei denen sich mindestens zwei Werte gegenüberstehen, die mehr oder weniger unauflöslich erscheinen.
- Die Suche nach Lösungen zur Schadensvermeidung oder zur Schadensminderung gehört zur ethischen Reflexion dazu.
- Es gibt meist keine absolute Schadensfreiheit. Die Formulierung der Schadensfreiheit ist in seiner Absolutheit eine Illusion. Die Forscherin und Heilpädagogin stellen sich im Rahmen ihrer Entscheidungsfindung einem *Abwägeprozess*, um eine möglichst ethisch verträgliche Lösung zu finden. Am Ende des Entscheidungsprozess steht oft die Lösung mit dem vermeintlich geringeren Übel.

Das nächste Beispiel soll die Schadensminderung noch weiter differenzieren und gleichzeitig die enge Verknüpfung von Forschungshandeln und heilpädagogischer Praxis in seiner ethischen Dimension darlegen.

Ein Dilemma bei der Inter-Rater-Reliabilität

Eine Heilpädagogin macht bei einem Forschungsprojekt zur Validierung eines Screening-Instrumentes zur frühen Identifikation von Leserechtschreibstörungen mit. Ein kompakter Interviewleitfaden (= das Instrument) soll das Risiko der Entwicklung einer Schriftspracherwerbsstörung schon im Kindergartenalter zu Tage bringen. Der Interviewleitfaden ist so konzipiert, dass die Heilpädagogin ihn im Gespräch mit den nahen Bezugspersonen nutzen kann. Nahe Bezugspersonen sind meist die Eltern oder auch die (Früh-)Erzieherinnen von Kindern. Die Nützlichkeit des Interviewleitfadens soll untersucht werden. Die Fragestellung lautet: Kann der Einsatz des Fragebogens die Risikokinder von den nicht Gefährdeten wirklich unterscheiden?

Die Forscherin möchte die Inter-Rater-Reliabilität des Interviewleitfadens bestimmen. Sie sucht den Grad der Übereinstimmung zwischen zwei unabhängig voneinander agierenden Fachpersonen (Ratern) bei mindestens 30 Fällen. Mit Übereinstimmung ist gemeint, dass die Fachpersonen zu demselben Ergebnis bei einem Fall kommen. Wenn die Übereinstimmung über alle

Fälle hinweg groß ist, wäre das ein Gütemerkmal für das Instrument. Im Forschungsprojekt ist die Heilpädagogin die eine Raterin und eine Fachperson aus dem Team des Forschungsprojektes die andere Raterin.

In den Unterlagen zum Forschungsprojekt werden die teilnehmenden Bezugspersonen und die Heilpädagogin selbst gut aufgeklärt. Sie erhalten Informationen zum Zweck der Untersuchung und sollen ihre Einwilligung zur Teilnahme an der Untersuchung ausdrücklich per Unterschrift bestätigen. Insbesondere das für die Bezugspersonen doppelt geführte Gespräch auf Basis des Interviewleitfadens wird seinem Zweck nach erläutert. Es wird zudem ein Gewinn für die Bezugspersonen in Aussicht gestellt, da die zweite Fachperson mit ihrem eigenen Ergebnis eine Art Zweitmeinung darstellt. Vier Augen sehen mehr als zwei lautet das attraktive Gewinnversprechen für die Bezugspersonen. Das zweite Ergebnis soll aber den Bezugspersonen nicht direkt kommuniziert werden, sondern fließt lediglich in den kollegialen Austausch ein, welcher als Gewinn für die Heilpädagogin in Aussicht gestellt wurde. Unter kollegialem Austausch ist hier ein Gespräch zwischen Erst- und Zweit-Raterin gemeint. Die beiden können sich nicht nur über das Ergebnis, sondern auch über den Einsatz des Interviewleitfadens an sich austauschen. Die Heilpädagogin findet das spannend und bereichernd. Alles in allem ähnelt das der kollegialen Supervision, die sie sowieso regelmäßig mit einer Kollegin unternimmt. Mit dieser Kollegin tauscht sie sich immer wieder über Fälle aus, die sie beide gemeinsam heilpädagogisch betreuen. Der Heilpädagogin und den Bezugspersonen wird 100% Anonymität zugesichert und auch die Möglichkeit, jederzeit aus dem Projekt auszusteigen. Ihre Teilnahme ist absolut freiwillig und jederzeit ohne Angabe von Gründen widerrufbar.

Die Heilpädagogin kann den Interviewleitfaden bei 20 Bezugspersonen von Kindern eines Kindergartens einsetzen, der zu ihrem Arbeitsbereich gehört. Fünf Bezugspersonen dieser 20 Kinder sind bereit, auch noch ein zweites Gespräch mit der Forscherin zu führen. Bei einem dieser Zweitdurchführungen passiert Folgendes: Die Bezugsperson fordert nach dem Gespräch das Ergebnis von der Forscherin ein. Sie möchte deren Zweitmeinung kennen, darauf hätte sie ein Recht. Die Forscherin (zweite Raterin) kann nicht lange überlegen und empfindet dieses Ansinnen auch als nachvollziehbar und berechtigt. Sie teilt der Bezugsperson dementsprechend ihr Ergebnis mit. Diese reagiert irritiert, denn sie kennt das davon abweichende Ergebnis der Heilpädagogin (= erste Raterin). Die Bezugsperson kennt nun zwei Meinungen, die sich widersprechen, und weiß nicht, welcher Meinung sie folgen soll.

In den weiteren Gesprächen zwischen allen Beteiligten wird klar, dass die Bezugsperson eigentlich keine Wahl hat, einer Meinung zu folgen, da von Seiten der Forschungsperson kein Interventionsangebot gemacht werden kann. Das Interventionsangebot kann nur die Heilpädagogin machen. Die nicht gegebene Wahlfreiheit frustriert die Bezugsperson zusätzlich.

Die weiteren Gespräche zwischen allen Beteiligten ergeben aber auch, dass die unterschiedlichen Ergebnisse der beiden Fachpersonen in Wahrheit gar nicht so unterschiedlich sind. Die einfache Unterscheidung in Risikokind vs. Nicht-Risiko-Kind mag aus Perspektive eines einfachen Screenings gerechtfertigt sein. Letztendlich ist das Risiko in der Realität aber nicht so bipolar im Sinne eines Alles-oder-nichts-Verhältnisses abzubilden, sondern stellt sich als Spektrum dar mit einem relativ großen Graubereich zwischen den Polen *ohne Risiko* vs. *mit Risiko*. Man könnte (mit der Fachsprache aus der Forschungsmethodik) auch sagen, dass das empirische Relativ durch das numerische Relativ (= alles oder nichts, ja oder nein, Null oder Eins) nicht adäquat abgebildet wurde. Diese bipolare Struktur der Entscheidung, die gar nicht realitätsnah ist, hatte wesentlich zur Verunsicherung aller Beteiligten beigetragen.

Man kann an diesem Beispiel viele ethisch relevante Aspekte beleuchten.

Zunächst muss man feststellen, dass die Verunsicherung der Bezugsperson als ein Schaden betrachtet werden kann. Der Schaden ist entstanden, weil die Forscherin das Ergebnis ihrer Zweitmeinung der Bezugsperson mitgeteilt hat, was eigentlich nicht vorgesehen war. Die Bezugsperson hatte jedoch die Bekanntgabe des Zweitergebnisses eingefordert. Diese Forderung ist aus ethischer Perspektive durchaus berechtigt, denn es gibt in der Forschung und auch in der Heilpädagogik ein *Recht auf Einsichtnahme in die Akten* der eigenen Daten. Allerdings gilt dieses Recht nicht absolut. Besteht ein begründeter Verdacht, dass die Einsicht dem Klienten bzw. der Versuchsperson schaden könnte oder dass ein höher zu gewichtendes, öffentliches Interesse an der Nicht-Einsichtnahme besteht, darf die Einsicht auch verwehrt werden. Aber was ist ein *begründeter Verdacht* bzw. *ein höher zu gewichtendes öffentliches Interesse*? Man sieht, dass hier wieder zwei Werte miteinander konkurrieren: Die Nicht-Kommunikation des Ergebnisses als Schutz des öffentlichen Interesses oder als Schutz der Bezugsperson bzw. des Kindes konkurriert mit dem Recht der Bezugsperson auf Einsicht in die Unterlagen. Es ist nicht eindeutig, welcher Wert höher zu gewichten ist, denn jede Begründung oder Gewichtung ist diskussionswürdig. Tabelle 11.3.4 bringt den Wertekonflikt gegenüberstellend auf den Punkt.

Wertekonflikte bei einer Kooperation zwischen Forschung und Praxis			
Beispiel	Wert A	stehen in Konkurrenz zueinander	Wert B
Inter-Rater-Reliabilität	Recht auf Ergebnismitteilung	Was ist wichtiger?	Schadensvermeidung, Schutz (hier: Vermeidung von Verunsicherung durch sich widersprechende Ergebnisse)

Tab. 11.3.4: Beispiel für die Entstehung eines Wertekonflikts im Rahmen von Praxisforschung

Oben wurde dargelegt, dass die Bezugspersonen und kooperierende Heilpädagogin durch Unterlagen vor ihrer Teilnahme über das Forschungsprojekt aufgeklärt wurden. An solchen Erklärungen kann man viele wichtige Maßnahmen erkennen, welche aus ethischer Perspektive für den Schutz des Klienten in der Heilpädagogik bzw. der „Versuchsperson" in der Forschung gleichermaßen wichtig sind:

Informierte Einwilligung

Da sind zunächst die Erklärungen selbst. Eine Person soll über das Ziel und den Zweck einer Untersuchung, Diagnostik, Intervention bzw. allgemein gesprochen über den Zweck einer Maßnahme informiert werden. Sie soll ausdrücklich mit der Maßnahme einverstanden sein. Dies nennt man in der Terminologie der Forschungsethik *informierte Einwilligung*.

Das für den Einzelfall diskussionswürde Problem ist hierbei: Ab wann sind die Informationen erschöpfend und ausreichend, um eine Einwilligung geben zu können?

Dieses Problem kennen Heilpädagoginnen wahrscheinlich sehr gut. Immer wenn sie eine Maßnahme wie z. B. eine Intervention oder einen diagnostischen Schritt erklären, stoßen sie auf die mehr oder weniger eingeschränkte Verständnisfähigkeit ihrer Klienten. Wenn man das, was man als Heilpädagogin tut, einem Laien erklären soll, muss man i. d. R. Fachwörter weglassen und man kann das Vorgehen nur grob erklären. Trotzdem soll der Klient sich eine Vorstellung von dem machen können, was mit ihm passiert, um seine Einwilligung als mündiger Klient geben zu können. Klienten in der Heilpädagogik können also immer nur ein relatives Verständnis über die Bedeutung der Informationen haben, welche die Grundlage für ihre Einwilligung ist. Heilpädagoginnen, die im Bereich der geistigen Behinderung arbeiten, stehen hier vor einer besonderen ethischen Herausforderung, denn diese Personengruppe ist in ihrer Verstehensfähigkeit i. d. R. besonders eingeschränkt. Dieselben Probleme haben Forscherinnen, wenn sie eine informierte Einwilligung einholen müssen. Forscherinnen, die sich der *partizipativen Forschung* verpflichtet fühlen, sehen sich hierbei mit besonderen Ansprüchen konfrontiert. Die partizipative Forschung legt auf eine Mitsprache der Beforschten bei der Gestaltung des Forschungsprozesses großen Wert. Aber auch hier gilt: Erst das Wissen um eine Sache bringt die Mündigkeit, um an einem Entscheidungsprozessen partizipieren zu können. „Forschung *mit* Betroffen statt *an* Betroffenen" ist der ethisch relevante Slogan der partizipativen Forschung und ist mit einem ganz bestimmten Selbstverständnis der Heilpädagogik verwandt: Der Diskurs soll nicht nur in der Forschungsgemeinde, sondern auch mit den Betroffenen geführt werden (vgl. Kapitel 3 und 8; in letzterem wird der Diskurs als Zeichen von Güte u. a. im Rahmen der kommunikativen Validierung betrachtet).

Die im Einzelfall zu beantwortende Frage lautet: Wie viele Informationen und in welchem Grad der Differenzierung müssen diese gegeben werden, um eine ausreichende Basis für eine Einwilligung zu haben? Darauf gibt es keine absolut gültige Antwort.

Anonymität

Es ist Standard, dass bei Forschungsprojekten den Teilnehmerinnen Anonymität zugesichert wird. Forscherinnen tun viel dafür und müssen große Sorgen tragen, dass die Daten der teilnehmenden Personen nicht an die Öffentlichkeit gelangen. In unserem Beispiel gilt: Es soll nicht nachvollziehbar sein, wer als Risikokind für Leserechtschreibstörung klassifiziert wurde. Für die Heilpädagogin ist die *Schweigepflicht* ein ethisch verwandter Standard. Das ethische Prinzip der Anonymität ist im Vergleich zur informierten Einwilligung viel leichter und eindeutiger zu realisieren, aber es bedarf eines sorgsamen und vorsichtigen Umgangs mit Daten. Hierzu je ein Beispiel aus Praxis und Forschung: Die Heilpädagogin darf ihre Akten nicht in einem öffentlich zugänglichen Aufenthaltsraum deponieren. Die Forscherin soll Datenblätter statt mit einem Namen mit einem Code versehen, den nur sie selbst oder der engere Kreis des Forschungsteams entschlüsseln kann. So kann verhindert werden, dass personenbezogene Daten auf eine namentlich genannte Person zurückgeführt werden.

Freiwilligkeit

Die Freiwilligkeit der Teilnahme an einem Forschungsprojekt ist zu gewährleisten. Niemand darf gegen seinen Willen als Versuchsobjekt benutzt werden. Diese ethische Anforderung ist eng verwandt mit dem Recht auf *Selbstbestimmung*. In diesem Bereich haben die Bereichsethiken von Forschung auf der einen Seite und Praxis der Heilpädagogik auf der anderen Seite unterschiedliche Qualitäten. Die Freiwilligkeit der Teilnahme an einer wissenschaftlichen Untersuchung entspricht zwar grundsätzlich der Freiwilligkeit an der Teilnahme an einer heilpädagogischen Intervention, aber die Ausgangslage ist verschieden. Menschen wird eine heilpädagogische Maßnahme dann zugestanden, wenn sie ein Problem haben, welches zum heilpädagogischen Aufgabengebiet zählt. Die Ausgangslage ist das Problem. Damit untrennbar verbunden ist die Hoffnung bzw. das Bedürfnis nach Lösung des Problems auf Seiten der vom Problem betroffenen Menschen. Das Problem soll angegangen werden. Es besteht also ein Bedürfnis zur Problemlinderung, welches die Freiwilligkeit in einem anderen Licht erscheinen lässt als die Freiwilligkeit, bei einem Forschungsprojekt als Teilnehmer mitzuwirken. Das Forschungsprojekt hat nicht primär den Auftrag das Problem zu lösen und kann oftmals gar nichts zur Problemlösung beitragen. Die Zweit-Raterin, welche zur Bestimmung der Inter-Rater-Reliabilität des Interviewleitfadens eingesetzt wurde, konnte den Bezugspersonen kein Interventionsangebot unterbreiten. Ihr Auftrag war begrenzt auf die Datenerhebung mit dem Interviewleitfaden. Der Grad der Freiwilligkeit ist daher bei einer Teilnahme an einem Forschungsprojekt i. d. R. höher als bei dem Eingehen auf ein heilpädagogisches Angebot. Betroffene Menschen sind angesichts ihres Problemlösebedürfnisses viel mehr und direkter abhängig von einem heilpädagogischen Angebot als von einem Forschungsprojekt, welches sich mit dem Problem beschäftigt.

Die Freiwilligkeit ist noch in einem anderen Punkt qualitativ verschieden: Heilpädagogische Angebote haben oft eine Vertragsgrundlage, die auf Seiten der Klienten eine Kooperationsbereitschaft, Üben, Disziplin oder andere verbindliche Anforderungen einbezieht. Solche Vertragsinhalte können im Rahmen eines Forschungsprojektes zwar auch relevant sein (wenn z. B. ein Übungsprogramm evaluiert werden soll), sie betreffen aber auch dann primär die Rolle der Person als Klientin des heilpädagogischen Angebots und nicht die Rolle der Person als Teilnehmerin an einem Forschungsprojekt.

Fairness

Die Fairness wurde schon als Gütemerkmal von Forschung und von heilpädagogischer Praxis in Kapitel 8.2 angesprochen. Verfahren (z. B. Diagnostikinstrumente oder Interventionsmodelle), die in den beiden Handlungsbereichen eingesetzt werden, sollen keine für die Fragestellung relevante Gruppe benachteiligen. Im Folgenden werden zwei Beispiele andiskutiert:

1. Mädchen sollen von Programmen bei Verhaltensauffälligkeiten genauso profitieren wie Jungs und
2. Kinder mit einer dunklen Hautfarbe sollen die gleichen Chancen haben bei einer Intelligenzdiagnostik wie Kinder mit einer hellen Hautfarbe.

Die Realität sieht völlig anders aus. Es ist bekannt, dass Jungs viel häufiger externalisierende und Mädchen häufiger internalisierende Verhaltensauffälligkeiten zeigen (Fröhlich-Gildhoff, 2018). Hier liegt der Unterschied quasi im Geschlecht definiert und daher würde es Sinn machen, auch Interventionskonzepte geschlechtsspezifisch zu gestalten. Ist das unfair?

Welchen Stellenwert geschlechtsspezifische Unterschiede in der ethisch relevanten Diskussion um Fairness haben sollen, scheint eine brisante Angelegenheit zu sein. Auf der einen Seite gibt es biologisch klar nachvollziehbare Unterschiede, auf der anderen Seite sind Unterschiede kulturabhängig. Manchmal kann man den Unterschied gar nicht eindeutig als biologisch oder kulturgemacht identifizieren. Wie soll man solchen Unterschieden in den Verfahren der Forschung und Praxis der Heil- und Sonderpädagogik gerecht werden?

Scheinbar eindeutiger stellt sich die Sachlage bei Unterschieden in der Intelligenz dar. Menschen mit dunkler Hautfarbe haben im Schnitt z. B. geringere Intelligenzwerte bei Standardverfahren zur Intelligenzmessung als Menschen mit heller Hautfarbe (Siegler, 2016). Hier wird das Intelligenzkonzept an sich kulturspezifisch und damit als unfair diskutiert. Wenn ein Test z. B. durch kulturspezifische sprachliche Formulierungen in der Aufgabenstellung zu solch ungerechten Ergebnissen führt, dann wären heilpädagogische Entscheidungen in Forschung und Praxis auf Basis solcher Intelligenztestwerte als rassistisch abzulehnen.

Bei der Diskussion um Fairness als ethisch relevante Kategorie ist die Kulturabhängigkeit offensichtlich. Diese Diskussion wird weiter unten im Absatz zur *Bezugsnormrelativität von Werten* fortgeführt.

Wahrhaftigkeit und andere Tugenden

Die bisherige Reflexion beim Vergleich von Ethik in Forschung vs. Praxis der Heilpädagogik hatte die Konsequenzen von Forschungshandeln bzw. von heilpädagogischem Handeln im Fokus. Ethiker sprechen auch von einer *teleologischen Ethik* oder dem *Konsequentialismus.* In der Ethik gibt es seit dem Altertum eine Richtung, die sich weniger mit den Konsequenzen einer Handlung beschäftigt, sondern viel mehr mit den Eigenschaften von Menschen und deren Bedeutung für das „gute" Leben. Diese Richtung der Ethik ist auch als *Tugendethik* bekannt geworden. Von Forschern wird z. B. verlangt, dass sie ehrlich sind. Eine Forscherin soll keine Daten erfinden oder Ergebnisse unterschlagen. Sie soll bei Veröffentlichungen die Erkenntnisse anderer Forscher als solche kenntlich machen und nicht behaupten, dass es ihre eigenen Erkenntnisse seien. Letzteres ist unter dem Begriff *„Plagiat"* bekannt geworden und ächtet das Abschreiben als ethisch verwerfliches Handeln im Wissenschaftsbetrieb. In Anbetracht der bekannt gewordenen und mit viel Aufhebens öffentlich diskutierten Plagiatsvorwürfe bei Doktorarbeiten von deutschen Politikern kann man erahnen, dass diese Tugend für die Forschung sehr wichtig ist. Die Tugend der Wahrhaftigkeit scheint selbstverständlich und findet daher wenig Erwähnung in der Heil- und Sonderpädagogik. Ansonsten ist die Theorielandschaft der Heilpädagogik geradezu geprägt von der Tugendethik. In Kapitel 3 wurde die Illusion der Wertneutralität von Theorien besprochen und dort die Wertebasiertheit der Heilpädagogik skizziert. Diese Werte werden oft als Tugenden formuliert. Für die Heilpädagogik sind solche Tugenden wie *einfühlsam*, *zuverlässig* oder *vertrauenswürdig* zentral, obwohl Letzteres natürlich auch etwas mit *wahrhaftig* zu tun hat. Vielleicht würden manche Heilpädagoginnen eher *authentisch* oder *echt* sagen und beziehen sich auf die humanistische Psychologie, die diese Tugend als basale Kompetenz für heilpädagogisch-therapeutisch agierende Fachpersonen proklamiert hat.

Auch die schon mehrfach diskutierte Suche nach der vermeintlichen Wahrheit hat mit der Tugend der *Wahrhaftigkeit* etwas zu tun (vgl. besonders Kapitel 3 *Was ist eine Theorie?).* Während die absolute Wahrheit in der Theoriebildung als Illusion entlarvt ist, hat die Wahrhaftigkeit des Forschers einen absoluten Stellenwert. Das liegt daran, dass mit der Forderung nach Wahrhaftigkeit doch etwas substantiell anderes gemeint ist als mit der Wahrheit einer Theorie. Im ethisch fundierten Zusammenhang ist mit *Wahrhaftigkeit* nicht das Formulieren einer Wahrheit gemeint, sondern eher die Forderung „Du sollst nicht lügen!". Diese Forderung ist natürlich auch für die praktizierende Heilpädagogin relevant.

Wie absolut dieser Forderung in Forschung oder Praxis der Heilpädagogik entsprochen werden kann, ist eine ethisch interessante Frage. Einer der bekanntesten Dilemmasituationen in der Ethik-Literatur handelt von der Lüge. Diese wird im Folgenden in einer für die Heilpädagogik adaptierten Version erzählt.

Du sollst nicht lügen!

Eine Heilpädagogin ist an der Betreuung einer hochgradig ängstlichen Jugendlichen beteiligt, die auch mit Panikattacken zu kämpfen hat. Die Arbeit macht gute Fortschritte und auch die Zusammenarbeit mit den Eltern läuft gut. Während des Zusammentreffens gestern erzählte das Mädchen überraschenderweise von Gewaltausbrüchen ihres Vaters. Die Heilpädagogin zweifelt allerdings an dem Wahrheitsgehalt der Erzählung. Ebenso überraschend steht die Jugendliche heute vor der Haustür der Heilpädagogin und bittet um Einlass, weil sie von ihrem Vater verfolgt würde. Die Heilpädagogin lässt das Mädchen ins Haus und versucht, sie zu beruhigen. Kurze Zeit später klopft es wieder an der Tür und der Vater steht der Heilpädagogin gegenüber und fragt sie, ob sie wisse, wo sich seine Tochter aufhalte. Sie sei von zu Hause abgehauen. Er mache sich große Sorgen.

Was soll die Heilpädagogin antworten? Die Antwort auf die Frage ist alles andere als einfach, auch weil der Sachverhalt für die Heilpädagogin nicht eindeutig ist. Ist der Vater wirklich gewalttägig oder macht er sich wirklich Sorgen?

Für eine Heilpädagogin, die sich in diesem Moment dafür entscheidet, dass die Gewaltausbrüche des Vaters eine realistische Option sind, und die dadurch entstehenden möglichen Konsequenzen im Blick hat, wäre eine Notlüge in dieser Situation gerechtfertigt. Sie würde vielleicht behaupten, dass die Klientin sich nicht im Haus befindet, um damit Zeit zu gewinnen. Sie setzt damit das Vertrauensverhältnis zum Vater aufs Spiel.

Eine Heilpädagogin, die sich in diesem Moment dafür entscheidet, dass die Sorgen des Vaters echt sind und die Gewaltausbrüche eine zum Störungsbild passende Phantasie des Mädchens, würde u. U. die Wahrheit sagen. Sie setzt damit das Vertrauensverhältnis mit dem Mädchen aufs Spiel.

Für jemanden, der das christliche Gebot *Du sollst nicht lügen!* ohne Abstriche beherzigen will, sieht es nochmal anders aus, denn für so eine Person stehen nicht so sehr die Konsequenzen im Vordergrund, sondern das Gebot an sich würde ihr verbieten, die Unwahrheit zu sagen.

In der Ethikdiskussion gibt es auf diese Frage keine eindeutige Antwort. Je nachdem, ob jemand die Tugend der Ehrlichkeit für sich mehr oder weniger absolut in Anspruch nimmt oder ob er die Konsequenzen seiner Antwort in den Vordergrund stellt, und je nachdem, wie diese Konsequenzen bewertet werden, wird die Antwort anders ausfallen. Die zugrundeliegende Dilemmastruktur ist immer durch (mindestens) zwei konkurrierende Werte gekennzeichnet, die gleichzeitig oder nebeneinander wirken können. Je mehr Dilemmakonstellationen es für eine Situation gibt, desto schwieriger ist die Entscheidung. In diesem Beispiel wurde eine Wertekonfliktsituation angenommen, wie sie durch Tabelle 11.3.5 dargestellt ist. Es sind durchaus noch mehr Dilemmakonstellationen denkbar.

<table>
<tr><th colspan="4">Wertekonfliktesituation für eine Heilpädagogin</th></tr>
<tr><td>Beispiel</td><td>Wert A</td><td>stehen in Konkurrenz zueinander</td><td>Wert B</td></tr>
<tr><td rowspan="3">ängstliches Mädchen und vermeintlich aggressiver Vater</td><td>Wahrhaftigkeit oder die Pflicht, nicht lügen zu sollen</td><td rowspan="3">Was ist wichtiger?</td><td>Schadensvermeidung (Gewalt verhindern)</td></tr>
<tr><td>Schadensvermeidung (Gewalt verhindern)</td><td>Vertrauensverlust bei Vater</td></tr>
<tr><td>Schadensvermeidung (Sorge wird gewährt)</td><td>Vertrauensverlust bei Mädchen</td></tr>
</table>

Tab. 11.3.5: Verzwickte Dilemmasituation bei einem heilpädagogisch relevanten Fall

Auch wenn die Adaption des Beispiels aus der Literatur der Ethik auf die Heilpädagogik etwas konstruiert (im Sinne von künstlich) wirkt, zeigt es, dass in einer Situation nicht nur ein Wertkonflikt existieren kann, sondern gleich mehrere nebeneinander oder miteinander verschachtelt. Damit kann auch die Forscherin konfrontiert sein.

In der Praxis der Heilpädagogin gibt es wahrscheinlich viele Situationen, in denen sich die Heilpädagogin entscheiden muss, ob sie etwas sagt oder doch lieber verschweigt. Das Verschweigen tangiert das Gebot *Du sollst nicht lügen!* am Rande, weil es als ein Unterschied gilt, ob man die Unwahrheit sagt oder die Wahrheit verschweigt. Aus heilpädagogischer Sicht muss die Heilpädagogin bei dem, was sie sagt oder nicht sagt, immer die Verarbeitungsmöglichkeiten ihrer Klienten miteinbeziehen. Ähnlich wie bei der informierten Einwilligung gibt es Grenzen der Verständlichkeit oder (heil-)pädagogisch-didaktische Gründe für das Weglassen von Informationen. Es gehört wahrscheinlich zum kommunikativen Alltag einer Heilpädagogin, Informationen an ihr Klientel zu „filtern“, weil sie ressourcenorientiert die Stärken stärker und die Schwächen weniger betonen will oder weil sie eine klare Ansage zu einem Zeitpunkt A für weniger sinnvoll hält als zu einem Zeitpunkt B. Wahrscheinlich würde kaum jemand darin ein ethisches Dilemma sehen, sondern eher eine gut überlegte und begründete und damit professionelle Entscheidung. *Die Grenze zwischen ethisch relevanten vs. ethisch irrelevanten Entscheidungen ist fließend.* Aber selbst, wenn die vorgängig skizzierten alltäglichen Kommunikationssituationen als ethisch relevant betrachtet würden, kämen unterschiedliche ethische Positionen auch zu unterschiedlichen Ergebnissen in der Bewertung: Ein fundamentalistischer Tugendethiker hätte mit dem Verschweigen sicherlich mehr Probleme als ein *Utilitarist.* Mit Utilitaristen sind Ethiker gemeint, welche die Nützlichkeit von Handlungen in ihren ethischen Überlegungen sehr stark gewichten.

Es folgen nun Beispiele, in denen die Wahrhaftigkeit in ihrem absoluten Wert in Forschung und Praxis der Heilpädagogik weiter strapaziert wird.

Verdeckt vs. nicht verdeckte Beobachtung

Im Kapitel 2.2 über Beobachtung gibt es einen Abschnitt über verdeckte vs. nicht-verdeckte Beobachtung. Die verdeckte Beobachtung wird dort als eine Beobachtungsform skizziert, die in der alltäglichen heilpädagogischen Praxis vorkommt. In diesem Zusammenhang wird auch dargelegt, warum es Sinn machen kann, dem zu Beobachtenden den Beobachtungsvorgang an sich oder das Ziel der Beobachtung zu verschweigen. Es hat mit dem Phänomen der *Reaktivität* zu tun. Menschen ändern ihr Verhalten, wenn sie wissen, dass sie beobachtet werden. Genau aus diesem Grund „verblinden" Forscher manchmal die Teilnehmer an ihrem Forschungsprojekt. Mit *Verblinden* ist so etwas ähnliches gemeint wie mit Verdecken: Die Person weiß dann z. B. nicht, ob sie einen Impfstoff oder ein Placebo bekommt. Wenn man von einer *Doppelblind-Studie* spricht, dann weiß auch der Versuchsleiter nicht, ob er einen Impfstoff oder ein Placebo verabreicht. Die Verdeckung oder Verblindung hilft Störvariablen zu kontrollieren. Solche Störvariablen können die *Reaktivität* sein oder auch die damit verwandte *soziale Erwünschtheit.* Die aus diesem Grund forschungsmethodisch eminent wichtige verdeckte Beobachtung in Forschung und Praxis bzw. die Verblindung von Versuchspersonen bei einem Experiment stehen im Gegensatz zum ethischen Prinzip der informierten Einwilligung und verletzen auch die Tugend der Wahrhaftigkeit.

Das Beispiel soll noch einmal deutlich machen, dass das *Abwägen von Werten* in ihrer Gewichtung (Was ist wichtiger?) eine zentrale Denkweise ist, die zu einem professionellen Handeln führt. Die professionelle Denkweise und das Handeln haben oftmals einen ethisch analysierbaren Hintergrund, ganz egal, ob es sich um die Praxis der Heilpädagogik oder Forschung oder irgendeinen anderen Beruf handelt. Die Tabelle 11.3.6 zeigt die oben erwähnten Werte zur Abwägung im Zusammenhang mit der Verblindung bzw. der verdeckten Beobachtung.

<table>
<tr><th colspan="4">Wertekonflikte in der Forschung (F) und in der Praxis der Heilpädagogik (HP)</th></tr>
<tr><td>Beispiel</td><td>Wert A</td><td>stehen in Konkurrenz zueinander</td><td>Wert B</td></tr>
<tr><td>Verblindung</td><td>methodisch hochwertige Güte durch Verblindung (F)</td><td rowspan="2">Was ist wichtiger?</td><td>informierte Einwilligung</td></tr>
<tr><td>verdeckte Beobachtung</td><td>Verhinderung von Reaktivität und sozialer Erwünschtheit bei der Beobachtung (HP, F)</td><td>Wahrhaftigkeit</td></tr>
<tr><td colspan="4">Entscheidung abhängig von Gewichtung der Werte unter bestimmten Bezugsnormen</td></tr>
</table>

Tabelle 11.3.6: Verblindung und verdeckte Beobachtung als Wertkonflikte in Forschung und Praxis

Bezugsnormrelativität von Werten

Es ist offensichtlich, dass verschiedene Menschen unterschiedliche Wertesysteme in sich tragen. Was dem einen wichtig ist, ist dem anderen schnuppe. Die Relativität der „guten" Entscheidung ist genau wie die Bedeutung von Begriffen (vgl. Kapitel 3 zur Theorie) gebunden an Kultur, Situation bzw. auch an die Rolle des Entscheidungsträgers. Als Heilpädagogin entscheide ich mich eventuell anders als in meiner Rolle als Forscherin oder noch einmal anders als in meiner Rolle als Mutter, Vater, Sohn, Tochter, Schwester, Bruder etc. Ethische Entscheidungen sind insofern abhängig von der Bezugsnormen. Man spricht auch von Bezugsnormrelativität der Moral.

Daher hat die gesamte heilpädagogische Diagnostik eine ethische Dimension, denn dort werden Klassifikationen und (selektive) Urteile aufgrund von Bezugsnormen gefällt. Wenn durch ein diagnostisches Urteil eine Selektionsentscheidung gefällt wird, dann ist der Bezug zur ethisch relevanten Frage *Was soll ich tun?* offensichtlich, denn die Einordnung in die Bezugsnorm wird als Hilfe zu dieser Entscheidung herangezogen.

Die Klassifikation durch Diagnostik, die ja nichts anderes ist als die Zuordnung eines Verhaltens zu einem in der Regel durch Forschung entstandenen Ordnungssystems, trägt zur Entscheidungsfindung bei. Wenn man ein Kind als verhaltensauffällig klassifiziert, dann wird mit dieser Klassifikation die Entscheidung und der Bedarf für eine heilpädagogische Intervention geebnet.

Auch darin steckt ein Antwortvorschlag auf die ethisch relevante Frage *Was soll man tun?*

Die Zuordnung eines Klienten zu einem für die Heilpädagogik relevanten Ordnungssystem (Behinderung, Intelligenz, Leserechtschreibstörung, Verhaltensauffälligkeit usw.) ist als Wert aber nicht absolut, sondern nur ein Teil der Antwort auf die Frage *Was soll ich tun?*. Das Abwägen als eine Kernforderung der angewandten Ethik hat im Suchen und Finden einer Entscheidung auf Basis von erhobenen Daten im diagnostischen wie im Forschungsprozess seine Entsprechung.

Die *Relativität der Moral* macht die Sache nicht gerade einfacher, aber entlastet vielleicht ein wenig. Der im Alltag bekannte Spruch, *nach bestem Wissen und Gewissen entschieden und gehandelt zu haben*, drückt diese Relativität aus und offenbart, dass es nicht die einzig richtige Entscheidung geben kann und auch keine absolut objektive. Das Abwägen als ein Kernelement der ethisch fundierten Entscheidung wurde sowohl in der Praxis Heilpädagogik als auch in der Forschung in seiner Prozesshaftigkeit betrachtet. Man kann ethisch relevante Entscheidungen jeder Phase der übergeordneten Ablaufmodelle aus Kapitel 9 zuordnen. Man kann auch das Konzept der evidenzbasierten Praxis als einen ethisch relevanten Abwägeprozess zwischen den Fakten einer wissenschaftlich fundierten externen Evidenz, dem erfahrungsbezogenen Wissen der Heilpädagogin (= der internen Evidenz) und den Bedürfnissen der Klienten (= der sozialen Evidenz) betrachten.

Ein für beide Handlungsbereiche wichtiges Verfahren, um bei ethisch uneindeutigen Situationen zu moralisch fundierten Entscheidungen zu kommen, sei am Ende noch einmal hervorgehoben: Es ist der Diskurs.

Der Diskurs in seiner ethischen Dimension

Was die wissenschaftliche Seite angeht, wurde der Diskurs besonders in Kapitel 3 erörtert: Zentral ist das Bewerten einer Theorie durch die Forschungsgemeinschaft im Diskurs. Es können aber auch Diskussionen als Diskurse bezeichnet werden, die im engeren Sinne einer angewandten Forschung durchgeführt werden. Dazu gehören Diskussionen in einem Forschungsprojektteam, z. B. wie mit einem Schaden, der für eine Teilnehmerin eines Experiments entstanden ist, umgegangen werden soll. Dann spricht man in der Forschungsethik von dem Prinzip der *Schadensbehebung*. Dasselbe gilt für Interventionsfehler in der Heil- und Sonderpädagogik, wenn diese im Team besprochen werden und nach einer Lösung gesucht wird. Allgemeiner formuliert heißt das: In der Praxis der Heilpädagogik ist das (interdisziplinäre) Team im Diskurs, um Entscheidungen im Zusammenhang mit einem Klienten zu treffen. Der Diskurs wird auch angewandt, wenn es darum geht, ein Forschungsprojekt auf Basis eines Projektantrages hinsichtlich ethischer Prinzipien zu bewerten. Es gehört zur Qualität einer forschungstreibenden Institution, dass Forschungsprojekte durch eine Ethik-Kommission genehmigt oder abgelehnt werden. Die Ethik-Kommission ist eine Gruppe, welche u. a. durch Diskussion zu so einer Entscheidung kommt. Im Rahmen einer partizipativ angelegten sonderpädagogischen Forschung ist die Diskussion zwischen Forscherin und den Betroffenen wichtig. Beide Seiten sollen mitbestimmen, was wie erforscht wird. Die *Mitbestimmung* gilt als ein ethisch relevanter Wert aus der Perspektive der partizipativen Forschung. Heilpädagoginnen, die diesen Wert teilen, erarbeiten in ihrer Praxis die Ziele der Interventionen gemeinsam mit ihren Klientinnen. Die *Zielvereinbarung* ist Ausdruck und Ergebnis dieser Vorgehensweise. *Der runde Tisch* (Giel, 2013) ist ein Gesprächsgefäß, das ausdrücklich die Betroffenen oder deren Bezugspersonen in die Diskussion miteinbezieht, und damit ebenfalls ein Mittel, um den ethisch relevanten Wert der Mitbestimmung zu realisieren. Auch das Gütekriterium der *kommunikativen Validierung* aus der qualitativen Sozialforschung trägt den diskursiven Gedanken der Mitbestimmung und der geteilten Verantwortung in sich.

Im ethischen Diskurs selbst stecken leider auch dilemmaartige Strukturen. Das bekannteste Dilemma besteht im quasi uneinlösbaren Anspruch der Herrschaftsfreiheit. Dieser Anspruch existiert als Voraussetzung für das Gelingen des Diskurses. Streng genommen können Entscheidungen, die auf Grundlage eines Diskurses zustande gekommen sind, nur unter dieser Voraussetzung als *ethisch fundiert* bezeichnet werden. In unserer gesellschaftlichen Realität gibt es aber keine herrschaftsfreien Räume. Das Team der Forscherinnen hat eine Chefin, am runden Tisch sitzen Leute mit unterschiedlichem Wissen (Wissen ist Macht!) und Studierende, die sich an einem Forschungsprojekt beteiligen, werden oft von ihrem Betreuer auch benotet und sind daher in hohem Masse abhängig und im Diskurs alles andere als frei.

Ein in der Praxis sehr bekanntes Dilemma des Diskurses liegt in der Pragmatik seiner Umsetzbarkeit. Es ist schlicht und einfach nicht möglich, bei jeder Entscheidung einen Diskurs zu führen. So manche Entscheidung, auch wenn sie schwierig ist, muss aus Zeitgründen schnell gefällt werden. Die Forscherin im Beispiel der Inter-Rater-Reliabilität im Dilemma zwischen dem Recht der Bezugsperson auf Einsicht in das Ergebnis und dem Schutz der Bezugsperson vor Verunsicherung durch sich widersprechende Ergebnisse, sah sich einem Zeitdruck in der Forderung der Bezugsperson ausgesetzt. Viele berufsalltägliche Entscheidungen, bei denen die Frage *Was soll ich tun?* gestellt wird, müssen ohne Diskurs vollzogen werden. Das gilt in der Forschung genau wie in der heilpädagogischen Praxis. Wenn man immer den Diskurs einfordern würde, würden Entscheidungen nicht in angemessener Zeit gefällt werden können. Eine aufgeschobene Entscheidung kann eine zu späte Entscheidung sein. Dann hätte der Diskurs die rechtzeitige Antwort auf die Frage *Was soll man tun?* verhindert. Es gibt einen schlechten Witz zur Überstrapazierung des Diskurses als (ethisch relevanter) Problemlöseweg, den man leicht auf die Heilpädagogik übertragen kann:

> Treffen sich zwei Heilpädagoginnen am Bahnhof. Sagt die eine zur anderen: Wir sollten den nächsten Zug nehmen, um rechtzeitig zur Teamsitzung zu kommen. Weißt du, wann der Zug geht? Sagt die andere: Nee, aber wir können ja mal darüber diskutieren.

Wie gesagt, der Witz ist schlecht, aber bringt doch eines auf den Punkt: Es gibt Dinge, die mögen mit einer ethisch relevanten Tugend zu tun haben (hier: Pünktlichkeit als ethisch relevanter Wert). Es wäre trotzdem absurd, deren Einhaltung oder deren Vollzug durch einen Diskurs gewährleisten zu wollen.

In Anbetracht der verzwickten Dilemmata in Forschung und Praxis der Heilpädagogik und insbesondere in Anbetracht der Uneindeutigkeit ihrer Bewertung und damit verbundenen Unmöglichkeit, es allen Recht zu machen, könnte man an dieser Stelle wieder die Geschichte von Sisyphos aus der griechischen Mythologie bemühen (vgl. Ende des Kapitels 3). Die Vorstellung, trotz aller Schwierigkeiten in Forschung und Praxis der Heilpädagogik ethisch fundiert zu handeln, kann man aber auch mit Erich Kästner ausdrücken: *Es gibt nichts Gutes, außer man tut es.*

Abbildung 11.3.1 ist ein modellhafter Ordnungsvorschlag für die im Text des Kapitels 11.3 auftauchenden wichtigsten Begrifflichkeiten mit Beispielen und deren Beziehungen zueinander.

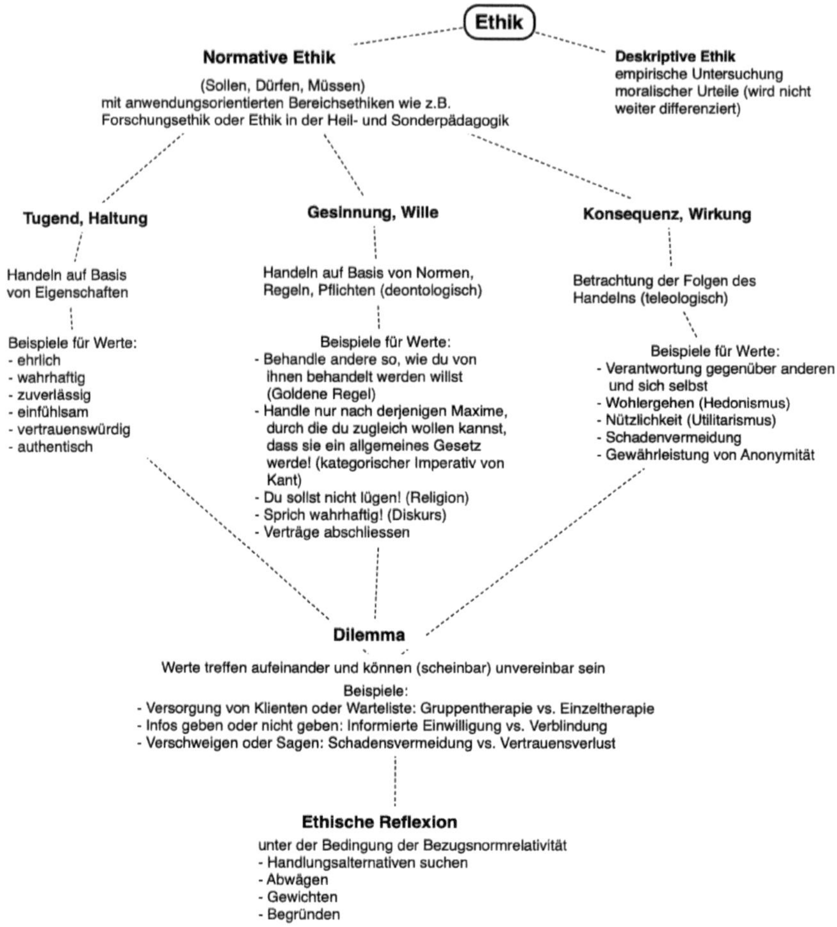

Abb. 11.3.1: Zentrale Begrifflichkeiten der anwendungsorientierten Bereichsethiken Forschungsethik und Ethik in der Heil- und Sonderpädagogik

12. Weiterführende Zugänge zum wissenschaftlichen Denken und Handeln

Wie in der Einführung erwähnt, wurde mit Quellenbezügen im Text recht sparsam umgegangen. Das Literaturverzeichnis besteht nicht nur aus Quellen, die im Text erwähnt sind, sondern auch aus anderen, welche u. a. die Grundlage für dieses Buch waren.

Ein paar wenige Quellen sollen an dieser Stelle hervorgehoben werden. Dabei ist folgender Gedanke leitend: Wenn sich jemand auf Basis dieser Lektüre weiter in das Thema vertiefen möchte, soll er oder sie einen kleinen Leitfaden bekommen. Die Hervorhebung einzelner Bücher oder Quellen geschieht auf dem Hintergrund einer Zielvorstellung der erweitert interessierten Leserin. Daher wird das vermeintliche Ziel, welches das Buch, der Artikel, die Internetseite etc. bedienen kann, immer gleich erwähnt. Es beginnt erst mit Tipps für den Überblick suchenden Einsteiger. Danach werden Werke vorgestellt, die ihren Schwerpunkt in einem der Paradigmen (qualitativ und quantitativ) haben. Dann werden Lehrbücher erwähnt, welche paradigmenübergreifend und zusehends differenzierter die Sozialwissenschaften darstellen, aber trotzdem allesamt Lehrbuchcharakter haben.

Zuletzt gibt es Tipps für diejenigen, welche die „weiteren" Begriffe Aktionsforschung, Praxisforschung, Versorgungsforschung, Evidenz und Forschungsethik in ihrer Bedeutung für die Heil- und Sonderpädagogik vertiefen wollen. Die Auswahl ist sehr subjektiv.

Literaturempfehlungen

Einführungen

Ausdrücklich auf den Einsteiger in das wissenschaftliche Arbeiten abgestimmt sind die Werke

- *Sozialforschung* von Flick (2009) und
- *Empirisch Forschen* von Hug & Poscheschnik (2010) oder
- *Forschungsmethoden* von Hussy, Schreier & Echterhoff (2013).

Diese Veröffentlichungen sind geeignet, um eine allgemeine Unterstützung für das Anfertigen einer ersten (oder auch folgenden) wissenschaftlichen Arbeit zu erhalten. Dasselbe gilt für das von

- Karmasin & Ribing (2019) vorgelegte Werk *Die Gestaltung wissenschaftlicher Arbeiten*. Hier wird der Schwerpunkt auf Dinge gelegt, die gemeinhin eher als Arbeitstechniken (z. B. Recherchieren, Zitieren, Präsentieren, Formatieren, Vortragen) benannt werden.
- Wer sich intensiver mit dem *Recherchieren und Dokumentieren* auseinandersetzen will, findet in dem gleichnamigen Werk von Klaus Niedermair (2010) viele hilfreiche Tipps zum Umgang mit der Fachliteratur.

Qualitatives Paradigma

- Eine *Einführung in die Qualitative Sozialforschung* bietet das gleichnamige Werk von Mayring (2016), welches in 6. Auflage erschienen ist. Derselbe Autor hat ein Werk namens
- *Qualitative Inhaltsanalyse* (schon die 12. Auflage) vorgelegt und damit eine Art Standardwerk für diese Auswertungsmethode geschaffen.
- Udo Kuckartz (2018) ist ein anderer Autor, der im Zusammenhang mit qualitativen Auswertungsmethoden einen Grundlagentext verfasst hat. Sein Werk heißt *Qualitative Inhaltsanalyse. Methoden, Praxis, Computerunterstützung.*
- Uwe Flick (2007) hat ein Werk namens *Qualitative Sozialforschung – eine Einführung* verfasst. Der Name ist Programm – das Buch hat einen einführenden Charakter.
- Lamnek und Krell (2017) bieten mit ihrem fast gleichnamigen Werk *Qualitative Sozialforschung* einen differenzierten Einblick in das Wesen dieses sozialwissenschaftlichen Paradigmas.
- Ebenfalls differenzierter ist das Herausgabewerk *Qualitative Forschung – Ein Handbuch* von Flick, von Kardoff und Steinke (2004). Viele verschiedene Autoren behandeln in kompakten Beiträgen wesentliche Begrifflichkeiten des qualitativen Paradigmas. Auch hier ist der Titel Programm: Es ist als Handbuch wie ein Nachschlagewerk zu gebrauchen.

Quantitatives Paradigma

- Wer mehr zu den quantitativ-statistischen Auswertungsmethoden erfahren will, der ist mit *Quantitative Methoden Band 1 und 2* von Rasch, Friese, Hofman & Naumann (2014) gut bedient.

- Eine kompaktere Alternative im Bereich der quantitativen Methodik könnte das Werk *Empirisch forschen lernen* von Sieghard Beller (2016) sein.
- Nicht zu unterschätzen sind die Werke *Statistik für Dummies* (Rumsey, 2017, 3. Auflage) und *Statistik für Psychologen für Dummies* (Hanna & Dempster (2017). Sie schaffen es, in salopper Sprache die Statistik anschaulich zu machen, und sind insofern geeignet für Einsteiger und auch Fortgeschrittene.
- Sehr ausführlich und differenziert und daher eher für die Forscherin geeignet ist das von Bühner & Ziegler (2017) vorgelegte Werk *Statistik für Psychologen und Sozialwissenschaftler* (2. Auflage) ebenso wie das von Eid, Gollwitzer und Schmitt (2017) vorgelegte *Statistik und Forschungsmethoden* (4. Auflage).

Als *Auswertungstool für statistische Verfahren* gibt es das webbasierte Datatab im Internet unter https://datatab.de. Man muss keine Software runterladen und es ist sehr anwendungsfreundlich. Letzteres ist der entscheidende Pluspunkt dieser Software. Die Light-Version taugt nur dazu, das Programm kennenzulernen. Die Gebühren für die Vollversion sind sehr flexibel auf die eigenen Bedürfnisse abstimmbar. In Anbetracht der großen Anwenderfreundlichkeit lohnt sich diese Ausgabe sehr wahrscheinlich für die meisten Studierenden.

Außerdem erhält man bei Datatab *Erklärvideos* zu den statistischen Auswertungsverfahren. Sie können eine kompakte Ergänzung zu den oben erwähnten zwei Bänden der Quantitativen Methoden (Rasch et al. 2014) sein. Im Allgemeinen ist das Angebot von Erklärvideos zur Statistik auf YouTube ziemlich groß, deren Qualität allerdings durchwachsen.

Franz Petermann hat schon Anfang der 80er Jahre des letzten Jahrhunderts mit seinem Buch *Einzelfalldiagnostik in der klinischen Praxis* den Übertrag einer forschungsmethodischen Perspektive der *kontrollierten Einzelfallstudie* auf die Praxis der psychologischen Intervention geschafft. Das meiste, was dort geschrieben steht, kann auch heutzutage für die Praxis der Heil- und Sonderpädagogik übernommen werden. Das Buch ist i. d. R. nur noch gebraucht zu bekommen. Die dritte und letzte Auflage wurde 1996 veröffentlicht.

Wer tiefer in die kontrollierte Einzelfallstudie eindringen will, kann dies mit den Herausgebern Reicherts & Genoud (2015) schaffen. Ihr Buch heißt *Einzelfallanalysen der psychosozialen Forschung und Praxis.*

Paradigmenübergreifende Lehrbücher

- Das Werk *Methoden der empirischen Sozialforschung* von Peter Atteslander (2010) ist differenzierter als die ganz oben erwähnten Einsteigerwerke und gilt als Klassiker (die erste Ausgabe wurde schon 1968 veröffentlicht) der Sozialwissenschaften.
- Die *Forschungsmethoden und Evaluation für Human- und Sozialwissenschaftler in der 5. Auflage* von Döring & Bortz (2016) gilt als wichtiges Referenzwerk für die deutschsprachigen Sozial- und Humanwissenschaften. Es ist ein umfassendes Buch und deckt beinahe alles ab, was man zur Forschungsmethodik diskutiert. Abschreckend könnte der enorme Umfang und die elaborierte Sprache des Buches sein. Für den Einsteiger ist es daher wahrscheinlich harte Kost. Allerdings liest man dieses Buch auf keinen Fall von vorne bis hinten, sondern nutzt es eher als Nachschlagewerk. Dafür ist es sehr geeignet. Gerade das Kapitel zu den wissenschaftstheoretischen Grundlagen ist gut überschaubar und eine gute Weiterführung zu dem Einstiegskapitel *Was ist Wissenschaft?* des Buches, welches Sie gerade in Händen halten.
- Die Reihe *Wie kommt Wissenschaft zu Wissen?* des Herausgebers Theo Hug (2001) ist ebenfalls sehr umfassend. Es sind insgesamt vier Bände, jedes mit einem thematischen Schwerpunkt. Durch die vielen unterschiedlichen Autorinnen sind verschiedene Perspektiven garantiert. Außerdem hat jedes Kapitel in den Büchern einen in sich geschlossenen Charakter, was die „portionsweise" Lektüre fördert. Lesenswert auch für die Praktikerin sind aus meiner Perspektive Siegfried Lamneks Ausführungen zum Fragebogen in Band 2, nicht zuletzt weil man kompakte Tipps zur Konstruktion von Fragebögen bekommt.
- Speziell auf die Heil- und Sonderpädagogik zugeschnitten ist das von Koch und Ellinger (2015) herausgegebene Werk *Empirische Forschungsmethoden in der Heil- und Sonderpädagogik*. Es ist aus Perspektive von Forschenden geschrieben und gibt mit Fallbeispielen und einer lesefreundlichen Sprache in vielen kurz gehaltenen Kapiteln der interessierten Leserschaft einen Einblick zu einzelnen Methoden sowohl aus der qualitativen wie aus der quantitativen Sozialforschung.
- Der schon oben erwähnte Udo Kuckartz (2014) hat auch ein kompaktes Lehrbuch namens *Mixed Methods* verfasst und führt mit diesem Werk in dieses vermeintlich dritte Paradigma der Sozialwissenschaften ein.

Vertiefung der weiteren Begriffe

- Wer sich für die Geschichte der *Aktionsforschung* in ihrer Aktualität für die Gegenwart mit dem Fokus auf die Pädagogik interessiert, der ist mit der fünften Auflage von *Lehrerinnen und Lehrer erforschen ihren Unterricht* von Altrichter, Posch & Spann (2018) bestens bedient.
- Im *Instrumentenkoffer für die Praxisforschung* von Moser (2015) findet man ein kompaktes Taschenbüchlein zur *Praxisforschung* in der sechsten Auflage.
- Einen Überblick zur *Versorgungsforschung* bringt das Herausgabewerk *Lehrbuch Versorgungsforschung* von Pfaff, Neugebauer, Glaeske & Schrappe (2017) in der zweiten Auflage.
- Das Thema *Evidenz* wird in dem Werk *Evidenzbasierte Pädagogik – Sonderpädagogische Einwände* von Ahrbeck et al. (2016) kritisch reflektiert.
- Im oben erwähnten Grundlagenwerk von Döring & Bortz (2016) gibt es ein gut lesbares Kapitel zur *Forschungs- und Wissenschaftsethik.* Die Schnittstelle zur heilpädagogischen Praxis liefert das kompakte Büchlein *Ethik für soziale Berufe* von Großmaß und Perko (2011).

Epilog

Oberstes Ziel des Buches ist es, die strukturelle Gemeinsamkeit von Denken und Handeln in der Sozialwissenschaft mit dem Denken und Handeln in der Praxis der Heil- und Sonderpädagogik darzustellen. Ich würde mich freuen, wenn der Graben zwischen Forschung und Praxis durch dieses Buch etwas weniger tief erscheint.

Das eher geringe Differenzierungsniveau in der Sache, die vielen Beispiele und die eher saloppe Sprache sollen der Zielgruppe (= der Praktikerin und der Studierenden) die Lektüre erleichtern. Ich vermute, das ist, je nach Kapitel, mehr oder weniger gelungen.

An einigen Stellen habe ich es nicht bei der bloßen Darstellung belassen, sondern Stellung bezogen. So habe ich z. B. die Rolle der Einzelfallorientierung bei der Evidenzforschung als aus meiner Perspektive wünschenswert hervorgehoben. In diesem Zusammenhang hat die Leserin wahrscheinlich meine Begeisterung für die Idee der Praxisforschung deutlich bemerkt. Meine Kritik an der begrifflichen Unschärfe der Gütemerkmale von Forschung wird wahrscheinlich auch niemandem entgangen sein. Ich leide jedes Mal mit den Studierenden, wenn sie sich durch den Dschungel der abstrakten Fachbegrifflichkeiten kämpfen müssen. Ich selbst habe erst durch jahrelange Auseinandersetzung mit diesen Begriffen und deren Operationalisierung bemerkt, wie wenig analytisch trennscharf sie sind. Mein Schreibprozess im letzten Jahr während der Entstehung dieses Buches war eine weitere Etappe der Auseinandersetzung mit Forschung und Praxis. Ich bin dankbar für diese Zeit, denn so manches hat sich für mich dadurch weiter geklärt, ohne dass ich behaupten würde, den Durchblick zu haben. Es kann auch alles anders sein! Die Aufforderung an die kritische Leserin ist: Falsifizieren Sie dieses Buch! Dann habe ich auch was davon … So mögen meine Bewertungen (z. B. zu den Gütekriterien) diskussionswürdig sein.

Ich würde mich freuen, wenn dieses Buch zum Diskurs und zum weiteren Denken anregt.

Jürgen Kohler, im Oktober 2021

Literaturverzeichnis

Ahrbeck, B., Ellinger, S., Hechler, O., Koch, K. & Schad, G. (2016). *Evidenzbasierte Praxis – Sonderpädagogische Einwände.* Kohlhammer.

Altrichter, H., Posch, P. & Spann, H. (2018). *Lehrer erforschen ihren Unterricht.* UTB.

Asay, T., Lambert, M. (2001). Empirische Argumente für die allen Therapien gemeinsamen Wirkfaktoren: Quantitative Ergebnisse. In: M. Hubble, B. Duncan, S. Miller (Hrsg.): *So wirkt Psychotherapie. Empirische Ergebnisse und praktische Folgerungen.* Verlag modernes lernen.

Atteslander, P. (2003). *Methoden der empirischen Sozialforschung.* Walter de Gruyter.

Bandura, A. (1997). *Self-efficacy: The exercise of control.* Freeman.

Beller, S. (2008). *Empirisch forschen lernen.* 2. Aufl. Hans Huber.

Beushausen, U. (2014). Chancen und Risiken einer evidenz-basierten Sprachtherapie. *Logos, 22,* S. 96–194.

Blaxter, L., Hughes, Chr. & Tight, M. (2001). *How to research.* Open University Press.

Bös, K., Hänsel, F. & Schott, N. (2000). Empirische Untersuchungen in der Sportwissenschaft: Planung – Auswertung – Statistik. Feldhaus.

Bronfenbrenner, U. (1993). *Die Ökologie der menschlichen Entwicklung. Natürliche und geplante Experimente.* Fischer.

Brügelmann, H. (2014). *Kinder auf dem Weg zur Schrift.* 9. Aufl. Libelle Verlag.

Brügge, W. & Mohs, K. (2012). *So lernen Kinder sprechen.* Reinhardt.

Bühner, M. & Ziegler, M. (2017). *Statistik für Psychologen und Sozialwissenschaftler.* 2. Aufl. Pearson.

Catell, R. B. (1963). *Theory of fluid and crystallized intelligence: A critical experiment.* In: *Journal of Educational Psychology.* 54, S. 1–22.

Dempster, M. & Donncha, H. (2017). *Forschungsmethoden der Psychologie und Sozialwissenschaften.* Wiley-VCH Verlag.

Dollaghan, C. (2007). *The handbook for evidence-based practice in communication disorders.* Paul H. Books.

Döpfner, M., Frölich, J. & Wolff Metternich, T. (2007). Ratgeber ADHS. Informationen für Betroffene, Eltern, Lehrer und Erzieher zu Aufmerksamkeitsdefizit-/Hyperaktivitätsstörungen. Ratgeber Kinder und Jugendpsychiatrie, Band 1. Hogrefe.

Van der Donk, C., van Lanen, B. & Wright, M. T. (2011). *Praxisforschung im Sozial- und Gesundheitswesen.* Hans Huber.

Döring, N. & Bortz, J. (2016). *Forschungsmethoden und Evaluation für Human- und Sozialwissenschaftler.* 5. Auflage. Springer-Verlag.

Edelmann, W. & Wittmann, S. (2019). *Lernpsychologie.* 8. Aufl. Beltz.

Eid, M., Gollwitzer, M. & Schmitt, M. (2010). *Statistik und Forschungsmethoden.* Beltz Verlag.

Erdmann, G. & Janke, W. (2008). *SVF – Stressverarbeitungsbogen.* 4. Aufl. Hogrefe.

Flick, U., von Kardoff, E. & Krupp, H., v. Rosenstiel, L. & Wolff, S. (Hrsg.) (2012). *Handbuch Qualitative Sozialforschung.* 3. Aufl. Rowohlt.

Flick, U. (2009). *Sozialforschung. Methoden und Anwendungen – Ein Überblick für die BA-Studiengänge.* Rowohlt.

Flick, U. (2008). *Triangulation.* Verlag für Sozialwissenschaften.

Förster, K. H. & Pörksen, B. (2016). *Wahrheit ist die Erfindung eines Lügners.* 11. Aufl. Carl Auer.

Fröhlich-Gildhoff, K. (2018). *Verhaltensauffälligkeiten bei Kindern und Jugendlichen.* 3. Aufl. Kohlhammer.

Gardner, H. (1983). *Frames of Mind. The theory of multiple intelligences.* Basic Books.

Giel, B. (2013). Runde Tische im Kontext von Kita und Schule ziel- und lösungsorientiert moderieren. In: Hallbauer et al. (Hrsg.): *UK kreativ! Wege in der Unterstützten Kommunikation. Tagungsband zum 11. ISAAC Kongress.* Von Loeper. S. 497–509.

Gläser, J. & Laudel, G. (2009). *Experteninterviews und qualitative Inhaltsanalyse.* 3. Aufl. VS Verlag für Sozialwissenschaften.

Goodman, R. (1997). The Strengths and Difficulties Questionnaire. A Research Note. *Journal of Child Psychology and Psychiatry 38*(5), S. 581–586.

Grawe, K. (1998). *Psychologische Therapie.* Hogrefe.

Großmaß, R. & Perko, G. (2011). *Ethik für soziale Berufe.* UTB.

Hansen, N., Michael, L., & Forman, E. (2002). The Psychotherapy Dose-Response Effect and Its Implications for Treatment Delivery Services. *Clinical Psychology: Science and Practice, 9,* S. 329–343. doi:10.1093/clipsy.9.3.329.

Hattie, J. (2014). *Lernen sichtbar machen.* 2. Aufl. Schneider.

Hautzinger, M. (2015). Verhaltensverträge. In: M. Linden und M. Hautzinger (Hrsg.), *Verhaltenstherapiemanual,* S. 299–303. Springer.

Hesse, I. & Latzko, B. (2017). *Diagnostik für Lehrkräfte.* utb.

Hug, T. (2001a). *Wie kommt Wissenschaft zu Wissen.* Band 1 bis 4. Schneider Verlag.

Hug, T. (2001b). Erhebung und Auswertung wissenschaftlicher Daten: Eine Skizze für Anfängerinnen und leicht Fortgeschrittene. In: T. Hug: *Wie kommt Wissenschaft zu Wissen.* Band 2. Schneider Verlag.

Hug, T. & Poscheschnik, G. (2010). *Empirisch Forschen.* Verlag Huter & Roth.

Hussy, W., Schreier, M. & Echterhoff, G. (2013). *Forschungsmethoden.* 2. Aufl. Springer.

Julius, H. (2000). *Kontrollierte Einzelfallstudie.* Hogrefe.

Karmasing, M. & Ribing, R. (2013). *Die Gestaltung wissenschaftlicher Arbeiten.* 7. Aufl. Facultas.

Kasten, H. (Hrsg.) (2014). Entwicklungspsychologie – Lehrbuch für pädagogische Fachkräfte. Verlag Europa Lehrmittel.

Klicpera, C., Schabmann, A., Klicpera-Gasteiger, B. & Schmidt, B. (2020). *Legasthenie – LRS.* 6. Aufl. Reinhardt.

Kohler, J. (2016). Zur Bedeutung qualitativer Studien. In: M. Grohnfeldt (Hrsg.), *Kompendium der akademischen Sprachtherapie und Logopädie, Band 1, Sprachtherapeutische Handlungskompetenzen* (S. 77–95). Kohlhammer.

Kuckartz, U. (2014). *Mixed-Methods.* Heidelberg: Springer VS.

Lamnek, S. (2001). Befragung. In: T. Hug (Hrsg.): Wie kommt Wissenschaft zu Wissen. Bd. 2: *Einführung in die Methodologie der Sozial- und Kulturwissenschaften* S. 282–302. Schneider-Verlag.

Lüscher, M. (2000). *Lüscher-Farb-Diagnostik.* Color-Test-Verlag.

Mayring, P. (2016). *Qualitative Sozialforschung.* Beltz.

Mayring, P. (2015). *Qualitative Inhaltsanalyse.* Beltz.

Moser, H. (2001). Einführung in die Praxisforschung. In: Hug, T. (Hrsg.): *Wie kommt Wissenschaft zu Wissen.* Bd. 3 Einführung in die Methodologie der Sozial- und Kulturwissenschaften. Schneider-Verlag.

Moser, H. (2015). *Instrumentenkoffer für die Praxisforschung.* Lambertus.

Niedermair, K. (2010). *Recherchieren und Dokumentieren.* UTB.

Petermann, F. (1996a). Einzelfalldiagnostik in der klinischen Praxis. 3. Aufl. Beltz.

Petermann, F. (Hrsg.) (1996b). *Einzelfallanalyse.* R. Oldenbourg Verlag

Petermann, F. & Macha, T. (2013). *Entwicklungstest für Kinder von 6 Monaten bis 6 Jahren - Revision (ET 6-6-R).* 2. korr. Auflage. Pearson.

Piaget, J. (1974). *Der Aufbau der Wirklichkeit beim Kinde.* Klett.

Pfaff, H., Neugebauer, E., Glaeske, G. & Schrappe, M. (Hrsg.). (2017). *Lehrbuch Versorgungsforschung: Systematik - Methodik - Anwendung* (2., vollständig überarbeitete Auflage). Schattauer.

Plück, J., Wieczorrek, E., Woff Metternich, T. & Döpfner, M. (2006). *Präventionsprogramm für Expansives Problemverhalten (PEP).* Hofgrefe.

Popper, K. (1993). Zur Theorie des objektiven Geistes. In: *Objektive Erkenntnis. Ein evolutionärer Entwurf* (4. Aufl., S. 158–197). Hoffmann und Campe.

Reicherts, M. & Genoud, P. A. (Hrsg.). (2015). *Einzelfallanalysen der psychosozialen Forschung und Praxis.* ZKS-Verlag.

Rasch, B., Friese, M., Hofmann, W. & Naumann, E. (2014). *Quantitative Methoden* Band 1 & 2. Springer.

Schulmeister, R. & Lovischach, J. (2015). Kritische Anmerkungen zur Studie „Lernen sichtbar machen" (Visible Learning) von John Hattie. *Lehren & Lernen* 41(4), S. 33–39.

Schulte-Körne, G. & Mathwig, F. (2019). *Das Marburger Rechtschreibtraining: Ein regelgeleitetes Förderprogramm für rechtschreibschwache Kinder.* Winkler.

Seitz, W. & Rausche, A. (2019*). PFK 9-14. Persönlichkeitsfragebogen für Kinder zwischen 9 und 14 Jahren.* Hogrefe.

Shadish, W. R., Cook, T. D. & Campell, D. T. (2002). Experimental and quasi-experimental designs for generalized causal inference. Houghton Mifflin.

Siegler, R. et al. (2016). *Entwicklungspsychologie im Kindes- und Jugendalter* (4. Aufl., dt. Ausgabe hrsg. von S. Pauen). Springer.

Spearman, C. (1904). *General intelligence, objectively determined and measured.* In: *American Journal of Psychology.* Band 15, S. 201–293.

Steinke, I. (2004). Gütemerkmale der qualitativen Forschung. In: Flick et. al. (Hrsg.): *Qualitative Forschung,* 3. Auflage. Rowohlt.

Strasser, U., Wieser, J., Wolters Kohler, M., Schmon, M. & Blickenstorfer, J. (2009). Ästhetisierung der Sonderpädagogik. Klinkhardt.

Walfish, S., McAlister, B., O'Donnell, P., & Lambert, M. J. (2012). An Investigation of Self-Assessment Bias in Mental Health Providers. *Psychological Reports, 110(2),* S. 639–644. doi:10.2466/02.07.17.pr0.110.2.639-644.

Ziegler, M. & Bühner, M. (2012). *Grundlagen psychologischer Diagnostik.* Springer.

Anhänge

Anhang 1.1.1 Übungsbeschreibung „Welche Farbe hat Wissenschaft?"

In einem Grundlagenwerk zur Sozialwissenschaft (Hug, 2001a) hat der Herausgeber von einer Übung berichtet, die ich seit Jahren in der Einführungsvorlesung zur Forschungsmethodik in abgewandelter Form übernommen habe. Es geht um spontane Assoziation der Studierenden rund um den Begriff Wissenschaft.

In meiner Abwandlung ging es um die Frage: Welche Farbe hat Wissenschaft? Sie haben diese Frage ebenfalls für sich beantwortet. Die Studierenden sollen spontan die Farbe aufschreiben, die ihnen in den Sinn kommt. Danach dokumentiere ich die Häufigkeit der Farbnennungen. Wie oft wurde rot, grün, blau, gelb, schwarz, grau etc. assoziiert.

Hug (2001b, S. 12) berichtet von der Dominanz der Farbe grau und stellt es in einen bedeutungsmäßigen Zusammenhang mit so Assoziationen wie „langweilig", „mühsam", „trockene Wüste" etc.

In meinen Versuch hat die Farbe „grau" nie dominiert, sondern wurde gegenüber rot, blau, grün, schwarz oder gelb eher weniger oft assoziiert. Interessant war die Interpretation der Farbwahl. Meine zweite Frage lautete nämlich: Was bedeutet die Farbe im Zusammenhang mit dem Begriff Wissenschaft? Hier wurden vielerlei Bedeutungszuschreibungen vorgenommen, die letztendlich *ideosynkratisch* (also für die einzelne Person charakteristisch, aber nicht verallgemeinerbar) blieben. Es wurden neben den oben erwähnten eher negativen Assoziationen auch so Begriffe wie „spannend", „anspruchsvoll", „erhellend" im Zusammenhang mit den Farben genannt.

Für mich immer eine schöne Gelegenheit, die im Kapitel *Was ist Wissenschaft – eine erste Annäherung* (grob vereinfachend) dargestellte qualitative Denkweise erstmalig zu veranschaulichen: Eine Assoziation kann eine Konstruktion von Bedeutung auslösen, die zunächst mal für den Einzelfall gültig ist und kann für die einzelne Person einen Erkenntnisgewinn bedeuten. Sie hat die Chance sich (anhand der selbst konstruierten Bedeutung) mit ihrem Vorwissen, ihren Erwartungen oder ihrer Einstellung gegenüber dem Fach „Wissenschaftliches Arbeiten" auseinanderzusetzen. *Das Denken des qualitativen Paradigmas ist einzelfallorientiert.*

Bis dahin war die Übung völlig theoriefrei, denn ich hatte keine Theorie der Bedeutung von Farben angeboten. Das mache ich immer nach der Assoziationsübung.

Der Lüscher-Farb-Test (Lüscher, 2000) schreibt der Farbwahl eine Bedeutung zu, die mit der Persönlichkeit des Menschen zusammenhängt. Im Internet (https://de.wikipedia.org/wiki/Lüscher-Farbtest, 9.7.2021) kann man folgende aus der zugrundeliegenden Theorie abgeleitete Bedeutungszuschreibungen für einzelne Farben finden, welche ich den Studierenden zeige:

Farbe	Typ	Charakterisierung
dunkelblau	heteronom, con-zentrisch	Sympathie
blaugrün	autonom, con-zentrisch	Selbstvertrauen
orangerot	autonom, ex-zentrisch	Vitalität
hellgelb	heteronom, ex-zentrisch	Hoffnung/Gemeinschaftsgefühl
violett		Infantilität
braun		Nestgefühl
schwarz		Absolutes Nichts/Tod
grau		Distanz

Die Interpretation der Farbwahl geschieht nun unter den Kriterien einer Theorie und die Studierenden ordnen ihre eigene Farbwahl der durch die Theorie vorgegebenen Bedeutung zu.

Nun herrscht meist eine gewisse Irritation unter den Studierenden. Wahrscheinlich fragen sie sich, ob diese Interpretation wirklich auf sie persönlich zutrifft. Vielleicht geht es Ihnen, liebe Leserin, nun genauso. Diese Irritation ist nützlich, um die Frage nach der Gültigkeit der Theorie aufzuwerfen, und damit auch, um das quantitative Denken zu illustrieren: Die Korrektheit der Theorie muss sich erstmal zeigen. Die Theorie muss sich bewähren. Eine auf dieser Denkweise beruhenden Wissenschaft möchte über den Einzelfall hinaus wissen, ob die Farbwahl tatsächlich was mit der Persönlichkeit eines Menschen zu tun hat. Sie schreibt der Theorie eine vorläufige Gültigkeit erst dann zu, wenn sich dieser Zusammenhang in vielen Einzelfällen gezeigt hat. *Das Denken des quantitativen Paradigmas ist verallgemeinernd-hypothesenprüfend.*

Man kann an dieser Übung auch das Wesen des Mixed-Methods-Paradigmas illustrieren: Die Bedeutungskonstruktion einzelner Personen im Rahmen einer qualitativen Untersuchung war wichtig, um eine Hypothese zu finden. Wenn viele Studierendengenerationen über Jahre hinweg immer dieselbe Farbe als dominant assoziieren würden, dann würde das für einen allgemeingültigen Zusammenhang von Farbwahl und der Bedeutung von Wissenschaft bei Studierenden sprechen. In der Denkweise des Mixed-Methods-Paradigmas formuliert: Die qualitative Denkrichtung könnte durch die Assoziationsübung den Impuls für eine Theorieentwicklung setzen. Die quantitative Denkweise kann die Theorie durch das Zählen von Häufigkeiten versuchen zu belegen bzw. zu widerlegen. *Das Mixed-Method-Paradigma verknüpft qualitative und quantitative Forschungsstrategien.*

Man kann mit der Übung auch klarmachen, dass es eine völlige Theoriefreiheit nicht gibt. Die Frage „Welche Farbe hat Wissenschaft?“ macht nur Sinn, wenn man schon zuvor die Idee hat, dass Farben in einem Zusammenhang mit Bedeutungszuschreibung stehen könnten. Dass die Studierenden auf die Frage eingestiegen sind, lässt vermuten, dass sie diese Idee teilen. Die Studierenden hatten also eine subjektive Theorie zur Bedeutung von Farben. Wissenschaft geht immer von einer Theorie aus, sie knüpft immer an das Vorwissen einer Disziplin an. Das muss kein Widerspruch zur Denkweise des qualitativen Paradigmas sein. Wenn qualitative Forscher eine „Theoriefreiheit“ als nützlich betrachten, dann ist das eher so gemeint, dass man sich sehr bewusst frei machen will von irgendwelchen Vorannahmen, um unbelastet eine Sache anzuschauen. Das kann den Erkenntnisprozess öffnen und birgt die Chance, eine Erkenntnis zu haben, die durch die Vorannahmen einer Theorie gar nicht zutage gekommen wäre. Wissenschaft nimmt für sich in Anspruch, eine hohe Bewusstheit über die Vorannahmen ihres Handelns und Reflektierens zu haben. Man kann sich also auch ganz bewusst dafür entscheiden, ohne einen theoretischen Fokus eine Sache zu betrachten. So argumentieren jedenfalls die Vertreter des qualitativen Paradigmas. Unabhängig von den Paradigmen ist ein *hohes Bewusstsein, ein hoher Grad an Reflexivität ein allgemeines Merkmal für wissenschaftliches Denken.*

Anhang 1.1.2 Lösungsvorschläge: Erste Annäherung

Aufgabe: Beurteilen Sie die Aussagen nach ihrem Wahrheitsgehalt. Markieren Sie die Aussagen, die aus Ihrer Perspektive eher „wahr“ sind.

Lösungsvorschläge

1. Die Heilpädagogik gehört zu den Grundlagenwissenschaften, weil sie die Grundlagen für eine berufliche Tätigkeit erforscht.
   Nein, die HP gehört zu den anwendungsorientierten Wissenschaften, weil sie ein konkretes Anwendungsfeld zum Gegenstand hat.

2. In der qualitativen Sozialwissenschaft geht es um die Qualität von Forschung.
   Ja, auch, aber das ist nicht das Bestimmungsmerkmal von Qualitativer Forschung. Diese Aussage ist dementsprechend so nicht richtig.

3. In der quantitativen Sozialforschung spielt das analytische Denken eine herausragende Rolle.
   ja

4. Das Mixed-Method-Paradigma leistet einen Beitrag zur Verbindung die beiden traditionellen Paradigmen qualitative und der quantitative Sozialforschung.
   ja

5. Es werden nur eindeutige Begrifflichkeiten für den wissenschaftlichen Diskurs zugelassen
   Nein. Begrifflichkeiten werden ob ihrer Bedeutung diskutiert. Wenn nur eindeutige Begrifflichkeiten zugelassen wären, würde es gar keine Diskussion brauchen.

Anhang 3.1 Lösungsvorschläge: Beobachtung

Aufgabe: Welche Aussagen sind richtig? Kreuzen Sie die „richtigen" Aussagen an.

Lösungsvorschläge

1. Bei der verdeckten Beobachtung will man eigentlich nicht Sichtbares beobachtbar machen.
   Nein, „verdeckt" meint, dass der Beobachtete nicht weiss, dass er beobachtet wird.

2. Dimensionen von Beobachtungsformen sind polartige Konstrukte, welche die Art und Weise des Beobachtens beschreiben.
   ja

3. Bei der teilnehmenden Beobachtung ist die Zuverlässigkeit der Beobachtung i. d. R. sehr groß, weil die Beobachterin sehr nah am Geschehen ist.
   Nein, die Zuverlässigkeit ist eher gefährdet, weil die Ressourcen bei der teilnehmenden Beobachtung eingeschränkt sind.

4. Teilnehmende Beobachtung heißt so, weil die Beobachterin als ein Teil der Beobachtungseinheit betrachtet werden kann.
   Eher falsch, weil die Beobachtungseinheit außerhalb der Beobachterin liegt, außer sie nimmt sich konkret auch die Selbstbeobachtung vor. Die Aussage ist auch in dem zuletzt angenommenen Fall falsch, weil die teilnehmende Beobachtung nicht aus diesem Grund seinen Namen erhalten hat.

5. Unvermittelte Beobachtungen sind vermittelten Beobachtungen vorzuziehen, weil die unvermittelten weniger fehleranfällig sind.
   Nein, beide Beobachtungsformen haben Vor- und Nachteile. Es ist nicht eine Form grundsätzlich besser als die andere.

6. Unter Reaktivität versteht man die Reaktion eines zu Beobachtenden auf die Beobachtung.
   ja

7. Der Grad an Strukturiertheit bei einer Beobachtung orientiert sich an der Fragestellung der Heilpädagogin bzw. Forscherin.
   ja

Anhang 3.2 Lösungsvorschläge: Befragung

Aufgabe: Welche Aussagen sind richtig? Bitte ankreuzen

Lösungsvorschläge

1. Schriftliche Befragungen mit vielen offenen Fragen sind vor allem in der Auswertung mit intensivem Aufwand verbunden.
   ja

2. Das Prinzip des Leitfadeninterviews ist nur für das Einzelinterview gedacht.
   Nein, es kann auch für Gruppeninterview oder -diskussion genutzt werden.

3. Gruppendiskussionen haben den Nachteil, dass sie wenig objektiv sind.
   Ja, davon muss man ausgehen.

4. Für die Planung von Interviews ist es wichtig die verfügbaren Informationen zu den Gesprächspartnern vorliegen zu haben.
   Nein, nicht in jedem Fall. Es kann auch nützlich sein, sich absichtlich keine Informationen zu holen, um möglichst unvoreingenommen die Gesprächspartner zu betrachten.

5. Eine wesentliche Gemeinsamkeit von Forscherin und Heilpädagogin liegt bei der Durchführung von Interviews im Einsatz von Gesprächsführungstechniken, um Fragestellungen zu beantworten.
   ja

6. Das fokussierte Interview heißt so, weil man sich im Gespräch auf einen Inhalt fokussiert.
   Nein, nicht auf einen Inhalt, sondern auf einen gesetzten Stimulus (z. B. einen Videofilm).

7. Ein narratives Interview kann man nicht am Telefon führen, weil die wichtige Mimik dabei nicht beobachtbar ist.
   Doch man kann ein narratives Interview auch am Telefon führen. Man hat dann aber weniger Möglichkeiten, durch non-verbale Mittel die Erzählfreude am Laufen zu halten, und man kann auch weniger beobachten. Der potentielle Wert des Interviews ist also eingeschränkt.

8. Das Nähe-Distanz-Problem betrifft die Heilpädagogin viel mehr als die Forscherin, weil die Heilpädagogin im Zuge ihrer Arbeit eine Beziehung

mit ihrem Klienten eingeht, während die Forscherin dies für ihren Kernauftrag der Informationssammlung nicht braucht.
Nein, auch die Forscherin kann in die Falle tappen und sich zu sehr mit ihrem Gesprächspartner identifizieren.

Anhang 6.1 Lösungsvorschläge zur Aufgabe und Anregung zur Vernetzung beim Experiment

Aufgabe: Kreuzen Sie die richtigen Aussagen an

Lösungsvorschläge

1. Im sozialwissenschaftlichen Experiment werden Störvariablen identifiziert.
   Wenn man die Störvariablen schon kennt, kann man sie kontrollieren. Sie werden aber durch das Experiment selbst nicht identifiziert.

2. Die abhängige Variable heißt so, weil sie von der unabhängigen Variablen abhängig ist.
   ja

3. Mit dem Experiment kann man Ursache-Wirkungs-Zusammenhänge identifizieren.
   ja

4. Der Begriff „variat" bezieht sich auf die aV und der Begriff „faktoriell" auf die uV im Experiment.
   ja

5. Beim Experiment achtet man darauf, dass möglichst viele Variablen untersucht werden.
   Im Gegenteil: Das Experiment ist durch die Reduktion von wenigen Variablen gekennzeichnet.

6. Die Kontrolle von vielen Störvariablen kennzeichnet ein „echtes" sozialwissenschaftliches Experiment.
   Ja, das kann man so sagen, weil die Randomisierung als ein Wesensmerkmal des „echten" Experiments genau das leistet: die Kontrolle von vielen Störvariablen, die sich in ihrer Wirkung nivellieren.

Anregungen zur Vernetzung

Aufgabe: Die Beschreibung einer Untersuchung zur Beantwortung der Frage *Welches Computerprogramm ist besser?* in Kapitel 5.2 kann als ein experimentelles Design aufgefasst werden. Welches Design würden Sie der Untersuchung zuordnen?

Lösungsvorschlag

- *Vorher-nachher-Kontrollgruppendesigns ohne Randomisierung,* weil die beiden Gruppen nicht durch Randomisierung zustande gekommen sind, sondern typische *Gelegenheitsstichproben* sind.
- Eher *Feldforschung*, weil es in der realen Situation zweier Schulkontexte durchgeführt wurde.
- Eher *Querschnittsdesign,* weil die abhängige Variable nur zu zwei Zeitpunkten erhoben wurde. Da die zwei Zeitpunkte nacheinander liegen, ist dadurch aber auch ein Element der *Längsschnittstudie* gegeben. Man würde aber eher mehrere Messzeitpunkte (nicht nur zwei) erwarten, wenn man von einer Längsschnittstudie spricht.
- *Univariat*, wenn man die Leserechtschreibfähigkeit als eine Variable auffasst.
- *Multivariat*, wenn man die Leserechtsschreibstörung als ein Konstrukt auffasst, welches sich aus mehreren einzelnen Variablen (Wahrnehmung, Motorik etc.) bilden lässt.
- *Einfaktoriell,* wenn man das Computerprogramm als einen Faktor auffasst. *Mehrfaktoriell,* wenn man die verschiedenen Teilübungen des Computerprogramm als mehrere Variablen (= Faktoren) auffasst.

Anhang 7.1 Lösungsvorschlag: Zuordnungsaufgabe Einzelfallstudie

Aufgabe: Die Fachbegriffe in der zweiten Spalte von links sollen den Definitionen, Beschreibungen, Begriffen, Merkmalen oder Aussagen in der ganz rechten Spalte zugeordnet werden, die am besten passen.

Man kann die Zuordnung durch die Verknüpfung von Zahlen und Buchstaben vollziehen oder indem man Verbindungslinien zwischen den Zellen zieht.

1	Qualitative Einzelfallstudie	A	Individuelle Bezugsnorm
2	Mixed-Method	B	Experimentelles Setting
3	Kombiniert-kontrollierte Einzelfallstudie	C	Mit Intervention
4	Multiple-Baseline-Design	D	Ohne Intervention
5	Hypothesenprüfung	E	Verknüpfung von qualitativen und quantitativen Strategien
6	Ursachen-Wirkungs-Zusammenhang	F	aggregierte
7	Konzeptbildung	G	Einsatz von Tests
8	kumulierte	H	Variablenvielfalt
9	B-Phase	I	Kontrollierte Einzelfallstudie
10	A-Phase	J	Ganzheitlich-systemische Betrachtungsweise
11	Messreihe	K	Verknüpfung verschiedener Designs der quantitativ orientierten Einzelfallstudie
12	Psychometrischer Ansatz	L	Forscherin und Praktikerin

Lösungsvorschlag

1	Qualitative Einzelfallstudie	J	Ganzheitlich-systemische Betrachtungsweise
2	Mixed-Method	E	Verknüpfung von qualitativen und quantitativen Strategien
3	Kombiniert-kontrollierte Einzelfallstudie	K	Verknüpfung verschiedener Designs der quantitativ orientierten Einzelfallstudie
4	Multiple-Baseline-Design	H	Variablenvielfalt
5	Hypothesenprüfung	I	Kontrollierte Einzelfallstudie
6	Ursachen-Wirkungs-Zusammenhang	B	Experimentelles Setting
7	Konzeptbildung	L	Forscherin und Praktikerin
8	kumulierte	F	aggregierte
9	B-Phase	C	Mit Intervention
10	A-Phase	D	Ohne Intervention
11	Messreihe	A	Individuelle Bezugsnorm
12	Psychometrischer Ansatz	G	Einsatz von Tests

Anhang 8.1 Lösungsvorschläge: Aufgabe Gütekriterien

Aufgabe: Beurteilung von richtigen und falschen Aussagen

Lösungsvorschläge

1. Die Konstruktvalidität ergibt sich aus der Übereinstimmung zwischen konvergenter und divergenter Validität.
   Nein, im Gegenteil, die fehlende Übereinstimmung würde für die Konstruktvalidität sprechen.

2. Die Re-Test-Reliabilität meint die Übereinstimmung zwischen zwei Testwiederholungen.
   Nein, nicht zwischen zwei Wiederholungen, sondern zwischen einer Durchführung und deren Wiederholung.

3. Die Inhaltsvalidität wird i. d. R. nicht durch die Übereinstimmung mit einem Korrelationskoeffizienten bestimmt.
   Ja, die Inhaltsvalidität wird qualitativ durch Argumentation bestimmt.

4. Die interne Validität bezieht sich auf die Übereinstimmung zwischen den Items innerhalb eines Tests.
   Nein, sie bezieht sich auf die plausible Rückführung der Veränderung von abhängiger Variablen aufgrund der Veränderung in der unabhängigen Variablen.

5. Die externe Validität bezieht sich auf die Übereinstimmung zwischen dem Testergebnis und einem Expertenurteil von außerhalb.
   Nein, die externe Validität bezieht sich auf die Übertragbarkeit von Ergebnissen einer Forschung in andere Kontexte. (Oft ist die Übertragung von Laborsituation auf Alltagsituation gemeint.)

6. Die Paralleltestreliabilität meint die Übereinstimmung zwischen zwei beinahe gleichzeitig durchgeführten unterschiedlichen Tests.
   Nein, nicht unterschiedliche Tests, sondern ähnliche Testteile eines einzigen Tests.

7. Die durch die Re-Test-Reliabilität gemessene Übereinstimmung ist durch Lerneffekte gefährdet.
   Ja, denn die Erstdurchführung stellt ein Lernfeld dar, welches sich auf die Zweitdurchführung auswirken kann.

8. Die Reliabilität ist von der Objektivität abhängig
   ja

9. Eine hohe Reliabilität garantiert eine hohe Validität.
   Nein, die Validität ist abhängig von der Reliabilität, sie ist aber nicht durch die Reliabilität garantiert.

10. Objektivität gilt als die Voraussetzung für die beiden anderen Hauptgütekriterien.
    ja

Anhang 10.1 Lösungsvorschlag: Fragestellung

Aufgabe: Antwort auf die Frage „*Warum kann man den Nachweis der Nützlichkeit von Kenntnissen des wissenschaftlichen Denkens und Handelns in der Heilpädagogik nur sehr bedingt führen?*“ in Form einer Diskussion.

Lösungsvorschlag

Klärung der Begrifflichkeiten

Zunächst muss man die zentralen inhaltlichen Begriffe dieser Frage klären: Was versteht man unter *Nützlichkeit*? Was versteht man unter *wissenschaftlichem Denken und Handeln*? Wenn man das geklärt hat und die Begrifflichkeiten differenziert definieren kann, könnte man Folgendes tun:

Auswahl einer Methode mit methodischer und theoretischer Diskussion

Man könnte praktizierende Heilpädagoginnen befragen, welche in Ihrer Ausbildung oder Ihrem Studium so ein Fach wie Forschungsmethodik belegt hatten. Sie würden den Stellenwert ihres Wissens zum wissenschaftlichen Denken und Handeln aus ihrer Perspektive ob seiner Nützlichkeit für ihr praktisches Handeln bewerten.

Mit der Methode der Befragung kann man gut rauskriegen, was Heilpädagoginnen denken, und damit ist sie eine direkte Methode, um das Wissen über wissenschaftliches Denken und Handeln zu erfassen. Man kriegt damit aber nicht raus, ob das wissenschaftliche Denken und Handeln wirklich nützlich ist, weil man den Nutzen selbst gar nicht direkt erfasst hat. Die Befragung zur Nützlichkeit ist also nur ein indirekter Zugang, um Nützlichkeit zu erfassen. Man hat dadurch lediglich den Glauben der Heilpädagoginnen daran erfasst. Die Gedanken oder der Glauben der Heilpädagoginnen müssen aber nichts mit deren Nützlichkeit und schon gar nicht mit den daraus abgeleiteten tatsächlichen Handlungskompetenzen zu tun haben. Selbst wenn viele Heilpädagoginnen daran glauben (so wie ich das tue), dass Ihr wissenschaftliches Denken nützlich ist, weiß man nicht, ob das wirklich auch so ist. Man hätte so etwas wie subjektives Nützlichkeitsempfinden aus Perspektive der Heilpädagoginnen geprüft.

Es gibt ganz grundsätzliche Bedenken, von kognitiven Wissensinhalten auf Handlungskompetenzen zu schließen. Das betrifft nicht nur die Pädagogik. Aus der Lerntheorie (Edelmann & Wittmann, 2019) weiß man: Handlungskompetenz ist eher mit Üben der Handlung verbunden als mit dem Wissen über die Handlung. Man kann viel über wissenschaftliches Denken und Handeln wissen und darüber reden. Das heißt aber nicht zwangsläufig, dass man dieses Wissen auch umsetzen kann.

Dieser theoretische Einwand wird durch das gestützt, was in diesem Buch immer wieder gezeigt wurde: Wissenschaftliches Denken und Handeln ist dem Denken und Handeln der praktisch tätigen Heilpädagogin in vielem sehr ähnlich, und zwar auch dann, wenn die Praktikerin die Terminologie der Forschungsmethodik gar nicht kennt. Wenn das wirklich so ist, dann wird die Kenntnis der Terminologie zur Forschungsmethodik kaum einen Unterschied im Nutzen einer heilpädagogischen Tätigkeit erklären können.

Es gibt weitere grundsätzliche Bedenken, die aus empirischen Befunden ableitbar sind:

Aus der Forschung zur psychologischen Therapie heraus wird der Interventionsmethode nur einen geringen Anteil an der Wirksamkeit einer Intervention zugeschrieben, dagegen scheinen so übergreifende Dinge wie Beziehungsgestaltung wichtiger zu sein (Grawe, 1998). Wenn das stimmt, ist nicht damit zu rechnen, dass ein rein kognitives Wissen von wissenschaftlicher Fachsprache eine maßgebliche Bedeutung für den Nutzen einer heilpädagogischen Tätigkeit haben könnte.

Auswahl einer anderen Methode

Wenn man die kritischen Ausführungen zur Methodik ernst nimmt (= indirekte Befragung ungeeignet), aber die theoretischen (= aus der Lerntheorie) und empirischen (= aus der Psychotherapieforschung) Argumente als nicht stichhaltig deklariert, weil man deren Übertragbarkeit auf die Praxis der Heilpädagogik anzweifelt, könnte man eine direkte Beobachtung als Mittel zur Überprüfung wählen und damit die methodischen Bedenken angehen.

Man müsste also die Existenz des Wissens und das nützliche Verhalten (= die nützliche Handlung) selbst beobachten und direkt erfassen. Die Klärung der zentralen Begrifflichkeiten *Nützlichkeit* und *wissenschaftliches Denken und Handeln* müsste dann konkreter erfolgen und diese Konstrukte müssten beobachtbar gemacht (= operationalisiert) werden.

Hier ein Vorschlag der *Operationalisierung*:

A) Die Nützlichkeit könnte man so definieren, dass die Klienten einen Nutzen von dem heilpädagogischen Angebot haben, welches auf wissenschaftlichem Denken und Handeln basiert. Solche Klienten kommen nach der heilpädagogischen Intervention besser mit ihrem Problem zu recht (z. B. können besser lesen und schreiben oder verhalten sich nicht mehr auffällig). Zur Operationalisierung könnte man normierte Testverfahren einsetzen, die den Gegenstand der heilpädagogischen Intervention messen.

B) Das wissenschaftliche Denken und Handeln könnte man so definieren, dass die Heilpädagoginnen das professionelle Denken und Handeln mit der Terminologie der Forschungsmethodik erklären können. Zur Operationalisierung könnte man Multiple-Choice Tests einsetzen. In diesen Tests werden Aussagen zu heilpädagogisch relevanten Fallberichten unter Gebrauch der forschungsmethodischen Terminologie gemacht. Es gibt falsche und richtige Aussagen, so wie bei den Aufgaben am Ende einiger Kapitel dieses Buches. Heilpädagoginnen, welche falsche und richtige Aussagen gut identifizieren können, würde ein Wissen um wissenschaftliches Denken und Handeln zugeschrieben werden.

Wenn man jetzt prüfen wollte, ob das Wissen um wissenschaftliches Denken und Handeln (= Unabhängige Variable) nützlich ist (= abhängige Variable), also ein Ursachen-Wirkungs-Verhältnis zwischen diesen beiden Variablen besteht, müsste man ein echtes experimentelles Setting konstruieren. Hier ein Konstruktionsvorschlag:

Experimentelles Design

Eine Experimentalgruppe bestünde aus Heil- und Sonderpädagoginnen, die gemäß der Operationalisierungsvorschrift aus B) nachgewiesenermaßen Kenntnisse über wissenschaftliches Denken und Handeln haben.

Die Kontrollgruppe würde aus Heilpädagoginnen bestehen, die keine oder sehr wenig Ahnung von der Terminologie der Forschungsmethodik haben. Ihr professionelles Handeln kann also nicht auf dem Denken mit diesen Begrifflichkeiten basieren.

Wenn man die Ergebnisse der Interventionen von der Experimentalgruppe mit den Ergebnissen der Kontrollgruppe vergleicht, müssten die Effekte der Intervention bei der Experimentalgruppe höher sein als bei der Kontrollgruppe. Damit hätte man in der Denkweise des experimentellen Designs den Nachweis erbracht, dass die unabhängige Variable (uV) *wissenschaftliches Denken und Handeln* mit der abhängigen Variable (aV) *Nutzen* in einem ursächlichen Zusammenhang steht.

Diskussion der Stichprobenkonstruktion und Operationalisierung

Es gibt aber bei der Umsetzung dieser Idee einige Hürden zu überwinden bzw. Probleme zu beachten: Die randomisierte Konstruktion zweier Teilstichproben (= eine Experimentalgruppe und eine Kontrollgruppe) aus einer an sich homogenen Gesamtstichprobe von Heilpädagoginnen erscheint ziemlich schwierig. Wenn man methodisch ganz sauber vorgeht, müssten die zwei Teilstichproben vor der Manipulation der unabhängigen Variablen konstruiert werden.

Das heißt: Die Heilpädagoginnen aus der Experimentalstichprobe müssten sich das Wissen um wissenschaftliches Denken und Handeln *nach* ihrer Zuteilung zur Experimentalstichprobe aneignen. Das erscheint aufwändig, aber nicht unmöglich.

Wenn man weniger aufwändig und methodisch nicht so streng (= also nicht-randomisiert) vorgehen würde und die Konstruktion der Teilstichproben einfach durch die Messung der unabhängigen Variablen vollziehen würde, kämen solche Heilpädagoginnen mit dem einschlägigen Wissen in die Experimentalgruppe und solche Heilpädagoginnen ohne das Wissen in die Kontrollgruppe. Mit dieser Stichprobenkonstruktion wäre aber der Konfusion mit Störvariablen wie Motivation, unterschiedliche Ausbildung etc. Tür und Tor geöffnet.

Die Operationalisierung der unabhängigen Variablen ist problematisch, weil sie wenig valide erscheint. Wenn es einen Test gäbe, der testtheoretisch fundiert die Fähigkeit zu wissenschaftlichem Denken und Handeln messen könnte, wäre das die bessere Alternative als nicht erprobte Multiple-Choice Aufgaben. So einen Test gibt es aber meiner Kenntnis nach nicht. Die Validität der uV ist also unsicher. Damit steht und fällt der gesamte Nachweis ihrer Nützlichkeit.

Fazit

Die Bedingungen des Nachweises der Nützlichkeit von wissenschaftlichem Denken und Handeln für die Heilpädagogik sind beispielhaft diskutiert worden. Sie hängen eng mit der Methodik, dem Aufwand der Prüfung (z. B. Stichprobenkonstruktion) sowie der Güte der Operationalisierung zusammen.

Diese Diskussion kann auch auf andere Bereiche einer Wirksamkeitsforschung übertragen werden. Die Frage der Nützlichkeit ist auch eine Frage der Wirksamkeit, denn man könnte auch fragen, wie sich die Kenntnisse des wissenschaftlichen Denkens und Handelns auf die heilpädagogische Arbeit auswirken. Dieses Thema wird in Kapitel 11.3 im Zusammenhang mit dem Begriff „Evidenz“ vertieft.

Kommentar zu dieser Aufgabe: Diese Aufgabe ist aus meiner Perspektive eine schwierige Aufgabe. Hier muss man das zuvor erarbeitete Wissen zur Forschungsmethodik ziemlich verinnerlicht haben, um eine Diskussion führen zu können.

Der Lösungsvorschlag ist nicht nur diskussionswürdig, weil er kritisierbar ist, sondern auch, weil es potentiell noch andere Lösungsmöglichkeiten gibt. Es sind durchaus andere Antworten auf die Frage denkbar.

Stichwortverzeichnis

E

F

G

H

I

S

T

U

V

W

Z